가면 속의 일본 이야기

가면 속의
일본이야기

김욱 지음

한국경제신문

우리나라와 일본은 같은 한자문화권에 속한다. 그래서 두 나라의 글에는 한자에 바탕을 둔 단어가 많다. 더구나 우리나라에 소개된 20세기 초 서구문명은 대부분 일본을 통했기 때문에 그 과정에서 일본인들이 서양의 책을 번역하면서 만들어낸 한자어를 그대로 받아들인 사례가 많다. 그런 사정으로 두 나라에서 쓰는 한자 단어의 약 80퍼센트는 뜻이 같고 발음도 비슷하다. 우리말의 '산보(散步)'는 일본어에서도 '산뽀'라고 발음하고, '기차(汽車)'는 '기샤'라고 한다. 글자뿐만 아니라 발음도 거의 같다. 그래서 한자를 좀 아는 한국인들은 일본 책을 읽는 일을 쉽게 여긴다. 그러나 너무 쉽게 생각해서 엉뚱한 오해를 하기도 한다.

우리말에 '정좌(正坐)'라는 단어가 있다. 몸가짐을 바르게 하고 앉는 것이다. 방바닥에 앉는 경우는 보통 책상다리를 하고 허리를 곧게 펴고 손을 무릎이나 허벅지에 단정히 놓고 앉은 모습을 말한다. 그러나 일본어 사전에서 이 단어를 찾아보면 "다리를 풀지 않고 바른 자세로 앉는 것, 보통 발끝을 펴서 발등을 바닥에 대고 둔부를 발뒤꿈치에 놓고 허리를 펴고 앉는 자세"라고 되어 있다. 한마디로 무릎을 꿇고 허리를 펴고 앉는, 우리와는 사뭇 다른 자세를 뜻한다. 우리말로 '야산(野

5

山'이란 "들 가까이의 나지막한 산"이다. 그러나 일본어로 이 단어 '노야마(野山)'는 '산과 들', 즉 우리말의 '산야(山野)'를 뜻한다. 완전히 다른 말이다. 또 일본어에서 '밭 전(田)' 자는 우리가 말하는 '논'을 뜻하며 '밭'은 '하타케(畑, はたけ)'라고 한다. 이렇게 일본과 우리나라 말은 외형상으로는 비슷해도 알고 보면 다른 것이 아주 많다.

내가 일본이라는 나라를 인식하기 시작한 것은 초등학교 저학년 시절에 '일본어선 평화선 침입'이란 말을 들었을 때이다. 점점 커가면서 나에게 일본은 임진왜란, 이등박문(伊藤博文—이토 히로부미라고 부르지 않았다), 3·1운동 등의 말과 함께 그 모습이 형성됐다. 그리고 1962년 나는 대학생이 되었고 국교 정상화를 위한 한일회담이 국가적인 논쟁거리가 되면서 그저 '침략자'로만 알고 있었던 일본이 구체적인 모습으로 눈앞에 나타났다. 우리보다 많이 앞서 있었고 무시할 수 없는 이웃으로 등장한 것이었다. 내가 회사원이 된 1960년대 후반은 우리나라가 경제개발에 박차를 가하고 있을 때였다. 외자도입, 기술제휴 등 좀 더 구체적인 사안을 가지고 일본의 기업들과 접촉하게 되었고, 1970년대 초부터는 일본에 출장도 다니기 시작했다.

지금도 먼 나라들을 여행하고 난 뒤 돌아오는 길에 일본에 들르면 마치 집에 온 것 같은 느낌이 든다. 지리적으로 가깝고 사람들의 생김새도 비슷하기 때문이다. 그러면서도 일본은 이상할 만큼 우리와 이질적이다. 우리식으로 풀어지면 금방 어색해질 수 있는, 부드러운 표정을 짓지만 어딘가 쌀쌀맞은 듯한 사람들이 산다. 왜 그렇게 느껴질까?

언제 보아도 일본은 잘 정돈되어 있다. 무엇이든지 틀에 맞추어 정형화하는 것을 좋아한다. 하지만 어느 대목에서는 전혀 표준화되어 있지 않고 애매모호하다. 사람의 이름이나 지명을 읽는 법은 자기들끼리도 어려워한다. 내가 아는 한 이런 나라는 세계에서 일본이 유일하다. 젊은 날, 바쁜 생활 속에서도 가끔 일본에 관한 책을 읽어보았지만 어딘지 미흡한 느낌이었다. 그렇게 20여 년의 세월이 흘렀다. 그러다가 뒤늦게 일본어 공부를 시작했고 한두 권씩 책을 읽었다. 지난 몇 년간은 한 해에도 몇 차례씩 일본의 이곳저곳을 다녀보기도 했다. 그렇게 해서 그들의 생각의 바탕을 들여다보고 싶었다.

나는 일본을 연구하는 학자가 아니다. 그래서 관심의 대상이 늘 옮겨다니고 그런 만큼 책도 두서없이 찾아 읽는다. 그러다 보니 머릿속이 늘 헷갈려서 이를 좀 정리해보고 싶었다. 이 책은 그렇게 내가 읽은 것들 중에서 '일본적'이라고 생각되는 것들을 추려서 내 나름대로 다시 짜 맞추어본 것이다. 결국 이 책의 내용은 내가 읽고 이해한 일본의 한쪽 모습이다. 그만큼 '단편적'이란 말이다. 사람은 흔히 자기가 보고 싶은 것만 보고 이를 자기 식으로 해석하고 믿어버리는 이른바 '선택적 지각'을 한다고 한다. 그런 의미에서 일본을 보는 나의 시각도 당연히 '사적인 것'이며, 또 내가 이해한 것이 꼭 옳을 것이라고 생각지도 않는다. 다만 이 글이 이웃 나라에 대한 다른 분들의 흥미와 이해를 조금이라도 북돋우는 것이 될 수 있으면 좋겠다는 바람은 있다.

2014. 2.

김욱

가면 속의 일본 이야기
차례

으로 | 충성의 자긍심, 무사들의 자기최면 | 만들어진 이미지, 무사도 | 〈하가쿠레〉, 무사의 마음가짐 | 니토베의 〈무사도〉, 일본인의 도덕규범 | 옳고 그른 것보다 세상에 대한 나의 체면 | 무사도를 말하기에는 너무 비참한 일상

제1장
····

일본을 읽다

라이터 좀 빌려주시겠습니까?

10여 년 전, 일본의 골프장에서 있었던 일이다. 당시 필자도 담배를 즐겼던 터라 샤워를 마치고 공항행 버스에 오르기 전에 담배를 한 대 피우려고 보니 라이터가 없었다. 마침 옆에서 어느 일본인이 담배를 피우고 있어 그에게 라이터를 좀 빌려줄 수 있겠느냐고 조심스럽게 물었다. 물론 흔쾌히 빌려줄 것이라고 생각했다. 그런데 그의 표정이 노골적으로 일그러졌다. 그러면서 주머니에서 라이터를 꺼내더니 불을 켜서 내게 내밀었다. 그러나 나는 그냥 머리만 내미는 것이 좀 미안하게 생각되어 라이터를 넘겨주면 불은 내가 붙이겠다는 시늉으로 손을 내밀었다. 그 순간 그 사람은 무슨 불결한 물건이 가까이 온 것 같은 몸짓으로 자기 손을 움츠리더니 그대로 불만 붙이라는 시늉이다. 예상치 못한 그의 표정과 몸짓에 얼떨떨한 채 머리를 내밀어 담뱃불을 붙였으나 곧 심한 불쾌감이 몰려왔다. 나를 꼭 무슨 더러운 물건취급을 하는 느낌을 받았기 때문이다. '자식, 그까짓 불 좀 가지고. 싫으면 싫다고 하지, 한국인이라고 그러는 걸까?' 그렇게 생각하면서 그곳을 떠났다.

그보다 20여 년 전, 도쿄의 관청들이 모여 있는 가스미가세키(霞が関)에서 있었던 일이다. 일본의 중앙 부처들이 모여 있는 곳인 만큼 일본의 엘리트들의 왕래가 잦다. 저녁 무렵 나는 약속 장소를 찾아가던 중, 길을 좀 물어보고 싶었다. 당시 나는 일본어를 전혀 몰랐기 때문에 영어로 "익스큐즈 미" 하고 마침 지나가는 젊은이에게 말을 걸었다. 단정히 넥타이를 맨 30대 후반 아니면 40대 초반으로 나와 거의 동년배로 보인 사람이었다. 그러나 그는 내 말을 들은 척도 하지 않고 그냥 지나갔다. 영어를 몰라 그런가 보다 생각하고 다른 사람을 찾아 다시 말을 걸었다.

"익스큐즈 미."

"……."

이 사람도 앞의 사람처럼 똑같은 표정으로 서둘러 지나갔다. 두 명이 모두 영어를 몰라서 그냥 간다는 몸짓이 아니라 마치 아무 소리도 듣지 못한 듯 지나갔다. 머쓱해서 다시 사람을 찾아 말을 걸었지만 같은 일이 무려 세 번이나 반복됐다. 고개도 안 돌리고 마치 내 목소리를 듣지 못한 표정이었다. 나는 순간적으로 멍한 상태가 되었다. 이윽고 나는 그것이 일본인들의 영어 콤플렉스 때문이라고 생각했다. 하지만 아무리 그래도 이렇게 심한가? 참으로 묘한 경험이었다.

그로부터 30여년이 지난 몇 년 전에 나는 우리나라에서 박사과정을 밟고 있는 한 재일 교포 3세 청년과 이야기를 할 기회가 있었다. 그는 일본에서 태어나서 그곳에서 대학까지 마친 사람이다. 우리와 다른 일본인들의 사고방식에 대하여 이야기를 나누던 중 위에 소개한 내 경험을 들려줬다. 그랬더니 그는 내게 흥미로운 사실을 말해주었다. 그가 처음 한국에 왔을 때 한국인 친구들이 옆 사람, 심지어는 모르는 사람에게서까지 스스럼없이 담뱃불을 빌리려 하는 것을 보고 정말 이해할 수 없었고 조금 불쾌할 정도로 당혹스러움을 느꼈다고 한다. 대개의 일본인들은 담배를 피우는 사람이 담배와 라이터를 함께 준비하지 않는 것은 있을 수 없는 일로 생각한다는 것이다. 또 라이터가 없으면 500원, 1000원이면 얼마든지 살 수 있는데 왜 남에게 폐를 끼치려 하나? 살 돈이 없으면 좀 참으면 되지 하는 생각이었다는 것이다. 우리 식으로 아무에게나 담뱃불을 빌리려는 태도나 심지어는 친구에게 담배를 얻어 피우려는 태도는 일본에서는 좀처럼 없는 일이라고 했다.

그렇게 보면 골프장에서 생면부지의 사람이 담뱃불을 빌리려 하고 더구나 모르는 사람이 자기의 라이터를 만지려는 태도는 불쾌하기 짝이 없는 일이 된다. 가스미가세키에서 길을 물으려다 실패한 일 또한 일본인들의 영어 콤플렉스 때문이 아니었을 것이라고 했다. 일본, 특히 대도시에서는 모르는 사람에게 불쑥 말을 거는 일은 좀처럼 없다고 한다. 모르는 사람이 말을 걸어오면 먼저 경계심부터 갖고 불쾌하게 느끼기 십상이라는 것이다. 그래서 일본 사람들은 길에서 아무에게나 길을 묻는 일은 거의 없고 설령 누가 물어온다고 해서 가던 길을 멈추고 들어주는 사람도 드물다고 한다. 특히 도쿄 사람들은 외지인에게 쌀쌀맞기로 유명해서 오사카 출신인 자기도 도쿄에 가면 그런 얼음장 같은 기분을 느낀단다. 그럼 길을 모르는 사람은 어떻게 하느냐고 물으니까 출발하기 전에 지도나 안내 책자를 찾아 확인하고 아니면 주위의 관광 안내소나 파출소를 찾아 물어본다는 것이다.

알고 보면 이런 일들은 단지 관습의 차이에서 오는 일이다. 그러나 이런 작은 일들이 서로를 불쾌하게 만들 수 있다. 우리는 그들을 쩨쩨하다고 생각하고 그들은 우리를 염치없다고 생각해버린다. 그 결과, 누구에게도 도움이 되지 않고 서로 피할 수도 있는 오해가 만들어지는 것이다. 이런 일들은 수없이 많을 것이다.

나는 30대 초반부터 아프리카, 남아메리카를 포함한 세계 여러 곳을 다녀보았다. 그래서 우리와 다른 외국인들의 관습에 대한 적응이 빠른 편이다. 그런데도 일본에서는 늘 묘한 이질감을 느낀다. 다른 어느 곳에 가서도 경험할 수 없는 싹싹함을 가진 그들이다. 그런데 그 싹싹함은 비즈니스와 관련이 있을 때의 이야기이고, 보통은 싹싹한 듯 보여도 차가운 느낌을 준다. 좋다, 나쁘다의 문제가 아니라 그렇게 느껴진다는 말이다. 가까운 이웃인데 우리와 무엇이 달라 그렇게 느끼는 것일까? 결국 사고방식의 차이일 것이다.

멀고도 가까운 이웃

일본의 인기 작가 시바 료타로(司馬遼太郎, 1923~1996년)는 생전에 이런 말을 남겼다.

"이웃 나라와의 관계는 서로 당당한 타인인 상태가 결국 진정한 친선을 이룰 수 있다. 이 원칙이 무너지면 이웃 나라인 만큼 더욱 쉽게 일이 헝클어진 실타래같이 꼬이게 되고 급기야는 감정이 드러나게 되어 사태는 더욱 악화된다."[1]

흥미로운 말이다. 먼저 서로 주눅 들 일이 없어야 한다는 말일 것이다. 그리고 '타인'으로 남아야 한다는 말은 너무 가깝게 접근해서 귀찮게 하지 말라는 뜻이거나 아주 남같이 얽히지 말고 지내자는 뜻일 수도 있다. '받은 만큼 갚아야' 하기 때문에 너무 큰 선물은 받는 사람을 부담스럽게 해서 오히려 실례라고 말하는 일본인들이다. 가족은 물론, 이웃 간에도 '끈끈한 정으로 화끈하게' 지내다가도 서로 기대하고 용인하는 정도가 달라 흔히 다투기도 하는 우리의 인간관계보다 훨씬 안전한 방식일 수 있다. "이웃인 만큼 더욱 일이 헝클어진다"라는 말도 맞는 말이다. 가까운 사이에 섭섭하면 더 감정적으로 되는 것이 인간이다. 그런 면에서 일본의 이웃인 우리가 생각해볼 일들은 많다.

일본이 모든 일본인은 천황의 적통(嫡統)을 이어받은 자식이고 세계에 보기 드문 단일민족이라고 주장하던 시대도 있었다. 우리도 단일민족이라는 말을 곧잘 써왔지만, 그들이나 우리나 그 오랜 세월동안 한 줄기 혈통만 유지해왔다는 것은 비현실적인 말이다. 예를 들어 제주도 해녀들의 잠수법은 베트남, 필리핀 등 남쪽 나라로부터 전해온 것인데 이들 남방 종족의 일부가 기원전 해류를 타고 오키나와, 중국의 산동반도, 제주도, 일본의 규슈, 세토나이카이(瀬戸内海)[2] 등으로 이주해 가면서 전파시킨 것이라고 한다.[3] 일본열도에는 옛날부터 오키나와나 말레이 등의 남방계, 몽골로이드 혈통의 북방계, 홋카이도에 사는 아이누 등 여러 종족이 혈연적·문화적으로 서로 뒤섞여 살아왔다고 한다. 특히 우리 한반도의 사람들과는 역사적·인종적으로 긴밀한 연관이 있다. 지도를 보면 부산과 규슈의 후쿠오카 사이에는 쓰시마 섬(対馬島)과 이키 섬(壱岐島)이 마치 징검다리같이 놓여 있다. 이 징검다리를 이용한 뱃길은 두 차례(1274년, 1281년)에 걸친 원(元)나라의 일본침략과 일본의 한반도 침략에도 그대로 이용된 뱃길이다. 지금은 한일 간의 바다를 통한 관광에도 많이 쓰인다.

기원후 660년 백제가 망한 후 일본은 백제가 다시 일어서는 것을 돕기 위하여 약 2만 7,000명(어느 책에는 약 4만 명)의 군사를 한반도에 파병했으나 신라와 당나라의 연합군에게 전멸당했다.[4] 그 전쟁은 일본이 외국과 벌인 최초의 전쟁이었고 일본열도의 백성들에게 나라로서의 '일본'과 그 지배자로서 '일본 왕(大王, 오오기미)'의 존재를 최초로 인식하게 했을 것이라고 보기도 한다.[5] 그 전쟁을 일본에서는 백촌강 전투(白村江の戦い, 663년)라고 하는데 백촌강이란 지금의 금강을 말한다. 백촌강 전투에서의 패전은 일본 사회에 엄청난 충격을 준 모양이다. 그때 일본은 신라가 승리의 여세로 일본을 침공하지 않을까를 걱정해서 쓰시마 섬 → 이키 섬 → 규슈의 다자이후(太宰府) → 세토나이카이 연안을 거쳐 수도가 있던 나라(奈良)에 이르기까지 봉화대를 만들고 경계 태세를 정비했다고 한다.[6] 이른바 백촌강 전투가 있기 전까지는 한반도와 일본열도 사이에는 국경 개념이 없었을 것으로 추정되며[7] 당연히 한반도의 남부와 일본의 서남부 지역 사람들은 수시로 서로 왕래했을 것이다. 책을 보면 초기의 일본 왕조가 설립된 곳의 지명 '나라(奈良)'는 국가를 뜻하는 우리말 '나라'의 이두(吏讀)식 표현이라고 보는 학자들도 있고, 백제가 망한 후 많은 유민들이 일본으로 가서 정착한 사실도 기록되어 있다. 또 일본 제2의 도시 오사카는 그 부근에 사람이 거의 살지 않았던 때 백제로부터 이주한 사람들이 개척한 땅이라고 한다. 옛날 그곳에는 백제군이라는 행정구역이

설치되어 있었고, 지금 오사카 시 동남부의 이쿠노 구(生野區), 츠루하시(鶴橋), 이카이노(猪飼野) 일대에는 백제들(百濟野)이라는 넓은 경작지대가 있었다고 한다.[8] 지난날 군국주의 일본 정부에 의해 그 지방의 원래 이름이 많이 바뀌었지만 아직도 백제교(百済橋) 등의 이름은 남아 있다.

일본과 우리나라의 관계를 보여주는 듯한 재미있는 조사가 있다. 한반도와 가까운 일본 시마네 현(島根県)의 이즈모(出雲)에 사는 일본인들과 우리나라 경남 지방 사람들의 혈액형을 비교한 것인데[9] 함께 표시된 전체 인구의 혈액형 비율과 두 지방의 그것과 뚜렷한 차이를 나타낸다. 언제, 어떤 식으로 조사한 자료인지는 모르겠으나 이 자료는 두 지역 사람들이 옛날에 친밀하게 살았다는 정황 자료가 될 수도 있을 것이다.

인구의 ABO 혈액형 분포

구분	A형	AB형
경상남도	42.16%	10.23%
이즈모	42.8%	9.58%

국가	O형	A형	B형	AB형
대한민국	28%	32%	30%	10%
일본	30%	38%	22%	10%
중국	41%	28%	24%	7%
독일	41%	43%	11%	5%
러시아	33%	36%	23%	8%
미국	45%	40%	11%	4%
페루 인디언	100%	0%	0%	0%

* http://ko.wikipedia-혈액형(2010.12.16.(木)09:39)

일본은 홋카이도, 혼슈(本州), 시고쿠(四國), 규슈 등 4개의 큰 섬과 약 6,000여 개의 부속 섬으로 이뤄져 있다. 남한의 약 3.8배 크기의 땅(37만 8,000제곱킬로미터)에 남한 인구의 약 2.6배의 사람들(약 1억 2,800만 명)이 산다. 일본도 농지 면적은 전 국토의 약 18퍼센트에 불과하다. 해발 2,000미터 이상의 산이 70여 개나 되고, 60여 개의 활화산과 수많은 온천이 있다. 이렇게 농지가 적고 태풍, 지진, 화산 분화 등의 천재지변이 많기 때문에 일본은 옛날부터 늘 식량 부족에 시달렸다. 그래서 양식을 구하기 위해 항상 이웃 나라를 기웃거렸고 우리나라도 자주 왜구의 침략에 시달렸다. 지금도 일본은 약 5,000만 명분의 식량을 외지에서 조달해야 된다고 한다. 무역이 순조로울 때면 별문제가 없지만 만약 어떤 이유로든 여의치 않게 되면 역시 가장 가까운 이웃인 우리에게 먼저 그 악영향이 미치지 않을까를 걱정하는 사람들도 있다.[10] 이렇게 우리와 지리적·역사적·인종적으로 밀접한 연관이 있음에도 일본인들은 우리와 아주 다른 성격의 사회를 만들어 왔다. 그 차이는 무엇이고 그 이유는 무엇일까?

가문을 위해 아버지도 외면하는 무사의 나라

일본의 사회학자 이케가미 에이코(池上英子) 교수는 "무사의 역사를 떠나서는 국가로서의 일본을 말할 수 없다"라고 말했다.[11] 그런 만큼 일본을 이해하려면 먼저 무사들의 삶을 살펴보아야 한다.

　　일본에 무사계급이 등장한 것은 헤이안(平安, 794~1185년) 시대 중기인 10세기 무렵부터라고 알려져 있다. 초기에는 조정이나 귀족계급의 하수인이었던 무사들이 차츰 정치의 중심 세력으로 자리 잡았고 12세기 말에는 막부(幕府)라는 무사계급의 통치기구를 만들어 권력의 중심에 섰다. 그때부터 메이지 유신(明治維新, 1868년)[12]이 일어난 19세기 말까지 약 700년간 일본은 무사들의 지배를 받아왔다. 메이지 유신 후에도 형식상 입헌군주제를 채택했지만 통치의 주역은 무사 출신 정치가들이었다. 일본이 본격적으로 아시아 침략에 나섰던 20세기에 들어서는 사실상 군인들이 나라를 멋대로 이끌어갔다. 결국 거의 800년에 가까운 세월을 무사계급과 그에 뿌리를 둔 세력이 일본을 다스린 셈이다.

책을 읽다 보면 일본인들 중에도 지난 시대 군부의 횡포나 태평양전쟁의 무모함에 대하여 비판적인 시각을 가지고 있는 사람들이 많다. 그러나 그들도 '무사의 나라, 무사도, 사무라이(侍)' 등의 단어에 대해서는 은근한 향수와 자부심을 가지고 있는 듯하다. 일본을 만든 역사의 주역이 대부분 무사들이었을 뿐만 아니라 근대화 과정에서 일본 정부가 무사와 그들의 삶을 미화하고 국민윤리교육의 기본으로 삼아왔기 때문일 것이다.

일본 역사에서 무사의 위치가 컸던 만큼 일본에는 수많은 무사들의 이야기가 있다. 그중에서도 가장 인기 있는 이야기로 〈충신장 忠臣藏〉이 있다. 그 이야기를 그린 어느 소설에는 위험에 처한 아버지를 돕기 위하여 자신이 다스리는 영지, 즉 번(藩)[13]의 병사를 동원하려는 번주(藩主) 우에스기 쓰나노리(上杉綱憲)와 이를 막아서는 번의 가로(家老: 최고 정무책임자) 이로베 마타시로(色部又七郎) 사이에 이런 대화가 나온다.

"너, 아버님의 죽음을 못 본 체 하라는 말인가?"

"효(孝)보다 충(忠)이 먼저입니다. 더 이상 가문의 위험을 무릅쓰는 것은 안 됩니다. 정 그러시다면 이 마타시로를 베고 가십시오."

마타시로는 목숨을 걸고 말렸다. 최악의 경우 (주군)쓰나노리를 베고 그 칼로 자신도 할복할 작정이었다.[14]

위에서 '가문(家門)'으로 번역된 일본어는 '이에(いぇ: 家)'이다. 그런데 이에, 즉 가문을 위해서 아버지의 죽음을 못 본 척하라니 무슨 말인가? 또 가문을 위해서 칼로 주군을 벨 수도 있다니, 우리로서는 쉽게 이해가 안 되는 말이다. 그러나 그렇게 할 수 있었던 것이 일본 무사들의 삶이었고 그 사회를 지배하던 가치관이었다. 이를 이해하려면 우리와는 사뭇 다른 일본의 가족제도에 관한 이해가 조금 필요하다.

제 2 장
• • • •

가족 문화를 알면
일본이 보인다

우치와 소토, 안과 밖

일본에서는 입춘 전날 밤에 볶은 콩을 뿌리면서 "복은 집안으로, 귀신
은 밖으로(福は內, 鬼は外)"라는 주문을 외우고 자기의 나이만큼의 콩을
주워 먹는 풍습이 있다. 다가올 한 해의 무병장수를 기원하는 뜻이라
고 하는데 여기에는 '안(內)과 밖(外)' 그리고 '귀신(鬼)'이라는 말이 나
온다. 일본어로 '안'은 '우치(內)', '밖'은 '소토(外)'라고 한다. 이 우치
와 소토라는 말은 '집이나 가문'의 의미로 쓰이는 이에(家)라는 말과 함
께 일본을 소개하는 책자에 자주 등장한다. 그만큼 우치, 소토, 이에라
는 말은 일본인들이 인간관계를 보는 시각, 나아가서는 일본 사회를
이해하는 데 불가결한 단어로 보인다.

　우치와 소토라는 말은 물론 물리적 공간을 구분할 때의 안과 밖을
뜻한다. 그런데 이 말은 또한 일본인들이 '나(內)와 나 이외의 사람들
(外)'을 구분하는 관념적 의미로도 흔히 쓰인다. 일본인들이 '나와 나
이외의 사람들'을 구분하는 심리적·정신적 의미로 이 말을 사용할 때
는 그 뜻에 특히 유의할 필요가 있다. 이에 대해서는 일본의 민속학자
고마쓰 가즈히코(小松和彦)의 설명을 요약, 인용한다.

심리적·정신적 의미에서 우치와 소토의 구분은 나와 너의 사회적·대립적 관계에서 시작한다. 즉 우치의 시작은 나이고, 이때 '나 이외의 모든 사람'은 소토가 된다. 그러나 이 사회적 관계는 '나'와 '그 여자였던 처'의 관계와 같이 어떤 계기에 의해 동심원(同心圓)적으로 확대되어 간다. 즉 서로 남남이었던 나와 그녀가 결혼을 통해서 '우리, 즉 우치'가 되듯이, 우리 집과 옆집은 필요할 경우 '우리 동네(內)'가 되어 '다른 동네(外)'와 차별되는 것이다. 이렇게 사회적 관계의 레벨이 달라지면 우치와 소토의 구분의 경계점이 달라진다.[1]

한마디로 정리하면 우치는 나, 또는 내가 속하거나 나와 이해득실을 함께하는 '우리 편'을 뜻하고, 소토는 우리 편이 아닌 모든 대상을 뜻한다. 그렇기 때문에 우치와 소토의 범위는 상황에 따라서 확대될 수도, 축소될 수도 있다.

일본어에 '엔료(遠慮)'라는 말이 있다. 이는 조심하는 마음, 염치, 사양함, 깊은 사려 등을 뜻한다. 한마디로 '남을 의식해서 조심하는 마음'이다. 도이 다케오(土居健郎)라는 정신의학자는 일본인들이 일상생활에서 우치와 소토를 구별하는 기준을 이 '조심하는 마음'에서 찾는다. 그에 따르면, 조심(遠慮)할 필요가 있는 인간관계를 중간지대로 하면 그 안쪽은 조심하는 마음이 필요 없는(無遠慮) 집안끼리이고, 중간지대보다 바깥쪽도 역시 조심할 필요가 없는(無遠慮) 타인의 세계가 된다. 집안과 타인의 세계는 모두 조심할 필요가 없는 세계이지만 집안은 어리광과 보살핌이 이루어져서 격의가 없어진 곳이고, 타인의 세계는 조심하는 마음을 의식할 필요가 없는, 즉 나와는 아무 관계가 없는 세계이다. 일본 사회는 늘 이렇게 우치와 소토가 구별되어 '우치의 안쪽'에서는 보호되고 어리광이 받아지는 구조로 되어 있다고 본다.[2] 그래서 일본인들이 '부끄러움(恥)'이라든가 '체면(世間体)'을 의식하는 공간은 집안사람(身內)과 타인의 세계의 중간지대인 이른바 '세간(世間)'뿐이라고 한다. 일본에는 "여행길의 부끄러움은 개의치 않는다"라는 속담이 있다. 자기 동네에서는 다른 사람의 눈을 꺼려서 조심하지만 여행길에는 아는 사람이 없으니 어떤 부끄러운 짓을 해도 그때뿐이므로 멋대로 행동해도 좋다는 뜻이다.

"일본인에게는 우치와 소토의 생활공간은 엄밀히 말하면 세 개의 동심원(同心圓)으로 되어 있어, 제일 밖의 모르는 타인에 대해서는 일반적으로 무시 내지 괘념치 않는(無遠慮) 태도를 갖는다."[3]

조금 설명을 보태자면, '세 개의 동심원'의 가장 안쪽 동심원에는 조심할 필요가 없는 가족(內, 우치), 두 번째(가운데) 동심원에는 나와 생활공간을 함께하지만 가족이 아닌 사람들(世間=外, 소토), 가장 바깥쪽의 동심원에는 나와는 아무 관계가 없는, 그래서 조심할 필요도 없는 타인(他人=外, 소토)이 위치한다. 여기서 '타인'이라는 말의 뜻이 우리와는 좀 다르게 쓰인다는 점도 흥미롭다. 이에 대한 도이 교수의 설명을 들어보자.

"(일본에서는) 자기 이외의 다른 사람을 의미할 때는 타인(他人)이 아니라 타자(他者)라는 말을 쓴다. 타인이란 말은 좀 다른 의미가 포함된 말이다. 사전에 보면 타인이란 먼저 '혈연이 없는 사람'이고, '무관계한 사람'이다. 즉 타인의 본질은 '혈연이 없는 사람'이다. 그런

의미에서 부모와 자식 간은 타인이 아니다. 그러나 '부부는 원래는 타인'이었고, '형제는 타인의 시작'이라는 말이 있는 것처럼 부부·형제 관계는 잠재적으로 타인의 성격을 갖고 있다. 일본에서는 이렇게 부모 자식 관계를 이상적인 관계로 보고, 그 이외의 인간관계를 모두 이 기준으로 분별하는 경향이 있다. 예를 들어 어느 인간관계가 부모 자식 관계같이 정이 두텁게 되면 그 관계는 깊은 것이고, 그런 관계가 없으면 엷다고 여겨진다. 바꾸어 말하면 타인이 타인인 한, 두 사람 사이에는 관계가 성립되지 않는다. 그래서 타인이라는 것은 정말 '아무 관계가 없는 사람'을 의미하는, 실제로 어딘지 차가운 여운(響き)이 있는 말이다."[4]

"도식적으로 설명해보면 어리광(甘え, 아마에)이 자연적으로 발생하는 부모 자식 간의 관계는 인정(人情)의 세계, 어리광을 끌어들이는 것이 허용되는 세계는 의리의 세계, 인정도, 의리도 미치지 않는 세계는 타인들의 세계인 것이다. 물론 세 가지가 늘 확실히 구분되는 것은 아니다."[5]

우리말로 하면 타자(他者)란 '다른 사람', 타인(他人)이란 '아주 남남인 사이'로 이해하면 될 것이다. 일본인들이 평소 주위 사람들과의 대인관계는 좋으나 자기와 관계없는 사람에 대해서는 흔히 방약무인하게 행동하는 것도 모두 우치와 소토에 대한 일본인의 구별과 이에 따른 행동 기준인 '엔료', 즉 조심하는 마음의 차이에서 기인한다는 설명이다.

"이런 경향은 일본인 일반의 특징으로 곧잘 외국인의 비난을 받는다. 일본인의 태반은 이렇게 우치와 소토에 따라 태도를 바꾸는 것이 당연하다고 생각하고 있고, 우치와 소토에서 서로 다른 행동 규범을 갖는 것은 아무런 내적 갈등의 재료가 되지 않는다."[6]

일본 경제가 한창 잘나가던 1986년, 당시 총리 나카소네 야스히로(中曾根康弘)가 "일본은 미국 같은 나라보다 훨씬 '지적인 사회'이며 그 이유는 미국에는 많은 흑인과 푸에르토리코 인, 멕시코 인이 있고 그들의 지적 수준이 낮기 때문"이라고 발언하여 말썽을 빚은 적이 있다.[7] 총리쯤 되는 사람이 공식 석상에서 한 소리라고는 믿기지 않을 정도로 다른 나라 사람들에게는 실례고 뭐고 신경 쓸 필요가 없다는 식의 발언이다. 또 한 가지 유의할 점은 동심원의 가장 안쪽에 있는 "우치에서는 개인의 구별이 소멸된다"는 점이다.[8]

"우치라는 일본어가 집안이라든가, 동료들 사이와 같이 주로 개인이 속한 집단을 지칭하고 영어의 프라이빗(private)과 같이 개인 자체를 가리키는 경우는 없다는 점에 주목해야 한다. 일본에서는 집단에서 독립된 개인의 사사로운 영역의 가치가 인정되지 않는다. 일본에서 서양적 자유의 관념이 쉽게 뿌리내리지 못하는 것도 이런 점과 관계가 있다."[9]

일본 사회에서 왜 언제나 개인보다 집단이 우선시되는지 그 이유를 알 수 있을 것이다.

요괴와 이방인, 낯선 사람은 어리석은 자

'복은 집안으로, 귀신은 밖으로'라는 주문에서 귀신, 즉 오니(鬼)는 온 갖 요괴를 뜻한다. 일본에서는 무사들 사이의 전쟁도 많았고 천재지변 도 많았다. 그만큼 원통하게 죽은 사람도 많았을 것이다. 그래서 일본 에는 셀 수 없을 만큼 많은 요괴와 귀신 이야기가 있다. 흔히 일본에는 '800만의 신'이 있다고 하는데, 여기서 말하는 신이란 이른바 요괴, 도 깨비, 귀신 등 모든 초월적인 존재를 포함하는 말이고 800만이란 헤아 릴 수 없이 많다는 뜻이다.

일본의 토착 신앙인 신토(神道)는 삼라만상에 혼이 깃들어 있다는 자 연숭배, 정령숭배가 혼합된 사상이다. 신토에서는 동식물은 물론 일상 의 생활용품이나 도구에도 모두 정령이 깃들어 있다고 보고, 이들은 온갖 형태로 사람들의 생활과 밀접한 관계를 맺고 있다고 여긴다. 그 래서 이런 정령들을 자비심을 가지고 잘 다루어야 하며 가구, 빗자루, 신발 등 오래 사용하던 물건을 버릴 때도 조심하지 않으면 그 안에 깃 들어 있는 정령이 화를 내고 보복할 수 있다고 믿는다.[10] 그래서 일본 인들은 별별 것을 다 신으로 받들어 모신다. 먼 옛날에만 그랬던 것이 아니라 1929년에도 나가노 현(長野県) 고노타(此田)라는 곳에서는 원령 이 들었다는 '꽹과리 소리'를 신으로 받들어 신사에 모신 일이 있다고 한다.[11]

우리나라에는 무당 같은 사람을 제외하고 평소에 요괴, 귀신, 원령 등과 가까이 지내려는 사람은 좀처럼 없다. 그러나 대부분의 일본인들 은 요괴라는 것은 늘 주위에 존재한다고 여기고 이를 '관리'하는 듯하

다. 그래서 일본에는 옛날부터 요괴에 관한 이야기나 그림, 연극, 영화, 만화 등도 수없이 많고, 역발상으로 요괴를 관광자원으로 이용하는 도시도 있다. 일본 요괴 만화의 1인자라는 평을 듣는 미즈키 시게루(水木しげる)의 출신지인 돗토리 현(鳥取県)의 사카이 시(境港市)에서는 1993년부터 기차역 앞 약 800미터가 되는 거리를 '미즈키 시게루 로드'라고 이름하고 그의 작품에 등장하는 요괴 등의 모습을 귀여운(?) 청동상으로 만들어 설치하여 관광객을 모으고 있다. 지금까지 총 150여 개의 청동상이 설치되었다는데, 물론 그 옆에는 요괴 캐릭터의 갖가지 물건을 파는 상점들도 있다. 인구 약 35만 명의 도시에 연간 약 300만 명의 관광객이 찾는다고 하니 대단한 성공이다.[12]

일본에서는 메이지 시대부터 요괴학(妖怪学)이라는 새로운 학문 분야가 생겨나서 100년 이상의 역사를 가지고 있다.[13] 1987년에는 국제일본문화연구센터라는 국립 연구기관도 설립되어 요괴에 관한 데이터베이스(怪異, 妖怪伝承データベース)까지 만들어 관리하고 있다. 민속학자 고마쓰 가즈히코(小松和彦) 교수는 "요괴라는 것이 일본 문화의 보이지 않는 속 부분을 어느 정도 파헤쳐갈 수 있게 만들어주는 하나의 입구를 제공하는 것이 아닌가 하는 것이 나의 생각"이라고 말한다.[14] 그는 요괴란 정체가 모호한, 그래서 참으로 정의하기 어려운 존재라고 전제하면서도 일본의 민화 등을 분석하여 일본인들이 요괴라고 말하는 존재의 특성을 대강 아래와 같이 정리, 설명하고 있다.[15]

먼저 요괴란 일반적으로 신이라고 불리는 존재를 포함하여 초월적·초자연적 존재들 중에서 인간에게 재앙을 주거나 난폭한 짓을 하는 괴물을 말한다. 그러나 일본인들에게는 요괴라고 해서 모두 퇴치의 대상이 되는 것은 아니다. 일부는 죽이고 쫓아내거나 해서 퇴치하고 일부는 일정한 틀, 예를 들면 인간 세상에 접근할 수 있는 경계를 설정하는 등의 조건을 붙여서 그 범위 안에서 신사(神社)[16]를 세워 제사 지내거나 받들어 모시면서 같이 살아간다. 우리 인간과 그들 요괴 사이의 경계, 즉 우치(内=인간)와 소토(外=요괴)의 구분은 공간적·시간적으로도 할 수 있다. 예를 들면, 부뚜막이나 이로리(囲爐裏)[17]는 인간들의 공간, 지붕, 변소 등은 그들이 나타날 수 있는 공간으로, 또 밤은 오니의 시간, 낮은 인간들의 시간으로 구분하는 식이다. 이렇게 경계를 설정하고 마쓰리라는 제사 행위를 함으로써 요괴 또는 신을 일정한 곳에 가두어둘 수 있다.

두 번째로 요괴는 뱀의 모양을 한다거나 뿔이 있다거나 해서 민속 공동체의 인간과는 부류(類)가 다르거나 모습(形)이 다른 '이류이형(異類異形)'의 '타자성(他者性)'을 가진 존재이다. 즉 요괴는 민속사회의 밖에서 그들만의 집단을 이루고 있는 존재인 것이다.

세 번째로 요괴는 무엇인가의 재앙을 받아 원망스러운 마음을 가지고 있는 원령이므로 제사 행위를 통해서 이를 달래지 않으면 여러 가지 재앙과 불운을 가져올 수 있다. 고마쓰 교수는 이 제사 행위를 요괴와 신을 구별하는 기준으로 보고, 제사를 받지 못하는 초자연적인 존재를 요괴, 인간의 제사로 받들어지는 존재를 신으로 구분한다. 또 신사에 받들어지고 있는 신도 제사가 충분치 않다든지 하는 이유가 있으면 다시 인간 세상에 나타나 재앙을 만들 수 있다. 반대로 난폭해진 영혼도 제사를 지내면 선한 존재로 바뀔 수 있다. 즉 일본의 요괴는 유동적이고 가변적인 성격을 지닌다.

이상을 다시 요약해보면 요괴는 제사를 받지 못하는 초자연적인 존재, 우리(内. 우치)와는 다른 모습을 한 타자성을 가진 존재, 다른 세계에 존재하여 인간에게 공포심을 일으키는 존재, 또 인간에게 원한이나 시기심을 가지고 있어 여러 가지 재앙을 가져올 수 있는 존재를 말한다.

위에 열거한 여러 가지 유형의 요괴 중에서 고마쓰 교수가 특히 주목한 것은 '이류이형의 타자성 요괴'이다. 여기에는 인간과는 모습이 다른 동물이나 괴물은 물론, "인간이라도 자기들이 들어본 적이 없는 말을 지껄이거나 다른 복장이나 생활을 하는 사람들도 전부 포함된다."[18] 그는 이를 '이인(異人)'이라고 칭했는데 민속사회의 외부에 살면서 여러 가지 기회를 통하여 정주민(定住民)과 접촉하는 사람들을 뜻한다.[19] 그는 "동질성을 갖는 사회집단에서 이질적 존재에 대한 집단 구성원의 심성, 즉 외부인에 대한 집단 내부의 거부감이 그들을 요괴로 몰고 가기도 한다."라고 말한다. 그가 이방인과 요괴의 연관성에 대하여 설명한 글 중에서 재미있는 내용이 있어 요약, 인용한다.

"(우치의) 동심원이 확대되어감에 따라, 우치와 소토의 관계, 즉 우리들과 그들의 관계는 점차 변해간다. 타자성이란 그런 의미이다. 끝까지 '우리들'이 될 수 없는 '그들'이 존재하고 그 반대편에 그들이 될 수 없는 나 또는 우리들이 존재한다 …… 요괴란 끝까지 …… '우리들'이 될 수 없는 '그들'과 깊게 연관된 존재이다. 사회적 관계의 변화에 의해 형제나 처도 어떤 계기(원한 등)에 의해 요괴가 될 수 있다."20

일본의 여러 지방에는 뱀, 원숭이, 개, 갓파(河童: 강, 호수, 바다 등지에 사는 상상 속 동물) 등이 등장하여 벌어지는 소동에 관한 전설이 많다. 고마쓰 교수의 책에는 그런 이야기들 중 하나로 〈원숭이 사위 猿智人〉에 관한 이야기가 소개되어 있는데, 잠깐 그 줄거리를 살펴보면 다음과 같다.

"먼 옛날 딸 셋을 가진 영감이 있었다. 밭일이 너무 힘들어서 '이 밭일을 도와주는 사람이 있으면 사위로 삼겠다'라고 중얼거렸다. 그 소리를 들은 원숭이가 나타나 밭일을 해치웠다. 약속대로 사위를 삼기로 하고 딸들에게 그 원숭이에게 시집가라고 권했으나 첫째 딸, 둘째 딸은 아버지의 부탁을 거절했다. 결국 효성이 깊은 셋째 딸이 아버지의 부탁을 받아들여 원숭이에게 시집을 가기로 했다. 시집가는 날, 그 딸은 나중에 친정에 올 때 아버지가 좋아하시는 떡을 만들어 드리고 싶다고 하면서 신랑인 원숭이에게 떡을 찧을 때 쓰는 무거운 절구와 쌀을 등에 지게 하고 길을 떠났다. 도중에 신부는 원숭이에게 계곡에 핀 벚꽃을 꺾어달라고 졸랐다. 원숭이는 무거운 등짐을 지고 벚나무에 오르다가 나뭇가지가 부러져서 계곡의 급류에 휩쓸려 빠져 죽어버렸다. 막내딸은 기뻐하면서 집으로 돌아와 아버지에게 효도하면서 행복하게 살았다."21

고마쓰 교수에 따르면 위에 나오는 원숭이 사위는 바로 '이류이형

(異類異形)의 타자적 존재', 즉 민속사회 내의 '우리'와 다른 외부인을 상징한다. 도움이 필요할 때 이용했던 그 외부인을 배신, 살해한 죄를 범해도 민속사회 속의 '우리'는 아무 일도 없었던 것처럼 행복하게 살아간다는 것이다. 이 이야기는 '이류(異類)세계의 원숭이'와 '인간세계의 영감'의 관계를 '어리석은 자(원숭이 사위)'와 '지혜로운 자(장인과 신부)'의 관계로 전환시키고 이를 다시 지혜로운 자를 선(善), 어리석은 자를 곧 악(惡)으로 분류하여 최종적으로는 선악(善惡)의 대결에서 선한 자가 승리하는 것이 정당하다는 식의 암시를 준다. 고마쓰 교수는 이 이야기가 이방인에 대한 범죄를 긍정하는 민속사회의 의도 내지 지향점을 보여주는 것이라고 해석한다.[22] 여기에서 '지혜로운 자(善)'와 '어리석은 자(惡)'를 강자(强者=善)와 약자(弱者=惡)로 해석할 수도 있을 것이다. 즉 강한 자, 이긴 자가 곧 선한 자라는 논리가 그 바탕에 깔려 있다는 말이다.

그의 〈이인론 異人論〉에는 민속학자들이 일본 전국에서 채집한 여러 가지 이인 살해(異人殺害)의 전설이 소개되어 있는데, 타지에서 흘러들어온 행각승, 장님 등의 타자성 존재가 억울한 해를 입는 이야기가 많다. 고마쓰 교수는 이인과 요괴의 관련성에 대해서 이런 흥미로운 분석을 했다.

"이인이란 민속사회의 사람들에게 '사회관계상의 타자'이다. 이에 비하여 요괴란 사람들의 '상상력에 의해 만들어진 타자'이다. …… 이인이 사람들의 상상력을 자극하고, 여기에 환상화라는 처리가 이루어지면 요괴가 만들어지는 것이다."[23]

고마쓰 교수가 말하는 '사회관계상의 타자, 또는 이인(異人)'이란 다리 밑이나 개천가에서 시체 처리 등의 궂은일을 하면서 사는 사람들이나 산속에 사는 무속인, 화전민과 같이, 촌락공동체 사람들과는 따로 떨어져 살면서 직업을 달리하는 집단을 포함한다. 촌락공동체 사람들에게 이런 사람들은 때로는 필요한 존재이기도 하지만 동시에 자기들과는 이질적인 존재로서 편견, 차별, 배척의 대상이 되었고, 때로는 이해관계의 충돌로 자기들에게 도움을 준 그들을 배반, 살해하기도 했다. 이 과정에서 촌락사회의 사람들에게는 마음의 상처가 남게 되는데, 이런 부당한 일을 "교묘하게 정당화"[24]하여 그 마음의 상처를 치유하려는 촌락공동체의 의식적 노력이 '이인의 요괴화'로 나타났고, 그 결과물이 원숭이 사위, 야마우바(山姥), 덴구(天狗) 등의 이야기로 만들어졌다는 것이다. 이방인에 대한 일본인들의 심리적 바탕의 한 면을 보여주는 분석이다.

이렇게 이인(이방인)을 요괴로 취급해서 '원숭이 사위'와 같이 없애버리고 자기들은 행복하게 살 수도 있지만 부당한 일을 당한 그 원령은 언젠가 보복이나 해코지를 할지도 모른다. 그래서 억울한 일을 당한 '이인의 복수에 대한 민속사회의 공포'[25]는 늘 그 구성원들에게 심리적인 압박이 된다. 1923년, 간토 대지진(関東大震災) 때 6,000명 이상의 조선인을 무차별 학살한 일본인들의 심리적인 바탕도 같은 맥락에서 살필 수 있을 것이다.

"내선일체(內鮮一體)와 황국신민화(皇國臣民化), 대동아공영권(大東亞共榮圈) 건설, 탈아론(脫亞論) 등으로 식민지 지배를 정당화하고 이를 촉진하려고 노력하던 당시 많은 일본인들의 마음속 깊은 바다에는 조선인을 멸시하는 마음과 함께 두려워하는 마음도 가지고 있었다. …… 간토 대지진 때 일본인의 조선인 무차별 학살은 이러한 일본인의 심리가 표출된 것이며, 그 때 일본인들에게 조선인은 '두려운 것, 증오스러운 것, 죽어도 좋은 것'이었다."[26]

스스로의 정당하지 못한 행동에 대한 자괴감과 이에서 파생되는 두려움이 부당한 피해로 원한을 품고 있을 조선인을 '요괴같이' 취급한 것으로 볼 수 있다. 재일 교포들에 대한 일본인들의 끈질긴 차별도 같은 맥락에서 살필 수 있을 것이다. 학자들의 연구에 따르면 헤이안 시대 말기와 같이 사회·경제적으로 불안하고 정치적 권력이 귀족에서 무사계급으로 넘어가는 등의 변혁기에 요괴에 관한 기술이 더 많이 나타났다고 한다.[27] 급격한 사회적 변동이 일어나는 과정에서 그만큼 억울하게 불이익을 당하고 원한을 갖게 된 사람들이 많았다는 뜻일 것이다. 요괴 이야기는 이만하고 일본인들의 우치와 이에에 대한 생각을 좀 더 살펴보자.

우치와 이에, 이에와 혈연

사회적 동물인 인간은 두 사람 이상이 모여서 집단을 만들기 마련이다. 그리고 그 집단에 속한 인간들은 한 패거리, 곧 새로운 우치로 서로 자리매김하고 그 소속감에 안심하게 된다. 그 대표적인 예가 두 사람이 부부가 되어 만드는 가정, 즉 우리 집이다. 이때 쓰는 '집 가(家)' 자는 일본어에서는 '이에' 라고 읽는다. 일본어의 이에라는 말도 두 가지 뜻으로 쓰인다. 하나는 단층집, 이층집이라고 할 때의 건물을 지칭하는 뜻이고 또 하나는 가문을 뜻한다. 일본인들이 이 말을 가문의 뜻으로 쓸 때에는 그 의미를 주의 깊게 살펴야 한다. 우리나라에서는 가문의 뜻으로 쓰는 '집'이라는 말은 혈연관계가 있는 가족과 그 배우자의 범위를 벗어나지 않는다. 그러나 일본어의 '이에' 가 말하는 가족관계의 성질과 그 집단의 구조는 우리가 쓰는 뜻과는 전혀 다르다. 이에 대해서는 도쿄 대학교 와타나베 히로시(渡辺浩) 명예교수의 책에 자세한 설명이 있어 요약, 인용한다.

"근세 일본의 이른바 '이에'는 …… 중국의 '가(家)'나 조선(우리나라)의 '집(家)'과는 다르다. …… 단순히 조상과 자손을 포함하는 혈연집단이라고는 말할 수 없는 일종의 형식적 기구라는 성질을 강하게 띠고 있다. …… 이에는 개개인의 집합이라고 하기보다는 개개인을 초월하여, 개개인을 그때그때의 실질 재료로 하는 형식적·영속적 기구(로) …… 경영체(corporation)의 성격을 갖는 것이다. 이 경영체는 그 조직 자체의 사회적 기능(家業: 가업)이 있고 자체의 이름(家名/屋號: 가명/옥호)이 있고 자체의 명예(家名/家柄: 가명)가 있고 자체의 상징(家紋: 집안의 문양)이 있고 자체의 재산이 있고(家督: 가독) 그때그때의 대표자(当主: 당주)를 가지고 있다. 대표자의 교대는 '이에를 잇는다' 고 표현한다. …… 이에는 그 자체를 영속적으로, 또 가능하면 점차 번성해가는 것을 목적으로 하는 일종의 경영 단체이다.

…… 그러나 중국이나 조선의 '가(家)'에는 그런 성격이 없다. 중국이나 조선은 엄격히 부계의 선조를 공유하는 종족, 또는 그 일부로서 가계(家計)를 함께하는 생활공동체를 뜻한다. …… 개인을 초월하여 존재하는 '기구(機構)'라는 성격은 없다. …… 따라서 중국이나 조선의 '가(家)'에는 자식이 아버지의 직업을 떠나서 전혀 다른 각각의 직종에 종사해도 그 집안의 동일성은 조금도 훼손되지 않는다. …… 무엇을 하더라도 아버지와 같은 성을 가진 남자가 있는 한 그 집안은 계속된다. …… 사회적 명성을 얻는 주체는 개인이며, 개인이 '가업'을 통해서 '가명'을 위하여 일하는 것은 아니다."[28]

10세기 이전 일본의 결혼 풍습과 상속제도에서는 여성도 사회적·경제적 자율성을 가졌다고 알려졌다. 이성 관계에서 여성은 유연성을 가지고 있었고 여성의 입장에서는 결혼 관계의 지속은 '마음이 내키는 동안만큼'이었다. 그런 면에서 많은 학자들은 고대 일본의 혈족 조직이 모권제(母權制)였다고 본다.[29] 또 그때까지는 여자도 다른 형제들과 같은 자격으로 양친의 재산을 상속받았다. 그러나 10세기 이후 무사계급이 등장하고 그들의 정치적 영향력이 확대되어가면서 무가(武家)들 간에 세력 경쟁이 심해지자 상속 등으로 재산이 분할되어 가문의 힘이 약화되는 것을 피하려는 경향이 나타났다. 결혼의 관습도 모계적인 것과 부계적인 것의 혼합으로부터 차츰 신랑 집으로 신부를 맞아들이는 형태로 변해갔다. 그 결과 가마쿠라 시대(鎌倉時代, 1185~1333년) 후기가 되면 점차 가업을 잇는 한 사람의 남자에게만 상속하는 단자 상속제(單子相續制)로 변해갔다. 이는 경쟁적인 무사 세계에서 가문, 즉 이에의 재산인 토지와 군사력을 유지하기 위한 것이었다. 이런 과정을 통해서 무가는 보다 능률적인 군사 조직으로 변해갔으며 이런 관행은 점차 일반인에게도 전파되었다. 15~16세기의 일본은 이렇게 경제적 실력을 키워서 자립해간 무사들이 각 지방에서 서로 경쟁하는 사회로 변했다.[30]

집안의 대를 이을 사람, 즉 호주의 신분을 가독(家督)이라고 하며 이에를 대표했고 그 후계자 또한 가독이 지명했다. 비교적 우리나라와 접촉이 많았던 쓰시마 섬과 규슈 지방을 제외하면 일본에는 장남 우대 의식이 드물었다고 한다.[31] 즉, 이에의 후계자는 장남이 아니더라도 가능했고 혈연이 아니더라도 양자가 되면 가능했다. 에도 시대 무가의 약 30퍼센트 이상이 양자로 입적되어 이에를 승계했다고 알려져 있다.

이에의 범위에는 차츰 가업을 위하여 같이 생활하는 하인, 고용인 등 가족 이외의 구성원도 포함되었다. 한편 상속권을 얻지 못한 아들(들)은 흔히 '밥벌레, 애물'이라는 말을 들을 정도였고 그들은 상속자의 가신이 되어 이른바 '스테부치(捨て扶持)'[32]라도 얻지 못하면 살아갈 길이 없었다. "형제는 타인의 시작"이라는 일본 속담은 이런 배경을 설명하는 말이기도 하다. 이에가 가족 이외의 구성원을 포함하는 생활공동체의 성격을 가지게 되자 그 구성원들은 혈연에 덜 집착하게 되었고 가장의 권위는 절대적이었다. 가장은 가족의 혼인, 양자, 분가, 거가(去家)[33]에 대한 동의권을 가지고 가족의 불복종을 인정치 않았는데, 이는 메이지 민법(明治民法, 1898년)에도 그대로 반영되었다.[34] 그래서 "무서운 것은 지진, 벼락, 화재, 아버지"라는 말이 있을 만큼 가장의 권위는 절대적이었다. 이에 비해서 어머니의 지위는 낮았고 그래서 본처가 낳은 자식과 첩의 자식들 간의 차별도 없었다.[35] 에도 막부(도쿠가와 막부)

의 쇼군(將軍) 15명 중에서 아버지의 정실이 낳은 아들은 초대 이에야스(家康), 3대 이에미쓰(家光), 15대 요시노부(慶喜)인 3명뿐이다. 능력에 따라서는 양자 또는 데릴사위도 가장의 지위인 가독을 물려받을 수 있었기 때문에 자연히 이에 내에서 구성원들 간의 경쟁이 치열했다. 최선을 다해서 자기 능력을 키우지 않으면 이에 내에서도 낙오자가 될 수 있기 때문이었다. 그런 이유로 일본 사회는 일찍부터 능력, 즉 힘이 지배하는 경쟁 사회였고 약자는 동정하지 않았다. 근세 초기에 이르기까지 일본에는 사회를 위한 정의의 관념 같은 것은 없었고 심지어 일본에서는 약소 세력은 그 자체가 부도덕한 것으로까지 취급되었다고 한다. 스스로 강해지려는 노력이 부족했다고 보기 때문이다. 이런 사고방식이 일제강점기 이후 일본인들이 조선인들에게 보인 "그 말할 수 없는 태도에 짙게 나타나 있다"라는 것이 소설가 시바 료타로의 말이다.[36]

가문과 주군, 그리고 오야가타

당초 무사들의 명예와 봉록(俸祿)은 전쟁터에서 이룩한 개인의 무용을 기준으로 정해졌다. 그러나 전쟁이 차츰 무사 한 사람의 용맹에 의존하는 방식에서 무가(武家/武門) 단위의 집단전으로 바뀜에 따라 무사에게 요구되는 규범도 개인의 용맹에서 집단에의 충성으로 바뀌게 되었다. 전국 시대가 끝나고 에도 막부가 설립되어 평화 시대가 계속되자 전시의 조직 체제는 그대로 평화 시대의 이에가 되고, 번(藩)이 되었다. 번의 우두머리인 다이묘(大名)의 이에를 '오이에(お家)'라고 하는데 이는 그 번에 종사하는 모든 가신들의 이에를 포괄한다. 그래서 개인들의 이에는 주군의 오이에에 흡수되어 보다 큰 집단인 부락의 핵을 이루는 기초단위가 되었다.[37] 일본의 도시나 마을을 뜻하는 마치(町)나 무라(村)의 구성단위도 개인이 아니라 이에였다. 그래서 일본 사람은 "대대로 지속될 이에에 태어나서 그 구성원으로 살아가는 것을 당연하게 생각했다. …… 따라서 자기 이에의 지속과 번영은 무사나 상인, 농민계급뿐만 아니라 모든 일본인들이 갖게 된 인생 최대의 희망이고 의무이며, 그 단절은 전형적 불행"[38]이라고 여겼다.

무사를 포함한 일본인들의 신분은 대부분이 세습제였고 그것도 종신이자 강제 고용제였다. 번, 즉 이에를 떠나서는 어디에도 몸을 의지할 곳(직장)이 없었던 사회구조였다. 자연히 오이에와 그 우두머리인 주군에게 충성을 다하는 것이 곧 나와 나의 가족을 지키는 일이었고 일본인이 가장 소중히 여기는 의(義)가 되었다. 그래서 무사 소설을 읽다 보면 이런 대목도 나오는 것이다.

"주군을 해치려 온 자는 설령 내 아버지라도 용서할 수 없다."[39]

동시에 부하가 이에를 위하여 주군을 감시하는 이야기도 나온다.

"(번의 정무 책임자) 마타시로(又四郎)는 …… 몇 명의 정보원을 (주군인) 쓰나노리(綱憲)의 측근에 심어놓고 있다. 이는 …… 이에를 지키기 위한 자위 수단이다. 쓰나노리는 주군이지만 어차피 다른 가문에서 (양자로) 영입된 '일대 한정(一代限定)'의 주군이다. 일대 한정의 주군이 여러 대를 내려온 이에를 마음대로 농단하게 할 수는 없다. 이에의 중책을 맡은 가로(家老)로서 이에를 지키기 위해서는 늘 주군을 감시하지 않으면 안 된다. …… 우에스기 가(上杉家)뿐 아니라 양자를 주인으로 모시는 가문에서는 어디에서나 주군을 한시도 감시의 눈이 떨어지지 않는 감시망의 안에 둔다."[40]

일본인에게 자기가 모시는 주군의 가문은 바로 자기와 가족들의 생활 터전이자 주군을 포함한 무엇과도 바꿀 수 없는 귀중한 공동체이다. 주군에게 충성을 다하는 것도 바로 오이에를 지키기 위함이고 그것이 곧 나와 나의 가족을 지키는 일이기도 하다. 그래서 이런 말을 할 수 있는 것이다.

"이에의 이름으로 이루어지는 일은 모두 예외 없이 선(善)이고, 진(眞)이고, 미(美)가 된다."[41]

역사 드라마나 소설을 보면 주군인 다이묘에 대한 부하들의 호칭이 흔히 '오야가타 사마(親方樣)'이다. 오야가타란 아버지를 뜻하고 사마는 님이란 존칭이다. 무사들뿐만 아니라 목수나 미장이 같은 장인들의 우두머리, 씨름이나 다도, 꽃꽂이 등 기예의 스승, 또는 야쿠자(조직폭력배 집단)의 두목 등, 조직이나 단체, 즉 이에의 우두머리는 모두 그 내부에서 '오야가타(사마)'로 불린다. 이에 반해서 부하들을 가리키는 말이 '꼬붕(子分)'이며, 이는 곧 자식의 신분을 뜻한다. 이에(家) 속의 두목과 부하는 호칭부터 아버지와 아들의 관계로 자리매김하는 것이다. 그렇기 때문에 일본 사회에서 효(孝)란 자기를 낳아준 아버지에 대한 효를 뜻하기보다는 이에를 위한 효를 뜻한다. 따라서 최대의 불효는 가업에 힘쓰지 않아 이에의 재산인 가산을 없애고, 이에의 이름인 가명을 더럽히는 것이다. "결국 가업(家業)에 정진하는 것이 효의 중심"인 셈이었다.[42] 이런 배경으로 친자식이 다른 이에에 종사하게 되면 그는 사실상 친아버지와의 부자 관계가 소원해지고, 경우에 따라서는 서로 적이 될 수도 있다. 형제의 경우는 더 말할 필요도 없다. 이런 구조이므로 일본에서는 설령 현재의 가족 구성원이 한 사람도 남지 않게 된 경우에도, 그 이에의 가산과 제사 등을 어딘가 맡겨서 관념적으로 이에를 존속시켰다가 기회가 있으면 다시 일으키는 것이 가능하다.[43]

반대로 양자로 간 가문을 지키기 위하여 친아버지의 죽음을 보면서도 손을 놓고 있는 일도 가능한 것이다. 소설가 시바 료타로의 경우에도 할아버지가 상인이었고 그의 아버지는 외아들이었는데, 료타로의 아버지는 성장한 후 약간의 재산만 얻은 채 집에서 나와야 했다고 한다. 그 집안의 가업은 자기 집 점포의 지배인과 결혼한 딸(료타로의 고모)이 승계했고 료타로의 아버지는 그 점포(원래 자기 집)의 종업원이 되었는데 이 경우 제사를 지내는 것도 그 딸과 양자 사위가 맡는 것이 일본의 관습이다. 상인들의 이런 양자제도는 어릴 때부터 주인의 곁에서 10여 년 이상 일하면서 자기의 능력을 증명한 사람을 양자로 뽑는 것이므로 이에가 잘못되지 않는다는 생각에서 나온 일이다. 또 종업원들의 입장에서는 잘하면 양자가 되어 가업을 물려받을 수 있으므로 더욱 분발하게 된다.[44] 일본에 수백 년 이상 같은 이름으로 운영되는 회사나 점포가 많은 것도 그런 문화적 바탕이 있기 때문이다. 와타나베 히로시(渡辺浩) 교수는 근세 일본의 저변에까지 뻗어 있는 이런 이에 및 양자제도를 "상자(箱) 내지 과거에서 미래로 뻗어가는 통(筒)"과 같은 것이라고 설명한다. 대나무의 속이 비었어도 마디와 목질만으로 튼튼하게 뻗어나가는 모습과 같이 일본의 이에도 혈연의 이어짐이 없이도 계속되는 것이다. 천황 가(家), 도쿠가와 가를 정점으로 각각의 이에는 가명(名), 가격(格), 가산(産)을 가지고 가업을 영위함으로써 "마치 마디와 굵기가 각각 다른 통대나무들을 묶어서 쌓아놓은 것처럼" 전체 일본 사회를 구성하고 있다는 설명이다.[45]

　초기에 농업사회에 기초를 둔 이에의 관습은 그 후에도 마을, 회사, 각 기관 등 일정한 공간적인 틀을 공유하는 집단으로 확대됐다. 그 조직 속의 모든 사람을 집단 구성원으로 생각하고 조직 바깥의 사람들과 차별하는 배타적 집단성을 형성한 것이었다. 이런 소토에 대한 배타적 집단성이 황실의 존재를 무조건적으로 떠받들고 추종하는 바탕이 되었다고 평가한다.[46] 메이지 정부는 1871년 호적법을 제정했는데 이때도 국민을 이에 단위로 파악하여 징병·징세 등을 시행했다.[47] 개개인의 가정을 중심으로 하는 이에 제도는 일본이 산업화돼가면서 가장들이 가업을 잃고 경제력이 점차 약화되어가던 다이쇼(大正, 1912~1926년) 시대에 이르러 서서히 붕괴 현상을 보이기 시작했고 태평양 전쟁 후에 급격히 소멸해갔다.[48] 그러나 자기가 속한 집단이나 조직(이에, 우치)에 대한 일본인들의 의식은 크게 변하지 않은 듯하다.

가문을 잇겠다면 혈통은 잊어라

일본의 가족제도에서 특히 우리와 다른 점은 그들이 가까운 친척끼리의 결혼(近親婚)을 허용하고 성이 다른 사람도 양자(異姓養子)로 받아들인다는 것이다. 메이지 유신 때까지 일본의 서민들은 대부분이 공식적으로는 성(姓)이 없었으므로 친척 간의 혼인이 흔히 이루어진 것은 오히려 자연스러웠을 것이다. 일본에서는 사촌끼리의 결혼도 드문 일이 아니었다. 또 양자(養子)의 경우도 우리나라나 중국은 멀어도 혈연상의 친족이라야 '대(代)를 잇는 것'으로 인정되고, 조상의 제사를 모시는 것도 의미 있는 일이 된다. 그래서 형제가 한집에 살고 있어도 아들이 없는 형제를 위하여 양자를 주는 일도 있었다. 그러나 근세 일본에서는 성이 다른 사람을 양자나 데릴사위로 맞아 가장의 지위(家督)를 잇게 하는 경우가 모든 계층에서 흔히 있었다. 성이 다른 집에 양자나 데릴사위로 가는 사람은 새로 간 집의 성을 갖고 원래의 성은 버린다.[49] 그래서 일본인들은 성을 바꾸는 일을 쉽게 생각했고, 창씨개명(創氏改名) 같은 발상도 가능했던 것이다.

일본에서 양자를 맞이하는 목적은 무엇보다도 호주의 신분으로 가업을 잇도록 하는 것이다. 즉 그들에게는 가업을 이어가는 것이 혈통의 연속보다 우선했다. 그래서 양자를 들일 때 혈맥이나 우리의 항렬 같은 것은 애초부터 따지지도 않았다. 뒤에 소개될 〈충신장〉 이야기에 나오는 기라 요시마사(吉良義周)는 친할아버지의 양자로 들어갔고, 17세기 일본의 유명한 양명학자 구마자와 반잔(熊澤蕃山)은 외할아버지의 양자가 되었다. 도쿠가와 막부의 5대 쇼군 쓰나요시(綱吉)는 친형인 4

대 쇼군 이에쓰나(家綱)의 양자가 되어 뒤를 이었다. 〈하가쿠레葉隱〉라는 무사도에 관한 책으로 유명한 야마모토 죠초(山本常朝, 1659~1719년)는 11세 때 그 아버지가 죽었는데, 자기보다 연장자였던 조카가 아버지의 양자로 입적되어 가독을 이었다.[50] 우리 기준으로 보면 조카가 형이 된 셈이다. 이런 연유로 근세 일본에서 이에(家)에서의 아버지란 혈연관계를 불문하고 자기가 소속된 이에의 대표자(当主)를 뜻한다. 마찬가지로 이에의 선조 또는 선대(先代)란 자기가 속한 이에의 가독(家督)을 주고받은 역대의 당주(当主)[51]를 가리킨다.

성씨는 혈통, 직업 또는 지배지역의 표시

우리나라에는 240여 개의 성씨가 있다. 이에 비해서 일본에는 적게 잡아도 약 27만 개 이상의 성씨가 있다고 한다.

우리의 성(姓)은 가문의 혈통을 표시하는 것이다. 이에 비해서 일본에서 성(姓), 또는 같은 뜻으로 쓰는 묘오지(名字/苗字)라는 말은 사람에 따라 혈통을 표시하는 명칭이자 때로는 조상의 직업, 또는 살던 지역의 명칭이기도 했다. 즉 옛날에는 혈통을 표시하는 우지(氏/本姓), 직업을 표시하는 가바네(姓), 자기가 지배하는 지역의 이름에서 따온 묘오지(名子/苗子) 등이 서로 다른 의미로 사용되었다. 그러던 것이 메이지 유신 이후에 모두 성(姓) 또는 묘오지라는 말로 통합되어 구분 없이 쓰이고 있다. 일본인들이 옛날부터 친형제 간이라도 서로 다른 성을 가진 경우가 많았던 것도 이런 복잡한 이유가 있기 때문이다. 그 내역을 좀 더 살펴보면 그들의 사고방식을 이해하는 데 도움이 된다.

옛날 일본의 지방 귀족들은 자기들이 사는 곳의 지명을 호칭으로 사용했다. 우리나라에서 지난날 '서울 형님, 광주 아주머니'하는 식의 호칭을 사용하던 것과 같다. 4~5세기에 이르러 농업 생산성이 크게 오르고 각지에서 토착 호족(豪族)이 생겨나자 중앙정부(야마토 정부)에서는 이를 통제할 방법으로 씨성(氏姓)제도를 만들었다. 야마토(大和) 왕권에 대한 호족들의 공헌도나 정치적 비중에 따라 혈통에 따른 이름인 우지나 직업에 따른 명칭인 가바네가 주어졌다. 자연히 씨성이란 중앙정부와 긴밀한 관계를 가졌던 소수의 귀족 가문에만 허용되었고 대부분의 백성들에게는 허용되지 않았다.[52] 그래서 보통 '우지(氏: 本姓)'라고 불리던 혈통에 따른 이름(氏名)도 미나모토 씨(源氏, 약칭 겐지), 다이라 씨(平氏, 약칭 헤에시), 후지와라 씨(藤原氏, 약칭 도오시), 타치바나 씨(橘氏, 약칭 기츠시) 등 몇 가지밖에 없었다. 그래서 개인을 구별하는 호칭을 찾는 것이 근본적으로 어려웠다. 이런 이유로 왕족, 귀족 등은 실제의 이름 대신 관직명(官職名)이나 거주지의 지명을 그 사람의 호칭으로 썼다. 토착 호족들도 어느 사람을 지칭하는 고유명사는 위의 여러 가지 요소, 즉 혈통·직업·주거지명을 조합한 통칭 등을 사용하는 습관이 있었다.[53]

직위나 직무를 구분하는 명칭을 '가바네(姓)'라고 했는데, 예를 들면 토기를 만드는 사람을 하지베(土師部), 군대의 일을 맡아보는 사람을 모노노베(物部), 궁중 의례와 예식을 담당하는 사람을 시키부(式部)라고 부르는 식으로, 하는 일과 신분에 따라 가바네가 정해졌다. 이런 제도가 세습되서 이어오자 자연스럽게 씨족의 족장의 지배력이 사회통제의 기초가 되었다. 가바네 제도는 7세기에 율령(律令)국가[54]가 성립하여 관료(國司, 郡司 등)가 지배하는 사회로 변해갈 때까지 유지되었다. 헤이안 시대(794~1185년)가 되면서 우지(氏)는 혈통을 뜻하고 가바네(姓)는 직업을 의미하던 개념은 사라지고 구분 없이 같은 뜻으로 사용되었다. 헤이안 시대 후기에 이르면 율령제(律令制)가 무너지고 자기가 개척한 토지나 재산을 지키기 위한 전문 무사 집단이 나타났다. 이들 무사들은 스스로 지배하는 토지의 소유권을 주장하기 위하여 혈연을 나타내는 우지와는 별도로 자기가 소유하는 토지의 지명을 이름 앞에 붙여서 우리의 성과 같이 사용했다. 이를 '묘오지(名字/苗字)'라고 부르며 대대로 물려주었다. 흔히 '씨성(氏姓)'이라고도 하는 '우지(氏)'와 가바네(姓)'는 천황으로부터 받는 것인데 비하여 '묘오지(名字)'는 자기 스스로 붙인다는 점이 다르다.

묘오지에 지명을 쓰는 것은 그 토지를 스스로의 힘으로 점유하고 다른 무사들로부터도 이 점을 인정받고 있다는 것을 뜻한다. 그래서 무사들은 혈통을 나타내는 씨명(氏, 姓)보다 지명에서 따온 묘오지를 더욱 중시했다고 한다. 무로마치(室町) 막부 초대 쇼군 아시카가 다카우지(足利尊氏, 1305~1358년)의 경우 혈연을 뜻하는 씨명은 미나모토(源)이다. 그래서 혈연을 기준으로 한 이름은 미나모토노 다카우지(源尊氏)이지만 지금의 도치기 현(栃木県)에 있던 시모츠케노쿠니 아시카가 군(下野国足利郡)에 장원(莊園)을 가지고 있었기 때문에 주로 아시카가 다카우지(足利尊氏)라는 이름을 썼다.[55]

가마쿠라 시대(1185~1333년)가 되면 규모가 큰 무가(武家)는 영지를 확대하여 전국 각지에 토지를 소유하게 되었다. 그러나 당초 묘오지는 가독(家督)을 얻은 아들에게만 전해지고 그렇지 못한 아들들은 별도의 묘오지를 얻어 방계 가문(庶家)을 이루는 것이 일반적이었다. 상속이나 개간 등으로 본가가 아닌 곳의 땅을 소유하게 된 아들은 그 상속받은 땅의 이름을 묘오지로 썼다. 그렇게 되자 같은 우지(氏名)와 같은 묘오지를 성(姓)으로 쓰던 친형제 간에도 성이 달라진 경우가 흔해진다. 한 예로 가마쿠라 막부를 타도하는 데 일등 공신인 닛타 요시사다(新田義貞, 1301~1338년)와 와키야 요시스케(脇屋義助, 1305~1342년)는 친형제 간이다. 그들의 본성(本姓=氏名)은 미나모토(源)인데 조상이 지금의 군마 현(群馬県) 오타 시(太田市)에서 '닛타장(新田莊)'이라는 장원을 개간하여 장원주가 되자 그 일족은 '닛타'라는 묘오지를 사용했다. 두 사람의 아버지 이름은 닛타 도모우지(新田朝氏)이고 그들 형제의 본래 이름은 닛타 요시사다(新田義貞)와 닛타 요시스케(新田義助)였다. 그런데 동생이 본가에서 독립하여 와키야 지역(脇屋郷: 지금의 군마현 오타 시 와키야 쵸우)을 나누어 상속받게 되자 그의 묘오지가 와키야로 바뀌었고, 이름도 와키야 요시스케가 되었다. 전국(戰國) 시대 에치고(越後: 지금의 니가타 현)의 우에스기(上杉)가의 가신이었던 나오에 가네쓰구(直江兼続)의 생애를 다룬 NHK의 대하드라마 〈천지인天地人〉이라는 것이 있다. 그 주인공인 나오에 가네쓰구의 아버지 이름은 히구치 가네토요(樋口兼豊), 동생의 이름은 오오쿠니 사네요리(大国実頼)이다. 아버지와 두 명의 친아들들의 성이 모두 다르다. 당초에 그 아버지는 히구치 가네토요, 큰아들은 히구치 가네쓰구(樋口兼続), 작은아들은 히구치 요시치(樋口与七)였다. 그러나 큰아들은 나오에(直江) 가

문으로, 작은 아들은 오오쿠니(大国) 가문으로 각각 양자 사위로 들어가서 성이 바뀐 것이다.[56]

이름이 곧 신분, 족보도 쉽게 바꾼다

조금 정리해보면 메이지 유신 이전의 일본의 지배층에 있던 남성은 우지(氏=本姓), 또는 가바네(氏姓)와 묘오지(名字)라는 두 가지 가문에 대한 호칭(家名, 一族名)과 휘(諱=本名)와 통칭(通称=仮名)이라는 두 가지 개인의 이름(個人名)을 가지고 있었다.

　무사 소설 〈충신장〉의 주인공 오이시 구라노스케(大石内蔵助, 1659~1703년)의 정식 이름은 오이시 구라노스케 후지와라 요시오(大石内蔵助藤原良雄)이다. 오이시(大石)는 묘오지, 통칭인 구라노스케(内蔵助)는 관직명이고 후지와라(藤原)는 혈연을 뜻하는 우지(氏), 요시오(良雄)가 본명(諱)이다. 참고로 구라노스케란 원래는 천황가의 재산, 보물을 관리하는 부서인 구라료(内蔵寮)의 차관쯤 되는 직책이다. 그러나 꼭 천황가의 재산 관리를 하는 사람만이 그런 이름을 썼던 것은 아니다. 가마쿠라 시대에는 조정에서 경비 조달 목적으로 무사들에게 보직 없는 관직명을 팔기도 했고 무로마치 시대(1336~1573년)에 이르면 중앙정부에서 임명한 지방 장관인 슈고(守護) 다이묘가 지방 관리들에게 비슷한 관직명을 주기도 했다. 후에는 무사들이 조상이 쓰던 관직명을 쓰거나 스스로 비슷한 이름을 찾아 썼다고 하며 이를 '자관(自官)'이라고 한다. 오이시 구라노스케의 경우에도 본명인 오이시 요시오(大石良雄)로 부르는 경우는 거의 없고, 보통은 오이시 구라노스케, 아니면 그냥 구라노스케로만 쓴다. 우리로 치면 이 국장, 이 차관, 또는 그냥 국장, 차관만으로 통용되는 것이다. 좀 더 공식적인 표현으로는 오이시 구라노스케 요시오(大石内蔵助良雄)로 썼다.[57]

이런 식으로 옛날 일본인들(주로 귀족, 무사들)은 우리 기준으로 보면 이름을 몇 개씩이나 가지고 때에 따라서 이렇게도 저렇게도 부르면서 살아왔다. 때로는 다른 사람이 붙여준 별명을 그대로 호칭(呼び名)으로 쓰기도 했다. 그래서 그들은 이런 말도 하는 것이다.

> "두 개의 이름을 갖은 자로 변변치 못한 자는 없다고도 하지만, 통칭(通り名)과 별명(あだ名)이 유포되는 것은 무사로서 하나의 훈장이기도 하다."[58]

대강 살펴본 대로 옛날 일본인들의 이름은 혈맥, 관직명, 출신지 등을 포함한 여러 가지 요소를 한꺼번에 표시하고 있어 길이도 길뿐더러 띄어쓰기도 없이 표기해서 더욱 헷갈린다.

그런가 하면 전국 시대까지는 무사들도 우리의 성씨에 해당하는 제대로 된 가계(家系=氏姓)를 갖지 못했다. 일본 통일의 기초를 마련한 오다 노부나가(織田信長)나 도요토미 히데요시(豊臣秀吉) 같은 인물들도 그 조상의 뿌리는 명확치 않다. 노부나가도 몇 대 앞의 선조는 원래 에치젠(越前: 지금의 후쿠이 현 북동부)의 작은 마을 신사의 신관(神主)이었다고 한다. 노부나가의 마부(馬夫) 겸 짚신 담당 하인(草履取り)으로 출발한 도요토미 히데요시도 그 아버지는 기껏해야 반농반병(半農半兵)의 농민이나 그보다 더 아래 계급인 무사로도 인정받지 못하는 하층민이었다고 알려져 있다. 그런 이유로 그 시대의 무사들은 신분의 변화에 따라 이에 걸맞은 성(姓)이나 때로는 이름까지를 새로 만들어 썼는데 남의 양자가 되는 형식이나 때로는 자기 마음대로 족보를 조작했다. 히데요시는 여섯 번이나 이름을 바꿨고,[59] 노부나가의 장인으로 '미노 (美濃: 지금의 기후 현 남부)의 살모사'라는 별명을 얻은 사이토 도산(斎藤 道三)도 열 번 가까이 이름을 바꾼 사람이다. 전국 시대에는 낮은 신분 에서 출세한 사람일수록 점차 그 신분에 맞는 상위(上位) 가문의 성을 얻거나 자칭했고 바뀔 때마다 혈통적 신분이 한 계단씩 올라갔다고 보 면 된다.[60] 이때 새로운 성을 만들 수 있는 천황의 권한을 이용하기도 했었다.[61]

일본이 엄격한 신분 사회로 변한 때는 도쿠가와(德川) 막부가 성립된 17세기 이후라고 보고 있다. 도쿠가와 막부는 다이묘들을 통제하기 위 해 다이묘들의 가계(家系: 족보)를 제출토록 하여 이를 정리하고 편찬했 다(寛永諸家系図伝, 1642년). 이때 "위로는 도쿠가와로부터, 아래로는 다 이묘들을 포함한 무사들과 부유한 농민이나 상인들까지 가계를 '창작' 하면서, 미나모토(源), 다이라(平), 후지와라(藤原), 다치바나(橘), 스가와 라(菅原), 오노오(小野) 등의 귀족 성씨를 마음대로 골라잡아 그들의 후 예임을 자칭했다."[62] 자기들 좋을 대로 족보를 조작했다는 말이다.

일본에는 미나모토(源)씨의 일족만이 정이대장군(쇼군)이 되어 막부 를 설립할 수 있다는 불문율이 있었다. 그래서 도쿠가와 이에야스도 쇼군이 되기 위하여 가마쿠라 막부 타도의 일등 공신 닛타 요시사다(新 田義貞)의 후손이라고 가계도를 날조했다.[63] 이렇게 일본인들이 이름을 마구 바꾸는 관습에 대하여 도쿄 대학교 의학부의 요오로 타케시(養老

孟司, 1937~) 교수는 이렇게도 말한다.

"인간 자체가 변하는 존재라는 전제에 서서 보면 이름은 본인의 성
장에 따라 변하는 것이 당연한 일이다. 5세의 자기와 20세의 자기
는 다름으로 이름이 바뀐다고 해도 이상할 것이 없다. 이와 반대로
사회제도가 고정되고, 사회적 역할이 고정되어 있으면 습명(襲名)
이란 것이 당연하다. 부친이 하고 있던 일을 이어 한다면 부친과
같은 이름이 사회적으로 훨씬 편리하다. 그래서 가부키(歌舞伎)의
세계에서는 사람은 바뀌어도 몇 번이고 '기쿠고로(菊五郎)'가 등장
해도 좋은 것이다."[64]

습명이란 선대(先代)의 이름을 그대로 이어받는 것을 말한다. 위에
언급된 '기쿠고로'란 오노에 기쿠고로(尾上菊五郎)라는 일본 전통 연극
인 가부키 배우의 한 가문(一門)에서 대대로 계승되는 이름이다. 같은
일을 함으로 같은 이름을 쓰는 것이 편리하고 그래야 '명실공(名實共)
히'라는 말이 성립된다는 말이다. 이름에 대한 일본인의 생각을 읽게
하는 재미있는 시각이다. 일반 서민이 성을 가질 수 있게 된 것은 메이
지 유신 이후의 일(平民苗字許容令, 1870년)로 그때부터 신분적 특권으
로 여겼던 묘오지를 평민도 자유롭게 사용하게 되었다. 또 그 이전까
지 성과 묘오지를 이중으로 사용하던 제도를 폐지하고 둘 중에서 한
가지를 선택해서 사용하도록 했다. 이때 일반 서민들의 성과 이름은
관청의 담당자 또는 주위의 권유에 따라 마구잡이로 만들어졌다. 소설
가 시바 료타로는 "일본인의 성(家系)의 99.9퍼센트가 날조한 것이라고

봐도 좋다"라고 말한다.[65] 이에야스나 노부나가 등의 씨명과 가바네도 그 정당성을 뒷받침할 역사적 자료는 없고 각자가 권력을 잡은 뒤에 적당히 갖다 붙인 것으로 알려져 있다.[66]

습명의 관행도 늘 개인보다는 집단을 앞세우고, 이에(家)를 위해서 개인을 내세우는 것이 허용되지 않았던 일본인들이 만들어낸 사회적 관습의 하나로 보인다. 앞에 언급된 '기쿠고로'라는 가부키 배우의 이름도 초대 오노에 기쿠고로(1717~1784년)가 1730년에 그 이름으로 무대에 오른 이후 7대째인 지금의 기쿠고로(본명: 寺島秀幸, 1942~)까지 대대로 모두 같은 이름을 써왔다.[67] 여기서 '대대로'라는 말은 물론 혈통을 불문하고 문하생 중에서 가독을 이을 사람을 골라 가부키의 기능과 이름을 잇게 했다는 의미이다. 역시 가부키 배우로 활약하는 이치카와(市川) 가문도 초대 이치카와 단쥬로(市川団十郎, 1660~1704년)부터 12대 이치카와 단쥬로(1946~)까지 300년 이상을 모두 같은 이름을 써왔고, 에도의 형무소장은 대대로 이시데 다테와키(石出帶刀)라는 세습명을 썼다고 한다.[68]

또 앞에 소개된 이하라 사이가쿠(井原西鶴, 1642~1693년)라는 문인은 여러 작품을 남겼는데, 사실은 그가 쓴 책과 그 제자들이 쓴 책이 서로 구분되지 않았고, 결국 대부분이 스승인 사이가쿠가 쓴 책으로 알려져 있다고 한다.[69] 이런 경우 "문하생들의 이에모토(家本: 예능 가문의 일인자)나 교조(教祖)에 대한 비판이나 자주적인 방향의 선택은 …… 진리나 그 미(美) 자체에 대한 반격이며, 가치 질서의 혼란(anarchy)을 의미하는 것"으로 금기시되었다.[70] 이런 관습은 전통을 이어간다는 면에서는 좋을지 모르지만 자기주장을 펴지 못하는 사회 분위기를 만들어내는 부작용도 있을 것이다.

다른 분야, 심지어는 에도 시대의 유곽으로 유명한 요시와라(吉原)의 최고급 창녀(花魁, 太夫)들도 이름난 선배의 이름을 잇는 것을 명예롭게 여겼다는데, 그런 예의 하나로 다카오 다유(高尾太夫)라는 이름이 알려져 있다. 그는 당초 17세기 중반 요시와라의 미우라야(三浦屋)라는 유곽에 속한 창녀였는데 그 이름이 11대까지 약 100년간(1658~1764년) 이어졌다고 전해지나 확실치는 않고, 학자들 간에는 그 창녀의 습명 기간을 놓고 6대설(說), 7대설, 9대설, 11대설 등 네 가지 주장이 있다고 한다.[71] 무엇에나 역사성과 영속성을 부여하길 좋아하는 일본인들이 만들어낸 또 하나의 '꾸며진 전설'인지도 모르겠다. 여담이지만 이들 기녀(妓女)들은 대개 27세가 넘으면 은퇴하여 유곽을 떠났는데, "비록 기녀였지만 그 시대 최고의 교양과 예능(藝能)을 갖추었던 만큼" 은퇴한 후에는 당당하게 유력한 상인(町人)의 부인이나 다이묘(大名)의 측실이 되었다고 하니,[72] 우리와는 다른 일본인들의 생활 풍속이다.

습명과는 다르지만, 한 가문에서 특정의 글자를 대대로 계승하여 이름에 넣는 관습도 있다. 에치젠(越前: 지금의 후쿠이 현 북부)의 다이묘인 아사쿠라(朝倉) 씨는 초대부터 최후의 당주(제11대 當主)까지 실명(諱)의 끝 글자는 모두 '카게(景)'이다. 선조로부터 대대로 이 글자를 물려받아 존경의 뜻을 표했다는 것이다. 예를 들면 초대는 아사쿠라 히로카게(朝倉広景), 그 아들은 다카카게(高景), 또 그 아들은 우지카게(氏景), 이런 식으로 11대까지 모두의 이름은 '카게(景)'로 끝난다. 이를 아사쿠라 씨의 '계자(系字)' 또는 '통자(通字)'라고 한다. 항렬에 따라 다른 글자를 쓴다는 의식이 없어서 우리 기준으로 보면 아들이 아버지, 할아버지와 같은 항렬로 보인다.

유명한 오다 노부나가(織田信長, 1534~1582년)의 아버지는 노부히데(信秀, 1510~1551년), 노부나가의 아들은 노부타다(信忠, 1557~1582년)이다. 3대가 서로 형제 같은 이름이다. 이런 식으로 황실 남자의 이름에는 히토(仁), 다이라(平)씨는 모리(盛)를 통자로 쓴다. 심지어 유명한 선조를 존경한다는 의미로 그와 똑같은 이름을 다시 쓰는 경우도 있다. 위에 나오는 아사쿠라(朝倉) 씨의 10대 당주 아사쿠라 다카카게(朝倉孝景, 1493~1548년)는 선조인 7대 당주(朝倉孝景, 1428~1481년)의 이름을 그대로 썼고 센다이번(仙台藩)의 초대 번주 다테 마사무네(伊達政宗, 1567~1636년, 伊達家 17대 当主)는 다테가(伊達家)의 9대 당주(伊達大膳大夫政宗, 1353~1405년)의 이름을 그대로 썼다.[73] 선조의 이름을 피하는 중국이나 우리와는 전혀 다른 풍습이다. 또 '리처드 2세, 나폴레옹 3세' 하는 식으로 이름 뒤에 '2세, 3세'를 붙여 구분하는 서양식과도 다르다.

제3장
• • • •

무사의 나라,
일본

무사의 출현

일본에서 사회계급으로서의 무사가 언제부터 출현했는가에 대해서는 여러 가지 논란이 있다. 소설가 시바 료타로는 "초기의 무사란 중국에서 말하는 무관이 아니라 본질적으로는 농장주를 뜻한다"라고 말한다.[1] 즉 "무사의 완전히 발전한 형태는 토지를 소유하는 무인, 즉 토지와 농업 생산물을 지배하는 것을 경제 기반으로 하는 전사(戰士)이다."[2]

초기 일본은 지방 호족들의 연합국이었고 당시의 호족들은 일정한 지역을 지배하고 있는 무력을 가진 세력이었다. 그래서 7세기 중반까지 일본의 사회적·정치적 기반은 '우지(氏)'라고 불리는 지방 호족들이었고 그에 비해 일본 왕의 권력은 절대적인 것이 아니었다. 따라서 왕은 지방 호족들과 늘 미묘한 경합 관계에 있었다.[3] 7세기 후반이 되어서야 일본 정부는 지방 호족들의 권력을 억제하기 위하여 중국(唐)으로부터 율령제(律令制)를 도입하여 중앙관료제를 만들었다. 일본의 왕을 '천황'이라고 부른 것도 그즈음인 제40대 덴무 천황(天武, 재위 673~686년) 때부터라고 한다. 이때부터 모든 토지와 인민은 공(公), 즉 천황의 것으로 하고 각 개인은 천황의 조정으로부터 토지를 할당받아

이를 경작하고 세금을 지불하게 되었는데, 이를 공지공민제(公地公民制)라고 한다. 이렇게 확립된 천황 중심의 중앙집권 체제는 곧 외척 등의 귀족이 중심이 된 섭관(攝關)정치, 즉 천황을 보좌하는 섭정(攝政)과 관백(關白)이 실권을 농단하는 정치체제로 변했다. 헤이안 시대(平安時代, 794~1185년) 중기에 이르기까지 교토의 높은 벼슬아치들은 스스로 나라를 안정시킬 수 있는 강한 무력을 가지고 있었다.[4] 그러나 귀족들 간에 권력 다툼이 늘 일어나서 중앙정치는 안정되지 않았다.

8세기 중순, 인구 증가에 의하여 토지가 부족하여 떠돌이 농민이 늘어나자 조정은 이들을 정착시키고 세금을 더 거둬들이기 위하여 신규 개간지의 사유(私有)를 인정했다. 이렇게 되자 궁정 귀족과 사원(寺), 신사(神社) 등의 종교기관은 경쟁적으로 사유지를 개간하고 확대시켜서 자연스럽게 조금씩 넓은 토지를 소유하게 되었다. 지방 호족들과 농민들도 사유지의 개간, 확대에 힘썼다. 이렇게 만들어진 귀족이나 종교기관의 사유지를 '장원(莊園)'이라고 불렀다. 장원의 소유주는 영주(領主)가 되었고 영주는 차츰 자신의 장원에 대하여는 중앙정부가 개입할 수 없도록 불입권(不入權)을 주장했다. 이런 과정을 거쳐 10세기 헤이안 시대 중기가 되면 율령제에 기초한 중앙집권제는 사실상 무너지고 천황과 중앙정부는 점차 토지와 농민을 잃게 되었다. 이른바 '공지공민제(公地公民制)'가 무너지게 된 것이다.

한편 장원을 소유한 영주들은 영지 내의 치안 유지와 외부 세력의 침입 방지, 중앙정부의 간섭 배제 등을 목적으로 차츰 무장하여 사적 무력집단을 형성하기 시작했다. 또 장원이 점차 커지게 되자 지방 호족과 중앙정부에서 파견한 관리(国司)들 사이에서도 대립이 격화되었다. 한편 반란이나 농민 폭동(一揆) 등으로 지방정치가 혼란스러워지자 토지를 소유한 농민들도 자기들의 권익을 지키기 위하여 무장하기 시작했다. 헤이안 시대 중기 각지에서 이루어진 이런 무장 자위 집단의 출현이 무사 발생의 시작이다.[5] 특히 지금의 도쿄(東京) 지역을 포함한 일본의 동북부 지역인 도호쿠(東北), 간토(関東) 지방에서 호족(豪族)이나 유력 농민들이 활발하게 무사단(團)을 형성했다. 이 지역이 무사단의 요람이 된 이유는 당시의 수도인 교토로부터 멀리 떨어져 있어서 중앙정부의 행정력이 못 미쳤기 때문이었다. 당시 그곳에 정착하던 사람들은 "말을 기르면서 비(非)농업적ㆍ수렵민적 생활을 하는 기마사수(騎馬射手)의 부족"이었다. 이들은 늘 조정의 경계 대상이 되었고, 에미시(蝦夷), 아즈마(東) 등으로 불리며 소외되거나 정벌의 대상이 되었다.[6] 이즈음 지방에서 무사들의 우두머리(棟梁)로 자리하게 된 대표적인 씨족이 미나모토씨(源氏 또는 겐지)와 다이라씨(平氏 또는 헤에시)이며, 그들은 모두 황족의 후예라고 알려져 있다.[7] 이렇게 당시 '무사 또는 사무라이'란 말은 '칼을 찬 개인'을 뜻하는 말이라기보다는 미나모토씨, 다이라씨, 후지와라(藤原)씨 등과 같은 '무사단(團)의 중심 세력'을 뜻한다. 이런 초기의 무사 집단은 "광역(廣域) 폭력단적 재지 영주 또는 무법적 도적단의 성질을 가진 집단"으로서 도망한 농민이나 비정주민(非定住民)을 흡수하여 세력을 키워갔다.[8] 그런 지방 호족들이 곧 조정과 지방 행정기관을 괴롭히거나 심지어는 반란을 일으키기도 했다. 그 대표적인 예가 10세기 중반 동부 및 남부 지방에서 거의 같은 시기에 일어난 죠헤이, 덴교의 난(承平, 天慶の乱: 939~941년)이다.[9]

한편 지방에 장원을 소유한 규모가 큰 사원(寺院)에도 지방 무사가 모여 승병을 형성하고 조정에서 파견한 지방관(守護)과 마찰을 일으켰다. 중세 일본의 유력한 종교단체인 절과 신사(寺社)는 종교적 존재라기보다는 영지(領地)를 가지고 있는 무장국(武裝國)이었다. 특히 제50대 간무천황(桓武, 재위 781~806년)이래 역대 천황의 영위(靈位)가 있는 천태종(天台宗)의 총본산인 교토의 엔랴쿠지(延暦寺)와 섭관가(摂政, 関白직을 세습하던 집안)인 후지와라 씨의 조상신을 제사하는 나라(奈良)의 고후쿠지(興福寺) 등은 막강한 무력과 정치적 영향력을 가지고 있어 그 지역에는 조정에서 지방관조차 임명하지 못했다고 한다. 이에 중앙정부는 지방 호족을 통제하고 지방의 장원을 정리하기 위하여 당초 농민으로부터 징병하던 제도를 바꾸어 전문적인 무사를 고용하거나 그들의 힘을 빌리게 되었고, 천황과 귀족들의 경호도 차츰 직업 무사(侍. 사무라이)들에게 의존하게 되었다. 이런 과정을 거쳐서 10세기 무렵부터 지방의 관청이나 중앙정계에서 무사들의 영향력은 차츰 커져갔다.[10]

이렇게 군사적 기능을 바탕으로 장원을 지키거나 지배계급에 봉사하는 직능 집단이었던 무사들은 점차 "폭력을 이용하여 공공연한, 또는 은근한 위협으로 분쟁을 조정하고 그렇게 하여 최종적으로는 농업사회로부터 강제적으로 수입을 얻는 새로운 방법을 확립"해갔다.[11] 무사들은 절대적 우위의 군사적 능력을 바탕으로 당시 가장 중요한 자원이었던 농지에 대한 지배력을 넓혀갔고, 징세와 방어의 역할을 통하여 점차 귀족들의 토지를 침식해갔다. 또 그들은 차츰 무리의 우두머리인 도오료(棟梁)를 중심으로 주종(君臣) 관계를 갖는 집단을 이루어갔으며 세습제도도 확립해갔다. 무사들의 토지 사유화가 급격히 증가함에 따라 11세기 중반에 이르면 그들은 명확한 기반을 가진 "새로운 사회적 신분이 되어 역사의 중심 역할을 담당"하게 되었다. 11세기 후반 대대로 황실과 인척을 맺어 조정의 실권을 잡고 섭관정치를 해오던 후지와라(藤原)씨가 약 170년 만에 외척(外戚)의 자격을 상실하자 제71대 고산조 천황(後三條, 재위 1068~1073년)이 즉위하여 친정을 시작했다. 이렇게되어 7세기 이후 계속되어온 귀족에 의한 섭관정치는 막을 내리게 되었고 정치권력의 중심은 점차 군사적 능력을 바탕으로 세력 범위를 넓혀가던 무사계급으로 옮겨가게 된다. 12세기 말 가마쿠라 막부가 세워진 것은 "정치적 · 경제적 이해관계를 함께하는 집단으로서의 무사계급"[12]이 일본 통치의 중심 세력으로 확실하게 자리 잡은 것을 뜻하는 것이다.

초기의 무사, 기분 나쁘고 겁나는 인간들

초기의 무사들은 본질적으로 목숨을 건 투쟁을 통하여 자기 소유의 토지를 만들고 그 지역에서 조세 징세권을 행사하면서 이를 지키는 것을 생활양식으로 하던 지방의 소지주들이었다.[13] 그러나 그들은 개간 등으로 토지를 소유했지만 중앙정부로부터 그 정당성을 인정받아야 했으므로 어디까지나 조정의 눈치를 살피는 존재였다. 12세기 후반이 배경인 어느 소설에는 당시 무사들의 모습이 이렇게 묘사되어 있다.

"무가(武家)라는 것은 불쌍한 존재라고 말할 수밖에 없다. 자기의 영지에서는 시골 부자(大尽)로 거들먹거리면서 살 수 있지만 상경(上京)하면 권력자로부터 아랫사람처럼 취급받아 그 잔심부름꾼으로 조정에서 봉사한다. …… 월급을 받기는커녕, 오히려 금은이나 시골의 특산품을 교토에 실어와 헌상하고, 비로소 자기가 개간한 땅의 사유를 묵인받는다.[14]

그러나 그들은 자기의 영지에서는 사뭇 다르게 행동했던 모양이다. 책에 묘사된 초기의 무사상(像)은 "인의(仁義)를 모르는 거친 전사" 또는 "귀신 같은 낯짝으로 악행을 생업으로 하는 기분 나쁘고 겁나는 인간들"[15]이었다. 헤이안 시대 중기의 미나모토노 미쓰나카(源滿仲, 912~997년)라는 무사에 대한 그 시대의 묘사는 이렇다.

"마음에 들지 않는 자가 있으면 벌레를 죽이는 것처럼 죽인다. 조금 봐줄 만한 죄는 손발을 자른다. …… 이처럼 귀신과 같은 마음을 가졌다(今昔物語集)."[16]

가마쿠라 시대 초기까지 활약했던 하타케야마 시게타다(畠山重忠, 1164~1205년) 라는 무사는 이런 말을 남겼다.

"나는 무력으로 사람들을 위협해서 부(富)나 재산을 빼앗고, 그것으로 생계를 꾸리고 있다는 소문을 듣고 살아왔다. 그 평판이 헛된 것이라면 불명예스러운 일일 것이다."[17]

헤이안 시대 말기의 이야기를 적은 〈헤이케 모노가타리 平家物語〉에는 이런 구절이 있다.

"그 시대의 무사는 후세의 무사 정신을 순순히 따르는 형이 아니고 살육이 생업이라고 인식하고 있었다."[18]

당시 병사로 참여한 사람들도 대부분 부랑자들이나 심지어 도적질을 하던 무리들로 이루어진 잡병이어서 때로는 지휘관들도 병사들을 제대로 통제할 수 없었다. 특히 반란군의 경우에는 사방에서 병사들을 모았고, 지휘관들도 이렇다 할 영지(領地)가 없었으므로 군량미부터 현지에서 조달했기 때문에 약탈은 피할 수 없었다. 어느 소설을 보면 헤이안 시대 말 시나노국(信濃: 지금의 나가노 현과 기후 현 일부)의 무장 미나모토노 요시나카(源義仲)가 다이라군(平氏軍)을 물리치고 교토에 입성했을 때(1183년) 요시나카의 병사들이 민간인들을 상대로 벌인 약탈, 강간 등의 행패는 "역사상 전무후무한 것으로, 몇 만이나 되는 도적이 (교토에) 들었다고 보면 좋을 것"이라고 묘사되어 있다. 그만큼 당시 요시나카의 병사들은 대부분 "원래가 도적질이 목적이었다."[19]

16세기가 되어서도 무사들의 폭력은 아무런 법률적 제약을 받지 않았다. 전국 시대 바바 노부후사(馬場信房, 1515~1575년)라는 무사는 이런 말을 남겼다.

"다른 사람의 영지에 침입하여 실력으로 이를 빼앗아도 살인자, 강도, 도적놈이라고는 부르지 않는다. …… 힘이 있으면 빼앗고, 약하면 빼앗기는 것, 그것이 무사 세계의 법칙이다."[20]
"살육이나 싸움은 '무사가 늘 하는 일'로 여겼으므로 싸움터에서 용감하고 탁월함을 과시하는 것이 기사(騎士)적 예절을 지키는 것보다 더 중요했다. …… 무사의 정치적 권력이 커짐에 따라 전투는 흔히 공적 대의를 위한다는 명분으로 이루어지게 되었다. 즉 전투는 조정이나 쇼군의 직접 명령으로 이루어졌다. 무사의 군사행동이 공공의 선(善)에 공헌하는 것으로 간주되면서 전사 개인의 규칙 파괴는 그만큼 관대하게 취급되었다."[21]

무사들에게 '전투는 생업(生業)'이었고, 이는 곧 서로 목숨을 빼앗으려는 것이었다. "이기면 내가 존재하는 것이고 지면 내가 없어지는 것"이었다. 전국 시대 에치젠(越前: 지금의 후쿠이 현)의 무사 아사쿠라 소오테키(朝倉宗滴, 1477~1555년)는 "무사는 개라고 하든, 짐승이라고 하든, 이기는 것이 그 근본이다"라는 말을 남겼다.[22] 치사하다거나 비겁하다는 말을 듣더라도 싸움에서 이기는 것이 무엇보다도 중요했다. 또 헤이안 시대(794~1185년) 후기까지 싸움터에서 죽는 사람의 숫자가 극히 적었다는데, 그 이유도 패한 무사는 도망을 가거나 항복했기 때문이다.

"죽을 때까지 전장에 남아 있다는 것은 고대 일본의 무사로서는 생각할 수도 없는 일이었다."[23]

에도 시대가 시작되기 전까지는 무사가 자기를 높이 평가해주는 주군을 찾아다니는 것도 당연하게 여겼다. 도오도 다카토라(藤堂高虎, 1556~1630년)라는 무사는 "무사라는 자, 일곱 번은 주군을 바꾸지 않으면 무사라고 할 수 없다"라는 말을 유훈(遺訓)으로 남겼고, 스스로도 아사이(浅井)·오다(織田)·도요토미(豊臣)가 등을 거치면서 일곱 번이나

주군을 바꾸었다.[24] 그는 이에야스가 히데요시의 아들을 토벌한 오사카 여름의 진(大坂夏の陣, 1615년) 때는 이에야스군으로 참전해 결국 32만 3,000석의 녹봉을 받는 다이묘가 되었다. 참고로 그가 정유재란 때 거제도 앞바다에서 원균이 이끄는 조선 수군을 괴멸시킨 사람이다.

한마디로 중세 일본의 무사들은 "강하면 빼앗고, 약하면 빼앗겼다." 무사란 그런 "무도하고 무법적인 인간들"로 무사계급이 아닌 자들에게는 혐오의 대상이기도 했다.[25] 더구나 그 시대 조정과 귀족들은 불교의 영향으로 불결함, 특히 죽음과의 접촉을 극도로 꺼렸다. 그래서 자연히 죽고 죽이는 일을 되풀이하는 무사들에 대한 사회적 평판은 낮았다.[26] 이런 사실들을 종합해보면 에도 시대 초기까지의 무사들은 오늘 우리가 흔히 떠올리는 윤리의식 같은 것은 전혀 없었고 오로지 힘에 의존하여 자기들의 이익을 챙기던 무리였다. 지금 우리에게 알려진 '무사도'라는 개념이 만들어진 것은 에도 시대가 안정된 이후의 일이다.[27]

이에, 무사의 명예 요람

당초 무사들 사이에서의 싸움이란 '아무개'라는 고유한 이름을 가진 개인들의 공명(功名)을 둘러싼 다툼이었다. 무사들 사이에 최고의 명예로 간주되는 '일번창(一番槍)', '최선봉(一番乗)'이라는 말은 개인 간의 공명 경쟁이 만들어낸 말이다.[28] 싸움터에서 최선봉에서 공을 세우는 것이 명예와 보상, 즉 녹봉(祿俸)을 높이는 수단이었다. 전술적·조직적 용병보다는 개인의 용감성에 따라 보상이 주어졌으므로 때로는 같은 편 내부에서의 경쟁이 적군과의 전투에 못지않게 치열했다.[29] 무사에게 "이름이란 자기의 존재, 역량의 표현, 자기의 값을 표시하는 브랜드"[30]이기 때문이었다. 그러나 무사들의 토지 소유가 늘어나고 무사 집단 간의 마찰이 심해지자 전투의 기본단위는 차츰 '개인'에서 '집단'으로 변해갔다. 이렇게 되자 무사들은 집단의 단결과 효율적 통제를 위하여 '이에(家)'라는 특별한 사회조직을 발전시켜갔다. 무사들의 이에는 주군(主君)의 혈족을 중심으로 그 부하 무사(家臣)와 고용인들, 그리고 그 가족들을 포괄하는 "군사 기능과 경제 기능이 통합된 조직체"[31]로 발전해갔다. 그들은 통상적으로 지위를 세습하며 이에의 주인을 섬기면서 자기들의 토지를 외부 세력으로부터 지켜갔다. 이렇게 되자 "전투와 명예의 중요한 단위는 이에"가 되었고 주군과 그 부하 무사들 사이에는 강렬한 연대 의식이 생겨났다. 일족(一族) 전체, 즉 '이에의 평판'을 유지하는 것이 무엇보다도 중요한 일이 되었다. '이에'의 출현으로 무사들에게는 개인의 명예보다 더 소중하게 목숨을 바쳐 지켜내야 할 대상이 생긴 것이다.[32] 이런 과정을 거치면서 무사가 충의를 바치는 대상도 주군이라는 '개인'에서 이에(家) 또는 번(藩)[33]이라는 '조직'으로 바뀌게 되었다. 그래서 에도 시대에는 "이에를 위해서 도움이 되지 않는 자라면 주군이라도 죽여버려라(武道初心集-臣職)"라는 말까지 나온 것이다. 번주가 함부로 행동하거나 어리석어 막부의 노여움을 사서 영지를 몰수당하게 되면 그 번의 가신들과 그 가족들은 갈 곳이 없어진다. 그래서 번의 고위직(重役)을 맡은 가신이 이에를 지키기 위해 주군을 처단한 예도 있었다는데 번주는 새로 찾을 수 있어도 이에는 한번 없어지면 돌이킬 수 없다고 생각했기 때문이다. 막부의 은거(隱居) 명령을 받고도 자숙하지 않고 유곽을 드나들면서 방탕한 생활을 하던 주군에게 그 위험성을 간(諫)하다가 듣지 않자 "이에의 안전을 위해서" 주군을 찌르고 스스로 할복한 가로(家老)에 대한 이야기가 있는데, 그를 세상 사람들은 "가히 충신이라 할 만하다"라고 상찬했다는 기록도 있다.[34]

12세기 말 최초의 무사 정권인 가마쿠라 막부가 들어섰을 때 막부의 가신(御家人)들은 선조나 자신들의 노력으로 토지를 개간하거나 무력으로 토지를 손에 넣은 사람들이 대부분이었다. 그래서 그들은 쇼군과의 관계에서도 상대적으로 독립성이 강했다. 그런 사정으로 막부는 휘하 무사들에게 광범위한 자율적 지배권을 허용했고 각 지방 영주(総領, 大名)들의 이에의 내부 문제에는 간섭할 수 없었다. 그래서 막부의 가신인 다이묘들의 부하 무사(御家人の家來)들에게는 원칙적으로 "주군(主君)의 주군, 즉 쇼군(將軍)은 나의 주군이 아니다"라는 개념이 정착되었다.[35] 이런 배경으로 가마쿠라 막부 체제는 쇼군의 조정력(調停力) 아래 무가들이 서로 동맹을 맺거나 결합한 사실상 독립 조직들의 연합체였다. 막부의 역할은 이들 독립 조직들 간의 '국제(國際) 관계'를 통제, 조정하는 것에 그쳤다. 주군이 전쟁을 할 경우 가신들은 자기의 비용으로 자기의 부하를 이끌고 참전했다. 그런 만큼 중세 일본의 군사조직의 특징은 본질적으로 사적(私的)인 것이었다.[36] 이런 특징은 도쿠가와 막부의 막번(幕藩) 체제에서도 그대로 유지되었다.

잇키, 이익공동체의 조직화

가마쿠라(鎌倉, 1185~1333년), 무로마치(室町, 1336~1573년) 시대의 일본

인은 누구나 어딘가의 조직에 소속되어 있었다. 농민은 촌락공동체, 승려는 사원, 신관(神官)은 신사, 상인도 반드시 막부의 영업허가를 받은 상공업자의 조합(座)에 가입해야 영업을 할 수 있었다. 무허가 행상은 범죄로 취급되었다.[37] 참고로 일본에서 종이를 제조, 판매하는 상인들의 조합이 만들어진 것은 1407년의 일이다.[38] 중세 후기의 일본 사회는 그렇게 서로 다른 내부 구조와 원리를 가진 여러 사회조직이 서로 영역을 다투는 혼란의 시대였다. 무사 집단은 물론 촌락(村落), 직업 조합(職業, guild), 무장한 종교기관(寺社) 등이 각각의 정치적 자율성과 집단의 재산을 가지고 자기들의 권리 특전을 지키기 위해 점점 더 공격적으로 변해갔다.[39]

13세기 이후 무사 영주들은 크게 세 가지의 공통적 고민이 있었다고 한다. 첫째는 영지 내의 농민으로부터 세금를 걷는 것, 둘째는 외부의 위협으로부터 자신의 영지를 지키는 것, 셋째는 자기의 이에 내부에서 부하들의 충성을 확보하는 것 등이다. 이런 공통적 걱정거리를 해결하기 위해 영주들은 흔히 '잇키(一揆)'라고 하는 상호 보호 협정을 체결했다. 잇키라는 것은 '특별한 목적을 위하여 자발적으로 결성된 도당(徒黨)'을 의미하며 외부의 위협으로부터 서로를 보호하기 위해 연합한 구성원 간의 군사동맹이었다.[40]

한편 농민, 승려 등의 사회집단도 이러한 '수평적 연합'인 잇키를 만들어 집단으로 영주의 착취에 대항했다. 농민들은 '소손(惣村)'이라는 배타적인 자치 조직을 만들어 무장을 하고 집단으로 영주와 세금에 관한 교섭을 하기도 했다. 때로는 자기들의 군사적 보호자를 다른 영주로 바꾸기조차 했다. 이렇게 되자 영주들 간에는 농민들의 촌락 조직을 자기의 징세권 아래에 두기 위해 늘 다투었고 부유한 농민과 무사 영주들 사이에서도 분쟁과 긴장 관계가 나타났다. 현재 오사카의 서남부 지역에 있던 히네노쇼(日根野莊)라는 농촌 자치 조직의 경우에는 전통적 토지 소유자인 귀족, 무장 사원(武裝寺院), 조정에서 파견한 지방관인 슈고 다이묘(守護大名) 등 세 곳에서 납세를 강요당한 기록이 있다고 한다. 이렇게 되자 각 사회조직은 스스로의 권리를 지키기 위해 점점 더 공격적인 조직이 되었고 결국 일본 사회 전체가 폭력과 전쟁을 통한 재편성의 과정을 거치게 된다. 이런 상태에서 무사들의 잇키(一揆) 조직은 효율적인 지휘를 위해 가장 유력한 무사에게 지휘권을 주게 되었고 지휘권을 가진 무사들은 차츰 권력의 집중을 통해 군소 지방 무사들의 '주군(主君)'이 되어갔는데 이들이 이른바 전국 다이묘(戰国大名)들이다.[41] 다이묘란 헤이안 시대(8세기 말) 이후 일본에서 많은 토지를 지배하거나 소유하던 지방관(国司)이나 영주무사를 높여 부르던 말인데, 에도 시대에는 쇼군의 직속부하(直臣)로서 1만 석 이상의 녹봉을 받던 무사를 말한다.

군신제도의 재편성, 전업 무사의 등장

전국 시대(15세기 후반~16세기 말)의 주역들인 전국 다이묘는 크게 두 가지 방식으로 영토를 소유했다. 첫 번째는 조정이나 막부에서 임명한 각 지방의 군사 · 행정 담당 관리(守護)가 서서히 자기가 관리하는 지역을 사유화해 영주가 된 사례이고 또 한 가지는 그렇게 파견된 관리의 가신이나 현지의 대리인(守護代) 등이 하극상에 의해 주군을 추방하고 그 자리를 차지한 사례이다. 대부분의 전국 다이묘는 두 번째 방식에 의해서 다이묘가 되었다.[42] 전자의 대표적 예가 스루가(駿河: 지금의 시즈오카 현)의 이마가와(今川)씨와 가이(甲斐: 지금의 야마나시 현)의 다케다(武田)씨이고 후자의 예는 미노(美濃)의 사이토 도산(斎藤道三), 오다와라(小田原: 지금의 가나가와 현 서부)의 호조 소운(北条早雲) 등이다. 이들은 스스로 지역의 지배권을 확립해 중앙정부의 동의 없이 현지의 무사들을 통제, 지배하는 새로운 통치기구를 만들어낸 다이묘들이다.

전국 다이묘의 등장과 함께 농민을 비롯한 다양한 잇키(一揆) 동맹의 저항도 늘어났지만 결국 전국 다이묘들의 무력에 의해 섬멸됐다. 16세기 일본의 전국 시대는 비교적 수평적이었던 사회조직이 무사계급이 만들어낸 군신제도의 엄격한 피라미드형 수직 조직으로 무력에 의해 재편성된 과정이었고 도쿠가와 막부의 성립(1603년)은 그 최종 완성이었다.[43] 지방 영주들의 '상호 보호 협정'인 무사들의 잇키는 도쿠가와 막부의 성립과 함께 사라졌으나 백성들의 잇키는 그 후에도 계속되었다. 특히 백성들의 잇키는 차츰 집단 반항 운동을 뜻하는 말이 되었는데 기근이 심했던 18세기 후반에는 농민들의 잇키가 급격히 늘어났고, 19세기 초에는 좀 진정되었다가 1840년대가 되어서는 다시 증가했다.[44] 이는 그만큼 서민들의 생활이 어려웠다는 것을 말해준다.

한편 140여 년간 계속된 전국 시대를 거치면서 군사기술의 발달과 함께 무사들의 생활구조도 근본적으로 변해갔다. 전국 시대 전장에 동원된 병사의 80퍼센트는 농민, 즉 평시에는 농사를 짓다가 전쟁이 나면 병사로서 참전하는 반농반민(半農半民)의 신분이었다. 그래서 다이묘들은 모내기나 추수철 같은 농번기에는 전쟁을 피했다. 그러나 이런 관행을 정면으로 부정하고 자기의 군사들을 전업(專業) 병사, 즉 직업 군인으로 만들어서 아무 때나 전쟁을 할 수 있도록 바꾼 사람이 오다 노부나가(織田信長)였다. 그는 가신들을 자기의 성 가까이에 살게 하고 그들에게 녹봉을 주어 월급쟁이 군인으로 만들어갔다. 또 자기의 거성(居城)을 계속 옮기면서(淸洲 → 小牧 → 岐阜 → 安土) 대부분의 가신들도 함께 옮기게 했다. 원래 농민들과 함께 자기의 영지에서 살던 무사들의 생활에 근본적인 변화가 일어난 것이며 무사들은 자연히 농민들과 격리되어 전업 무사가 되었다.[45] 이렇게 되자 주군의 성을 중심으로 무사들이 모여 사는 곳에는 자연히 생필품을 파는 상가도 형성되었는데, 이를 '성(城) 아래 마을'이라는 뜻의 '조카마치(城下町)'라고 불렀다. 일본에서는 노부나가를 근세적 의미의 "조카마치를 발명한 사람"이라고 평하기도 한다.[46] 이런 관행은 그 후 히데요시나 이에야스 등에게도 이어졌다. 다이묘들은 부하 무사들에게 영지를 나누어주기는 했지만 간단히 다른 곳으로 옮기기도 했고 세습도 보장해주지 않았다. 요즈음 말로 하면 부하 무사들을 "종신 고용제, 풀타임 근무, 겸업 금지, 사택 제공의 봉급생활자"로 만든 셈이다.[47] 이렇게 되어 전국 시대가 끝날 무렵이 되면 무사계급은 차츰 사회·경제적 자립능력을 상실하고 주군의 가문(お家. 오이에)을 중심으로 한 조직에 편입되어갔다. 이렇게 되자 비로소 무사가 주인에게 받은 은혜는 목숨을 걸고 갚는다는 의식도 생겨났다. 특히 히데요시와 이에야스는 전략물자의 하나로 금은(金銀)을 능숙하게 사용해 영향력을 키워갔다고 한다. "황금의 힘으로 인간을 움직이는 것이 …… 무문(武門)의 실상이었다."[48]

주군에 대한 절대적 충성

사실상 일본을 평정한 도요토미 히데요시는 곧 전국에 정전 명령(天下惣無事令, 1585~1587년)을 내려 다이묘 간의 전쟁을 금지하고 각 영토를 확정하는 권리는 자기에게만 있음을 선포했다. 규슈의 시마즈(島津)씨, 도호쿠(東北) 지방의 다테(伊達)씨, 오다와라(小田原: 지금의 가나가와현)의 호조(北条)씨 등의 다이묘들이 이에 반발했으나 정복하고 영지도 삭감했다.[49] 또 치안 유지의 명목으로 무사가 아닌 집단의 무장(武裝)을 해제(刀狩り令, 1588년)해 분쟁의 사적 해결을 금지했고 이를 어긴 자들은 가혹하게 처벌했다. 이렇게 되자 합법적으로 폭력을 사용할 권리를 무사가 독점하게 되면서 농공상(農工商) 등의 서민들이 무사계급에게 굴복해야 된다는 사회적 규범도 만들었다.[50] 또 병사, 상인, 농민이 서로 직업을 바꾸지 못하게 했다. 이와 함께 도량형(度量衡)을 통일하고 각 마을의 곡물 생산 능력을 세밀히 조사(太閤検地, 1589년)해 사회통제의 기준으로 삼았다. 1592년에는 전국적으로 호구(戶口)조사를 실시해 마을 단위로 인구를 성별 · 나이별 · 직업별로 분류, 파악했다. 그 목적은 조선을 공격할 때(임진왜란) 동원 가능한 병력과 인부의 수를 파악하기 위한 것이었다고 한다.[51] 히데요시의 농지 및 호구조사는 그 후 에도 시대 막번(幕藩) 체제의 기초인 녹봉제(石高制)의 바탕이 되었다. 여기서 막번 체제란 막부(쇼군)를 정점으로 삼아 그 아래에 농민으로부터 연공(年貢)을 징수하는 영주(다이묘)의 번(藩)을 두어 통치의 바탕으로 하는 중앙집권적 · 봉건적 지배 체제를 말한다.

주군에 대한 무사들의 절대적 충성을 강요한 제도는 도쿠가와 막부의 성립(1603년)과 더불어 나타난 것이며 이때부터 무사의 주종 관계는 고정적인 것이 되었다.[52] 도쿠가와 막부는 사회가 다시 불안정하게 되는 것을 방지하기 위해 300여 다이묘를 중심으로 지방분권적 봉건제도를 확립하고 지역적·신분적 세분화, 정착화(이동의 배제)에 총력을 기울였다. 무가제법도(武家諸法度)라는 법령으로 다이묘들을 통제해 도당(徒黨)을 금지하고 직업 이동과 여행을 제한했다. 심지어 "싸움이나 말다툼이 벌어졌을 때, 일체 달려가거나 모여들어서는 안 된다"는 법령(御條目, 1635년)까지 있었다고 한다. 막부는 영지의 분배를 통해서 도쿠가와 일족과 가신(家臣)을 통제하고 일족이나 가신 출신의 다이묘(譜代)를 통해서 기타 다이묘를 감시했다. 각 다이묘의 영지 내에서는 다이묘의 재판권을 인정했으나 다이묘의 이에 내부의 혼인, 상속 등 중요한 일은 물론, 성을 쌓거나 살고 있는 성곽의 수리도 막부의 허가를 받아야 했으며 병력을 늘이거나 큰 배를 건조하는 것도 금지했다. 무사의 농지 소유를 금지하고 녹봉제에 의해 무사들의 서열화와 주군(お家, 藩)에의 의존성을 강화했다.[53] 막부는 다이묘를 신반(親藩: 도쿠가와 일가), 후다이(譜代: 옛부터 도쿠가와의 가신), 도자마(外樣: 세키가하라 전투 이후 항복한 영주)로 구분해 서로 다른 대우를 했다. 가장 믿을 수 있는 신반과 후다이는 막부가 있는 에도에서 가깝고 여건이 좋은 곳에, 도자마는 멀고 경제적 여건이 상대적으로 빈약한 곳에 영지를 배치했다. 또 성(城)에 의지해서 농성, 반항하는 것을 막기 위해서 각 번에 한 개의 성만 남겨두고 나머지는 모두 파괴하게 했다. 1635년부터 도자마 다이묘는 1년씩 교대로 자기의 영지를 떠나 막부가 있는 에도에 와서 살게 했고 다이묘가 에도를 떠나 있는 동안에도 인질로 그 처자(妻子)

를 에도에 두게 했다. 이를 참근 교대(參勤交代)라고 하는데 1642년부터는 후다이 다이묘에게도 이를 의무화했다.[54] 에도와 지방을 연결하는 길목에는 관소(関所)를 설치하고 허가 없이 에도로 총포류를 반입하는 것과 에도에서 여성이 나가는 것을 엄격히 통제했다. 무기류의 반입에는 막부에서 발행한 총포 운반 허가증(鉄炮手形)이, 여자들이 여행할 때도 역시 막부 발행의 관소 통행증(女手形)이 필요했다. 이것은 다이묘들의 처첩(妻妾)을 에도에 인질로 잡아두기 위한 것이었다. 만약 부정한 방법으로 관문을 빠져나가면 중대 범죄로 간주해 이를 어기거나 도운 사람을 책형(磔刑) 등의 엄벌에 처했다. 이 제도는 일본의 개국(開國, 1854년) 이후까지 계속되다가 메이지 유신(1868년)이 일어나기 약 1년 전에 폐지되었다고 하니[55] 참 지독한 통제 사회였다.

도쿠가와 막부가 다이묘들을 통제하기 위해 시행한 참근 교대는 법률로 강제하기 이전에 이미 각 지방의 다이묘들이 쇼군의 눈도장을 받고 싶어 하면서 자연스럽게 시작되었다. 이 제도가 법률(武家諸法度, 1635년)로 제도화된 것은 3대 쇼군 이에미쓰(家光, 재직 1623~1651년)의 시대였다. 참근 교대를 한다는 이유만으로도 다이묘들은 마음대로 영지를 떠날 수 없었다. 사전에 쇼군을 알현할 날짜와 이에 적합한 출발일, 여행 경로를 막부와 협의해 허가를 얻은 다음에야 움직였고 함부로 일정을 바꾸지도 못했다.[56] 참근 교대는 다이묘와 함께 많은 무사들과 그 시종들이 먼 거리를 이동하는 일이므로 그 문화·경제적 파급효과는 엄청난 것이었다. 녹봉(石高) 20만 석의 아키다 사타케 번(秋田佐竹藩: 지금의 아키타 현)에서는 1,000여 명이 움직였고, 100만 석의 가가 번(加賀藩: 지금의 이시카와 현과 도야마 현, 번주 마에다 씨)에서는 보통 약 4,000명에서 5,000명에 달하는 인원이 함께 움직였으며,[57] 작은 번도 100명, 중급의 번에서도 최소 300명 정도의 인원이 이동했다고 한다.[58] 다이묘의 참근 여행은 영내의 백성들은 물론 도중에 지나게 되는 다른 번의 사람들에게 그 다이묘의 위신을 세우는 행사이기도 했다. 그래서 '격(格)을 유지하기 위해' 에도에 가까워지면 사람들을 고용해서 행렬을 크게 꾸미는 번도 있었다. 참근 여행에는 식비와 숙박비 외에 지나는 번의 번주와 요인들에게 주는 선물대 등에 필요한 경비도 적지 않았다. 또 각 번의 위치에 따라서 여행에 소요되는 기간과 경비에도 많은 차이가 났다. 에도에서 가까운 센다이 번(仙台藩)에서는 에도까지(약 368킬로미터) 8~9일이면 되지만, 규슈 최남단의 사쓰마 번(薩摩藩)의 경우 약 1,700킬로미터의 거리를 2,000명 가까운 인원이 40일에서 60일이나 걸려 움직였고 그 경비도 대략 1만 7,000량이나 되었다 한다.[59] 지금 돈으로 환산하면 약 20억 4,000만 엔, 한화로는 약 245억 원(1:12원 기준)이나 되는 돈이다. 사정이 이런 만큼 여행 중에 예산이 소진되어 낭패를 당한 번도 있을 지경이었다. 에도에 도착한 후에도 쇼군에게는 물론, 막부의 요직을 맡은 사람들에게 진상품을 보냈고 심지어는 다른 번의 에도에 근무하는 책임자들에게도 때에 따라 선물을 주어야 세상 돌아가는 정보를 얻을 수 있었다고 하니 모두 막대한 비용이 드는 일이다. 각 번의 에도 책임자의 중요 직무 중 하나가 막부의 막료 누구에게 언제, 어느 정도의 선물을, 어떤 방식으로 주어야 되는지를 연구하고 실행하는 일이었다.[60] 번에 따라 차이는 있었지만 보통 번 재정의 20퍼센트가 참근을 위한 여행 경비, 60퍼센트는 다이묘와 그 가신들의 에도 체재 경비로 쓰였고 영지에서 사용되는 경비는 나머지 20퍼센트뿐이었다고 한다.[61] 결국 번 재정의 약 80퍼센트가 참근 교대를 위해 쓰인 셈이므로 그 제도는 결과적으로 다이묘들을 경제적으로 궁핍하게 만들었다.[62]

에도 시대에는 막부도 경제적으로 풍족하지는 않았던 모양이다. 8대 쇼군 요시무네(吉宗, 재직 1716~1745년)의 시대에 막부는 부족한 재정을 보충하기 위해 쌀 상납제(上米の制, 1722년)라는 것을 시행한 적이 있는데 다이묘에게 녹봉 1만석에 100석 비율로 쌀을 납부하게 하는 대신 참근 교대로 에도에 머무는 기간을 종래 1년에서 반년으로 줄여주었다. 그러나 이 제도는 여러 가지 문제가 있어 1730년에 폐지되었다.[63]

참근 교대제는 에도 시대 말인 1862년부터 대폭 완화되어 다이묘들의 에도 체류 기간을 격 1년에서 3년에 1회, 100일로 줄였고 1871년에 메이지 정부가 중앙집권화를 위해 번(藩)을 폐지하고 현(県)을 설치한 행정개혁인 폐번치현(廃藩置県)을 실행함으로써 완전 종식되었다.[64]

다이묘와 무사를 옥죄다

도쿠가와 막부는 각 다이묘들의 영지를 확인해주는 문서(領地宛行状)를 발급해서 전국의 토지는 쇼군의 소유임을 명확히 했다. 원래는 '사유 재산'이었던 다이묘들의 영지도 '하늘에게서 잠시 맡겨진 것'이라는 개념으로 바뀌게 되었다.[65] 여기서 '하늘'이란 물론 '쇼군'을 뜻한다. 실제로 막부는 수시로 다이묘들을 영지의 삭감, 이동(転封), 몰수(改易) 등의 수단으로 압박했다. 270년에 가까운 에도 시대에 막부에 의해 영지를 몰수당한 다이묘가 약 360개에 달한다.[66] 막부의 철저한 직업

분화와 병농(兵農) 분리 정책으로 일반 무사들은 주군의 성 아래 마을(城下町)에 거주하면서 막부의 막료 또는 다이묘의 가신으로서 공무를 담당하는 관료가 됐다. 이때부터 봉록도 현물(쌀)로 지급하는 형식으로 바뀌었다. 도요토미 시대에 도입된 녹봉제(石高制)에 따라 정해진 토지의 표준 현미 수확량을 기준으로 각 번의 막부에 대한 경비 부담 규모와 군사 의무 등을 정했다. 이는 곧 막부 체제에서의 각 번의 서열(家格)이 되기도 했다. 참고로 다이묘는 막부에 세금을 내지는 않았으며 막부의 재정은 직할 영지에서의 수입에 의존했다.[67] 다만 각 번은 막부의 명령이 있을 경우 병력 동원, 궁궐의 건축 · 보수, 도로 건설, 치산 치수(治山治水) 등의 토목공사, 칙사 접대역 등의 일을 자비로 수행할 의무가 있었다. 동시에 막부는 법률(禁中並公家諸法度, 1615년)을 제정해 황실과 궁중 귀족, 승적(僧籍)을 가진 자들의 행동을 규제했다.

"무사의 본래의 역할은 군진(軍陣)과 토목건축공사(普請)의 두 가지"라는 말이 있다. 싸움을 위해서는 늘 진(陣)을 치고 성이나 요새, 해자(垓字), 수로(掘切り)를 만들어야 하기 때문이다.[68] 도쿠가와 막부가 설립되고는 전쟁용 토목공사는 그 필요성이 줄었으나 막부는 지방 영주들의 반란의 싹을 자르는 수단으로 토목공사를 이용했다. 각 다이묘들의 경비로 각종 공공시설, 도로 등을 건설, 보수케 해 그들의 경제력을 약화시켰다. 또 다이묘가 죽음에 임박해서 양자를 들이는 것(末期養子)을 금지해서 후계자가 없는 번은 가문이 끊기고 영지가 몰수되었다. 이 과정에서 주인을 잃게 된 무사(浪人)들이 급증했고 사회구조상 그들의 재취업은 쉽지 않았다. 낭인이 된 무사들 중 능력이 있는 자는 서당(寺子屋)을 열어 생활비를 벌었지만 보통은 부자 상인의 경호원, 심지어 날품팔이, 우산 만들기, 개 돌보는 일(犬番) 등의 잡일을 하면서 살았다고 한다.[69] '에치고(越後)의 호랑이'라는 별명을 가졌던 우에스기 겐신(上杉謙信, 1530~1578년)을 시조로 하는 요네자와 번(米沢藩: 지금의 야마가타 현 동남부)은 세키가하라 전투에서 이에야스와 대립한 이시다 미쓰나리(石田三成)를 편들었다. NHK의 대하드라마 〈천지인天地人〉은 바로 그 우에스기가의 가로 나오에 가네쓰구(直江兼続)를 주인공으로 한 이야기이다. 우에스기가는 세키가하라 전투 이후 아이즈 와카마쓰(會津若松: 지금의 후쿠시마 현 아이즈 와카마쓰 시)에서 요네자와(米澤: 지금의 야마가타 현 요네자와 시)로 전봉되었는데 이때 당초의 녹봉 120만 석이 30만 석으로 감봉되었다. 당시 우에스기가의 가신과 평민을 합쳐 약 3만 명이 함께 요네자와로 옮겼다고 하니까, 그 녹봉의 크기는 이미 요네자와에 살던 사람을 빼고도 한 사람당 10석에 불과했던 셈이다. 그후 우에스기가의 녹봉은 쓰나노리(綱憲)가 양자로 입적되어 4대 번주로 취임할 때(1664년) 다시 15만 석으로 감봉되었다.[70] 이렇게 되자 소속 무사들의 녹봉도 전성기의 몇 분의 일로 줄었고, 생활이 어렵게 된 무사들은 생계를 위해 얼굴을 가리고 시중에 나가 막일을 해서 생활을 꾸려갔다. 그런 일용직 무사를 시중에서는 '다이쿠 사마(大工様: 목수님)', '닌소쿠 사마(人足様: 노무자님)'라고 불렀으며, 지금도 야마가타 현(山形県) 요네자와 지방에서는 목수나 막일꾼을 그렇게 부르는 풍습이 남아 있다고 한다.[71] 또한 그런 생계 수단마저도 갖지 못한 낭인들이 각지에서 에도로 몰려들어 집단행동으로 문제를 일으켜서 막부의 골칫거리가 되기도 했다. 낭인들의 불만이 원인이 되어 일어난 사건으로 게이안의 변(慶安の 變, 1651년)이 있었다. 유이 쇼세쓰(由井正雪)라는 사람이 떠돌이 낭인들을 모아 막부를 전복하려고 계획하다가 일당 중한 명의 밀고로 발각된 사건이다. 그 사건 이후 막부는 더욱 엄격히 낭인을 단속하고 자주 '낭인 사냥'을 했다고 하며, 한편으로는 낭인의 발생을 줄이기 위해 말기 양자(末期養子)도 허용했다.[72]

민중의 집단 저항, 무자비한 탄압

무력 정치를 펼치던 도쿠가와 막부 3대 쇼군 이에미쓰(家光, 재직 1623~1651년)가 죽고 4대 쇼군 이에쓰나(家綱, 재직 1651~1680년)의 시대에 접어들자 막부는 유교적 윤리를 기반으로 한 문치(文治) 정치를 해나간다.[73] 17세기 중반에 이르러 전쟁이 없는 세월이 계속되자 무사는 스스로는 아무런 생산적인 일을 하지 못하는 소비계급으로 전락했고 무사들의 생활 규범인 무사도도 무력으로 적을 제압하는 '싸움터의 명예 규범'으로부터 형식미를 추구하는 '평화 시대의 행동 규범'으로 변하게 되었다.[74]

참고로 무사계급의 녹봉은 그 집안의 녹봉(家祿), 즉 이에의 소득이지 개인의 녹봉이 아니다. 무사의 아들이 아버지의 일을 도와도 별도의 녹봉을 받는 것은 아니었다. 농지 개간이 이루어져서 경작 면적이 늘어나고 농업기술의 발달로 쌀의 생산량이 늘어나면서 쌀의 가격은 떨어지게 되었다. 그러나 번(藩)의 미곡 생산량이 늘어난다고 무사 개인의 녹봉이 늘어나지는 않았다. 가족의 수는 늘어나기 마련인데 이런 구조에서는 무사들의 생활이 점차 어려워질 수밖에 없었다. 또 전쟁이 없는 시대였던 만큼 다이묘들이나 그 가신인 무사들의 녹봉도 늘어날 기회가 없었다. 한편 참근 교대나 막부에서 부과한 토목공사 등으로 각 번의 재정 형편도 점차 어려워져갔다. 급기야 번에 따라서는 가신들의 녹봉을 제때에 지불하지 못하는 사태가 일어났다. 사실상의 감봉이었다.[75] 이에 비해 화폐자본의 바탕 위에 서 있는 상인들의 영향력은 점점 커지게 되었다. 차츰 일본 사회의 경제적 지배권은 사농공상(士農工商)의 제일 아래 계급인 상인들이 쥐게 되었다. 이렇게 되자 '사회적 신분(身分)'에 대한 사람들의 의식도 사실상 '사상공농(士商工農)'의 순서가 되었다.[76]

한편 다이묘들은 자신들의 경제적 지위를 유지하기 위해 자기들 영지 내의 농민을 더욱 착취할 수밖에 없었다. "농민은 죽이지 않을 만큼, 살려두지 않을 만큼" 연공을 최대한 징수하는 것이 "영주의 모토"가 되었다.[77] 당초 영주와 농민이 5대 5로 나누었던 지대(地代=소작료)가 6대 4(六公四民), 심지어는 7대 3으로 변한 곳도 있었다. 이렇게 되자 농민들은 집단 도주, 상소, 집단 폭력 행위 등 다양한 방법으로 저항했고 서로 간의 연대 의식을 더욱 강화하게 되었다. 이것이 중세 이후 일본에서 농민들의 무장봉기인 잇키(一揆)가 빈발한 배경이다.[78] 참고로 16세기 말부터 메이지 유신 전까지의 약 300년간 일본에서는 총 7,000회 이상 민중의 집단적 저항이 있었다 한다.[79]

또 한 가지 눈여겨볼 것은 민중의 집단 저항에 대한 일본 권력자들의 무자비한 응징이다. 중세 이후 일본 역사에서 자기 목소리를 내려한 종교 세력이나 서민들은 처절한 최후를 맞았다. 종교집단의 대표적 저항이었던 나가시마 잇키(長島一向一揆, 1570~1574년)에서 당시의 권력자 오다 노부나가는 나가시마(長島: 지금의 미에 현 나가시마) 일대를 봉쇄하고 2만 명 이상의 정토진종(淨土眞宗, 一向宗)의 남녀 신도들을 모두

불태워 죽였다.[80] 같은 시기(1571년) 노부나가는 천태종(天台宗)의 총본산인 히에산 엔랴쿠지(比叡山 延曆寺: 지금의 시가 현 오쓰 시)와도 분쟁이 있어 그 절을 공격했는데 그때도 엔랴쿠지와 그 부속 건물들이 들어서 있는 산 전체를 태워버리고 그 안에 있던 승병(僧兵)은 물론, 남녀노소 구별 없이 모두를 죽이라고 명령했다. 당시 그 절의 피해 규모는 확실치는 않으나 약 500동(棟)의 사찰 건물과 불탑이 모두 타버렸고 어린이와 비전투원을 포함한 남녀 약 3,000명에서 4,000명이 살해됐다고 한다.[81] 도쿠가와 시대의 최후의 내전이며 일본 역사상 최대 규모의 잇키라는 시마바라의 난(島原の乱, 1637년 10월~1638년 4월)에서 총 13만 명의 막부군은 하라성(原城: 지금의 나가사키 현 미나미시마바라 시 소재)을 봉쇄하고 농성하던 반군 3만 7,000여 명을 모두 죽였다. 당시 반군에 기독교도가 다수 포함되어 있어 그 난을 종교전쟁으로 보기도 하는데 그보다는 과도한 연공에 반발한 영세민과 농업·어업·수공업, 상업에 종사하는 대규모의 사업자 등이 두루 참여한 민중 봉기였다. 반군 중 살아남은 사람은 막부군에 내통한 야마다 에모사쿠(山田右衛門作)라는 단 한 사람뿐이었다고 전해진다.[82] 모두 반대 세력에 대한 무서운 응징의 예가 된다.

그런 역사 때문인지, 지금도 대부분의 일본인들은 정부의 움직임에 대개는 묵묵히 추종한다.

상급 무사와 하급 무사

번(藩)에 따라서 조금씩 차이는 있었지만 에도 시대에는 대개 녹봉 100

석 전후를 경계로 상급 무사와 하급 무사로 구분되었다. 그러나 상급 무사와 하급 무사의 사회적·경제적 격차는 농민과 하급 무사의 격차보다도 더 컸고 하급 무사들의 생활은 "경제적으로도, 심정적으로도 비참한 상황"이었다고 전해진다.[83] 소설이나 영화에서도 에도 시대 하사관급 무사인 카시(下士)나 고우시(鄕士) 또는 그 아래 계급인 아시카루(足輕) 등이 당시의 신분제로 인해 일상생활 속에서 감당해야 하는 굴욕과 비애를 보여주는 장면을 흔히 볼 수 있다. 게이오 대학 설립자 후쿠자와 유키치가 속해 있던 나카쓰 번(中津藩: 지금의 오이타 현 나카쓰 시)에서는 가신들을 크게는 상급·중급·하급 가신으로 구분했는데 같은 하급 가신들 사이에서도 더욱 세분화된 서열이 있어 의복, 말투까지 서로 달랐다고 한다.[84] 또 반농반병(半農半兵)의 신분이던 아시카루는 길에서 상급 무사를 만나면 비가 와도 신발(下駄. 게다)을 벗고 길옆에 엎드려 예를 표하지 않으면 안 되었다. 이를 '게자(下座)'라고 하는데, 번에 따라서는 하사관급에 해당하는 무사도 장교급인 죠시(上士)로부터 게자를 강요받았다. 그 밖에도 무사들 사이에는 지켜야 할 여러 가지 격식이 있어서 예를 들면 호칭도 연령에 관계없이 아이들이라도 장교 계급의 사람은 하사관 계급의 사람에게 '자네(貴樣)'라고 했고, 하사는 상사에게 '나리(あなた, 旦那樣)'라고 불러 "마치 주종 관계와 같았다"고 한다. 한편 하급 무사들은 농공상에 종사하는 백성들에게 군림했다. 이렇게 에도 시대의 일본은 사농공상의 구별만 아니라 무사들 사이에서도 엄격한 신분 차별이 있어서 참으로 억압적 분위기의 계급 사회였다. 여차하면 목이 날아갈 수 있었던 이런 사회적 환경 탓에 일본인들의 소극적이고 애매한 의사표시 방법이 자랐던 것으로 보인다.

이렇게 엄격한 신분제도와 그에 따른 격식과 예법의 구분은 사회적으로 많은 불만을 쌓이게 했을 것이고 하급 무사들로 하여금 세상을 엎어보려는 욕망을 갖게 했을 것이다. 그들 하급 무사들은 "(장교급) 무사가 되고 싶다. 무사만 될 수 있다면……" 하고 절규했다고 한다.[85]

도쿠가와 막부 시대를 끝낸 메이지 유신의 주역들인 사카모토 료마(坂本竜馬), 사이고 다카모리(西郷隆盛), 오쿠보 도시미치(大久保利通) 등이 모두 하급 무사 출신(鄕士, 下士)인 것도 우연이 아닐 것이다. 메이지 유신 이후 일본의 군국주의적 관료 체제를 구축한 일등 공신이라는 평을 듣는 야마가타 아리토모(山県有朋, 1838~1922년)는 쥬우겐(中間) 출신이다. 쥬우겐이란 최하위 보병인 아시카루보다 더 낮은 신분의, 무사에 딸린 하인으로 성(名字)을 갖는 것과 칼을 차는 것(帶刀)이 금지되어 있던 졸병이다.[86] 에도 시대 말기의 일본에는 야마카타와 같이 하급 병사 출신으로 신분 상승 욕구에 불타 세상을 뒤집어보고 싶어 하는 불만 세력이 도처에 있었고, 그들 하급 무사들의 신분 상승 욕구가 메이지 유신의 중요한 동력의 하나가 되었다고도 볼 수 있다.

무사의 특권

한편 에도 시대 무사들에 대한 여러 가지 규제와 그들의 어려워진 생활 형편을 어루만져주기 위해 막부가 무사들에게 자존심을 느낄 수 있는 세 가지 특권을 주었다는 말이 있다. 이는 성씨를 가질 수 있는 특권(名字御免), 칼을 휴대할 수 있는 특권(帶刀御免), 무례한 짓을 한 평민

을 베어 죽여도 벌을 받지 않는 특권(斬捨御免)을 말한다.[87] 그러나 에
도 시대 이전에도 유력한 농민이나 상인 중에서 영지 내에서 공을 세
운 사람들에게 영주가 성을 쓸 수 있도록 허락해준 사례가 있다. 또 무
사 신분의 상징이었던 두 개의 칼 중에서 작은 칼(脇差)은 무사가 아니
더라도 여행할 때 차고 다니는 것이 허용되었다. 또 전쟁 중에는 평시
와 다르게 최하급 잡병(小者, 中間 등)들도 자기가 모시는 주군이나 상사
를 돕기 위해 대소(大小) 두 자루의 칼을 휴대할 수 있었다고 한다.[88] 에
도 시대의 병법가 다이도지 유잔(大道寺友山, 1639~1730년)이 쓴 〈무도
초심집〉에는 이런 구절이 있다.

"우리나라는 타국과 달리 좀 신분이 낮은 상인이나 농민, 장인(職人)
이라도 각기 신분에 맞는 작은 칼(脇刀)을 허리에 차고 있다. 이는 무
사의 나라인 일본의 풍속으로 시대가 변해도 바뀌지 않을 풍습(道)이
라고 말할 수 있을 것이다."[89]

무사가 무례한 행동을 한 서민을 벨 수 있는 특권인 기리스데고멘(斬
捨御免)은 막부 법률(公事方御定書, 71条追加)에 의해 허용되었다. 여기서
'무례'라 함은 무사의 신체나 칼, 우산 등에 부딪치는 것, 무사에게 길을
양보하지 않는 것, 다이묘의 행렬을 가로지르는 것, 무사보다 높은 자리
에 앉아 무사에 대한 경의를 표하지 않는 행위, 이를 나무라는 무사에게
불손한 대꾸를 하거나 무기 등으로 반격하는 것 등을 포함한다. 무사들
도 사람을 베면 즉시 당국에 자진 신고한 다음 그 정당성을 입증할 증인
이 있어야 했고 20일 이상 집에서 외출을 금지하고 근신하는 등의 엄격

한 적용 조건이 있었다. 만약 증인을 찾지 못하면 그 무사는 사형을 당할 수도 있었다. 흥미로운 것은 만약 무사가 칼을 빼고도 상대방이 도망을 가거나 해서 베지 못하면 그것도 '무사의 불명예'라고 해서 칼을 뺀 무사가 오히려 처벌 대상이 되었다는 것이다. 그러나 실제로 무례를 탓해 서민을 베는 일은 전장(戰場) 경험을 가진 무사가 아직 살아 있던 17세기 중엽까지였고, 그 후 '관료형 무사'의 시대가 되어서는 좀처럼 없었던 모양이다. 특히 8대 쇼군 요시무네(吉宗, 재직 1716~1745년)의 시대부터는 무사가 함부로 칼을 뽑지 못하도록 엄격히 통제했다고 한다.[90]

당시 무사들의 문화를 엿볼 수 있는 또 하나의 풍습이 '츠지기리(辻斬り)'라는 것이다. 츠지기리란 무사들이 주로 밤에 길거리나 외진 곳에 숨어 있다가 지나다니는 행인을 무차별적으로 공격해 칼로 베는 것을 말한다. 그런 짓을 한 이유는 새로 장만한 칼의 성능을 시험해보고 싶거나 또는 평소에 연마해온 검술의 실력을 시험해서 자기의 실력을 자랑하거나 단순히 기분전환을 하기 위해서였다고 한다. 전국 시대 이후 빈발해서 1602년에는 도쿠가와 이에야스가 이를 금지시키고 범인을 엄벌에 처하기로 했으나 그 후에도 그치지 않았던 모양이다. 무사 소설에는 흔히 나오는 이야기이고 에도 시대 말기를 배경으로 하는 시바 료타로의 소설 〈료마가 간다竜馬がゆく〉에도 그런 이야기가 나온다. 에도 시대에는 무사가 "1,000명의 사람을 베면(千人斬り) 온갖 고질병이 모두 낫는다"라는 말까지 있었다고 한다. 막부는 이런 분위기에서 거의 매일 밤 발생하는 낭인들의 츠지기리에 골치를 썩였는데, 결국 1862년에는 궁여지책으로 그들 낭인들을 고용해 에도의 경비를 담당하는 신초구미(新徴組)라는 조직을 만들기까지 했다.[91] 에도 시대가 끝나는 19세기

말까지의 일본은 이래저래 특히 무사가 아닌 사람들에게는 참으로 겁나는 세상이었을 것이다. 일본인들이 늘 주위를 의식하고 조심스럽게 행동하는 국민으로 길들여진 또 하나의 이유가 되었을지도 모른다.

무사도, 싸움의 기술에서 도덕적 규범으로

이제 흔히 '일본 무사들의 윤리의식'이라고 일컬어지는 '무사도'라는 것을 조금 살펴보자. '무사도'라는 말이 일본에서 최초로 기록된 책은 16세기 후반 가이국(甲斐国: 지금의 야마나시 현)의 전국 다이묘 다케다 신겐(武田信玄, 1521~1573년)의 사적과 전술 등을 정리한 〈고요군감 甲陽軍鑑〉이라고 알려져 있다. 그 책에서 말하는 무사도(武士道. 弓矢の道)는 "단적으로 무력으로 싸우는 방법"을 뜻하는 것이었다.[92]

전국 시대가 끝날 때까지 일본은 "동서남북 모두가 전란(戦乱)의 세상"이었으므로 지모가 뛰어나고 용감한 사람이 우선시되었고 이른바 '충신의사(義士)'는 그렇게 중요시 되지 않았다.[93] 그래서 당시의 '무도' 또는 '무사도'라는 것은 싸움에서 이기고 살아남기 위한 기술이었으며 싸움터에서 무사로서의 이름을 날려서 자신이나 자기가 속한 집단의 발전을 꾀하기 위한 것에 주안점을 두었다. 오늘날 우리들이 연상하는 '무사도'라는 말이 뜻하는 철학, 또는 윤리 기준이 만들어진 것은 도쿠가와 시대 이후의 일이며, 그 이전에는 '윤리 기준'의 의미로 무사도라는 말이 사용된 일은 없다고 한다.[94]

전국 시대가 끝나고 도쿠가와 막부가 그 기틀을 잡아가자 경제는 활성화되었고 상인계급은 급격히 성장해간 데 비해 경제활동에서 소외된 무사계급은 급격히 빈곤층으로 변해갔다. 자연히 무사들은 극도로 검약한 생활을 하지 않을 수 없었다. 도쿠가와 막부는 전국 시대의 무사들을 평화 시대의 체제에 편입시키기 위해 유학자(儒學者)들을 시켜서 인의(仁義), 충효 등을 무사의 규범으로 강조하는 '새로운 무사도'의 사상적 개념을 확립했다. 그 시대에는 하야시 라잔(林羅山, 1583~1657년), 나카에 도주(中江藤樹, 1608~1648년), 구마자와 반잔(熊沢蕃山, 1619~1691년), 야마가 소코(山鹿素行, 1622~1685년) 등의 무사 출신 유학자가 많이 나왔다. 특히 야마가 소코는 전국 시대까지 '싸움에서 이기고 살아남는 법'을 뜻하던 병학(兵学)을 "수신, 제가, 치국, 평천하(修身齊家治國平天下)의 경세(經世)의 학문으로 승화시켜 병법과 유학이 한 가지(兵儒一致)"임을 주장했다. 그래서 평화 시대의 무사는 유교의 군자와 마찬가지로 농공상(農工商) 등 '백성들의 사표(師表)'가 되어야 함을 역설했다.[95] 이를 바탕으로 막부는 "이익만 알고 의리를 알지 못하는 서민을 교화해 인륜의 체계에 끊임없이 편입시키는 것"을 무사들의 새로운 사회적 역할과 책무로 제시했다.[96] 그 시대 가이바라 에키켄(貝原益軒, 1630~1714년)이라는 유학자는 "무사도란 사무라이의 평소의 마음가짐이며 무예 같은 것은 지엽적인 것에 지나지 않는다"라고 말했다는데[97] 이것 역시 전쟁이 없어진 시대에나 나올 수 있는 말이다. 이렇게 도쿠가와 막부는 본래 전사였던 무사들을 오륜(五倫), 오상(五常: 仁義禮智信)을 규범으로 하는 유교의 군자로 길들여갔다. 이때부터 무사는 가난하지만 명예, 의리 등을 중시하는 생활을 하지 않을 수 없게 되었다.

극작가 고사카 지로(神坂次郎, 1927~)는 무사도라는 말이 무사들 사이에서 입에 오르기 시작한 것은 무사들이 세습제 공무원같이 된 태평스러운 겐로쿠 시대(元祿, 1688~1704년)쯤부터이고 그 말이 일반인에게 보급된 것은 8대 쇼군 요시무네(德川吉宗, 재직 1716~1745년)가 등장한 이후의 일이라고 말했다. 당시에는 이미 교토를 중심으로 한 간사이(関西) 지방의 상인들은 가난한 무사들을 마음속으로는 그렇게 높이 평가하지 않는 시대가 되어 있었다.[98] 이런 환경에서 막부는 그 통치 기반인 무사계급의 정신교육을 강화해 '지도자로서의 마음가짐'을 앞세우는 '무사도'를 널리 보급시키고 강조했다. 그러나 학자들은 도쿠카와 막부에 의해 만들어진 무사도는 전국 시대까지의 무사들이 실제로 가졌던 기질이나 행동 양식과는 전혀 이질적인 것이라고 말한다. 무사라는 것이 원래 "사리사욕으로 개인의 재산을 확보하기 위한 조직으로 탄생했다는 역사적 사실에 비추어본다면 에도 막부의 무사도란 무사의 근본을 부정하는 것"이고, 이는 곧 "봉건제의 자기부정"이라고도 볼 수 있다는 것이다.[99] 그런 시각에서 도쿄 대학교 간노 가쿠묘(管野覚明, 1956~) 교수는 오늘날 우리에게 각인된 일본의 무사도는 사실상 무사의 사상이라기보다는 "사대부(士大夫)의 사상이고, 유교적 관료의 사상이며, 전직(前職) 무사의 사상"이라고 규정했다.[100] 소설가 시바 료타로는 이렇게 말한다.

"유교라는 것은 …… 예(禮)라는 것을 내세운, …… 인간을 하나의 원리로 묶어 그 만성(蠻性)을 빼앗아 통치하기 쉽게 하려는 사고방식이다."[101]

도쿠가와 막부는 이렇게 만들어진 도덕적 사도론(士道論)으로 무사들을 피라미드형으로 재편성해갔다. 무사계급은 이에를 기초로 하는 민중의 계도자로서 민중 위에 군림했고 막부는 그 무사계급의 정점에 군림해 나라를 지배했다. 이렇게 해서 "이에(家), 번(鄕土), 막부(國家)라는 일본 봉건제의 삼중(三重) 계층구조"[102]가 만들어졌다. 이때 만들어진 피라미드형 지배 구조는 그 후 일본 사회가 군인이나 관료가 중심이 된 전제(專制) 국가 체제로 발전해가는 바탕이 되기도 한다.[103]

충성의 자긍심, 무사들의 자기최면

도쿠가와 막부 체제가 안정되면서 무사들은 영지를 떠나 토착성을 상실했다. 막부 또는 각 번의 관료가 되어감에 따라 무사들 스스로도 그들의 전투적·공격적 본능을 관료 조직에 걸맞은 내면적·도덕적 명예 관념으로 바꾸어갔다. 무사들이 지녀야 할 마음가짐을 서술한 책으로 유명한 〈하가쿠레 葉隱〉에서 야마모토 죠초(山本常朝, 1659~1719년)는 무사의 주군에 대한 충절을 "마음속 깊이 숨겨진 사랑(忍ぶ恋)"에 비유했다. 사회학자 이케가미 에이코(池上英子) 교수는 야마모토가 말하는 '숨겨진 사랑'이란 봉록이나 명예 등, 아무런 대가를 바라지 않고 주군에 바치는 '헌신적 충성'을 뜻하며 이는 주군을 향한 신하의 헌신적인 봉사를 무사 스스로가 자유의사에 따라 선택한 명예로운 일로 승화시킨 것이라고 보았다.

"주인의 절대적인 권위에의 복종을 이상으로 높이 내세움으로써 야마모토 죠초가 역설적으로 구축해놓은 것은 …… 도쿠가와 사회의 사회적 · 정치적 구조에 의해 사무라이에게 강제된 절대적 충의를 신하로서의 자유로운 도덕적 결단으로 재정립함으로써 …… 사무라이의 명예심정과 주군의 권위를 조화시킨 것이며 …… 겉보기에는 단순한 복종의 행위가 명예와 존엄의 내면의 미덕이 된다."[104]

무사들에게 '강제된 충의'와 '신하로서의 자유로운 도덕적 결단'은 이런 경지에까지 이른다.

"어디에 머물게 되더라도 주군이 계신 방향으로 발(足)을 향하게 하지 않고 창이나 칼을 놓을 때도 그 끝이 주군을 향하지 않도록 하는 것이 충효의 몸가짐이다."[105]

위의 글은 에도 시대의 병법가 다이도지 유잔(大道寺友山, 1639~1730년)이 쓴 〈무도초심집 武道初心集, 1725년 무렵〉에 나오는 구절이다. 그 책은 그가 무사들의 자제들이 지녀야 할 마음가짐을 가르치기 위해 저술했다고 알려져 있다. 도쿠가와 막부가 성립한 지 120년 이상의 세월이 흐른 다음의 일이며, 그만큼 무사도(武道)의 내용도 관념화되어갔다.

종합해보면 오늘 우리에게 알려진 일본의 '무사도'란 전국 시대가 끝난 후 무사들의 자유로운 이동을 억제하고 이들을 길들여서 막부 권력의 안정을 꾀하려는 도쿠가와 막부의 정책과 막부에 의해 사실상 무장해제된 무사들이 스스로의 존재 의미를 찾으려는 욕구가 서로 맞물려 만들어진 관념이라고 볼 수 있다. 또 이는 신분 사회의 "피라미드형 조직 속에 종속된 현실을 받아들이지 않을 수 없는 자긍심 강한 무사들"
[106]의 자기합리화였고, '자기최면'으로도 볼 수 있을 것이다.

만들어진 이미지, 무사도

지금 우리가 가지고 있는 무사 및 무사도에 대한 이미지는 주로 소설,
연극, 영화 등에 의해서 그려진 무사들의 치열한 삶의 모습이다. 특히
무사들의 치열한 삶과 늠름한 이미지를 강조한 것은 가마쿠라 시대 이
후의 이른바 '전기(戰記)문학'이 그 시작이다. 잘 알려진 문예 작품으로
는 12세기 말 다이라씨(平家) 일족의 흥망성쇠를 그린 〈헤이케 모노가
타리 平家物語〉, 같은 시대 비극의 무장 미나모토노 요시쓰네(源義経,
1159~1189년)의 삶을 그린 〈요시쓰네 이야기 義経記〉, 14세기 남북조 시
대를 전후한 '태평스럽지 않았던 50년간'의 전쟁 이야기인 〈태평기 太
平記〉, 18세기 초 무사들의 집단 복수극을 그린 〈충신장 忠臣蔵〉 등을
들 수 있다. 그런 작품을 통해서 일본의 '무사 및 무사도'는 미화되었
고, 그렇게 만들어진 무사들의 이미지는 다시 연극, 영화 등으로 재생
되어 사람들의 머릿속에 각인되었다. 특히 메이지 유신 이후 군국주의
국가건설에 매진했던 일본 정부는 이상화(理想化)된 무사도를 국민을
세뇌시키는 방편으로 이용했고, 국민 동원의 수단으로 삼았다. 극작가
고사카 지로(神坂次郎)는 이렇게 말한다.

　"〈무사도〉라는 말처럼 일반적으로 곡해되고 있는 것은 없다. 메이지

유신 후에 역사가나 사상가, 신토가(神道家) 사이에서 '무사도는 곧 대화혼(大和魂)'[107]이라는 설이 횡행해서 '무사도는 무사의 발흥과 함께 성립된 것이지만 그 원류는 멀리 진무(神武) 천황의 건국 당시에 있다'는 식으로 떠들어댔고 이런 주장이 태평양 전쟁 전과 전쟁 중에 문교 정책으로 크게 활개를 쳤다. 그러나 이런 무사도, 즉 대화혼을 실증적으로 관찰해보면 얼마나 황당무계한 말인지 금방 알게 된다. …… (무사도는) 역사의 거대한 흐름 속에서 〈하가쿠레(葉隱)〉에 기록된 금욕주의적인 무사도로부터 겐로쿠(元祿, 1688~1703년) 태평 시대의 유연한 무사도를 거쳐 전쟁을 모르는 월급쟁이 무사들의 처세술을 이야기하는 무사도로 변질되어갔다."[108]

학자들의 연구에 따르면 에도 시대 대다수의 무사들은 "현재의 도시 거주의 봉급생활자"[109]와 같은 입장으로 무사도를 내세우면서 살아갈 수 있을 만큼의 경제적 여유가 없었고 따라서 보통의 무사들이 책이나 영화에서 그려낸 무사도를 실천한다는 것은 현실성이 없는 일이라고 단정한다.[110] 에도 시대 연구가인 도쿄 대학교의 야마모토 히로후미(山本博文) 교수는 "대하드라마나 역사소설류에 등장하는 무사들은 …… 그 대부분이 '만들어진 이미지'임을 통감한다"라고 말한다.[111] 그러나 생활에 쪼들려서 지조를 버리는 무사들에 관한 이야기를 그린 소설이나 영화는 찾기 힘들다.

"인형극이든, 가부키(歌舞伎)든, 구경꾼이 있고 나서다. 구경꾼이 보고 싶어 하지 않는 연극은 절대로 흥행이 안 된다. …… 그래서 (무사이야기는) 충의(忠義)를 높이 쳐들어, …… 충이 아니면 불충(不忠)으로 본다. …… 그것을 관객이 좋아한다."[112]

그런 이유로 어려움을 헤쳐가다가 장렬한 최후를 맞는 무사들의 이야기가 주로 만들어졌고 그 결과 사람들은 일본의 무사 또는 무사도에 대해서 일종의 환상적인 이미지를 갖게 된 것으로 보인다. 일본 무사들의 실생활에 관한 이야기는 뒤로 미루고 먼저 오늘날 우리들이 흔히 갖고 있는 '충성스럽고 극기심 많은' 무사들의 이미지를 만들어낸 몇 가지 책에 대해 잠깐 살펴보기로 한다.

소설류가 아니면서 무사들이 평소 지녀야 할 마음가짐을 강조한 책으로는 에도 시대 초기의 검술가 미야모토 무사시(宮本武蔵, 1584?~1645년)가 병법에 대한 마음가짐과 전투 기술을 설명한 책이라는 〈오륜서 五輪書〉[113]와 18세기 초 사가 번(佐賀藩)의 무사였던 야마모토 죠초(山本常朝, 1659~1719년)의 〈하가쿠레 葉隱, 1716년〉등이 유명하다. 모두 '전사(戰士)로서의 무사'가 지녀야 할 지식이나 마음가짐을 다룬 "구식(旧式)무사도"에 관한 책으로 볼 수 있다.[114] 그 밖에도 에도 시대 초기 유교적 입장에서 '군자론(君子論)적 무사도'를 다룬 야마가 소코(山鹿素行, 1622~1685년)의 〈무교소학 武教小学, 1656년〉과 그의 제자인 다이도지 유잔(大道寺友山, 1639~1730년)이 저술한 〈무도초심집 武道初心集, 1725년〉등이 이에 속한다. 두 책 모두 막부와 각 번의 권력을 안정시키려는 정치적, 사회적 필요에 부응해 저술된 책으로 평가된다. 야마가 소코의 〈무교소학〉은 주자(朱子)의 〈소학 小学〉을 본떠 무사들이 가져야 할 마음가짐을 피력한 책이다.[115] 그는 그 밖에도 많은 저술을 통해 사도론

(士論)을 펼쳤는데, 이를 통해 사농공상으로 구성되는 국가와 향토사회(藩)에서 무사(당시의 정치가, 군인, 행정, 사법 관료)가 농공상의 삼민(三民) 위에 군림할 수 있는 이론적 바탕을 제공했다는 평이다.[116] 또 그는 일본이 중국보다 우월함을 역설해 "일본이야말로 중심이 되는 국가(中朝)"라고 주장했는데, 이것이 1930년대 이후 일본 군국주의자들의 적극적인 호응을 얻어 대륙 침공의 정신적 바탕을 제공했다는 평이다.[117]

다이도지 유잔의 〈무도초심집〉은 특히 중하급 무사들의 자제들에게 무사로서의 마음가짐을 가르치고자 저술된 책이다.[118] 극작가 고사카 지로는 이 책을 "월급쟁이 무사학 입문서"라고 평했다. 이 책은 메이지 시대 이후 쇼와(昭和) 시대에도 일본 육군사관학교의 교과서로도 쓰였다고 한다.[119] 지금 자위대(自衛隊)에서는 어떤지 모르겠다.

그 밖에 1900년에 교육자였던 니토베 이나조(新渡戸稲造, 1862~1933년)가 저술한 〈무사도 Bushido: The Soul of Japan〉가 있다. 이 책은 저자가 일본인의 도덕규범을 무사도와 연결해 서구 세계에 소개하려는 목적으로 영문으로 써서 미국에서 출판한 책이다. 이 책은 미국의 인류학자 루스 베네딕트(Ruth Benedict, 1887~1948년)의 〈국화와 칼 The Chrysanthemum And the Sword: Patterns of Japanese Culture, 1946년〉과 함께 서구에 일본을 소개하는 책으로 가장 잘 알려져 있다.

위에서 잠깐 살펴본 대로 일본의 무사 또는 무사도는 여러 가지 형태로 포장, 각색되어 우리나라를 포함한 외국에 소개되었다. 여기서는 "구식(旧式) 무사도"에 관한 대표적 저술로 볼 수 있는 야마모토 죠초의 〈하가쿠레〉와 형식상 무사계급이 없어진 메이지 시대에 "과거의 여러 가지의 무사도를 회고하고 집약한 무사도론(論)"[120]이라는 니토베 이나

조의 〈무사도〉를 간단히 살펴본다.

〈하가쿠레〉, 무사의 마음가짐

이 책의 화자(話者) 야마모토 죠초(山本常朝, 1659~1719년)는 에도 시대 사
가 번(佐賀藩: 지금의 사가 현과 나가사키 현의 일부)의 무사였다. 42세가 되었
을 때 30여 년을 섬기던 주군 나베시마 미쓰시게(鍋島光茂, 1632~1700년)
가 병으로 죽자 머리를 깎고 출가해 산속에 작은 집을 짓고 살았다. 은
거한 지 10년 후 같은 번의 무사로서 당시 주군으로부터 버림받아 실
의에 빠져 있던 30대 초반의 다시로 쓰라모토(田代陣基)를 만나 교류했
는데 두 사람의 나이 차는 19살이나 되었다. 그 후 약 7년간 두 사람이
어울리면서 젊은 쓰라모토는 죠초가 전국 시대의 무사들에 대해 가졌
던 향수를 구술한 것을 기록, 정리해 총 11권의 책으로 엮었는데 그것
이 〈하가쿠레 葉隱〉다. '하가쿠레'라는 말은 '초목의 잎 사이에 숨어 보
이지 않게 됨'을 뜻하는데, 나무 그늘의 초가집(草庵)에서 말하고 들은
것의 기록이라는 뜻이라고도 하고, 보이지 않는 곳에서의 무사의 몸가
짐을 뜻한다는 해석도 있다.[121] 이 책은 인간관계, 무사의 근무 지혜,
변화하는 시대에 대처하는 법 등에 관한 수상록이다. 처음에는 필사본
으로 조금씩 알려졌는데 곳곳에 과격한 내용이 있어 에도 시대에는 금
서(禁書)로 되어 있었다고 한다. 그러다가 일본이 군국주의 국가 건설
에 열을 올리던 메이지 시대(1868~1912년) 말기에 그 초본(抄本)이 공식
적으로 간행되었다. 이 책은 18세기의 고문(古文)으로 기록되었고

1,400개 항목이나 된다는데, 그 내용을 추려서 현대어로 편역(編譯)해 놓은 책들이 많이 있다. 필자가 읽은 두 가지 책에서 간추린 내용을 잠깐 살펴본다. 〈하가쿠레〉의 첫머리에는 이런 말이 나온다.

"무사도란 죽는 것이다. …… 어느 쪽이냐를 선택해야 하는 경우에는 죽는 쪽을 택하면 되는 것. …… 밤낮으로 이 각오를 새롭게 해서 언제나 죽을 각오로 있으면 무사도는 몸에 붙게 되고 발을 헛디딜 일이 없이 맡은 일을 수행할 수 있는 것이다."[122]

같은 뜻의 말이 앞에 소개한 다이도지 유잔의 〈무도초심집〉의 첫 대목에도 나온다.

"무사라는 자는 …… 밤낮으로 늘 죽음을 각오해두는 것을 제일의 본의로 해두어야 한다. 늘 죽음을 각오하고 있으면, 충효의 두 가지 도리(道)가 이루어지며……."[123]

〈무도초심집〉이 저술된 것은 대개 1725년 무렵이라고 알려져 있고 〈하가쿠레〉가 완성된 것은 1716년이다. 다이도지 유잔은 야마모토보다 20살이나 나이가 많았는데 서로 어떤 교류가 있었는지는 모르겠다. 아무튼 여기서 "늘 죽음을 각오해두는 것"이라는 말의 뜻은 어떤 것인가?

"전장에서, 또는 자객에 의해서 급작스럽고 광포한 죽음에 늘 노출되어 있던 중세의 무사들은 명상과 염불 등의 종교적 수련으로 그 스

트레스에서 벗어나려 했다. 죽음은 고귀한 무사라면 늘 각오해두어야 하는 위험이며, 무사 수행의 첫 관문이었다. …… 결국 참무사로서 살아갈 수 있는 길은 합리적 계산을 하지 않는 마음의 상태, 즉 죠초가 "죽음을 향한 열망(死狂い)"이라고 표현한 심성을 기르는 것, 즉 죽음에 대한 심리적 훈련을 하는 것뿐이었다."124

당시는 이미 전쟁이 없어진 시대였다. 그러나 무사라면 늘 전쟁을 염두에 두고 마음의 준비를 해두어야 한다. 또 무엇보다도 명예와 자존심을 중요시하는 무사들은 자칫하면 명예를 지키기 위해서 싸우지 않을 수 없는 상황에 놓이게 된다. 한편 당시에는 〈싸움 양벌규정喧嘩兩成敗〉으로 싸움을 하는 자는 이유를 묻지 않고 양쪽 모두를 처벌했다. 그래서 싸움에 말려들면 싸움 양벌규정을 위반한 죄로 처형된다. 명예를 지키고 죽음을 택할 것인가? 비겁자로 손가락질을 받으면서 살아갈 것인가? 합리적 사고를 한다면 당연히 살고 싶다. 그러나 모욕을 참는 것은 불명예의 길이다. 또 망설임은 비겁함으로 보일 수 있다. 그래서 "긴급한 상황에 처해 무사가 취해야 할 행동을 냉정히 분별한다는 것은 아무 득이 없다. 생명에 대한 지나친 집착은 무사가 위기의 순간에 자기의 생명을 절대적으로 지배하는 것을 방해할 뿐"이라는 것이 죠초의 철학이었다.125 이런 이유로 죽느냐, 사느냐의 두 가지 길에서 무사는 단호하게 죽음을 택하는 것이고, "매일 아침, 매일 저녁, 다시 죽어두어 일상 죽은 몸이 되어 있으면 무도에서 자유를 얻고 일생 허물없이 맡은 바 소임을 다할 수 있을 것"126이라고 말한다. 죠초에게는 싸움에서 누가 옳은가, 또는 누가 이기는가는 문제가 되지 않는다. 그의 관심사는 부끄러움을 받아들일 것인가 아닌가, 즉 무사다운가 아닌가의 한 가지에 집중되어 있다. 또 그는 죽음을 수동적으로 받아들여야 하는 것이 아니라 자기가 선택하는 일로 만들려고 했다.[127]

"제정신으로는 큰일은 못 한다. 큰일을 한다는 것은 미쳐서 필사적으로 부딪치는 것이다. …… 이것저것 생각하면 주저하게 된다. 충(忠)이고, 효(孝)고 생각할 필요가 없다. 필사적으로 덤벼들면 충효도 저절로 이루어지게 된다."[128]

"중요한 것은 지금에 전념(一念)하는 것 이상이 없다. 한 가지에 전념하고 또 한 가지 염원(一念)을 되풀이 쌓아올려가는 것이 결국 일생이 된다. 이것을 깨닫게 되면 그 밖에 바쁠 일도 없고, 찾아 헤맬 일도 없어지게 된다. 단지 그 한결같은 마음을 지키면서 살아갈 뿐이다."[129]

야마모토 죠초는 미친 듯이 열심히 노력하다가 죽더라도 다시 한 번 더 힘쓰는 것이 가능하다고 역설하면서 '꼭 이루고자 하는 마음(一念)'을 강조한다. 읽다 보면 가끔씩 기가 막혀서 웃음이 날 정도로 격렬한 대목도 있다. 몇 가지를 추려본다. 먼저 가마쿠라 막부 타도의 일등 공신이었으나 곧 또 다른 공로자인 아시카가 다카우지(足利尊氏, 1305~1358년)와 대립하다가 전사한 닛타 요시사다(新田義貞, 1301~1338년)의 최후를 그린 이야기이다.

"비 오듯 하는 화살을 맞은 닛타 요시사다는 '이제 이것으로' 하고 스스로 자기의 머리를 잘라, 그 머리를 진흙 속에 감추고 그 위에 드러누웠다고 〈태평기〉는 적고 있다."[130]

〈태평기〉를 보면 당시 요시사다가 타고 있던 말이 화살을 다섯 대나 맞고 논바닥에 쓰러졌는데 그의 왼쪽 다리가 말의 몸뚱이에 깔렸고 그 순간 날아온 화살이 요시사다의 미간에 꽂혔다. 의식이 몽롱해져가는 중에 그는 "스스로 머리를 단숨에 잘라 수렁논 속 깊이 감추고 그 위에 쓰러졌다"라고 묘사되어 있다.[131]

다음은 이른바 '오사카의 진(大阪の陣)' 전투 때, 히데요리(秀賴)의 가신이었던 오노 도겐(大野道賢, ?~1615년)의 이야기다.

"도겐은 오사카 성이 떨어질 때 잡힌 후 이에야스를 면전에서 욕하다가 화형에 처해졌다. 숯덩이가 된 다음 그는 검시인에게 달려들어 그가 허리에 차고 있던 칼을 뽑아 찔러 죽인 후 곧 재가 되었다고 한다."[132]

"칼이 부러지면 손으로 싸우고 손이 잘려나가면 어깨로 밀치고 어깨가 잘려나가면 입으로 물어라. 그렇게 해도 적의 머리 10개, 15개 정도는 물어뜯을 수 있다."[133]

사가 번 나베지마가(佐賀藩 鍋島家)의 가신인 도하쿠(道白)라는 무사는 이웃과 싸우다가 "목의 뼈가 잘리고 목 가죽만 조금 남아 목이 앞으로 축 늘어지게 되었다. 이에 도하쿠는 양손으로 자기의 목을 밀어올려 외과의에게 가서 고약을 발랐다. 그리고 상처를 꿰맨 다음 삼베로 목을 친친 감고 이를 새끼로 들보에 묶었다. 그리고 몸 전체를 쌀에 묻어 움직이지 않도록 하고 요양했다. 얼마 지나지 않아 뼈가 붙고 완치되었다. 그동안 그는 평소와 다름없이 차분했고 특별한 탕약도 먹지 않았는데……"[134]라고 되어 있다.

〈하가쿠레〉에 이런 험한 소리만 나오는 것은 아니다.

"호인(好人物)은 인생의 낙오자가 된다. 강한 맛(强み)이 넘쳐 나는 인간이 되지 않으면 안 된다."[135]

"주군에게도, 윗사람들에게도 조금은 까다롭다는 느낌을 갖게 하지 않으면 크게는 될 수 없다."[136]

"틀에 박힌 고정적인 생각을 갖는 것이 나쁜 것이다. 여하튼 수행은 일평생 그쳐서는 안 된다. 자기가 알아낸 정도의 것을 가지고 이젠 됐다고 생각하는 것이야말로 가당치도 않은 일이다. 모든 것이 아직 부족하다고 생각하고 어떻게 하면 진실을 발견할 수 있을까를 일평생 찾아보고 정성을 다해 수행해야 할 것이다."[137]

"이긴다는 것은 결국 강력한 의지력으로 자기를 에워싸고 있는 불리한 조건을 유리하게 바꾸는 것이다."[138]

"지극한 사랑은 마음속 깊이 숨겨진 사랑(忍び恋)이다. 이루어지면 그로서 그만, 시시한 것이 되고 만다. 일생 마음속에 감추어서 애타게 그리다가 죽는 것이야말로 참사랑일 것이다."[139]

'숨겨진 사랑'이란 원래 와카(和歌)[140]에서 '가장 깊은 연정'을 노래하는 주제로 쓰이던 말이라고 한다. 이 말은 남의 눈을 꺼리는 사랑, 즉 어버이나 세간(世間)에서 허락지 않는 사랑, 그래서 오히려 더 격해지는 사랑을 뜻했다는데 세월이 흐르면서 상대에게도 털어놓을 수 없는, 그래서 상대도 알아차리지 못하는 연정의 의미로 변했는데,[141] 주군에 대한 충성심이 그와 같다는 뜻이다.

"애타게 사랑하는 채로 죽어버리자. 최후까지 고백하지 않은 마음속의 사랑은 내 죽은 몸을 태우는 연기를 보고, 그것이라고 알아주오."[142]

무사의 몸단장에 관한 이야기도 했다.

"늘 연지를 품에 지니는 것이 좋다. 술이 깰 때나 자다가 일어나서 안색이 나빠 곤란할 때 쓰는 것이다."[143]
'50, 60년 전까지 무사들은 매일 아침 몸을 씻고, 머리를 면도해 향을 뿌리고, 발톱, 손톱을 깎아…… 몸단장에 신경을 쓰고, 무예도 한 가지 정도는 정성을 다해서 익혔다. 몸단장에 신경을 쓰는 것은 멋을 내기 위함이 아니라 지금 당장이라도 싸우다 죽을 마음가짐을 하는 것이고, 가령 아무런 몸단장도 하지 않고 전사라도 하게 되면 평소의 풀어진 마음가짐이 적에게 노출되어 적의 비웃음을 사게 됨으로……"[144]

어느 시대에나 있었던 '요즈음 젊은이'를 개탄하는 이야기도 있다.

"최근 30년 이래 모든 것이 바뀌어 젊은 무사들이 만나서 서로 이야기하는 것은 모두 재물, 손해와 이득, 가계(家計), 의복의 품평, 색욕에 관한 잡담뿐으로 이런 이야기가 없으면 좌석이 시시하게 보이게 된 것은 참으로 한심한 일이다."[145]

아마모토 죠초가 〈하가쿠레〉의 내용을 구술했을 때는 도쿠가와 막부가 설립된 후 100년 이상의 세월이 흘러 실제 전투를 경험한 무사들은 모두 없어진 다음이다. 무사들은 도쿠가와 관료제에 편입되어 이미 '전사(戰士)로서의 역할'은 없었다. 그런 만큼 죽음도 비일상적인 일이 되어 있었다. 자연히 무사들의 기풍도 세속적인 것에 집중되었다. 이런 세태에서 죠초는 부끄러움을 알고 명예를 존중하는 무사의 정신적 전통이 무너져가는 것을 안타깝게 여기고 이를 경계했던 것이다. 당초 〈하가쿠레〉의 영향력은 사가 번(佐賀藩) 내에 국한되어 있었다고 한다. 사가 번이 중앙에서 멀리 떨어진 규슈에 있었고 그 내용이 과격해서 에도나 교토 등지의 "교양인적 사무라이들의 심성"과는 어울리지 않았기 때문이다.[146] 그러나 〈하가쿠레〉의 정신은 일본 무사들에게 면면히 전해졌고, 특히 막부 말기 일본의 근대화를 주도한 무사들에게 주요한 정신적 바탕을 제공한 것으로 평가된다. 정치학자 마루야마 마사오(丸山眞男, 1914~1996년) 교수는 이렇게 말한다.

"(에도 시대 말기) 과격파 낭인들의…… 몰아적(沒我的) 충성과 주체적 자율성, 강력한 실천성은…… 분명히 하가쿠레적 기풍(ethos)과 통하는 전통을 엿볼 수 있다."[147]

20세기에 들어서 일본이 본격적으로 군국주의 국가 건설에 나서면서 "혼자라도 나라를 짊어진다"는 〈하가쿠레〉의 순수한 충성과 헌신을 강조한 내용이 군국주의자들에게 각광을 받았다. 특히 무사의 죽음을 강조한 내용으로 인해 "무사도의 성전(聖典)", "순국의 교본"[148] 등으로 불리면서 "사무라이 정신을 체현하려는 병사들의 최고의 행동 지침"[149] 으로 여겨졌다. 천황 중심의 국가 건설을 주장하다가 할복자살한 극우파 작가 미시마 유키오(三島由起夫, 1925~1970년)는 "〈하가쿠레〉야말로 내 문학의 모태이고, 영원한 활력의 공급원"[150]이라고 말한 바 있다.

참고로 〈하가쿠레〉의 전부가 야마모토 죠초의 말을 기록한 것은 아니고 일부는 다시로 쓰라모토(田代陣基)에 의해 쓰인 것으로 추정된다는데 어디까지가 실제로 죠초의 말인지는 학자들 사이에서도 논란이 있다고 한다.[151] 야마모토 죠초의 이름(常朝)은 원래 '쓰네토모'로 읽었는데 그가 출가한 42세 때부터는 같은 한자를 '죠초'로 읽었다.

니토베의 〈무사도〉, 일본인의 도덕규범

〈무사도〉의 저자 니토베 이나조(新渡戸稲造)는 교육자였다. 그는 지금의 이와테 현에 있던 모리오카 번(盛岡藩)의 무사의 아들로 태어났다. 도쿄영어학교, 삿포로(札幌)농업학교를 거쳐 미국, 독일에 유학했고 미국 여성과 결혼했다. 귀국 후 농정(農政)과 식민지 경영의 전문가로 교육계에 종사했고, 한때는 대만 총독부에서도 일했다. 그의 책 〈무사도 Bushido: The Soul of Japan〉는 니토베가 1900년 미국에서 영문으로 출간한 책으로, 에도 시대의 유학자 야마가 소코의 〈사도론 士道論〉에서 많은 영향을 받아 쓴 책이다.[152] 이 책으로 그는 서구에서 일약 유명해졌고 1920년 국제연맹(國際聯盟, League of Nations)이 설립되었을 때는 사무차장(재임 1920~1926년)으로 선출됐으며 한때 그의 초상이 일본 돈 5,000엔권에 실리기도 했다.[153] 이부키 분메이(伊吹文明, 1938~)라는 일본의 문부과학대신(재임 2006년 9월~2007년 9월)은 "일본인들의 도덕적 규범의 기본은 니토베 이나조의 〈무사도〉에 있다"라고 말했다고 한다.[154] 그만큼 이 책은 일본인들이 그리는 무사도의 이상적 모습을 담아낸 책이라는 평이다. 그래서 일본에는 "현대의 우리들이 무사도란 무엇인가를 생각하는 경우, 가장 이해하기 쉽고, 세계적으로도 잘 알려진 것은 니토베 이나조가 〈무사도〉에서 그린 모습이다"[155]라는 평가도 있다.

그 책은 활짝 핀 벚꽃의 화사한 이미지, 이상적으로 그려낸 무사의 행동 규범, 그리고 일본인들의 윤리감 등을 '무사도'의 이름 아래 한 묶음으로 엮어서 이를 "일본을 활성화하는 정신이고, 원동력"이라고 서양인들에게 소개한 책이다. 그 책의 첫머리는 이렇게 시작한다.

"무사도는 일본을 상징하는 벚꽃과 마찬가지로 일본 고유의 꽃이다. …… 그것은 현재에도 그 힘과 아름다움을 가지고 우리 민족의 마음속에 살아 있다. …… 그 도덕적 향기는 지금도 새삼 우리들을 강하게 감화하고 있다."[156]

위의 글에서도 알 수 있듯이 니토베의 〈무사도〉는 '무사도'의 실체가 어떤 것인가를 학문적으로 파헤친 책이 아니라 무사도가 신토(神道), 불교, 유교 등을 바탕으로 옛날부터 전해오는 일본인의 높은 윤리감에서 배양된 것이고 그 정신은 오늘에도 일본인들을 감화하고 있다는 자기주장을 피력한 책이다. 그가 어떤 시각에서 그 책을 썼는지를 엿볼 수 있는 대목을 조금 더 인용해본다.

"불교는 모든 것을 운명에 맡기는 일상의 감각을 무사도에게 주었다. 피할 수 없는 운명에 대해 냉정히 복종하는 것, 위험과 재난에 직면했을 때의 스토아적 평정(stoic composure)과 삶을 가볍게 여기고 죽음을 친숙하게 여기는 마음을 준 것이다."[157]
"불교가 무사도에 줄 수 없었던 것을 신토(神道)가 풍족하게 채워주었다. 주군에 대한 충절, 선조에 대한 숭배, 부모에 대한 효행이 그것이다. 이 세 가지의 가르침은 다른 어떤 종교의 신조에 의해서도 가르칠 수 없는 것이다."[158]
"엄정한 의미의 도덕적 교양에 관해서는 공자의 가르침이 무사도의 가장 풍부한 원천이다. 공자의 가르침인 군신, 부자, 부부, 장유(長幼), 붕우(朋友)의 오륜의 도(道)는 중국으로부터 그 교의가 수입되기 이전부터 우리나라(일본)의 민족적 본능이 이런 것들을 인정하고 소중히 여겨왔던 것이며 공자의 가르침은 이를 확인했던 것에 지나지 않는다."[159]

전국 시대가 끝날 때까지의 일본 역사에는 군신, 부자, 형제가 서로 배반하고 싸우고 죽인 일이 수없이 많았다. 이런 혼란이 되풀이되지 않도록 하기 위해서 도쿠가와 막부가 충효를 강조하는 유교적 도덕 체계를 새로운 무사도의 기본으로 끌어들였고 그런 사실을 그도 잘 알고 있었을 것이다. 그런데도 그렇게 주장하다니 대단히 뻔뻔스러운 일이다. 이런 구절도 있다.

"중국에서도 인도에서도 인간의 우열은 주로 그 사람의 정력(精力) 또는 지력(知力)의 정도로 판단하나 일본에서는 이와는 달리 그 사람의 품성의 독자성에 따라 판단한다."[160]
"신토의 교의(tenets, 敎義)는 우리 국민의 감정생활의 두 가지 특질, 즉 애국과 충군(忠君)을 포괄한다."[161]

신토란 경전(經典)이 있는 종교가 아니므로 그 '교의'라는 것을 어디서 확인할 수 있는지는 잘 모르겠으나 아마도 당시 메이지 정부가 강조하던 천황 숭배 사상을 옹호하는 말인 듯하다. 그는 무사의 덕목에 대해서도 그럴듯하게 많이 서술했다.

"용기는 의(義)를 위해 사용되지 않으면 덕으로서의 가치는 없다."[162]
"예의는 자비심과 겸양의 동기로부터 나오는 것으로 타인의 감정을 통찰하는 따뜻한 마음에 의해 작동하는 것이며, …… 예(禮)가 요구하는 것은 슬퍼하는 자와 함께 슬퍼하고, 기뻐하는 자와 함께 기뻐하는 것이다."[163]
"일본인들이 일반적으로 예의가 바른 것이 무사도의 유산이라는 것은 새삼스럽게 말할 필요도 없는 일이다. …… 공평을 기하기 위해 일본인의 성격의 결점이나 단점도 역시 무사도에 대체로 그 책임이 있다고 인정하지 않을 수 없다. 우리 국민들에게 심원한 철학이 없다는 것은 무사도의 교육제도에 형이상학적 훈련을 소홀히 해왔기 때문이다."[164]

니토베는 일본인은 남녀를 불문하고 "자기의 고통이나 슬픔을 겉으로 표현해 다른 사람들의 쾌락이나 안정을 방해하지 않도록 하는" 자기 단련이 되어 있다고 말한다.

"일본의 기독교 교회에서 신앙이 열광적인 모습으로 표현되는 경우가 드문 것은 일본인의 이 자제(self-restrain)의 단련으로 설명할 수 있을 것이다. …… 경솔하게 영적인 체험을 입에 올리는 것은 하느님의 이름을 함부로 입에 올려서는 안 된다는 십계(十戒) 중의 제3의 계율을 깨뜨리는 일이 된다."[165]

그러면서 이런 말도 한다.

"극기의 수양(克己の修養, discipline in self-control)은 어쩌면 도가 지나쳐 영혼의 발랄한 흐름을 차단하는 일도 있을 것이고 유연한 천성을 뒤틀어 편협하고 괴기스럽게 만들 수도 있다. 또 극기는 완고한 성격을 낳아 위선자를 만들고 감성을 무디게 할 수도 있다."[166]
"무사도의 가르침은… 결국, 올바른 신념과 인내심으로 모든 재난과 역경에 맞서고 이겨내는 것이다."[167]

니토베는 '무사도'가 모든 일본인을 감화했다고 역설하면서, 이렇게 말한다.

"태양이 떠오를 때 먼저 높은 산꼭대기를 붉게 물들이고 차츰 그 빛이 계곡(谷間, the valley below)을 비추는 것과 마찬가지로 처음에 무사계급을 비추었던 도덕 체계는 시간이 지남에 따라 일반 대중 사이에서도 이를 따르는 사람이 나왔다. …… 무사는 일본의 꽃일 뿐 아니라 그 뿌리다."[168]

"어떤 사람도 그 활동방식, 사고방식에서 무사도의 영향을 받지 않은 사람은 없다. 지적 · 도덕적 일본은 직접적으로도, 간접적으로도 무사도가 만든 것이다."[169]

"과거 700년간에 걸쳐 축적된 힘(エネルギ-, momentum)은 급히 정지될 수 있는 것이 아니다. …… 무사도는 정형화된 것은 아니지만, 일본을 활성화하는 정신이고, 그 원동력이었으며 지금도 그러하다."[170]

위에서 대강 살펴본 대로 니토베의 〈무사도〉는 "일본인의 도덕관념의 바탕은 무사도"라고 전제하고 인(仁), 의(義), 예(禮), 용(勇), 충(忠), 성실, 명예, 극기(克己) 등 대개 유교 문화에서 소중히 여기는 온갖 덕목을 무사도의 그릇에 담아 서구에 소개한 책이다. 영어로 저술되었기도 하고 곳곳에서 서구의 문학이나 저술, 성경 등의 예를 빌려 서술했기 때문에 서구인들에게는 "무사도에 관한 교과서"같이 취급되었다고 한다. 그 책의 충의(忠義: Chapter IV. The Duty of Royalty)에 관한 글 중에는 헤이안 시대의 정치가였던 스가와라노 미치자네(菅原道真, 845~903년)와 얽힌 이야기가 나온다.

미치자네는 제60대 다이고(醍醐, 재위 897~930년) 천황 시대에 우대신으로 있다가 정적이었던 후지와라노 도키히라(藤原時平, 871~909년)

의 모함을 당해 규슈의 다자이후(太宰府)로 좌천되어 그곳에서 생을 마친 사람이다. 그가 죽은 후 그의 어린 아들은 옛 부하의 도움으로 어느 절의 서당에 숨어 살고 있었다. 그러나 곧 그 사실이 알려져서 중앙에서 그의 목을 베어 보내라는 명령을 내렸다. 이때 검시관의 직무를 명령받은 사람의 아버지는 생전에 오랫동안 미치자네의 은혜를 입은 사람이었다. 그 검시관은 지금은 비록 어쩔 수 없는 사정으로 후지와라를 섬기고 있지만 옛날 아버지가 입은 은혜는 보답해야 한다는 생각으로 고심한다. 결국 검시관 부부는 옛 주군의 아들과 비슷한 나이의 자기들의 아들을 희생양으로 삼기로 하고 아들의 목을 대신 잘라 당국을 속이고 옛 은혜를 갚았다는 이야기다. 이때 검시관의 어린 아들도 옛 주군을 위해 자기가 희생양이 되는 것을 기꺼이 받아들였다는 것이다.[171]

은혜를 갚는 것이 아무리 중요한 일이라 해도 다른 사람의 생명을 구하기 위해 아무 죄도 없는 자기 아들을 죽이는 행위에 우리가 놀라는 것은 당연하다. 그러나 니토베는 이 일을 구약성경의 아브라함이 하느님의 명령에 대한 무조건적인 순종을 보여 그 아들 이삭을 제물로 바치려 한 행위와 조금도 다를 바가 없는 일이라고 서술한다.[172] 기독교적 정신적 바탕을 가진 서양인을 설득하기 위한 교묘한 비유다. 그는 또 검시관의 아들이 기꺼이 희생양이 되는 것을 받아들인 것은 서양의 개인주의와는 달리 "무사도에서는 가족과 그 구성원의 이해는 하나의 것으로, 나누어질 수 없는 것이며 이는 애정과 연결되어 있어 자연스럽고 본능적인 것으로 …… 그 자연스러운 사랑에 의해 사랑하는 사람을 위해 죽을 수 있는 것"이라고 설명한다.[173] 결국 이 이야기를 통해서 그는 무사도의 '충(忠)과 집단(家)을 위한 희생정신(愛)'이 한 가지 마음에서 나온 것임을 역설한 셈이다. 또 그는 이런 자랑도 한다.

"일본의 무사들은 늘 음악이나 하이쿠 등의 시를 가까이한 전통이 있었고, 이를 통해 우아한 감정을 배양해 타인의 고통을 살필 수 있는 마음을 길렀다."[174]

지도 계급의 사람들이 시문(詩文)과 예악(禮樂)을 중시한 것은 동양에서 꼭 일본만의 전통은 아니겠지만 어쨌든 그런 우아한 심성을 가진 무사의 후예들이 20세기에 들어서 한국이나 중국 등에서 저지른 온갖 잔인한 짓들은 어디에서 비롯된 것일까? 더구나 일본에는 아직도 지난 시대의 역사에 대해 부끄러움을 모르는 언행을 의도적으로 반복해서 인기를 유지해가는 정치인들이 많다. 그런 것을 보면 무사도가 일본인들을 감화해 높은 도덕심을 갖도록 했다는 니토베의 주장은 공허하다. 아니면 그런 인간들은 '골짜기(the valley below)'보다 더 깊은 땅속에서 살다가 나와서 무사도의 도덕심에 감화될 기회를 갖지 못했던 것인가? 아니면 일본의 무사도란 겉모습만 그럴듯하게 꾸며져서 외국인들은 알아차릴 수 없는 또 다른 실체를 가진 그 무엇인가? 다테마에(建前)의 무사도와 혼네(本音)의 무사도 같은 것 말이다.

또 한 가지 흥미로운 것은 니토베가 〈무사도〉에서 무사의 도덕규범으로 여러 가지 유교적 덕목을 나열했음에도 효에 관해서는 별도의 언급이 없다는 점이다. 다만 그는 〈무사도〉의 제9장 충의(忠義: Chapter IX. The Duty of Loyalty)의 장에서 충과 효가 충돌할 경우 무사도는 주저

없이 충을 택한다고 기술하고 있다.[175] 늘 집단을 우선시하고 주군을 받들어야 하는 조직 사회 일본에서 이에라는 가족 집단이 번(藩)이나 막부 등 상위의 사회조직과 서로 부딪치지 않도록 하기 위해서는 효를 특별히 강조할 수가 없었을 것이다.[176]

다이도지 유잔의 〈무도초심집〉에는 "무사라는 자는 효를 제일로 해야 한다. …… 충과 효는 명칭이 다를 뿐 두 종류의 마음이 아니다. 그래서 옛말에도 '충신은 효자의 집에서 나온다' 고 했다"라는 구절이 있다.[177] 결국 충의 바탕이 됨으로 효가 중요하다는 말이다. 〈무도초심집〉의 뒷부분에도 "무사도에서 …… 가장 중요한 것은 '충, 의, 용(忠義勇)'의 셋"이라고 기술되어 있다.[178] 여기서도 '효'는 언급되지 않았다. 여담이지만 니토베는 〈무사도〉에 효에 관한 별도의 항목을 넣지 못한 것에 대해서 초판이 발행된 5년 후에 유감을 표하고, 그 이유는 자기가 효에 관한 "서양인들의 감정을 모르기 때문이라고 고백"했다고 한다.[179] 그러나 역시 개인보다 집단이 우선하는 사회인 만큼 개인에 대한 '효' 보다는 집단에 대한 '충'을 우선하는 것이 자연스럽게도 보인다.

니토베 이나조의 〈무사도〉가 세상에 나온 것은 근대화에 성공한 일본이 청일 전쟁(1894년)에서 이기고 서구 열강의 뒤를 이어 식민지 쟁탈전에 뛰어들어 세계의 주목을 받기 시작했을 때였다. 더구나 이 책은 처음부터 영어로 저술되었으므로 당시 서구의 주요 정치인들과 보이 스카우트의 창립자인 영국의 로버트 베이든 파월(Robert Baden-Powell, 1857~1941년) 같은 사람들도 읽었고, 후에는 미국의 케네디(J. F. Kennedy, 1917~1963년) 전 대통령도 읽었다고 한다. 전 대만 총통 리덩후이(李登輝, 1923~)는 이 책을 읽고 "무사도와 야마토 혼(大和魂)은 일본인의 최고의 도덕규범이고 지금도 세계에 통용되는 인류 최고의 지도이념이라고 해도 과언이 아니다"라며 흥분했다고 알려져 있다.[180] 특히 미국의 시어도어 루스벨트(Theodore Roosevelt, 1858~1919년) 대통령은 니토베의 〈무사도〉와 무사들의 복수극인 〈충신장〉 이야기를 중심으로 일본의 무사도를 소개한 책인 〈The Royal Ronins, 1880년〉 등을 읽고 감명을 받아, "나는 그런 책을 통해서 일본을 알고, 청일·노일 전쟁에서 일본이 이긴 이유를 알았고, …… 나아가 일본을 위해 러일전쟁의 강화(講和)를 주선했다"라고 말한바 있다.[181] 그만큼 니토베의 〈무사도〉는 해외에서 일본인 및 일본 무사에 대해 "보통의 무사, 평균적인 무사와는 크게 다른"[182] 좋은 이미지를 만드는 데 결정적 영향을 끼친 책으로 평가된다. 분식, 과장된 내용과는 관계없이 니토베는 일본 역사에 대한 기본적 이해가 없는 외국인에게 자기의 조국을 예쁘게 포장해서 소개하는 데 성공한 셈이다. 예쁜 포장지를 만들고 쓰는 일본인들의 재주는 늘 감탄스럽다. 끝으로 한 구절만 더 인용하고 니토베의 〈무사도〉에 대한 소개를 끝낸다.

"나는 부끄러움을 아는 마음이 인류의 도덕적 자각의 최초의 징후라고 생각한다."[183]

그러나 야마모토의 〈하가쿠레〉나 니토베의 〈무사도〉에 그려진 무사도가 실제로 그 시대 무사들에게 보편적으로 받아들여진 것은 아니었다.

"에도 시대에는 누구나가 납득하는 무사도의 기준은 없었다. ……
〈하가쿠레〉는 고향인 나베지마 번(鍋島藩)에서도 '기서(奇書)'로 유
통 금지되었다. …… 확실히 그 시대의 무사의 의견으로는 이단이
다."184

"니토베의 〈무사도〉는 메이지(明治)라는 시대에 그리스도교적 윤리
도덕과 대치될 수 있는 일본인의 도덕규범으로 창조된 것이다."185

위의 글은 무사에 관한 연구로 잘 알려진 일본 학자들의 서술이다.
도쿠시마 문리대학(德島文理大學)의 야와타 카즈오(八幡和郎) 교수 등에
따르면 도쿠가와 막부가 주자학에 바탕을 둔 충효의 도덕관을 장려했
으나 그것이 전국 방방곡곡의 무사들의 마음을 사로잡았던 것은 아니
었다고 한다. 주자학은 가마쿠라 시대에 일본에 도입된 후 학문으로서
여러 가지 비판과 논란이 있었기 때문이다.

"그렇다고 해서 우치무라 간조(內村鑑三)186가 주장했듯 양명학(陽明
學)187으로 무사도를 설명하려는 것도 무리가 있다. …… 일본에서
양명학이 융성한 것은 막말(幕末)에서부터 메이지 시대의 일이었고,
에도 막부가 건재했던 시기에는 이단시되고 있었다. …… 니토베가
말하는 무사도는 근대의 지식인에 의해 꾸며진(意味づけられた) 것이
라고 말할 수밖에 없다."188

〈하가쿠레〉나 니토베의 〈무사도〉에 대한 소개는 이만하고 그 밖의
문학작품 등에 그려진 무사들의 모습을 잠깐 살펴보자.

옳고 그른 것보다 세상에 대한 나의 체면

소설이나 시대극에서는 흔히 목숨을 걸고 명예를 지켜내는 무사들의 결연한 모습이 그려진다. 흥미로운 것은 일본의 무사들이 목숨을 걸고 지키려는 것은 자기의 생각이 옳다는 확고한 신념이나 주군에 대한 의리라기보다는 세상의 평판, 즉 '세상에 대한 나의 체면(世間体)'이라는 점이다. 즉 그들은 하려는 일의 옳고 그름보다는 세상 사람들의 이목에 비친 나의 모습을 중시한다. 오사라기 지로(大佛次郎, 1897~1973년)의 소설 〈아코 낭사赤穗浪士〉에는 아코 무사들이 원통하게 죽은 주군을 따라 순사를 할 것인지 복수를 할 것인지로 논쟁을 벌이는 장면에서 이런 대목이 나온다.

> "(원수) 기라(吉良) 님은 나이가 많아 우리가 복수를 하기 전에 돌아가실지도 모른다. 만일 그런 일이 벌어진다면 우리의 희망은 수포로 돌아가고 오히려 세상의 비웃음거리가 될 것이다. 그것보다는 차라리 순사하는 편이 좋지 않겠는가?"[189]

여기서 그들에게 중요한 것은 무엇보다도 "세상의 비웃음거리"가 되지 않는 일이다. '기라를 죽여서 주군의 원수를 갚는 일'은 그것만큼 중요한 일이 아니다.

이노우에 히사시(井上ひさし, 1934~2010년)라는 사람이 쓴 〈불충신장不忠臣蔵〉이라는 풍자소설에는 아코 번의 가신으로 있다가 다이묘의 눈 밖에 나서 낭인이 된 하이가타 도베(灰方藤兵衛)라는 무사의 이야기가

있다. 생활이 궁핍해서 살길이 막막해지자 여동생인 이요가 "이렇게 어렵게 살아가느니 차라리 같이 죽자"라고 말한다. 그 어머니는 그 말에 동의하면서 하는 말이 "나와 이요는 여자의 몸이니까 자해(自害)를 한 후 그 꼴이 아무리 볼썽사나워도 부끄러운 일이 아니다. 그러나 너와 네 아들은 사무라이. 멋지게 죽지 않으면 두고두고 사람들이 흉을 볼 것이다. 남자들부터 죽어라. 내가 이요와 함께 최후를 보살펴주겠다"라고 말한다.[190]

여기서 "최후를 보살펴주겠다"는 말은 할복을 하면 빨리 죽어 고통을 줄이도록 '목을 쳐주겠다(介錯)'는 말이다. 죽은 후의 모습에 대한 세상 사람들의 평가를 먼저 의식해야 되는 것이다. 또 다른 책에는 모리 오가이(森鷗外, 1862~1922년)의 〈아베 일족阿部一族〉이라는 소설의 줄거리가 소개된다.

아베 야이치에몬(阿部弥一右衛門)이라는 무사는 주군이 병사하게 되자 주군을 따라 순사하려고 하나 주군의 허락을 받지 못한다. 이를 불명예로 생각한 아베는 스스로 할복, 순사한다. 새 번주는 번의 명령을 어기고 순사한 아베의 후계자를 번의 허락을 받고 순사한 자의 자손과 차별한다. 이에 불만을 품고 우울한 세월을 보내던 아베의 후계자(權兵衛)가 다른 일로 번주의 노여움을 사서 교수형을 당할 처지에 놓인다. 할복 처분이 아닌 교수형은 무사의 치욕이다. 아베 일족은 이에 반발해 자기 집에서 번의 군사들과 대치, 항전하다가 전멸당함으로써 명예를 지켰다는 이야기이다.

그 이야기는 구마모도(熊本) 번주 호소카와 타다토시(細川忠利, 1586~1641년)가 죽었을 때 실제로 있었던 일을 바탕으로 쓰여진 것이라

118

한다.[191] 주군에 대한 충성을 실천하려던 행위에서 비롯된 일이 어느 틈엔가 주군의 뜻을 거역하고 반항하는 모양새가 된 것이다. 당초 자기의 힘으로 영지를 빼앗고 지키던 무사들이 도쿠가와 막부의 부속품으로 전락함에 따라 그들의 자긍심을 지켜주는 것은 서민들과는 차별된 '무사 취급'을 받는 것이었다. 주군에 대한 충성도 좋아서 한 일이었다기보다는 어쩔 수 없이 하는 일이고 따라서 '자발적 충성'이란 자기 합리화 내지 자기최면이다. 그래서 '주군에 대한 충성'보다 더 중요한 것은 '나의 자긍심'이다. 여기서도 달리 가진 것이 없는 사람은 스스로 소중히 여기는 무형적 가치에 집착한다. 그렇게 소중한 자긍심 또는 명예를 짓밟은 주군은 이미 주군이 아닌 것이다. 이쯤이 충성의 한계라고 말할 수 있을까? 흥미로운 면이다.

위의 이야기들은 모두 명예를 지키는 것이 무사들의 가장 중요한 덕목임을 강조하는 이야기들이다. 평화 시대에 존재감이 줄어든 가난한 무사들의 오기였을까? 아니면 관념적으로 만들어진 사회적 속박이었을까? 그러나 실제로 얼마나 많은 무사들이 목숨을 걸고 무사도를 세우려 했는지는 의문이라고 말하는 학자들도 있다. 도쿠시마 문리대학의 야와타 가즈오 교수는 다음과 같이 말했다.

"대개 시대극이나 역사소설에서 나오는 무사는 일반 무사들의 실상과는 큰 차이가 있다. …… 니토베 이나조의 무사상은 양심적 무사는 선한 기독교도와 닮았다고 하는 견강부회에 지나지 않는 것이며, 수없이 출판된 무사도 예찬도 과거 일본의 혼자 잘난 척하는 자기 자랑에 지나지 않는 것이 많다."[192]

무사도를 말하기에는 너무 비참한 일상

실제로 에도 시대의 보통의 무사들은 어떤 생활을 했을까? 일본에서 '국민작가'라는 평을 듣던 시바 료타로는 에도 시대의 관료 조직에 대해 상당한 자부심을 가졌던 듯이 이런 말을 한다.

> "조선과 중국에서는 과거제로 관리를 뽑았다. 일견 이상적 제도로 보이나 …… 아시아 특유의 관료 부패를 만들어내는 결과를 초래했을 뿐 …… 아시아적인 정체의 한 원인이 되었다. …… 에도 체제의 …… 무가 관료가 훨씬 깨끗했다. 무사들은 늠름한 기질로 행동의 기준을 삼았으며, 힘에 의한 경쟁 사회를 만들어간 것이다."[193]

그러나 에도 시대 무사들의 실제의 삶은 시바 료타로나 니토베 이나조가 그려놓은 것처럼 그렇게 고상하지도 않았고 특히 하급 무사들의 경제적 형편은 "무사도를 말하기에는 너무 비참"했다고 알려져 있다.[194]

학자들은 에도 시대의 보통 무사들의 평균 연봉이 50석 정도였을 것으로 추정한다. 그 시대 전체 인구에 대한 무사 계급의 비율이 어느 정도였는지에 대해서는 학자들 간에도 논란이 있는데 1873년의 호구조사에 따르면 일본의 총인구는 약 3,360만 명, 무사계급(士族)의 총수는 41만 호, 약 189만 명으로 총인구의 약 5.6퍼센트였다고 한다. 당시 현미의 총 수확량은 약 3,000만 석, 인구 1인당 약 1석이 조금 안 됐다. 무사계급만을 기준으로 산술평균을 해보면 1인당 현미 수확량은 약 16

석(3,000만 석/189만명=15.87석/명)정도로, 한 가구당 70석 남짓이 됐던 셈이다.[195] 번에 따라 조금씩 차이는 있었지만 연봉이 100~150석만 되면 '죠시(上士)'로 불리는 장교급 무사에 속했다. 하사관급 무사들 중 가장 녹봉이 적었던 무사들은 10~20석, 50석 이상이면 말을 타는 것이 허용되었다. 녹봉 2만 석의 이즈미 번(泉藩: 지금의 후쿠시마 현)에서는 소속 무사 199명 중에서 168명이 50석 미만이었고 제일 아래 계급인 아시가루(足軽)는 10석 미만이었다고 전해진다.[196] 잘 알려진 후쿠자와 유키치(福沢諭吉, 1835~1901년)의 아버지는 13석 2인 후치(13石二人扶持)의 녹봉을 받았다. '후치(扶持)'란 관리에게 녹봉 이외에 별도 수당으로 주는 녹미(祿米)를 뜻한다. 에도 시대 1인 1일의 후치는 현미 5홉이 기준이었다.[197]

기본적으로 무사의 녹봉을 말할 때의 '석(石. こく)'은 녹봉으로 받은 토지(知行地)에서의 쌀 수확량을 뜻한다. 녹봉이 50석인 무사는 쌀 수확량 50석을 농사를 지은 농민과 나누게 된다. 일반적 분배 비율(割合)은 무사 대 농민이 4대 6이 표준이었으므로 무사가 실제 받는 쌀은 20석이다. 녹봉이 13석 2인 후치였다면 그의 실제 수입은 13석의 40퍼센트에 해당하는 약 5석과 2인 후치라는 한 달에 쌀 3말(斗), 1년에 2석(石) 1말(斗) 6되(升)의 별도 수당을 합한 총 7석 남짓이 된다. 쌀 1석은 10말(약 180리터), 약 150킬로그램이고 당시 그 값은 대략 1량(兩)이었다.[198] 2013년 3월 현재 우리나라의 쌀값(2012년산)은 일반적으로 20킬로그램 한 포에 4만 5,000원 내외다.[199] 이를 기준하면 1석(150킬로그램)에 33만 7,500원, 7석이면 약 236만 원. 실수령액이 10~20석 녹봉이면 연수(年收) 약 338만~676만 원이 된다. 당시 물가가 어느 정도였는

지는 모르겠으나 생활을 꾸리기가 어려웠을 것이다. 5인 가족을 기준으로 보면 식생활에만 하루 쌀 1.5~2되는 필요했는데, 녹봉으로는 감당할 수 없어 하급 무사들은 번의 공무(公務)가 오히려 부업으로 여겨질 정도로 수세공업(手細工業)이나 방적(紡績) 등의 부업에 열중했다고 한다.[200] 그러나 물가는 계속 오르고 자식은 늘어만갔기 때문에 무사의 경제 사정은 점점 어려워졌다. 참고로 태평 시대라는 겐로쿠 시대(元祿, 1688~1704년)이래 에도 시대 말기(19세기 후반)까지 물가는 약 10배가 뛰었다고 알려져 있다.[201]

한편 다이묘들도 대개의 경우 정해진 녹봉이 늘지 않았는데, 막부의 명령으로 떠맡게 된 건설·토목공사와 참근 교대 등에 막대한 경비를 지출하는 동안 대개 빚쟁이 신세가 되었다. 그래서 17세기 중반이 되면 경제적 어려움을 받지 않는 다이묘는 거의 없었고 자연히 다이묘를 상대로 하는 대금업(貸金業)도 성했다고 한다.[202] 그래도 모자라는 부분은 주로 가신들의 녹봉에서 빌려 채웠다. 그 액수가 많을 때는 녹봉의 50~60퍼센트나 되었다는데 그렇게 빌려간 것을 되갚은 일이 없어 사실상 감봉이었다.[203] 18세기 초반에 쓰여졌다는 〈무도초심집〉에는 "통상의 녹봉의 일부가 몇 년간 지급 연기되는 일도" 있는데 이를 불평하면 안 된다는 대목이 있다.[204] 이런 형편이었으므로 각 번에서는 자칫 잘못이라도 저지르는 무사는 곧 추방해서 경제적 부담을 줄이기도 했다. 추방되어 낭인(실업자)이 되는 것을 두려워하게 된 무사들은 자연히 말썽에 휘말리지 않도록 극도로 조심했고 아무리 급한 상황이라도 남의 일에는 끼어들지 않으려 했다. 무사의 마음가짐을 경계한 〈무사가 알아야 할 일(75개조)〉라는 글에는 "도적이 들었을 때는 모르는 척해서 오로지 나의 몸을 지킬 일"이라는 구절도 있고, 심지어는 친한 친구가 할복 명령을 받아 뒤처리(介錯)를 부탁해도 들어주지 않았을 정도였다고 한다. 아무리 우정이 깊더라도 그 시대 "월급쟁이 무사들의 머릿속은 오로지 선조로부터 받아왔던 우리 집안의 봉록을 지키는 것뿐"이었다.[205]

일반적으로 일본인들이 업무와 관계가 없는 타인에게 폐쇄적 또는 쌀쌀맞은 태도를 보이는 것은 그 시대의 유습일지도 모른다는 생각도 든다. 그 시대 생활이 어려운 무사들은 두꺼운 종이(和紙)에 감(柿)물을 들여 말리고 비벼서 부드럽게 한 종이로 옷을 만들어 입었다고 한다.[206] 이런 사정이었으므로 학자들은 '무사도와 같은 고상한 이야기'를 입에 올릴 수 있는 사람은 기껏해야 전체 무사의 2~3할 정도였을 것이고, 보통의 무사들은 매일매일의 호구지책에 고심했을 것으로 본다. "무사가 청렴했다는 말은 아무런 근거도 없는 이야기"라고 말하는 학자들도 있다.[207]

"생활이 어려워진 무사들은 점차 수뢰나 직책에 따르는 부수입(役得: 떡고물)에 눈독을 들이게 되었다."[208]
"현실의 무사는 일도 하지 않으면서 으스대기만 하고, 수시로 수뢰나 떡고물을 챙기는 것에 대한 죄책감도 없고, 한가해서 특별히 할 일도 없으면서 공부도 하지 않고, 유사시에는 싸우지 않으면 안 되는 입장이면서 그런 마음가짐, 실제적 준비도 되어 있지 않은 것이 실태였다."[209]

또 이런 기록도 있다.

"우리들 요즈음의 무사에게 필요한 것은 일을 잘하고 못하고보다는 인간관계가 중요하다. 이를 위해서는 윗사람의 심기를 살피는 것은 물론이고 경조사, 계절에 따른 인사, 선물을 빠뜨리지 말아야 한다. 〈番衆狂歌〉"210

1725년에 출간되었다는 〈무도초심집〉을 보면 당시 무사들의 해이 해진 모습이 이렇게 묘사되어 있다.

"자기 차례의 당번으로 근무하는 것조차 귀찮게 생각해서 대단한 병도 아닌데도 결근계를 내서 …… 다른 사람을 힘들게 하고도 아무 렇지도 않게 생각하는 자도 있다. 또 먼 곳으로 심부름의 명(命)을 받 게 되면 여비 지출이나 도중의 수고를 싫어해서 꾀병으로 그 임무를 남에게 밀어버리고……"211

"힘 있는 가신의 비위를 맞추는 것을 제일로 생각하고, …… 주군의 측근이거나 중역(重役)의 위치에 있는 자가 그 위세로 하급 관리들을 자기편으로 끌어들여 번의 경비를 함부로 쓰면서…… 주군의 것은 나의 것, 나의 것은 물론 나의 것……"212

〈하가쿠레〉의 야마모토 죠초의 시대보다 약 50년 이상의 세월이 흐 른 10대 쇼군 이에하루(家治, 재직 1760~1786년)와 11대 쇼군 이에나리 (家斉, 재직 1787~1837년)의 시대에도 쇼군의 측근인 타누마 오키쓰구(田

沼意次, 1719~1788년), 미즈노 다다아키라(水野忠成, 1762~1834년) 등이 권력을 장악하고 공공연히 부패 정치를 펼쳤다는 기록이 있다. 도쿄대학교 야마모토 히로후미(山本博文) 교수는 그 시대를 "뇌물 정치가 횡행하던 시대"라고 기록하고 있고,[213] 그의 책에는 그 시대에 유행하던 '뇌물 주는 방법'까지도 소개되어 있다.[214] 도쿠가와 막부 후기에 이르면 무사관료들의 주군에 대한 충성은 더욱 "형식화·위선화"되어 갔고, 그들이 서민을 착취하는 일도 흔했다.[215] 메이지 시대의 논객인 후쿠자와 유키치(福沢諭吉)도 이렇게 개탄한 바 있다.

"봉건시대의 다이묘의 가신들은 외형상으로는 모두가 충신들이어서 …… '가난은 무사의 일상(日常), 충성을 다해 국가의 은혜에 보답한다' 또는 '그 밥을 먹는 자는 그 일에 목숨을 건다'고 야단스럽게 떠들어 …… 일부 사람들은 거기에 깜박 속아 넘어가는 모양이지만, …… 실은 거짓 군자에 지나지 않는다. 다이묘의 가신으로 좋은 자리에서 일하는 자가 그 집에 돈의 여유가 있는 것은 무슨 연유인가? 정해진 녹봉과 수당으로는 한 푼의 여유가 있을 리가 없다. 그러나 자기 집의 수지를 결산해 남는 것이 있음은 의아스럽지 않은가? 이른바 직책에 따르는 부수입이든, 뇌물이든, 주인의 것을 속인 것에 다름 아니다. 그 가장 두드러지는 것은 건축·토목공사를 담당한 관리가 목수에게 배당액을 요구하고, 회계를 맡은 관리가 출입하는 상인으로부터 선물을 받는 일로, 300여 제후의 가문에서 거의 정해진 법과도 같다."[216]

20세기 초에 쓰인 니토베 이나조의 〈무사도〉에도 이런 대목이 있다.

"슬프게도 현대에 이르러 금권사상이 얼마나 빠르게 커지고 있는 가!"[217]

그 부패의 뿌리는 그 후에도 남아 있어서 작가 시바 료타로는 일본이 만주사변을 일으킨 "쇼와(昭和) 10년대(1935년 이후 10년간)의 고급 장교의 부패란 말할 수도 없는 것"이었고, "그 부패의 계승자가 전후 보수 정권의 체질(流れ)에" 남아 있다고 개탄한 바 있다.[218]

위에서 인용된 여러 사람들의 서술을 종합해보면 〈하가쿠레〉나 니토베 이나조의 〈무사도〉 등에서 그려진 무사도와 대부분의 무사들의 실제 생활에는 많은 차이가 있었던 것으로 보인다. 그러나 일본 무사들의 흐트러진 모습은 우리들에게는 잘 알려져 있지 않다. 역시 연극이나 영화, 소설 등의 문예작품에서는 '지저분한 짓'을 한 무사들의 이야기보다는 '좀처럼 찾기 어려운 고지식한 무사'의 이야기를 그리는 것이 훨씬 더 인기가 있었을 것이다. 팔리지 않는 작품을 누가 만들려 할 것인가? 그 결과 우리들의 머릿속에는 실제보다 사뭇 미화된 일본 무사들의 이미지가 자리하고 있는 듯하다.

제4장
· · ·

무사의 변절,
충성과 반역

무사의 배반은 늘 있던 일

일본인들은 좀처럼 배반하지 않는다는 말을 하는 사람들이 있다. 그러나 일본 역사의 주역이었던 무사들은 이해관계에 따라 자기가 모시던 상사나 동료, 형제, 심지어는 아버지마저도 흔히 배반했다. 그만큼 그들의 역사에는 이른바 '반역과 시역(弑逆), 변절'의 예가 수없이 많다. 오히려 대부분의 무사들은 '의(義)와 이(利)'의 양자택일의 경우 이익을 위해 의리를 등졌다. 그것이 그들의 역사다.

도쿠가와 막부가 성립(1603년) 하기 전까지 일본에서는 늘 조정(朝廷)과 무가(武家), 또 무가와 무가 간의 권력다툼이 계속되었고 무사들 간의 이합집산이 되풀이됐다. 일본의 권력투쟁은 직접 칼을 들고 죽기 살기로 싸우면서 이루어졌고 "이기면 관군(官軍), 지면 적군(賊軍)"이라는 일본 속담이 말해 주듯이 반역자를 따로 구분할 수도 없었던 것이 일본의 역사이다. 전국 시대가 끝날 때까지 영주와 종속(從屬) 무사들 간의 군신 관계는 대개 개인적 신뢰를 전제로 구축된 것이었다. 또 믿을 것은 오직 무력밖에 없다고 생각하던 시대였으므로 그 시대의 무사들은 "자기의 실력이 정당히 평가되지 않는 경우에는 주군이라도 당당히 배반했다."[1] 따라서 주군의 입장에서는 늘 종속 무사들의 충성심에 대한 불안감을 가지고 있었으며, 상대적으로 자립성을 유지하던 종속 무사들도 늘 주인의 신뢰성을 면밀히 주시하고 있었다.[2] 한편 영주들 간에도 늘 긴장과 무력 충돌이 계속되고 있었다. 힘이 곧 정의가 되던 시대였던 만큼 영주들은 유능한 무사들을 자기 부하로 끌어들이기 위해 필사적으로 노력했고 그런 만큼 무사들의 이동도 흔했다.[3] 유능한 무사일수록 다른 곳으로 스카우트될 가능성도 높았기 때문이다. 또 영주의 입장에서 보면 부하 무사가 유능하면 유능할수록 무력으로 영주를 배반하고 하극상을 일으킬 잠재적 위험성도 컸다. 가마쿠라 막부 초기 막부의 종속 무사(御家人)였던 하타케야마 시게타다(畠山重忠, 1164~1205년)는 "무사로서는 모반을 꾀하고 있다는 평판이 나는 것은 늘 명예로운 일이다."[4]라는 말을 남겼다고 한다.

이런 사회적 바탕 위에 세워진 가마쿠라 막부는 충성의 이데올로기를 도입함으로써 신하 무사들의 독립적 경향을 통제하려고 노력했다. 그러나 그때까지도 아직 무엇이 무사의 명예인지에 대한 개념이나 내용이 유동적이었고 행동 기준도 일정하지 않았다.[5] 적어도 16세기 후반까지는 '주군을 받들어 모시는 것(奉公)은 은혜를 받은 만큼'이라는 인식이 있었고 주군에 대한 윤리적 충성의식은 그다지 높지 않았으며 '배반은 비겁'이라거나 '주군과 생사를 같이한다'는 의식이 통용되지 않았다. 이런 분위기는 전국 시대가 끝날 때까지 계속되어 영주들은 언제 어떤 부하가 배반할지를 늘 경계하지 않으면 살아남을 수 없었다. 부하 무사들도 주군에 대한 두려움이 있을 때는 충성을 다하고 그 두려움이 사라지면 충성 같은 것은 잊어버리고 주군을 배반했다.[6] 일본 무사들의 시역(弑逆)과 배반, 다툼 등의 사례를 살펴보면 일본 무사들이 어떤 생각으로 살아왔는지를 이해하는 데 도움이 된다.

기록된 최초의 배반

라이 산요(賴山陽, 1780~1832년)라는 에도 시대 후기의 사학자는 일본 역사에서 시역의 전형적인 예로는 제32대 스슌(崇峻, 재위 587~592년) 천황을 살해한 소가노 우마코(蘇我馬子, ?~626년)를 꼽았고, 앞에서도 잠깐 언급된 다이라노 마사카도의 덴쿄의 난(天慶の乱)을 배반의 효시로 보았다고 한다.[7]

6세기 중반, 한반도로부터 일본에 불교가 전해지자 불교를 옹호하는 백제 혈통의 신흥 세력(渡來人)인 소가(蘇我)씨와 토착 세력이며 반(反)불교파인 모노노베(物部)씨가 대립했다. 587년 쇼토쿠 태자(聖德太子, 574~622년)와 손을 잡은 소가노 우마코가 승리해 모노노베씨는 멸망하고, 스슌이 왕(倭王)[8]으로 옹립되었다. 소가노 우마코는 스슌왕의 외삼촌이었는데, 권력을 쥐고 흔들다가 곧 왕과 불화해 그를 살해하고 죽은 왕의 이복 여동생인 스이코(推古)를 제33대 왕으로 옹립(592년)했다.[9] 당시 섭정(攝政. 593~622년)으로 취임한 쇼토쿠 태자는 소가씨를 견제해 왕의 권위를 높이고자 조정의 관위(官位十二階, 603년)를 정하고, 17개조의 헌법을 제정(604년)했다. 그 헌법의 제1조가 '화(和)를 존중할 것', 제2조는 '불교를 존중할 것', 제3조는 '임금(君)에게 복종할 것'이다. 이때까지 일왕의 권위가 확립되지 않았다는 뜻이다. 쇼토쿠 태자는 622년 갑자기 죽었는데 소가씨를 견제하려다가 독살되었다는 설도 있다.[10]

호겐의 난, 궁중의 권력투쟁

12세기 중엽, 조정에서는 천황과 귀족들, 천황과 상황(上皇)[11]들 간에 권력투쟁이 계속되었다. 그 과정에서 일어난 내란이 호겐의 난(保元の乱, 1156년), 헤에지의 난(平治の乱, 1160년)이다. 호겐의 난은 황위 계승 문제와 섭관가의 내분으로 조정이 상황(崇德上皇, 제75대 천황) 측과 천황(後白河天皇. 제77대) 측으로 분열되어 일어난 내란이고, 헤에지의 난은 상황(後白河上皇)을 둘러싼 근신들 간의 대립으로 일어난 정변이다.

호겐의 난에서는 부자간, 형제간, 숙질간이 서로 반대편에서 싸웠다. 미나모토노 다메요시(源爲義, 1096~1156년)와 미나모토노 요시토모(源義朝, 1123~1160년)[12]는 부자간인데 아들은 다이라노 기요모리(平淸盛. 1118~1181년)와 함께 고시라카와(後白河, 1127~1192년) 천황 편, 아버지는 스토쿠(崇德) 상황 편에서 싸웠다. 결국 아버지 쪽이 패배해서 다메요시는 어린 아들 네 명(源義朝의 동생들)과 함께 참수를 당했다. 당시 다이라노 기요모리의 숙부 다다마사(平忠正, ?~1156년)도 반대편에 가담했다가 참수되었다. 의리나 효에 대한 일본인들의 생각은 우리와 다르다는 것을 알 수 있다.

3년 후 헤에지의 난에서는 미나모토노 요시토모(源義朝)가 다이라노 기요모리(平淸盛)와 대립하다가 모살(謀殺)당했다.[13] 내란이 끝나자 다이라씨(平氏)와 미나모토씨(源氏)는 모두 조정의 요직에 앉게 되었고,[14] 이는 곧 무사들이 정치에 깊이 관여하는 계기가 되었다.

겐페이의 싸움, 군신·혈육 간의 배신

호겐의 난에서 고시라카와(後白河, 77대, 재위 1155~1158년) 천황을 도와서 승리한 다이라노 기요모리(平清盛)는 무사로서는 최초로 태정(太政)대신이 되어(1167년) 권력을 잡고 정치를 농단했다. 당시 다이라씨(平氏)들은 "다이라씨가 아니면 사람이 아니다〈平時忠〉"라는 말을 공공연히 하면서 권력을 독점했다. 그러나 그들의 독재는 황실을 포함한 귀족과 종교 세력, 또한 다른 무사들의 반발을 샀고 그 후 기요모리와 그 일당을 타도하려는 미나모토노 요리토모(源賴朝, 1147~1199년, 源義朝의 아들)와의 싸움이 벌어졌다. 이른바 '겐페이의 싸움(源平の戦い)' 이다. 요리토모의 배후에는 권력 탈환을 노리던 고시라카와 법황15이 있었는데, 요리토모는 동생 미나모토노 요시쓰네(源義経, 1159~1189년)의 눈부신 군사적 활약으로 다이라씨를 멸망시켰는데, 그 마지막 전쟁이 지금의 시모노세키(下関)의 앞바다인 간몬(関門) 해협에서 벌어졌던 단노우라의 전투(壇ノ浦の合戦, 1185년)이다. 다이라씨가 망하고 미나모토노 요리토모가 권력을 확대해가자 고시라카와 법황은 요리토모의 동생 요시쓰네(義経)에게 형을 토벌할 것을 명한다. 그러나 그 일이 뜻대로 진척되지 않자 이번에는 형 요리토모에게 동생 요시쓰네를 토벌할 것을 명한다.16 그로부터 4년 후 동생 요시쓰네는 형의 압박으로 궁지에 몰려 자결했고 형 요리토모는 정이대장군에 올라(1192년) 가마쿠라 막부의 초대 쇼군이 되었다. 이 사건은 군주와 신하, 형제들 간의 배신이 몇 번이고 되풀이된 예가 된다. 당시 미나모토씨 등의 간토(関東) 무사들의 관행을 소설에서는 이렇게 적고 있다.

"형제간의 다툼은 …… 오히려 간토에서 무사의 발흥을 돕는 미풍(美風)이라고도 말할 수 있다. 그들은 형제간의 다툼을 통해 …… 무용을 닦았고 무기를 들면 형제·숙질 간이라도 가차 없이 싸우고 죽여 머리를 베어서 자기의 무명(武名)을 높이는 것을 도덕의 제일 위에 두었다. 교토의 공경(公卿)들이 이런 종족을 '동쪽의 야만인(東夷)'으로 본 것은 무리도 아니다."[17]

〈헤이케 모노가타리 平家物語〉에는 미나모토(源)씨와 다이라(平)씨 간의 이치노다니 전투(一ノ谷の戦い, 1184년) 때의 이야기가 나온다. 당시 다이라군의 부사령관 다이라노 시게히라(平重衡: 清盛의 5남)는 유모의 아들인 고토 모리나가(後藤盛長)와 함께 참전했다가 패해서 적의 추격을 받고 있었는데 시게히라가 탄 말이 화살을 맞아 곤경에 처하자 모리나가는 주군을 버리고 혼자 도망했다.[18] 그 책에는 어려움에 처한 주군을 "종자(從者)가 못 본 척 내버려두어 비참한 최후를 마치는 사람이 속출"했다는 기술도 있다.[19] 가마쿠라 막부가 무너질 때(1333년) 호조(北条)군의 시오다 도유(塩田道祐)라는 무사는 패배해 자결했는데, 그때 측근 부하인 가노노 시게미쓰(狩野重光)는 죽은 주군의 갑옷과 투구를 벗기고 보물을 훔쳐 도망가다가 잡혀서 효수(晒し首)되었다.[20] 이는 머리를 잘라 옥문 앞에 걸어놓는 형벌로서 머리를 자르기만 하는 참수(斬首)보다 무거운 형벌이다. 또 당시 막부 최고 권력자였던 호조 다카토키(北条高時)는 최후를 맞으면서 처남이며 아끼던 신하이던 고다이인 무네시게(五大院宗繁)에게 호조씨가 재기의 기회를 잡을 때까지 장남 구니토키를 숨겨 보호해줄 것을 부탁한다. 무네시게는 구니토키의 외

삼촌이기도 하다. 그러나 다카토키가 죽자 그는 곧 조카를 적에게 팔아넘겨 목을 베게 했다.[21]

남북조 시대, 천황과 무사의 대립

제96대 고다이고(御醍醐, 재위 1318~1339년) 천황은 자기의 권력을 강화하고 막부를 타도할 계획을 세우다가 발각되어 1332년에 오키 섬(隱岐島: 지금의 시마네 현의 시마네 반도 북부 50킬로미터 지점)으로 유배됐다. 고다이고 천황은 이듬해 오키 섬을 탈출했고, 구스노키 마사시게(楠木正成, 1294~1336년), 아시카가 다카우지(足利尊氏, 1305~1358년), 닛타 요시사다(新田義貞, 1301~1338년) 등의 도움으로 가마쿠라 막부 토벌에 나섰다.[22] 아시카가 다카우지는 당초 오키 섬을 탈출한 고다이고 천황을 토벌하기 위해 막부(執権北条高時)에서 파견한 사람이다. 그러나 다카우지는 막부를 배신하고 고다이고 천황 편에 가담했다. 거의 동시에 간토(関東) 지방에서 군사를 일으킨 닛타 요시사다는 가마쿠라에 있던 막부를 함락시켰다. 그 후 다카우지는 고다이고 천왕으로부터 정이대장군(쇼군)에 임명되어 '독자(獨自)의 정권', 즉 막부를 세우기를 원했다. 그러나 무사들을 배제하고 친정(親政)을 강화하려는 고다이고 천황은 이를 거절, 서로 군사력을 동원해 대립했다.[23] 결국 다카우지는 1336년 고묘(光明, 재위 1336~1348년) 천황을 옹립하고, 스스로 쇼군에 취임, 아시카가(足利)씨의 무로마치 막부 시대를 열었다. 이때의 일을 〈태평기〉는 이렇게 적고 있다.

"다카우지는 간토 평정(北条氏 잔당 토벌)을 구실로 천황의 허가도 없이 제멋대로 정이대장군을 자칭했다."[24]

이렇게 되자 고다이고 천황은 황실의 상징인 삼종의 신기(三種の神器)[25]를 가지고 요시노(吉野 : 지금의 나라 현 남부)로 탈출해 1336년에 남조(南朝)를 세우고 다카우지 측의 북조(北朝)와 대립했다. 이때부터 일본은 두 명의 천황이 병존(並存)하는 남북조 시대(1336~1392년)로 접어든다.

당시 고다이고 천황의 아들 오토노미야(大塔宮, 1308~1335년)는 아시카가 다카우지와의 권력다툼에 밀려 유폐되었다가 살해되었다. 그 오토노미야의 아들 오키요시 친왕(興良親王)은 아버지의 원수 다카우지와 대립하다가 돌연 변심하고 다카우지에게 가담해 남조를 공격하다가 패해서 행방을 감추었다. 이때의 일을 〈태평기〉는 이렇게 적고 있다.

"이래서야 죽은 아비 오토노미야(大塔宮)의 영혼도 마음 편히 성불(成佛)[26] 할 수 없었을 것이다."[27]

또 다카우지의 서자 다다후유(直冬, 1327?~1387?년)가 남조(南朝)로 귀순해 이복형제인 북조의 아시카가 요시아키라(足利義詮 : 다키우지의 후계자, 1330~1367년)와 싸우던 때의 이야기가 나온다. 다다후유가 북조와 싸우는 것은 곧 자기의 친아버지와 지금까지 자기의 주군이던 북조의 천황(後光嚴天皇)을 적으로 삼는 일이다. 이는 자식으로서 아버지를, 신하로서 군주를 배신하는 불효이자 불충이다. 그런 입장을 면하기 위해 다다후유는 남조의 고무라카미(後村上, 1339~1368년) 천황에게 "다카우지, 요시아키라 등 반역한 신하들을 퇴치하라는 명령을 받아 황제의 마음을 편하게 해드리고 싶습니다"라고 토벌 칙허를 요청해 천황의 허가를 받아낸다. 칙허를 받으면 '관군(官軍)'이 되어 설령 아버지나 옛 주군과 싸우더라도 '명분'이 있으므로, "하늘의 노(怒)함도, 세상의 비난도 없을 것"으로 생각했기 때문이다.[28] 형식과 명분을 만들 수 있다면 무슨 짓이라도 할 수 있다는 발상이다.

하극상의 전국 시대, 부자간에도 여차하면 힘

15세기 중반부터 시작된 일본의 전국 시대는 '하극상(下剋上)의 시대'라고도 할 수 있을 만큼 아랫사람이 윗사람을 밀어내고 그 자리를 차지한 일이 많다. 전국 시대의 서막으로 일컬어지는 오닌의 난(応仁の乱, 1467~1477년)은 무로마치 막부의 8대 쇼군 아시카가 요시마사(足利義政, 재임 1449~1473년)의 후계자 옹립을 둘러싸고 막부의 실력자들인 호소카와 가쓰모토(細川勝元, 1430~1473년)와 야마나 모치토요(山名持豊, 1404~1473년)가 대립하면서 시작되었다. 이때 제8대 쇼군의 동생 아시카가 요시미(足利義視)는 호소카와의 편을 들다가 나중에는 야마나 쪽으로 변절했다. 그러자 원래 야마나의 편에서 싸우던 쇼군 요시마사의 정실(正室) 히노 도미코(日野富子)와 그 아들인 아시카가 요시히사(足利義尚)는 반대편인 호소카와 쪽으로 옮겼다. 오닌의 난은 약 11년간 계속되었으며, 난이 진행 중이던 1473년, 당시 9세의 요시히사가 무로마치 막부 9대 쇼군에 취임했다. 그러나 이미 쇼군의 권위는 소멸되어 막부 체제는 사실상 붕괴되었고,[29] 정치권력은 막부에서 임명한 지방관의 신분으로 점차 영지에서 세력을 키워갔던 슈고 다이묘(守護大名)들에게 넘어갔다. 그 후 약 반세기의 세월이 흐르면서 유력 슈고 다이묘들도 후계자 분쟁 등으로 거의 몰락했고 각 지역의 실권은 슈고 다이묘들의 현지 대리인들인 슈고다이(守護代)들에게 넘어 갔다.[30] 이들이 이른바 전국(戰國) 다이묘들이다. 이때부터 일본에서는 전국 다이묘들이 각지에서 서로 충돌하는 약육강식의 시대가 시작되었고 그 혼란은 도쿠가와 막부가 성립될 때까지 약 140년 이상 계속되었다. 이 시기를 일본 역사에서는 전국 시대(戰國時代)라고 부른다.

전국 다이묘의 효시로 본다는 호조 소운(北条早雲, 1432~1519년)은 슈고다이묘인 스루가(駿河: 지금의 시즈오카 현 중남부)의 이마가와(今川)씨의 대리인(守護代)에서 차츰 힘을 키워서 주군을 밀어내고 이즈국(伊豆國: 지금의 이즈반도 일대)을 지배하는 다이묘가 되었다. 한편 '미노(美濃: 지금의 기후 현 남부)의 살모사'라는 별명을 얻은 사이토 도산(斎藤道三, 1494~1556년)은 승려 출신으로 참기름 장수를 거쳐 전국 다이묘가 된 인물이다. 술과 여자로 주군(土岐氏)을 홀려 결국 그를 나라 밖으로 추방하고 미노의 영주가 되었다. 기상천외한 술책을 부린 그의 이야기는 시바 료타로의 소설 〈나라 훔친 이야기 国盗り物語〉로도 소개되어 있다. 그는 호조 소운과 더불어 '하극상(下克上) 다이묘'의 전형으로 꼽히는 인물이며, 유명한 전국 다이묘 오다 노부나가의 장인이기도 하다.

1493년 무로마치 막부의 10대 쇼군 아시카가 요시타네(足利義稙 1490~1493년)는 당시 쇼군의 바로 아래에서 간레(管領)직을 맡아서 막부의 정무를 통괄하던 호소카와 마사모토(細川政元, 1466~1507년)에 의해 폐위되었다. 그로부터 50여 년 후에는 당시의 간레직에 있던 호소카와 하루모토(細川晴元, 1514~1563년)가 가신인 미요시 나가요시(三好長慶, 1522~1564년)의 모반으로 권력을 탈취당했다. 그러나 나가요시는 다시 자기의 가신인 마쓰나가 히사히데(松永久秀, 1510~1577년)에 의해 멸망했다. 그 후 히사히데는 13대 쇼군 아시카가 요시테루(足利義輝, 재위 1546~1565년)를 암살하고 기나이(畿內) 지방을 지배했으나[31] 결국 오다 노부나가에게 항복해 그 부하가 되었다. 그러나 다시 노부나가에게 반역했다가 쫓기게 되자 자살했다.[32]

〈하가쿠레〉라는 책으로 유명한 야마모토 죠초가 속했던 사가 번(佐賀藩: 지금의 사가 현과 나가사키 현의 일부)의 번조(藩祖) 나베시마 나오시게(鍋島直茂, 1538~1618년)도 하극상으로 영주가 된 사람이다.

또 무사들 중에는 아들이 아버지를 추방하고 권력을 탈취한 예도 많다. 가마쿠라 막부 초대 쇼군 미나모토노 요리토모의 장인으로 싯켄(執權)직에 있던 호조 도키마사(北条時政, 1138~1215년)도 아들 요시토키(義時, 1163~1224년)에게 추방당했다.[33] '미노의 살모사'라는 별명의 사이토 도산도 장남 요시타쓰(義竜)와의 전투에서 전사했다. 또 가이국(甲斐: 지금의 야마나시 현 남부)의 슈고 다이묘(守護大名) 다케다 신겐(武田信玄, 1521~1573년)도 1541년에 아버지인 노부도라(武田信虎)를 강제로 유폐시키고 권력을 잡은 사람이다. 그 후 그는 아들 요시노부(義信)와도 사이가 나빠져서 결국 아들을 모반 혐의로 유폐한 뒤 할복시켰다.[34] 부자간에도 여차하면 힘으로 해결하는 것이 일본식이다. 이렇게 전국 다이묘들에게 모반 또는 하극상(下剋上)은 오히려 일상적인 것이었다고 볼 수 있다.

노부나가의 죽음

전국 시대 말 일본 통일의 바탕을 마련했던 오다 노부나가는 가신 아케치 미쓰히데(明智光秀, 1528?~1582년)의 반란으로 교토의 혼노지(本能寺)에서 포위당해 자결했다. 이를 '혼노지의 변(本能寺の変, 1582년)'이라고 한다. 이 일에 대해서는 권력 탈취를 꿈꾸던 노부나가의 가신인 하시바 히데요시(羽柴秀吉: 후에 도요토미 히데요시로 개명)가 미쓰히데와 공모를 해서 일을 꾸미고는 노부나가가 죽자 미쓰히데에게 모반의 죄를 뒤집어씌우고 그를 토벌해 권력을 잡았다는 설도 있고, 일찍이 노부나가의 명령으로 처와 장남을 죽게 한 이에야스가 그 원한을 풀기 위해서 미쓰히데와 공모했다는 설도 있다.[35] 어느 것이 사실인지는 알 수 없지만 그런 이야기들이 나오는 것은 그 시대에는 그런 변절, 배반이 늘 있었다는 것을 말하는 것일 테다. 참고로 노부나가는 여러 가지 혁신 정책으로 기득권 세력인 측근들의 반발을 사서 그에 대한 암살 계획이 끊이지 않았다고 한다. 아케치 미쓰히데를 제외하면 모두 실패했지만 매부인 아자이 나가마사(浅井長政), 유력한 부했던 마쓰나가 히사히데(松永久秀), 아라키 무라시게(荒木村重) 등도 그를 배반하고 반란을 일으켰다.[36] 노부나가가 죽은 후 그의 가신들은 동료였던 히데요시를 주군으로 받들어 원래의 주군이었던 노부나가의 자식들(織田信雄, 織田信孝)을 적으로 하여 싸웠다.[37] 결국 노부나가의 가문도 그의 최측근 가신이었던 히데요시에 의해 사실상 몰락한 셈이었다.

NHK 대하드라마 〈공명의 갈림길〉에는 히데요시의 가신이었던 야마우치 가츠토요(山內一豊)가 세키가하라(関ヶ原)의 결전을 앞두고 번민

하는 모습이 나온다. 그는 히데요시의 아들을 보호하기 위해 군사를 일으킨 이시다 미쓰나리(石田三成, 1560~1600년)와 이에 맞선 도쿠가와 이에야스의 사이에서 어느 편에 설 것인지를 고민하고 있었다. 결국 그는 부하들에게 이렇게 말한다.

"결단의 시기다. …… 이시다님의 의(義)를 택할 것인가, 도쿠가와 님의 이(利)를 택할 것인가. 지금까지 망설이고 망설였으나 야마우 치가(家)의 존속을 위해서는 이(利)를 택할 수밖에 없다. 지금부터 도 쿠가와 님의 편을 들겠다."[38]

그는 결국 의리보다는 실리를 택했고, 세키가하라 전투에서 승리한 이에야스는 그를 도사 번(土佐藩)의 초대 번주로 임명했다.

이 이야기는 TV 사극이지만 완전히 날조된 게 아니라 당시에 실제 있었던 일들을 바탕으로 한 이야기(軍記物)이다. 그런 이야기를 통해 그 시대 무사들의 연대감이나 가치 기준을 어느 정도는 추정해볼 수 있을 것이다.

이에야스의 배신

최종적으로 일본을 통일한 도쿠가와 이에야스도 대표적인 배신자로 볼 수 있다. 이에야스는 도요토미 히데요시가 죽기 전에 도요토미가의 최선임 다이로(筆頭大老)로서 히데요시에게 그가 죽은 후 아들인 히데요리를 지켜주겠다고 약속한 사람이다. 히데요시가 죽은 후 이에야스는 전국 시대 최후의 싸움인 세키가하라 전투에서 반대 세력을 제거하고 일본의 최고 권력자가 되었다. 이때 이에야스는 이시다 미쓰나리, 아사노 나가마사(浅野長政, 1547~1611년) 등이 패거리를 만들어 히데요시가(家)의 가신들을 양분(兩分)시키려 했고 이것은 곧 '히데요리 님에게 반역하려는 마음'을 가졌기 때문이기에 단죄해야 한다는 명분을 내세워 군사를 일으켰다.

세키가하라 전투에서 그는 자기편인 동군(東軍)의 주력부대를 자기의 가신들이 아니라 히데요시가 생전에 가까이 두고 키운 무장들로 구성했다.[39] 세상 인심을 잃지 않고 전쟁에서 이기려는 의도였다. 한편 이시다 미쓰나리가 주도한 서군(西軍: 反德川軍)의 총대장 역을 맡았던 모리 데루모토(毛利輝元, 1553~1625년)는 전투가 시작된 뒤에도 오사카 성에서 움직이지 않고 도쿠가와 측에 다리를 놓아 사후 안전을 꾀했다. 그 밖에도 고바야가와 히데아키(小早川秀秋), 오가와 스케타다(小川祐忠) 등의 다이묘들이 이에야스와 내통하고 있었다.[40] 일본 말에 '네가에리(寝返り)'라는 말이 있다. 자다가 몸을 뒤치는 것을 뜻하는데 배반해 적과 내통한다는 뜻으로도 쓰인다. 잠자리에서 몸을 뒤척이는 만큼 쉽게 무사들의 배반이 이루어졌다는 말이고, 이해관계에 따라서는 누가, 언제 태도를 바꿀지 몰랐다는 뜻이기도 하다.

세키가하라 전투에서 승리해 에도에 막부(1603년)를 세운 이에야스는 주군이었던 히데요시와의 약속을 무시하고 오사카 성에 있던 히데요시의 아들 도요토미 히데요리(豊臣秀頼)를 제거할 기회를 엿보고 있었다. 당시 도요토미가에서는 화재로 불탄 교토의 절 호코지(方広寺)를 재건하고 있었는데 1614년에 그 절의 범종(梵鐘)이 완성되었다. 범종에는 흔히 그 종을 만든 뜻을 설명하는 글(鐘銘文)을 새겨 넣는데, 이에야스는 심복인 승려 스덴(崇伝)과 유학자 하야시 라잔(林羅山)에게 종에 새겨진 글의 내용을 트집 잡게 했다. 그 글에는 "국가는 평안하고 튼튼하며, 임금과 신하는 풍족하고 즐겁다(国家安康 君臣豊楽)"라는 구절이 있었는데 '국가안강(国家安康)'은 이에야스(家康)의 이름을 갈라놓은 것이고 '군신풍락(君臣豊楽)'은 도요토미가(豊臣家)의 번영을 기원하고 도쿠가와가에 대한 저주를 담은 것이라는 억지를 부려서 이를 히데요리 토벌의 구실로 삼아 오사카 성을 공격했다. 이때의 일을 일본 역사에서는 '오사카의 역(大坂の役)' 또는 '오사카의 진(大坂の陣)'이라고 부른다. 이때도 이에야스는 나중에 자기에게 쏟아질 윤리적 비난을 피하려는 의도로 옛날부터 도요토미가에 신세를 진 다이묘들에게 오사카 성을 공격하게 했다. 당시 도쿠가와 군은 민간인들을 상대로 살육, 약탈, 강간 등 말할 수 없는 횡포를 저질렀고 수많은 사람들의 머리를 잘랐는데 대부분 억울하게 살해된 백성들이었으며 어린이를 포함한 수천명이 노예가 되었다고 전해진다.[41]

세난 전쟁, 일본 최후의 내전

메이지 유신 이후 메이지 정부의 사민(土農工商) 평등 정책으로 특권을 빼앗긴 무사들은 각지에서 반란을 일으켰다. 특히 폐도령(廃刀令)[42]과 질록 처분(秩禄処分)[43]은 사족(土族)들의 대표적인 불만의 원인이 되었으며, 또 토지세(地租)에 불만을 가진 농민들의 집단 봉기도 자주 일어났다. 특히 에도에서 멀리 떨어진 규슈의 후쿠오카 현, 사가 현, 구마모토 현과 혼슈의 야마구치 현 등에서 연이어 무장 반란이 일어났다.[44] 그중 사이고 다카모리(西鄉隆盛, 1828~1877년)가 규슈에서 일으킨 세난 전쟁(西南戰爭, 1877년)은 메이지 시대 최대의 무장 반란이었다. 일본 최후의 내전으로도 기록되는 세난 전쟁은 약 7개월간 계속되었고 메이지 정부는 그 전쟁을 진압한 후에 비로소 통치 기반을 확립할 수 있었다. 세난 전쟁은 근대 일본의 가장 비극적 내란으로도 평가되는데, 그 참혹함에 대해 이런 기록이 있다.

"실로 친척이 서로 죽이고 골육이 서로 싸웠으니 정말이지 비탄스러운 일이다. 예를 들면 (토벌대장) 오야마 소장(大山少將)의 경우, 사이고는 그의 사촌 형이다. 그 아우 및 조카도 모두 적에 가담했다. ...... 그와 비슷한 경우가 많다. 심지어는 그 아들이 포병 사관인데 그 아비는 적당(賊黨)인 사례도 있다. ...... 그 심사를 헤아린다면 과연 어떠했을까? ...... 수급(首級)을 점검하는 자리에 늘어선 장교들 중에 어떤 이는 적도(賊徒) 등과 죽마고우(竹馬故友)인 자, 그리고 내외의 친척도 있다. ...... 바람과 비를 맞으면서 어려움을 같이 맛보았던 친구도 있다. '터럭 한 올 어긋나면 하늘과 땅의 자리가 바뀌어 버린다'는 말이 맞다."[45]

약 7개월간 계속된 세난 전쟁에서 관군 사망자는 6,403명, 반란군 사망자는 6,765명이었다고 알려져 있다. 흥미롭게도 세난 전쟁이 끝나고 12년 후인 1889년, 일본 정부는 메이지 헌법을 반포했는데 그때 세난 전쟁의 반란군 주모자였던 사이고 다카모리를 사면하고 정삼위(正三位)의 벼슬을 추서했다. 또 8년 후인 1897년에는 동경의 우에노 공원에 그의 동상이 세워졌다.[46] '국민 통합을 위한 영웅 만들기'의 전형적인 사례로 볼 수 있다. 이런 조처가 있기까지 당시 일본 사회에서는 어떤 논의가 있었는지 궁금하다.

충신과 역적의 차이

메이지 시대의 논객 후쿠자와 유키치는 세난 전쟁을 일으킨 사이고 다카모리를 변호한 글 〈정축공론丁丑公論〉에서 이렇게 말한다.

"사이고(西鄕)가 반란을 일으켜 대의명분을 어겼다고 말하지만 그 대의명분은 지금의 정부에 대한 대의명분이지 천하의 도덕 품행을 해치는 것은 아니다. 관군도 자기들이 의를 위해 싸운다고 말하고 반군도 스스로 의를 위해서 죽는다고 말해 그 마음에 두는 바는 조금도 다르지 않을 뿐만 아니라……."[47]

사이고 다카모리는 생전에 두 번 정부 전복을 시도했는데 첫 번째인 메이지 유신 때는 성공하고 두 번째의 세난 전쟁에서는 실패했다. 후쿠자와는 이 일을 거론하면서 이렇게 반문한다.

"첫 번째에는 사이고에게 충의(忠義)의 이름을 주었는데 두 번째에는 그를 역적이라고 한다. 논자(論者)는 과연 어떤 기준에 근거해서 이를 판단한 것인가."[48]

"예로부터 많은 전쟁과 내란에 그 명분과 의리는 다양했지만 적과 동지 쌍방에 대해 본다면 쌍방 모두 충신, 의사가 아닌 자가 없다……. 이기면 관군, 지면 역적이라는 말은 사태의 진면목으로 충신, 의사와 난신(亂臣), 적자(賊子) 사이는 그야말로 종이 한 장 차이일 뿐이다."[49]

모든 것을 무력으로 해결하는 것이 생활화되어 있던 일본에서 모반과 모반이 아닌 것을 구별하는 것은 애초부터 의미가 없는 일이었을 것이다. 천황에 대해서는 역적이지만 막부의 입장에서는 충신인 경우도 많았다. 또 일본의 입장에서 보면 반역자인데 우리나라의 입장에서 보면 충신인 경우도 있다.

1592년 4월 임진왜란이 일어난 직후 사야카(沙也可, 1571~1642년)라는 일본 무사가 부산에 상륙한 지 일주일 만에 많은 병사와 함께 조선에 투항했다. 그는 일본군 선봉대장의 하나였던 가토 기요마사(加藤淸正, 1562~1611년)의 부장(副將)이었는데 "나는 유교 문명을 동경한 지 오래다"라는 이유로 조선군에 항복했고 조선군의 장수가 되어 일본군과 싸웠다.[50] 전국 시대 이래 일본에서는 영주 간의 전쟁에서 적군에 항복한 자는 바로 적측(敵側)에서 일하면서 어제까지의 우군(友軍)에게 화살을 쏘는 것을 당연하게 여겼다고 한다.[51] 일본 장기(將棋)에서는 상대의 말(駒)을 잡으면 그 말을 바로 자기 말처럼 상대방과 싸우는 데 사용할 수 있다고 하는데[52] 같은 사고방식에서 나온 일로 보인다. 조선에 귀순한 사야카도 일본군의 주력 병기였던 화승총과 대포의 제작 및 사용법을 조선군에게 가르쳤고 그 공로로 당시 선조로부터 '김충선(金忠善)'이라는 이름도 하사받았다. 그는 1636년에 병자호란 때도 출전해 공을 세웠고 정2품 정헌대부(正憲大夫)에 봉해졌다. 후에 대구 남쪽 경북 달성군 가창면 우록동에 은거했고 현재에도 그곳에는 후손들이 살고 있다. 본관은 김해 김씨, 그의 6대손인 김한조라는 사람이 발견했다는 사야카의 〈모하당문집慕夏堂文集〉이 전해온다.[53]

결국 '충성과 반역' 이란 누구 입장에서 기록했느냐에 따라 늘 변해온 개념이다. 또 역사의 주역들은 자기들이 한 일에 대해 늘 나름대로의 명분을 만들어낸다. 도쿠가와 이에야스가 히데요시의 아들을 죽인 것도 그와 그 추종 세력들을 남겨두어서는 '일본의 영구 평화' 에 위협이 될 것이므로 어쩔 수 없는 선택이었다는 주장도 있다.[54] 역사적 사건에 대한 평가는 그만큼 평가자의 입장에 따라 달라질 수 있는 일이고 이를 '보통 사람들의 상식' 으로 재단하려는 것은 실로 부질없는 일이라는 생각도 든다. 다만 그런 일을 통해서 그 시대 사람들의 사고방식을 유추해볼 수는 있을 것이다.

제5장
● ● ● ●

충신장,
일본인의 로망과 환상

이야기의 시작

일본에는 한없이 많은 무사들의 이야기가 있다. 그런 일본에서 가장
인기 있는 무사들의 이야기가 바로 '충신장(忠臣蔵)'이다. 일본 발음으
로는 '추신구라'라고 하는데, 그들이 속했던 번의 이름을 따서 '아코
낭사(赤穂浪士) 사건', 또는 당시 일본의 연호를 따서 '겐로쿠 아코 사건
(元祿赤穂事件)'이라고도 부른다. '낭사' 또는 '낭인(浪人)'이란 섬길 주인
이 없어 떠돌이가 된 무사를 말한다.

이야기의 주인공인 '아코 낭사'들은 지난 300여 년간 일본 무사의
충의를 대표하는 존재로 여겨졌고 그들의 이야기는 수많은 소설, 연
극, 영화 등으로 각색되어 일본인들의 끊임없는 사랑을 받아왔다. 소
설가이며 문학평론가였던 마루야 사이이치(丸谷才一, 1925~2012년)는
"일본인 전체에게 가장 친숙한 문학은 〈만엽집萬葉集〉[1]도, 〈겐지 모노
가타리源氏物語〉도, 〈헤이케 모노가타리〉도, 바쇼(芭蕉)[2]도 아니고, 〈충
신장〉 전설과 그로부터 파생된 여러 작품"이라고 말한다.[3] 또 그 이야
기는 "일본 대중문화 사상 최대의 히트작(高橋敏夫)"[4]이라는 평이 있을
만큼 일본적이고, 그런 만큼 에도 시대의 일본뿐만 아니라 지금의 일

본을 이해하는 데도 도움이 된다.

그 이야기는 1701년 봄(음력 3월 14일, 양력 4월 21일) 도쿠가와 막부의 쇼군이 살던 에도 성에서 일어난 칼부림 사건과 그 1년 10개월 뒤에 일어난 복수극을 바탕으로 만들어진 이야기이다. 일본에서는 수많은 작가들이 서로 다른 시각이나 정치적 입장에서 〈충신장〉 이야기를 꾸며냈다. 그중 필자가 읽은 몇 가지의 소설과 관련 서적들을 중심으로 그 이야기의 줄거리와 그에 얽힌 일본 사회의 이런저런 모습을 살펴본다.

독재자의 핍박

도쿠가와 막부는 3대 쇼군 이에미쓰(德川家光, 재직 1623~1651년) 때까지는 무력으로 막부의 기반을 다져갔으나 4대 쇼군 이에쓰나(家綱, 재직 1651~1680년)의 시대부터는 유교적 윤리를 기반으로 한 문치정치를 해나간다.[5] 그러다 5대 쇼군 쓰나요시(綱吉, 재직 1680~1709년)의 시대가 되면 막부의 권력 기반은 안정되고 일본은 외면적으로 평화로운 사회가 된다. 그러나 상인들의 경제력이 커지는 데 반해 여러 가지 이유로 주인을 잃고 생활이 어렵게 된 낭인들과 서민들의 불만은 점점 높아져 갔다. 이에 따라 방화, 도난 등의 범죄도 증가했다. 이렇게 되자 막부는 검약한 사회 풍조를 만들어내기 위해 노력해나갔다. "무사는 굶어도 느긋하게 이 쑤시게(武士は食わねど高楊枝)"라는 말도 이즈음(延宝年間, 1673~1681년)에 만들어진 말이라고 한다.[6] 원래 '힘으로 남의 소유물을 빼앗아 자기 욕심을 채우던 무리'였던 무사들이 '굶어도 먹은 척'

하면서 배고픔을 참을 수밖에 없었다니 참으로 큰 사회적 변화가 있었다는 말이다.

〈충신장〉 사건이 있었던 시대를 다스렸던 5대 쇼군 쓰나요시는 대단한 독재 군주였던 모양이다. 그가 통치한 약 30년 동안, 총 45개 번의 다이묘가 영지 몰수를 당하거나 봉록을 삭감당했는데 그가 다이묘들로부터 몰수한 영지는 총 161만 석이 넘었다.[7] 문학평론가 마루야 사이이치(丸谷才一. 1925~2012년)는 쓰나요시를 '연극적인 인간'이라고 평했다. 연극을 좋아해서 연극의 영향을 받아 실생활에서도 연극적인 행위를 일삼는 기질의 사람이라는 뜻이다.[8] 그는 전통 무대예술인 노(能)를 즐겼는데, 때로는 스스로 주연으로 출연해 춤을 추기도 했다. 기분이 좋아지면 배우나 악기 연주자에게 무사의 자격(士分)을 주기도 했고, 다이묘 등, 부하 무사들에게는 "감정적·발작적"으로 상벌을 하여 절대적 독재 군주로서 군림했다. 당시 센다이(仙臺) 번주 다테 쓰나무라(伊達綱村, 1659~1719년)는 "4대 쇼군을 배알할 때는 얼굴을 뵙는 것이 가능했는데 지금 쇼군의 앞에서는 엉겁결에 얼굴을 숙이게 된다"라고 그 두려움을 이야기했다고 한다.[9]

이런 사회에서는 많은 유언비어가 돌아 사회불안을 증폭시킨다. 막부는 유언비어의 확산을 막으려고 갖은 방법으로 출판과 언론을 통제했다. 당시를 묘사한 소설의 한 대목을 인용해본다.

"겐로쿠 6년(1693년) 6월, 에도에 '말(馬)이 말(言)을 한다'는 소문이 돌았다. 막부에서는 동네 단위로 그 소문의 출처를 추적해서 주민 한 사람 한 사람에게 확인, 35만 3,582명의 시민(무사 제외) 중에서 그 소문의 진원지로 쓰쿠시노 소오우에몬(筑紫園右衛門)이라는 낭인을 잡아 처형했다. 그 무서운 수사력과 집념에 에도 시민은 전율했다.”[10]

다른 곳에도 이 떠돌이 무사에 대한 이야기가 나온다. 1693년 에도에는 유행병(콜레라 또는 장티푸스)이 돌아 1만 수천 명이 죽었는데, 이때 쓰쿠시라는 낭인과 한 채소 장수(八百屋総右衛門)가 “남천촉의 열매(南天の實)와 우메보시(梅干し)를 달여 먹으면 낫는다. 이 처방은 사람의 말(言)을 하는 말(馬)이 가르쳐주었다”고 하면서 그 처방이 적힌 책자를 만들어 팔다가 잡혔다. 수사관이 어디서 그런 소리를 들었느냐고 다그침을 하자 그들은 당시 유명한 만담가(落語家)인 시카노 부자에몬(鹿野武左衛門, 1649~1699년)이라는 사람의 〈사슴의 붓鹿の卷筆〉[11]이라는 만담집에서 힌트를 얻었다고 진술했다. 이에 쓰쿠시는 참형(斬刑)당하고 채소장수는 유배되었다가 옥사했으며 일본만담가의 시조(始祖)로 불리는 시카노 부자에몬은 아무 잘못도 없이 이즈 섬(伊豆大島)으로 유배되었다가 4년 후에 풀려났다.[12] 당시 일본은 이렇게 숨 막히는 사회였다.

억압받는 사람들, 〈싸움 양벌규정〉과 〈동물 연민령〉

일본이 차츰 넓은 영지와 많은 부하를 거느린 무사 영주, 즉 다이묘가 지배하는 사회가 되자 이들 다이묘들은 부하 무사들의 통제에 고심하게 된다. 전국 시대까지 다이묘의 부하 무사들은 스스로의 토지를 소유한 자립성이 강한 무장 엘리트로서 자신과 관련된 분쟁은 스스로의 힘으로 해결하는 전통을 가지고 있었다. 그러나 이런 전통은 때때로 부하 무사들 간의 충돌로 다이묘 군대의 군사적 효율을 떨어뜨렸다. 이에 다이묘들은 흔히 분국법(分国法)이라고도 불리는 법 규정을 만들어 영지 내의 모든 분쟁의 최종 조정자는 다이묘임을 천명했다. 이런 배경에서 싸움의 당사자는 양쪽을 모두 원칙적으로 사형에 처한다는 〈싸움 양벌 규정喧嘩兩成敗〉이 시행되었다. 이 규정은 14세기 중엽 무로마치 막부의 법규(建武式目追加 第60條)에서도 있었으나 그 강제성이 확립된 것은 16세기에 전국 다이묘가 지방 무사들을 휘하에 편입한 이후였다. 즉 당초 이 규정은 "병사들 간의 사적 폭력을 금지하는 군율(軍律)"로 성립된 것이며 후에는 전장에서 가신들 간에 선봉 다툼으로 일어나는 싸움을 방지하기 위해서 활용되었다.[13] 이로 인해 가신들은 다이묘에 대해 무조건적 · 절대적 충성을 바치게 되었고 이것은 결과적으로 다이묘의 독재적 권력 구축을 돕고 무사들의 전통적 자율성을 소멸시키는 역할도 했다.[14] 그러나 이 규정은 지배자의 입장에서 질서를 유지하는 데는 한없이 편리하지만 무사들에게는 늘 생명을 위태롭게 하는 족쇄가 되기도 했다.

이 시대에 있던 또 하나의 흥미로운 이야기가 바로 동물을 불쌍히 여기라는 〈동물 연민령 生類憐れみの令〉이다. 5대 쇼군 쓰나요시는 무사들에게 유교를 바탕으로 한 충효와 예의를 강조했다. 스스로도 다이묘, 신관(神主), 은둔 수행자 중(山伏), 그 밖의 측근들을 모아놓고 유학 강의를 했고, 자신이 고대 중국의 탕 임금(湯王)[15]과 같은 성군(聖君)에 비유되는 것을 즐겼다고 한다. 그의 생모는 독실한 불교 신자였는데 유학의 가르침에 따라 효자로 자처한 쓰나요시는 급기야 유교와 불교

모두의 신자가 되었다. 그는 외아들을 잃고 다시 아들을 얻으려고 노력하고 있었는데 그 과정에서 생모가 다니던 절의 주지가 개를 소중히 다루라는 권고를 했다. 자신이 개띠이기도 했던 쓰나요시는 막부에 더욱 엄격하게 개를 보호하도록 했고 이런 배경으로 막부는 1685년 7월부터 총 60회에 걸친 포고령으로 살아 있는 모든 것들을 가엾게 여기라는 〈동물 연민령〉을 시행했다.[16] 처음에는 동물 애호 정신을 바탕으로 한 에도 성 내에서의 살생 금지령이었으나 차츰 모든 백성에게 적용했다. 보호 대상도 점차 확대되어 소, 말, 물고기, 새, 뱀, 심지어 쥐, 모기에 이르기까지 모든 동물의 살생은 물론, 다치게 하는 것, 때리는 것도 금지했고 새, 조개, 새우의 요리도 못 하게 했다. 당시 시중에서는 개를 '개님(お犬様)'이라고 높여 불렀다고 한다. 이렇게 되자 에도에는 들개들이 넘쳐 나서 1695년에는 개를 위해 에도의 여러 곳에 약 18만여 평의 땅을 마련해서 개 보호소를 만들었다. 지금 도쿄의 JR 주오선 나카노역(中央線 中野駅) 부근에 있던 나카노 개 보호소(中野犬舍)에는 16만 평에 290동의 개집을 짓고 많을 때는 8만 2,000여 마리의 개를 수용했다고 한다. 그 시설의 공사비는 약 20만 량, 지금 돈으로 약 240억 엔, 한화로 약 2,880억 원이 들었고 연간 운영비는 9만 8,000량, 지금 돈으로 약 117억 6,000만 엔, 한화로 약 1,411억 원을 썼다는데, 모두 에도의 상인들과 농민들의 특별 세금으로 충당했다.[17] 개 보호소에서 햇볕이 잘 드는 남향에는 모두 개집을 지었고 그곳에서 일하는 수의사 등 공무원들의 숙소와 사무실은 모두 북향의 그늘진 곳에 배치했다. 나가노 보호소의 건설 책임자 요네쿠라(米倉丹後守)라는 사람은 그 공으로 1만 5,000석의 다이묘가 되었다는 이야기도 있다.[18]

반면에 병든 아들의 약으로 쓰려고 제비를 잡은 무사의 목을 베고 그 아들을 귀양 보낸 기록도 있고,[19] 고양이의 보호를 소홀히 해서 고양이가 우물에 빠졌다고 에도 성의 요리사를 섬으로 귀양 보내기도 했다. 심지어 모기의 유충인 장구벌레가 죽는다고 화재 진압용으로 모아둔 물이나 도랑물을 퍼서 길에 뿌리는 일도 금지했다. 뺨에 앉아 피를 빨고 있는 모기를 때려 잡은 무사를 섬으로 귀양 보내고 이를 그냥 보고 있던 친구는 에도 100리 밖으로 추방된 일도 있었다.[20] 또 개에게 물린 무사가 개를 베어버린 일이 있었는데 그 무사는 에도에서 추방당하고 무사가 속한 번의 다이묘는 외출 금지의 처벌을 받았다. 이렇게 되자 개들이 사람을 두려워하지 않게 되어 길 한가운데서 자거나 뒹굴어서 마차 등을 끄는 사람들은 길에서 개를 다치게 할까 늘 노심초사하는 형편이었다. 17세기의 유명한 풍속소설인 이하라 사이카쿠(井原西鶴, 1642~1693년)의 〈호색일대남 好色一代男〉에도 "사슴을 죽여서 사형당한 13세 된 아이의 제삿날(命日)", "인간이 (사슴을) 두려워하는 것을 아는 사슴의 무리들이 산이나 들은 물론, 시내에까지 뛰어다니면서 암수가 희롱거리는 야릇한 모습" 등의 구절이 나온다.[21] 당시 에도에서는 동물 보호법을 어긴 사람들이 하루에 30명 내지 40명씩이나 참수당했다고 전해진다.[22] 한마디로 사람의 목숨이 짐승의 목숨보다 못하게 취급되던 시절이었다.

17세기 말, 특히 1695년과 1696년 일본의 도호쿠(東北) 지방에서는 냉해로 인해 농산물의 수확량이 평년의 30퍼센트에 불과했다. '도호쿠 지방'이란 지금의 동북부 6개 현을 가리키며 면적으로 일본 최대의 섬인 혼슈의 약 3할을 차지한다. 당시 쓰가루 번(津軽藩: 지금의 아오모리 현

서부)에서는 주민의 약 30퍼센트에 상당하는 5만여 명이 굶어 죽었는데, 가족이 죽어도 이를 치울 힘이 없어서 그대로 방치했을 지경이었다. 이런 상태에서도 새나 짐승을 잡는 것이 금지되어 있어서 짐승들이 사람을 겁내지 않았다. 오히려 기아에 허덕이던 사람들이 산 채로 독수리나 까마귀의 공격을 받거나 들개들의 밥이 되기도 했다. 전국적으로 쌀값이 폭등해 농민 폭동이 일어나기도 했는데, 이 와중에서도 막부는 개 보호소에 수용된 개 한 마리당 하루 쌀(白米) 3홉(合), 된장 약 187그램(50匁), 마른 멸치(いわし) 1홉(合)을 배급해서 사람들의 분노를 샀다고 한다.[23]

〈충신장〉 이야기보다는 조금 뒤의 에피소드도 있다. 1707년 5월 28일 아침, 에도의 어느 집 마루 밑에서 들개가 새끼 두 마리를 낳았는데 이를 발견한 집주인이 즉시 이를 관할 관청에 신고했다. 관할 기관에서는 즉시 수의사, 경찰, 감독관 등을 파견해서 이들 '개님(お犬様)들'을 보호하기 위한 법률적 절차를 밟았다. 서류를 작성하고 이를 근거로 개 세 마리를 같은 해 8월 2일에 보호시설로 옮겼는데 그 수속에 필요한 약 두 달 동안 집주인은 개를 보호하고 일이 잘못되지 않도록 수의사, 경찰관, 감독관 등을 접대하고 용돈을 집어주느라 약 13량(兩)의 돈을 썼다고 한다. 당시 1량(兩)으로는 쌀 15말 정도를 살 수 있었다는데,[24] 그 집주인은 그 후에 굶지나 않았는지 알 수 없는 일이다.

〈동물 연민령〉은 한 개의 성문 법률로 있었던 것이 아니라 동물 보호에 관한 수많은 막부의 명령을 총칭하는 것이다. 이는 일상생활의 구석구석에 많은 영향을 주어서 일본에서 기마(騎馬)의 풍습이 쇠퇴한 것도 이시대부터라고 한다.[25] 〈동물 연민령〉은 쓰나요시가 죽은 후 곧 폐지됐다.

태평성대에 가려진 서민들의 눈물

5대 쇼군 쓰나요시(재직 1680~1709년)때의 일본에도 천재지변이 많았다. 해마다 태풍, 홍수에 시달렸고 지진도 잦았다. 또 천연두, 이질, 콜레라, 장티푸스, 홍역 등이 번갈아 유행하거나 심한 가뭄과 흉작 및 기근 등에 시달렸다.[26] 또 당시 에도는 화재에도 취약한 도시였다. 여름을 제외하고는 거의 매일 밤 적게는 2~3회, 많게는 5~6회의 화재가 발생했고 에도의 전체 가옥이 평균 7년에 1회 정도 불탔으며[27] 에도의 유명한 극장인 나카무라좌(中村座)와 이치무라좌(市村座)는 1657년부터 1827년까지의 170년간 각각 32회씩, 평균 5년 반에 1회의 비율로 화재를 당했다.[28]

1695년 막부는 재정 적자를 메꾸기 위해 새로 금화를 만들어내면서 금의 함량을 약 30퍼센트나 줄였다. 결국 이것으로 물가 폭등이 일어났고 그 피해는 모두 서민들에게 돌아갔다.[29] 그렇지 않아도 에도 시대에는 과중한 연공(年貢)으로 생활이 어려운 민중이 집단으로 막부나 번에 저항하는 일이 많았다. 주로 집단 도주, 상소 등의 비폭력적 방법을 사용했으나 때로는 폭력적 저항도 불사했다. 특히 흉작이나 매점매석 등으로 궁핍하게 살던 민중이 미곡상, 고리대금 업자, 양조장(酒屋) 등의 대규모 상점(豪商)이나 관리를 습격해 가옥을 부수고 쌀이나 기타 재물을 약탈하는 일도 드물지 않게 발생했는데 이를 '우치고와시(打ちこわし)'라고 한다.[30] 이렇게 각종 악법과 천재지변, 역병, 기근, 화재, 물가 폭등, 내란 등으로 어려움에 시달리던 백성들이 막부를 원망하게 되는 것은 당연한 일이다. 그즈음 에도의 각 극단은 새해가 되면 일제

히 정치적인 패자인 소가(曾我) 형제가 최고 권력자를 상대로 원수를 갚아가는 내용의 연극인 〈소가 모노가타리曾我物語〉[31]를 경쟁적으로 공연했다고 한다. 이는 막부의 압제에 시달리던 당시 서민들이 동물 보호법이나 기타 이유로 원통하게 죽은 사람들의 영혼을 위로하고 자신들의 숨 막히는 실생활도 언젠가는 극복될 것이라는 희망을 북돋우려는 심리적 돌파구였다고 한다.[32] 그만큼 쇼군 쓰나요시와 막부의 절대적 권력은 일본 사회를 압박하고 있었다. 모리무라(森村)의 소설 〈충신장〉에는 이런 대목도 있다.

"오늘 아침의 밥은 좀 무르다고 느꼈지만 (쇼군) 쓰나요시는 아무 말 하지 않았다. 무심코 한마디 했다가 주방장과 조리장이 할복을 해야 할지도 모른다."[33]
"쇼군의 처소에서는 그가 가까이 오라고 말해도 몸을 좌우로 조금 움직이는데 그칠 뿐, 너무 두려워서 앞으로 나아가려 해도 몸이 말을 듣지 않는 시늉을 하는 것이 관례였다."[34]

당시의 일본이 얼마나 숨 막히는 사회였는지를 말해주는 에피소드들이다. 쇼군은 다이묘들에게 절대 권력자로 군림했고, 다이묘들은 그 가신들에게, 가신인 무사들은 그 아래의 농공상 계급의 서민들 위에 군림하는 세상이었다. 이런 이유로 사회의 최하층에 있었던 서민들은 늘 심리적 압박감을 가지고 살 수밖에 없었을 것이다. 소설에서는 당시 서민들의 생각이 이렇게 묘사된다.

"사무라이님들과 같은 분들의 앞에 나가면 아무리 당연한 일이라고 생각하는 일조차도 입 밖에 내서는 안 되는 것이다. 당시에는 그런 것이 비겁한 일도 무엇도 아니다. 그쪽이 오히려 당연한 일이고 그런 세상에 맞추어서 살아가지 않으면 목숨을 부지할 수가 없다고 믿고 있었다."35

그러나 당시의 일을 기록한 책을 보면 "겐로쿠(元祿)라는 이 눈부신 시대", "태평스러운 시대"36, "겐로쿠라는 난숙한 시대"37, "겐로쿠 시대의 화미(華美)한 풍조"38 등의 표현이 흔히 나온다. '겐로쿠(祿)'란 1688년부터 1704년까지 사용되던 일본의 연호이다. 과연 그 시대를 살았던 서민들도 그때가 '눈부시고, 풍성'하다고 느꼈을까? 아니면 평화와 정치적 안정이 이루어진 상태에서 막부나 다이묘 중심으로 사치스럽고 화려한 문화의 꽃이 피어났고 그래서 후세의 사람들이 당시의 문화를 평가하는 시각에서 나온 표현일까? 책에는 이런 구절들도 보인다.

"겐로쿠기(期)는 살벌한 무단(武斷)주의의 에도 시대 초기가 끝나고, 위세 당당한 도쿠가와 막부의 문치 정치 아래에서 문화의 꽃이 활짝 피었다. 오늘과 같은 자유는 없었지만 에도 시대 최량(最良)의 시기였고, 생기 넘치는 시대 환경 속에서 성(性)의 해방도 진행되고 있었다."39
"겐로쿠 시대는 태평의 시대가 계속되는 중에 경제가 발달하고, '금전 숭배, 육체 향락의 기분'이 충만한 한편, 의리를 중심으로 하는 주자학이 성했고, '물욕 만능'의 대세에 반항해 무사도(土道)를 보급하려는 경향이 생겨났다."40

"겐로쿠기는 모든 것을 무력으로 해결하려는 관습을 고치기 위하여 제도, 의식의 정비, 확립에 박차를 가하던 시기였다. 형식의 완성은 막부의 집권 체제의 안전을 보장하는 일이었다. 폭력은 형식의 최대의 적으로 간주되었다."[41]

"질서와 규율의 근본은 형식이다. 겐로쿠기는 정치 · 경제 · 문화 등 여러 가지 면에서 에도 시대의 분수령이었다. …… '기백 충만한 무사기질의 시대'와 '형식미의 절정에 이른 무사도 시대'의 중간에 있어 양자의 장점을 함께 가지고 있던 시대……."[42]

한편 세태를 걱정하던 이런 기술도 있다.

"겐로쿠의 부패 타락한 세상", "화사일락(華奢逸樂)에 흐르는 겐로쿠 시대."[43]

도쿠가와 이에야스는 오사카 여름의 전투(1615년)에서 히데요리를 멸망시키고 일본을 완전히 장악했다. 이로서 오닌의 난(1467~1477년) 이후 140여 년간 계속된 전국 시대가 막을 내렸다. 곧이어 연호(年号)를 '겐나(元和)'로 바꾸고 무기를 거두어 창고에 넣고 사용치 못하게 했고(元和偃武, 1615년), 법률(武家諸法度)을 제정해 전국의 다이묘를 엄격히 통제했다.[44] 이때부터 겐로쿠 말기까지 약 80년간은 일본 경제의 고도성장이 계속되었고, 그것이 정점에 달했던 것이 "겐로쿠라는 화려한 시대"였다.[45] 그 시대 일본은 개간에 의해 경지면적이 늘어나고 농기구와 비료의 개량으로 농업 생산성도 급격히 향상되었다. 어업 · 임업 · 광산업 ·

수공업 등도 크게 발달했고 연안 해운업이 정비되어 각 지방의 특산물이 해안을 따라 활발하게 유통되었다. 또 종이의 생산과 출판업의 발달로 문학·회화·인형극·가부키 등이 서민에게도 급속히 확산되어 갔다.[46] 이렇게 되자 상인들뿐 아니라 농민들도 화폐경제에 합류하기 시작했다. 일본은 겐로쿠 시대부터 상업 문화가 고조되고 상품 경제화가 진행되었다고 보기도 하고,[47] 에도 시대의 경제는 겐로쿠 시대에 정점에 달했다가 그 후에는 감퇴해서 메이지 유신이 일어나기까지 결코 회복되지 않았다고 말하는 학자들도 있다.[48] 일본이 난학(蘭学: 네덜란드의 학문)으로 대표되는 서양 문명을 적극적으로 받아들이기 시작한 것도 이즈음이다.[49]

마쓰의 낭하 사건

전쟁이 없는 평화로운 세상. 물산(物産)의 교류가 활발해서 생활은 윤택해졌으나 자본의 힘 앞에 무사들이 점차 자존심을 잃어가던 시대. 각 번에서는 어려워진 경제 여건으로 가신들의 숫자를 줄이려 했고, 그만큼 낭인들의 숫자가 늘어가던 시대. 사회의 구석구석에는 막부의 온갖 규제가 압박을 가하던 시대. 그런 만큼 사회적 불만이 점차 높아지던 시대. 겐로쿠라는 시대는 대충 그런 시대였던 모양이다. 참고로 당시 에도의 인구는 이미 80만을 넘었다고 한다.[50] 그런 와중에서 서민들은 나름대로의 돌파구를 찾아 삶을 꾸리고 생활을 즐기려 했을 것이고 식자(識者)들은 어쩌면 나른한 여유에 빠져드는 사회를 개탄하고 있었을 것이다. 이런 시기에 일본 사회에 신선한 충격을 주고 백성들을 열광케 한 사건이 바로 아코 무사들의 복수극인 〈충신장〉 사건이다. 당시 그 사건에 대한 일본 사회의 반향은 엄청난 것이었다. "말하자면 이 사건은 지나칠 만큼 태평스러운 세상에 한 줄기 맑은 바람"[51]이었다.

사건의 발단은 1701년, 음력 3월 14일(양력 4월 21일) 쇼군의 거처인 에도 성에서 일어났던 이른바 '마쓰의 낭하 사건(松の廊下事件)'이다. 그곳에서 아코 번주(赤穗藩主) 아사노 다쿠미노가미(浅野内匠頭, 1667~1701년. 이하 '아사노')가 막부의 수석 의전관(高家筆頭) 기라 고즈케노스케(吉良上野介, 1642~1702년. 이하 '기라')를 칼로 찌른 사건이다. 원래는 죽이려고 했으나 실패하고 가벼운 상처를 입히는 데 그쳤다. 쇼군의 거처에서 칼부림 사건이 일어나자 막부는 그날로 아사노에게 할복과 영지 몰수라는 가혹한 벌을 내렸고 같은 날 형을 집행했다. 주군의 돌발적 행동으로 어느 날 갑자기 번이 없어지고 낭인 신세가 된 아코 번의 가신(무사)들 중 일부가 복수를 꾀한다. 200여 명(어느 책에는 300여 명)의 아코 무사들 중에서 결국 47명의 무사들이 복수극에 가담해 1년 10개월 후인 1702년 음력 12월 14일(양력 1703년 1월 30일) 새벽(寅時), 기라(吉良)의 집에 쳐들어가서 그의 목을 잘라 주군의 원수를 갚고 막부에 자수한다. 그리고 약 50일 후인 1703년 음력 2월 4일(양력 3월 20일), 막부는 46명의 아코 무사들 모두에게 할복 명령을 내려 같은 날 형을 집행했다. 대강 이것이 이 사건의 전말이다. 복수극에 가담했던 47명 중 1명은 사건 후 자취를 감춰서 처벌을 면했다.

아코 무사들의 이 복수극은 그 후 무려 300여 년간 〈충신장〉 또는 〈겐로쿠 아코 사건元祿赤穗事件〉이라는 이름으로 일본인들을 흥분, 감동시켜왔다. 사건 현장인 '마쓰(松)의 낭하'란 쇼군이 사는 에도 성에 있었던 복도의 이름이다. 현재 도쿄의 황거(皇居) 동쪽 정원에 있던 건물에 있었는데, 에도 성 본채(本丸)의 다이묘 대기실로부터 쇼군을 알현하는 장소인 백서원(白書院)까지를 연결하는 대략 폭 4미터, 길이 50미터의 다다미가 깔린 긴 복도였다. 그 복도의 일본식 칸막이 문인 후스마(襖)에 바닷가의 물떼새(千鳥)와 함께 늘어선 소나무(松)가 그려져 있어서 '마쓰(松)의 대낭하(松之大廊下)'라고 불렀다는데, 지금은 옛날의 위치를 표시한 돌비석만 서 있다고 한다.[52] 아코 번은 지금 효고 현 서남쪽 끝에 있는 아코 시(赤穂市)에 있었다. 당시 일본의 거리 단위로는 에도까지 160여 리, 약 640킬로미터로 건장한 남자가 걸어서 약 보름 남짓 걸리는 거리다.[53] 에도 시대의 유명한 병학자(兵學者) 야마가 소코(山鹿素行, 1622~1685년)가 그곳으로 유배된 적이 있는데 에도를 출발해서 약 보름이 걸렸다는 기록이 있다.[54]

사건의 배경

매년 정월이 되면 에도에 있던 쇼군은 교토의 천황과 상황(上皇)에게 신년 축하 사신(朝賀使)을 보내 새해 인사를 했다. 조정에서도 답례로 칙사(勅使: 천황의 사신) 및 원사(院使: 상황의 사신)를 에도로 보낸다. 1701년 정월에는 5대 쇼군 쓰나요시(綱吉)의 의전 담당관 기라 고즈케노스케가 교토에 사신으로 파견되었다. 그 답례로 3월에 에도에 오는 칙사의 접대역을 아코 번주 아사노 다쿠미노가미(浅野内匠頭)가, 원사의 접대역을 요시다 번(吉田藩: 지금의 에히메 현 우와지마 시)의 번주 다테

사쿄노스케(伊達左京亮)가 각각 맡기로 되었다. 당시 칙사 일행은 3월 11일에 에도에 도착해서 17일까지 머무를 예정이었다. 이 기간 중에는 여러 가지 행사가 있으나 가장 중요한 것이 사건 당일인 음력 3월 14일에 있었던 칙답일(勅答日) 행사이다. 여기서 칙답이란 쇼군의 새해인사에 대해 천황이 답한다는 의미이다. 당시 쇼군은 무력으로 일본을 지배하고 있어 실질적으로 천황의 윗자리에 군림하고 있었다. 따라서 이날은 쇼군이 천황의 메시지(勅旨)를 받는다는 의미보다는 칙사 일행을 맞이해서 천황의 메시지에 대한 답례 인사를 전하고 칙사 일행에게 선물을 하사하는 날이다.[55] 이런 중요한 행사가 있는 날에 칙사 접대역 아사노가 쇼군의 성안에서 지도 감독관인 기라에게 칼부림을 한 것이다. 기라가 아사노를 거친 태도로 모욕한 것이 직접적인 불씨가 되었다는데 기라가 왜 그에게 모욕적인 태도를 보였는지에 대해서는 논란이 많다. 에도 시대에 쇼군의 거처인 에도 성에서는 총 9회의 칼부림 사건이 있었는데, 그 원인이 외부에 확실히 알려진 것은 한 건도 없다고 한다. 막부에서 자세한 경위가 외부에 누출되는 것을 막았기 때문이다.[56] '마쓰의 낭하 사건'도 그 명확한 이유는 규명되지 않았고 여러 가지 추측이 난무했을 뿐이다.

먼저 아사노가 칙사 접대를 위한 경비를 너무 아끼려고 해서 감독관인 기라가 못마땅하게 생각하고 있었고 또 아사노가 기라에게 관례적으로 보내는 진상물도 제대로 보내지 않았기 때문이라고도 한다.[57] 지금이라면 칙사 접대는 모두 예산에 반영된 공적 비용으로 충당하겠지만 당시는 이를 막부의 의전 책임자나 칙사 접대역을 맡은 다이묘가 자비로 부담했다. 당시 의전 책임자인 기라는 쇼군을 가까이 모시는 신분이라 관위(官位)는 다이묘보다 높았으나 녹봉은 많지 않았다. 기라의 녹봉은 4,200석인데 반해 아사노의 녹봉은 공식적으로는 5만 3,500석, 거기에 약 5,000석의 추가 소득을 주는 염전이 있어 실제로는 6만석 이상이라고 알려져 있었다.[58] 이런 사정으로 의전책임자인 기라가 칙사 접대역인 다이묘에게 어느 정도의 진상물을 바라는 것은 당연했다고 보기도 한다. 이는 뇌물이 아니라 '수업료 또는 필요경비'였다는 것이다. 원사 접대역을 맡았던 녹봉 3만 석의 요시다 번주는 기라에게 미리 진상물을 보냈다고 알려져 있다. 그가 보낸 선물이 무엇인지는 알 수 없으나 오사라기의 소설에는 비단 몇 필에 황금 100매(枚), 17세기의 유명한 화가 가노 단유(狩野探幽, 1602~1674년)의 족자 한 쌍이라고 되어 있다.[59] 이에 반해서 당시 아사노가 기라에게 보낸 선물은 비단 한 필이 전부였고[60] 모리무라의 소설에는 만두 한 상자,[61] 또 다른 소설에는 가다랑어포(鰹節) 두 마리가 전부였다고 되어 있다. 기라가(家)와 아사노가는 소금의 판매를 두고도 오랜 알력이 있었다. 그 시대 고급 소금은 기라의 본거지인 미카와(三河: 지금의 아이치 현)의 기라(吉良)지방에서 생산되고 있었다. 한편 히타치국 가사마 번(常陸国 笠間藩: 지금의 이바라키 현 사쿠라가와 시)에서 영지가 바뀌어 아코로 옮겨온 아사노가는 기라가로부터 기술을 배워 염전을 시작했으나 곧 더 좋은 품질의 소금을 만들어 시장을 잠식했고, 이것이 기라를 자극했다는 것이다. 또 당시 무사 사회에서는 남색(男色)이 유행했는데 기라가 아사노의 시동으로 있는 미소년을 자기에게 넘겨주기를 바랐으나 아사노가 이를 거절했다는 이야기도 있다. 원래 기라는 막부 권력자들과의 친분을 등에 업고 여러 가지로 다이묘들을 괴롭혔던 모양이다. 그는 연일 각

다이묘의 집에서 저녁 대접을 받는 것을 즐겨서 '야식의 소장(夜食の少將)'이라는 별명도 있었다.[62] 심지어는 자기의 막대한 외상값이나 집 수리비를 아들이 양자로 간 우에스기가(上杉家)에 떠넘겨서 그들을 어렵게 만들기도 했다. 이에 비해 아코 번은 대단히 검소한 '짠돌이 가풍'을 가지고 있었고 그런 환경에서 자란 아사노는 아주 인색한 사람이었다고 한다.[63] 두 사람간의 알력은 위에 열거한 요인들이 모두 겹쳐서 일어난 사건일 수도 있을 것이다. 더구나 아사노는 9세 때 번주의 자리를 이어받아 어릴 때부터 남의 윗자리에 군림한 탓에 좀 제멋대로의 기질에 격정적 성격을 가진 사람이었다고 전해진다.

막부의 아사노 할복 처분

'마쓰의 낭하'에서 칼부림이 난 것은 오전 10시가 조금 지나서였다. 아사노는 곧 체포되어 이치노세키 번(一関藩: 지금의 이와테 현 이치노세키 시)의 번주 다무라 다쓰아키(田村建顕)의 에도 저택에 맡겨졌다. 아사노의 칼부림 사건 직후 시중 여론은 아사노에게 특별히 동정적이지도 않았던 모양이다. 오히려 아사노가 기라를 죽이려다가 실패한 것은 무사가 평소 마땅히 지녀야 할 각오나 준비가 되어 있지 않은 것을 보여준 부끄러운 일이라는 평이었다고 한다.[64] 그런 상태에서 막부의 할복 명령이 내려졌다. 이곳에 할복 명령서를 지참한 막부의 사자가 도착한 것은 오후 4시 무렵이었다. 명색이 번주에게 할복 명령을 내리는 데 불과 몇 시간밖에 걸리지 않았다. 그만큼 쇼군 쓰나요시의 노여움이 컸기 때문이었다. 막부 검사관들의 입회하에 할복은 즉시 이루어졌고, 곧 아사노의 가신들이 시신을 인수해서 센가쿠지(泉岳寺: 도쿄 미나토 구)로 옮겨 장사 지냈다.[65]

무엇보다도 이 사건은 먼저 쇼군과 그 생모의 노여움을 샀다. 당시 쇼군의 생모 게쇼인(桂昌院)은 천황으로부터 종일위(從一位)에 서품되기를 바라고 있었다. 그 여자는 원래 채소 가게의 딸에서 쇼군 쓰나요시의 아버지인 3대 쇼군 이에미쓰(家光)의 측실이 된 사람이다. 그런 여자가 무가의 사람으로서 받을 수 있는 최고의 관위인 종일위가 되느냐 못 되느냐의 갈림길에 있는데 천황의 사신을 접대하는 날에 칼부림 사건이 난 것이다.[66] 쇼군 쓰나요시는 이 사건을 황실에 대한 자기와 생모의 정성을 엉망으로 만든 괘씸한 일로 보았다. 결국 막부는 아사노가 쇼군의 처소에서 칼을 뺀 것은 무조건 죽을죄에 해당된다고 판정했고 사건 당일 아사노에게 할복 명령을 내렸다. 그렇게 해서라도 칙사 일행의 비위를 맞추어서 어머니의 서품이 취소되지 않도록 하기 위함이었다. 편파적으로도 볼 수 있는 막부의 조치에 아코 번의 가신들은 물론 막부 내에서도 반발하는 사람들이 있었으나 무시됐다. 그 처분의 배후에는 기라에게 호의적이었던 당대의 권력자 야나기자와 요시야스(柳沢吉保, 1658~1714년)가 있었다. 요시야스는 쓰나요시가 쇼군이 되기 전 다테바야시 번(館林藩: 지금의 군마 현 다테바야시 시)의 번주로 있을 때 10세의 나이로 그의 시동으로 들어간 후 쓰나요시가 죽을 때까지 40여 년간 한 번도 쓰나요시의 질책을 받은 적이 없었다는 사람이다.[67] 요시야스(吉保)라는 이름도 쓰나요시(綱吉)의 이름에서 한 글자를 받아 개명한 것이고, 쓰나요시와는 남색 관계라는 소문도 있었다.[68] 그런 사람이

기라의 편을 들었다면 결과는 대강 예상할 수 있다.

또 당시에는 〈싸움 양벌규정〉이 시행되고 있었으나 막부는 기라에게는 어떤 처벌도 내리지 않았다. 〈싸움 양벌규정〉을 적용하려면 둘이 서로 다투었어야 하는데 기라는 아사노의 공격을 받고도 반격하지 않았으므로 아사노의 일방적 공격이라고 판정한 것이다.[69] 막부는 아사노에게 할복 명령을 내린 다음 날인 1701년 3월 15일(양력 1701년 4월 21일) 아사노의 동생이며 양자였던 다이가쿠(大学)를 폐문(閉門)[70] 처분했다. 같은 날, 아사노의 처 아구리(阿久里)는 머리를 깎고 불문에 귀의했고 사건 발생 후 며칠 만에 에도에 있던 아코 번의 저택 세 곳은 모두 몰수되었다. 막부는 아코 번에 대해 4월 중순까지 아코 성(城)을 인도하라고 명령했다.

주군의 복수를 이루다

아코 번의 무사들 사이에서는 막부의 일방적인 조처를 어떻게 받아들일지를 놓고 갈등이 있었다. 순순히 막부에 성을 넘겨주고 가문(御家)의 부활을 막부에 탄원하자는 의견도 있었고 납득할 수 있는 막부의 조처가 없이 성을 내주는 것은 아코 번의 치욕이므로 막부에 맞서 싸우다가 죽자는 주장을 한 부류도 있었다.[71] 한편 막부에 맞서는 것은 옳지 않으므로 막부에 기라의 처단을 탄원하고 모두 할복하는 것이 무사의 체면을 지키는 길이라는 주장도 있었다. 다른 일부는 그런 방법으로는 원통하게 죽은 주군의 원혼을 달랠 수도 없고 아코 무사의 체면도 살릴 수 없으니 일단 성을 양도하고 후일을 기약해 복수하는 것이 옳다고 주장했다.

예상치도 못한 사태를 맞은 아코 번의 가로(家老) 오이시 구라노스케(大石内蔵助, 1659~1703년. 이하 '오이시')는 200여 번사(藩士)들과 앞날을 논의했으나 결론이 나지 않았다. 이런 와중에 4월 중순 가로 중 한 사람인 오노 구로베(大野九郎兵衛)가 아들과 함께 밤사이 모습을 감추자 뒤이어 번을 떠나는 무사들이 나오기 시작했다. 결국 오이시는 복수하는 것을 전제로 막부에 성을 인도하고 후일을 기약하자고 번의 무사들을 설득했고 아코 무사들은 오이시를 중심으로 뭉쳐 복수의 기회를 엿보기로 합의한다. 4월 18일, 아코 성을 접수하기 위해 파견된 수성사(收城使)가 약 4,500인의 병사들을 인솔해 아코에 도착했고 다음 날인 4월 19일 오이시는 아코 성을 그에게 인계했다. 이로서 아코 번은 없어지고 그 소속 무사들은 낭인이 되어 뿔뿔이 흩어졌다. 가로(정무 책임자) 오이시는 성의 인도와 관련된 잔무를 처리하고 약 두 달 후인 6월 말, 아코를 떠나 교토 부근의 야마시나(山科: 지금의 교토 시 야마시나 구)로 거처를 옮겼다.

당초 복수극에 동참하기로 연판장에 서명한 무사의 숫자는 기록에 따라 50여 명에서 70여 명에 이르기까지 서로 다른데[72] 시간이 지남에 따라 발을 빼는 무사들의 숫자가 늘어났다. 특히 100석 이상의 녹봉을 받던 상급 무사들의 탈맹(脱盟)이 많았고 고위직의 사람들은 거의 참여하지 않았다. 원수를 갚는 방법에 대해서도 의견이 엇갈렸다. 대개 높은 녹봉을 받던 무사들은 떼를 지어 기라의 집을 습격해서 막부의 비위를 상하게 하지 말고 기회를 노려 기라만 처단하면 된다는 입장이었다. 반면에 주로 하급 무사들은 형식을 갖추어 이름을 밝히고 기라의 집으로 쳐들어가 원수를 갚아야 무사의 면목이 제대로 서는 것이라고 주장했다.[73] 그들은 오이시를 중심으로 서로 은밀히 연락하면서 포목상, 미곡상, 검도 사범 등으로 위장, 에도에 잠입해서 갖은 고생을 다 하면서 복수할 기회를 엿본다.

아코 무사들이 복수를 위해 기라의 집에 침입한 것은 겐로쿠 15년, 곧 1702년 음력 12월 14일 인시(寅時: 04시경), 지금 시간으로 보면 음력 12월 15일(양력 1703년 1월 31일) 새벽이었다. 당시 무가에서는 지금의 시간 계산법과 같이 밤 12시가 지나면 다음 날로 쳤다. 그러나 서민들은 해가 뜰 때를 하루의 시작으로 했기 때문에 아침 6시(明け六つ)까지는 전날로 쳤다. 그래서 기라의 집 침입은 무가의 시간으로는 12월 15일 새벽이었으나 서민들의 셈법으로는 12월 14일 심야가 된다. 그날 최종적으로 복수극에 가담한 무사는 모두 47명이었다. 참여 무사들 중에는 77세의 노인(堀部弥兵衛)도 있었고, 총대장 오이시(45세)의 아들 치카라(主税)는 16세의 소년이었다.

소설에 따르면 거사 당일 47명의 무사들은 기라의 집 부근 세 곳의 집합 장소에 모여 각자의 무기와 사다리 등을 들고 기라의 집으로 갔다. 마침 전날 내린 눈이 쌓여 있어서 그들이 움직이는 소리를 많이 흡수해주었다고 한다. 앞문과 뒷문 두 패로 나뉜 무사들이 기라의 집에 쳐들어가서 두 시간 남짓의 사투 끝에 기라의 머리를 자르는 데 성공했다. 그 후 그들은 기라의 머리를 들고 주군 아사노의 무덤이 있는 센가쿠지로 가서 주군의 영전에 원수를 갚았음을 고하는 한편, 대표자를 막부의 감찰역(大目付)의 저택으로 보내 자기들의 복수를 신고하고 막부의 처분을 기다렸다. 아코 무사 47명 중 사망자는 한 사람도 없었다.

기라의 머리는 다음 날인 12월 16일 기라의 집에 되돌려주었다. 모리무라(森村)의 소설을 보면 당시 기라의 잘린 머리를 되돌려준 센가쿠지(泉岳寺)의 중에게 기라가(家)에서는 "머리 하나와 종이 꾸러미 하나를 정히 인수했다"라는 내용의 수급 인수증(首級請取書)을 써주었고 그것이 지금도 그 절의 보물로 전해지고 있다고 한다.[74] 여담이지만 오사라기(大佛)의 소설에는 인수증에 "1. 머리(御首). 2. 종이 꾸러미(紙包) 두 개"로 기록되어 있는데,[75] 왜 모리무라의 소설과 종이 꾸러미의 숫자가 다른지 모르겠다.

또 복수극에 왜 총을 사용하지 않았을까? 복수극이 일어났을 때는 총이 일본에 도입된 지 이미 160년이나 지난 때였고 당시 일본에는 이미 많은 총이 생산되어 있었다. 그러나 복수극이 벌어졌을 때 어느 쪽에서도 총을 사용했다는 기록은 없다. 막부에서 총포의 에도 반입을 엄격히 통제하고 있었기 때문에 기라쯤 되는 사람도 총을 소지할 수 없었던 걸까? 아니면 당시의 총이 단발식 화승총이라 접전에서는 별소용이 없었을까?

충과 효, 가문과 아버지

소설을 보면 '마쓰의 낭하 사건' 이후 기라는 늘 복수를 두려워해서 자기의 아들이 당주(堂主)[76]로 있는 우에스기(上杉)가에서 좀 더 확실하게 자기를 보호해주기를 원했다. 우에스기가의 당주 쓰나노리(綱憲)는 기라의 친아들(원명 吉良三之助)이다. 쓰나노리의 모친(上杉富子)은 요네자와 번(米沢藩: 지금의 야마카타 현 동남부 지방) 제2대 번주 우에스기 사다카쓰(上杉定勝: 上杉景勝의 아들)의 딸이다. 쓰나노리는 외삼촌인 요네자와 번 제3대 당주 우에스기 쓰나카쓰(上杉綱勝: 2대 번주 定勝의 아들)가 후계자 없이 급사하자 2세의 나이로 외삼촌의 양자로 들어가서 우에스기가의 제4대 당주가 되었다. 그 후 친아버지인 기라가 후사가 없자 자기의 둘째 아들 우에스기 하루치요(上杉春千代)를 아버지의 양자로 보냈고 할아버지의 양자가 된 하루치요의 이름은 기라 요시치카(吉良義周)로 바뀌었다. 이렇게 우에스기가와 기라가는 이중, 삼중으로 얽힌 사이다. 더구나 우에스기가는 기라에 비해서 에도에 더 많은 무사를 거느리고 있었다. 그래서 '마쓰의 낭하 사건' 이후 아버지의 신변에 불안감을 느낀 아들 쓰나노리는 아버지를 자기 집으로 모셔오려고 한다. 그러나 가신들이 그것만은 안 된다고 거절한다. 자칫 우에스기가(家)가 아코 무사들의 복수극에 얽혀들게 될 것을 걱정했기 때문이다. 결국 아코 낭사들의 복수극이 일어났고, 이는 쓰나노리에게는 자기의 아버지와 그곳에 양자로 간 친아들의 목숨이 걸린 중대한 문제였다. 이럴 때 그가 군사를 동원해서 아버지와 아들을 도우려는 것은 지극히 당연하다. 또 막부 법령(幕府御條目) 제1조에는 "충효에 힘쓰라"고 되어 있다. 따라서 아버지를 위하여 구원병을 보내는 것은 효행이므로 막부 법령에 충실한 행동이 되기도 한다. 그러나 우에스기가의 가신들은 모두 병력 동원에 결사반대했다.

먼저 싸움에 말려드는 것 자체가 〈싸움 양벌규정〉의 적용 대상이 될 수 있다. 또 아코 낭사들의 복수극이 막부에 의해서 주군의 원수 갚기로 인정받는다면 그들의 행위는 당시의 법도로는 정당한 일로 무죄가된다. 동시에 아코 낭사들의 행동이 정당한 것이라면 쓰나노리가 아버지를 위해 구원병을 보내는 것은 '이중 복수(重敵)'에 해당되어 위법이다. '이중 복수'란 복수의 대상이 된 사람 쪽에서 다시 복수에 나서는 것을 말하는데, 이는 법령에 의해서 엄격히 금지되어 있었다. 복수가끝없이 반복될 수 있기 때문이다. 또 쇼군이 거주하는 에도 성의 턱밑에서 무력을 행사하는 것은 용서받지 못할 불경죄에 해당된다. 이런여러 가지 위험을 안고 병력을 동원할 수는 없는 일이고, 또 우에스기가의 무사들에게 기라의 문제는 어차피 남의 집의 귀찮은 일에 지나지않았다. 설령 다른 번에서 우에스기가를 다소 우습게 보는 한이 있더라도 번의 단절을 초래할 수도 있는 파병에는 누구도 찬성하지 않았다. 결국 쓰나노리는 군사를 동원할 수 없었고 친아버지와 아들의 위험을 방관할 수밖에 없었다.

오사라기의 소설에서 복수극이 있던 날, 친아버지를 구하기 위해 출병하려는 주군 쓰나노리를 가로(家老) 이로베 마타시로(色部又七郎)가 가로 막으면서 내세운 명분이 '이에…… 대대(代代)를 위해서', 즉 주군의 가문을 위한다는 것이었다.[77]

앞서 잠깐 소개한 대로 모리무라의 소설 〈충신장〉에는 그 장면이 이렇게 나온다.

"너, 아버님의 죽음을 보고도 모른 체하라는 말인가?"
"이에는 만대(万代)에 걸친 것입니다. …… 효보다 충이 먼저입니다.

쇼군의 발밑임을 두려워하지 않는 소동은 윗분에 대해 반역의 마음을 품은 것으로 여겨질 것입니다."

마타시로는 …… 최악의 경우 쓰나노리를 베고, 그 칼로 스스로도 할복할 작정이었다. …… 주군을 베더라도 그 가문을 구하는 것이 그에게 맡겨진 역할이고 그의 충의(忠義)였다."[78]

이 대목에서 '주군을 베고 가문을 구한다'는 말은 우리에게는 낯설다. 가문 또는 이에에 대한 일본인의 생각을 먼저 이해하지 않으면 납득할 수 없는 일이다. 오사라기의 소설에는 주군의 병력 동원에 반대하는 또 다른 가로 치사카 효부의 생각이 이렇게 묘사되어 있다.

"우에스기가의 가로(家老)로서 가장 중요시하지 않으면 안 될 일은 '이에'의 일, 효도는 그 다음의 일이다. …… 이에를 위해서다. 나라(藩国)를 위해서다. …… 이에의 이름으로 이루어지는 일은 모두 예외 없이 선(善)이고, 진(眞)이고, 미(美)가 된다."[79]

"효부는 지금의 주군인 쓰나노리 한 사람을 섬기는 것이 아니다. 면면히 이어오는 우에스기가 대대의 역사와 명예를 섬기는 것이다. 아니, 좀 더 확실히 말한다면 이에를 섬기는 것이며, 한 사람의 쓰나노리를 섬기는 것이 아니다."[80]

같은 소설에는 이런 묘사도 있다.

"(번주) 쓰나노리도 자기가 우에스기가에 양자로 온 이상, 이 가문을 우선해야 하며 사사로운 정을 뒤로하지 않으면 안 된다는 것을 수긍한다."[81]

결국 쓰나노리는 구원 병력을 보내지 않았다. 번을 지키기 위해 아버지의 위험을 보고도 모른 척한 것이다.

민심의 반향

복수극이 성공하자 에도는 발칵 뒤집어졌다. 동시에 서민들은 번주의 아버지를 구하기 위해 아무런 행동을 취하지 않은 우에스기가의 태도를 비겁하다고 보았고 그로 인해 우에스기 겐신(上杉謙信, 1530~1578년) 이후 우에스기가가 누려왔던 명문 무가로서의 명성은 땅에 떨어졌다. 한편 '마쓰의 낭하 사건' 이후 아사노만 가혹하게 처벌하고 기라에게는 아무런 벌을 주지 않았던 막부는 스스로 〈싸움 양벌규정〉을 위반했다는 여론에 시달리고 있었다. 서민들은 물론 많은 무사들과 막부의 일부 관리들조차 막부의 편파적 처분에 반발심을 가졌고 아코 무사들이 주군의 원수를 갚는 것은 당연한 일로 보고 있었다. 심지어는 아코 무사들이 '언제' 원수 갚기를 실행할지를 주시하고 기다리는 분위기마저 있었다고 한다. 한편 이미 관료화되어 대부분 이해관계에 민감한 사람들로 변해 있었던 그 시대의 무사들이 과연 주군에 대한 의리를 세우기 위해 목숨을 걸고 복수극을 펼칠 것인가를 의심하는 사람들도 있었다. 그런데 어느 날 갑자기 기라의 집이 습격당하고 그의 목이 잘렸다. 막부의 압제에 짓눌려 있던 서민들은 당연히 아코 무사들의 복수극에 열광했다. 소설에서는 당시의 일을 이렇게 묘사하고 있다.

"태평 시대 무사도가 껍데기뿐인 앙상한 모습으로 변해가고 있던 시절, 무사뿐 아니라 온 백성의 눈을 씻어준 것 같은 쾌거였다."[82]
"허리에 두 자루의 칼을 찬 무사도 얼굴에 연지와 분을 칠하고 …… 가무음곡(歌舞音曲)에만 정신이 빠지는 등 유약한 기풍에 빠져 있다. 이런 때 이번 그대들의 의거 …… 유약(柔弱)의 기풍을 바로잡고 풀어질 대로 풀어진 풍속에 한 가닥 회초리를 안겨준 쾌거 중의 쾌거였다."[83]

그 시대는 이미 전장을 경험한 무사는 거의 없었고 살아 있어도 이미 '시대에 뒤떨어진 사람'이었다. 그렇기 때문에 그들 "시대착오적인 아코 낭사들이 더욱 돋보였을 것"이다.[84] 그로부터 300년의 세월이 흘렀는데도 일본의 인기 작가 시바 료타로는 이렇게 흥분한다.

"당시의 사람들은 아코 낭사의 중세적(전국 시대적) 기질에 대해, 그것이야말로 전통적 순수함이라고 예찬하고 감동했던 것이다. …… 그런 기질은 바로 '왜(倭)의 원형질'에 뿌리하고 있는 듯……"[85]

이런 분위기에서 그 복수극에 대한 시중의 호칭도 차츰 바뀌어 갔다. 사건 직후에는 '불법 침입'의 뉘앙스인 '오시이리(押し入り)'라고 불리던 것이 차차 '적진에 쳐들어간다'는 뜻의 '우치이리(討ち入り)'로, 조금 지나서는 급기야 '의거(義擧)'로까지 바뀌었고, 47인의 무사들도

'아코 의사(義士)'로 불리기 시작했다.[86] 시중에서는 이런 충의의 무사들을 처벌하는 것은 '무사도의 파괴'라고 주장하는 사람들도 있었다.

> "입이 마르도록 의사들을 칭찬하던 세상 사람들이 이번에는 반대편인 기라와 그 아들이 당주로 있는 우에스기가의 험담을 해서 아코 무사들에 대한 자기들의 동정심을 내보이기 시작했다. 두 집 사람들의 비겁함을 비웃다가 지치면 이번에는 말을 돌려 의거에 참여하지 않은 아사노가의 옛 무사들을 욕하기 시작했다."[87]

세상 인심이란 그런 것이다. 그러나 막부의 입장에서 아코 무사들은 어디까지나 국법을 어긴 자들이다. 충의는 충의, 법률은 법률, 이를 부정하는 것은 사회의 기본 질서를 흔드는 일이다. 충의와 질서, 막부는 양자택일의 갈림길에 서게 된다.[88]

막부의 고민, 질서와 충성심

복수 사건이 일어난 1702년은 도쿠가와 이에야스가 오랜 전국 시대를 끝내고 막부를 설립한 지 약 100년이 지난 때였다. 이에야스가 히데요리를 멸망시키고, 이제부터는 "무기를 거두어 창고에 넣고 쓰지 않는다"는 평화 선언(元和偃武)을 한 때로부터도 80여 년의 세월이 지난 다음이다. 막부가 지배하는 세상은 평화가 정착되어 있었고 막부의 권위는 절대적이었다. 이런 때에 국법을 어기고 떼를 지어 무력으로 복수극을 일으킨 것은 막부의 입장에서 보면 체제에 대한 도전이고 혼란의 시대로 되돌아가려는 것이었다.

사건 후 막부는 46명의 아코 무사들을 네 그룹으로 나누어서 4명의 다이묘들의 에도 저택에 분산 수용했다. 소설을 보면 아코 무사를 수용하고 있던 다이묘들은 그들을 어떻게 대우해야 하는지를 수시로 막부에 묻고 지시를 받았다. 가족들과의 면회나 통신을 허용할 것인지는 물론이고 심지어는 씻는 물, 이쑤시개, 머리빗, 부채, 젓가락 등을 주어도 좋은지도 물었다고 한다.[89] 그만큼 그 시대에는 다이묘들도 늘 긴장감 속에서 막부의 눈치를 살피지 않을 수 없었다.

막부는 곧 복수극에 대한 법률 검토에 들어갔다. 막부의 처리 방향에 따라서는 시중 여론도 민감하게 움직일 것이다. 이는 여러 가지를 감안해야 하는 복잡한 문제였다. 먼저 아코 낭인들의 행위를 원수 갚기(仇討)로 인정할 수 있는지, 아니면 불법 난동으로 볼 것인지, 그리고 우에스기가의 당주 쓰나노리가 아버지인 기라를 보호하기 위해 구원병을 보내지 않은 것은 처벌 대상인가 아닌가를 검토해야 했다.

당시 '원수 갚기'에 대해서는 해도 된다, 안 된다는 법적 근거가 아무것도 없었다. 다만 막부 법령의 바탕인 〈도쿠가와 백개조德川百ヵ条〉에는 원수 갚기를 하면 안 되는 경우로 "막부의 처분에 반발한 원수 갚기, 재판의 판결이나 이를 집행한 사람에 대해 원한을 품고 공격하는 것, 원수 갚기의 대상이 된 쪽에서 다시 원수 갚기에 나서는 것(重敵)" 등이 규정되어 있었다.[90] 먼저 아코 무사들의 행위를 '불법 난동'으로 볼 수밖에 없다는 주장에 따르면 첫째, 아사노는 기라가 죽인 것이 아니라 막부에 의해서 처벌받은 것이므로 기라를 대상으로 원수를

갚는다는 것은 애초부터 법률적으로 성립하지 않는다.[91] 둘째, 당시 아코 무사들은 이미 번이 없어져서 봉록을 잃은 낭인들이었다. 낭인 이란 '지난날 무사였던 사람'으로서 더 이상 무사로 취급되지 않는다. 당시 무사들의 감찰은 메츠케(目付)라는 직책의 관리가 맡아 했던데 비해 낭인들의 감찰은 일반 백성들과 같은 관청(奉行所)에서 맡았다. 이런 자들이 막부의 처분에 불복해 무리를 짓고 무기를 휘둘러 막부 의 고위 관리를 죽였으므로 이는 변명의 여지가 없는 '불법 난동'의 범 죄이다.

그러나 이 사건의 발단은 '마쓰의 낭하 사건'이고 그 한쪽 당사자가 기라였다. 따라서 이 사건은 주군의 원수를 갚은 것으로 볼 수 있고 그 렇다면 이는 당시 무가 사회에서 일반적으로 인정되던 일이며 법률에 어긋나는 일이 아니다. 따라서 처벌 대상이 될 수 없었다. 아코 무사들 이 복수를 끝낸 후 막부에 자수 의사를 밝히면서 제출한 진술서에는 "주인이 하고 싶었으나 하지 못한 일을 가신들이 대행한 것뿐"이라고 주장해 자기들의 행위가 주인의 분함을 씻어주는 원수 갚기임을 분명 히 하고 있다. 이미 막부는 '마쓰의 낭하 사건' 때 스스로 〈싸움 양벌 규정〉을 위반했다는 여론의 비판을 받고 있었고 백성들은 아코 무사 들의 충성과 의리에 더욱 열광하고 있었다. 또 막부의 입장에서도 무 사들이 주군에게 충성을 다하지 않는다면 막부 체제는 유지될 수가 없다. 따라서 아코 무사들의 충성심을 함부로 폄하할 수도 없었다.

"46명과 같은 무사가 있어야 '사람의 으뜸은 무사'라고 말할 수 있 고, 무사들이 존경받을 수 있어야 지배계급으로 군림할 수 있을 것이다. 상인이 아무리 돈을 많이 벌어도, 농민이 아무리 불측한 생각을 하드라도 무문(武門)이 기초가 된 계급의 질서가 바로 서야 세상이 안정되고 막부의 기초도 다져질 것이었다."[92]

그러나 막부의 처분에 반발해 사사로이 떼를 지어서 보복하는 것이 허용된다면 이는 막부 개설 이후 100년에 걸쳐 가까스로 이룩한 문치(文治)의 질서를 허무는 일이며 막부의 권위는 땅에 떨어지게 된다. 당시에는 5인 이상이 무기를 들고 몰려다니는 것을 막부에 이심을 품은 '도당(徒黨)'으로 보고 단속했다. 그런데 47명이나 떼를 지어서 고위 관리의 집에 난입해 많은 사람들을 살상한 것이다. 설사 그들의 행동이 충성심에서 나온 것이라도 국법을 엄격히 세우는 것은 별도의 문제가 아닌가?

또 한 가지의 문제는 기라의 친아들로서 우에스기가의 번주가 된 쓰나노리(上杉綱憲)의 처리였다. 막부 법령(幕府御條目) 제1조는 "충효에 힘쓰라"고 되어 있다. 아버지를 보호하기 위해 구원병을 보내는 것은 정당방위이고 효행이므로 막부 법령에 충실한 행동이다. 그러나 싸움에 말려드는 것 자체가 〈싸움 양벌규정〉에 어긋나는 행동이다. 더구나 쇼군의 코앞에서 무력을 행사하는 것은 용서받지 못할 불경죄이다. 막부는 이런저런 고민에 휩싸였다.

막부의 중신들 중에는 아버지의 죽음을 보고도 도우려 하지 않은 쓰나노리에게는 영지 몰수의 처벌을 해야 된다는 주장도 있었다. 그러나 우에스기가에서는 "사사로운 싸움으로 쇼군의 발밑을 소란스럽게 할수 없어서 무문(武門)의 체면으로는 참을 수 없는 일을 참으면서" 기라에게 구원병을 보내지 않았다고 자기들의 무죄를 탄원했다.[93] 그 탄원은 쇼군의 생모를 통해서 이루어졌고, 그를 움직인 사람은 쇼군의 최측근 비서역인 야나기사와 요시야스였다. 그 결과 우에스기가의 번주 쓰나노리에게는 벌을 내리지 않았다.

46인의 할복

당시 막부 고위직에 있던 많은 다이묘들도 아코 낭사들을 용서해주자는 분위기였고 그중에는 그들을 '당대의 충의'로까지 상찬하는 사람도 있었다.[94] 막부로서도 백성들의 기분에도 맞추고 이를 기화로 충의를 무사계급의 전유물에서 서민으로까지 확대해가려는 의도도 있었다. 당시 쇼군 쓰나요시(綱吉)도 내심 아코 무사들의 충의를 가상히 여겨 목숨만은 살려주고 싶은 마음이 있었으나 그렇다고 법령을 가볍게 여길 수도 없어 망설이고 있었다고 한다. 그러나 쇼군의 최측근이었던 야나기자와 요시야스가 기라를 편들고 있었다. 그는 46명의 낭사들에게 죄를 묻되 처벌 방법으로는 무사의 "명예로운 죽음인 할복을 허락"한다면 막부의 법령도 위반하지 않고 46명의 명예도 지켜주는 일이라고 주장했다.[95] 결국 1703년 2월 4일(양력 3월 20일) 아코 낭사 46인에게는 할복의 명령이 내려졌고 같은 날 그들이 맡겨져 있던 네 곳의 다이묘 저택에서 각각 할복이 실행되었다.[96] 복수극이 일어난 지 약 50일이 지난 다음이었다. 할복한 무사들의 유해는 아코 번주 아사노의 무덤이 있는 센가쿠지(泉岳寺)에 묻혔다. 참고로 기라는 도쿄의 고운지(功運寺)

에 묻혔다고 한다.[97]

일행 47인 중 거사가 끝났을 때는 현장에 없어서 처벌을 면한 데라사카 키치에몬(寺坂吉右衛門)은 원래 아코 번에 속한 무사가 아니다. 그는 아코 번주 아사노의 가신 요시다 쥬자에몬(吉田忠左衛門)을 주군으로 모시는 하급 병사(足軽)였다. 그가 거사 후 도망간 것인지, 아니면 처음부터 거사에 참여하지 않고 떠난 것인지는 확실치 않다고 한다.[98] 그는 원래 아코 번의 무사가 아니었으므로 복수극에 참가한 아코 무사를 46명으로 보기도 한다.

한편 기라의 양자였던 요시치카(義周)는 복수극이 있던 날의 '대응이 불충분'했다는 이유로 영지를 몰수당했고 아코 낭인들이 할복하는 날 스와 번(諏訪藩: 지금의 나가노 현 스와 시)에 위탁, 유폐되었다. 그는 원래 허약 체질로 1706년 21세의 나이로 죽었다. 또 요시치카의 친아버지이고, 기라의 친아들인 우에스기가의 당주 쓰나노리는 복수극이 있은 지 약 8개월 후 병으로 은퇴하면서 아들 요시노리(吉憲)에게 가독을 넘겨주었고 다음 해(1704년) 병사했다. 당시 42세였다.[99] 복수극이 끝났을 때 자리를 피해 할복 처분을 면한 데라사카(寺坂)는 83세의 천수를 누렸고 160여 년의 세월이 흐른 1868년(明治元年)에 46명이 묻힌 센가쿠지에 추장(追葬)되었다.[100]

참고로 〈충신장〉이라는 이름이 처음 사용된 것은 1748년 오사카의 극장(竹本座)에서 죠루리(淨瑠璃)[101]로 초연된 〈가나표준충신장〉이라고 알려져 있다.[102] 당시에는 도쿠가와나 그 가신들을 소재로 한 이야기나 연극 등을 만드는 것이 금지되어 있었다. 그래서 당시의 연극은 예를 들어 이에야스가 히데요시의 아들을 타도하는 〈오사카의 진〉의 이야기를 시대 배경과 등장인물을 가마쿠라 시대로 바꾸는 식으로 피해 갔다고 한다.[103] 그래서 아코 무사들의 이야기도 상연 허가를 얻기 위해 고심 끝에 〈아코 무사〉가 아니라 〈충신장〉이라는 이름을 붙였다는 것이다. 〈충신장〉이라는 이름은 아코 무사들의 총대장이었던 오이시 구라노스케(大石内蔵助)의 이름에서 '장(蔵)' 자를 따온 것이라고도 보고, "충의의 신하가 창고(蔵) 속과 같이 가득하다"는 뜻으로도 해석한다.[104] 또 옛날 일본에는 두꺼운 흙벽 구조(土蔵造り)의 창고가 화재에도 잘 견뎌서 재해를 걱정하지 않아도 되는 신성한 건물이라는 이미지가 있었고, '창고'라는 뜻의 '구라(蔵)'라는 말은 신좌(神坐) 또는 신을 모시는 제단 등의 의미로도 쓰였다고 한다. 이에 따라 아코 무사들을 신으로 받들어 모든 재액으로부터 자기들을 보호해주는 존재가 되어 줄 것을 바라는 심리도 깃들어 있는 명칭이라는 것이다. 위에 언급된 〈가나표준충신장〉의 '표준(手本)'은 글씨나 그림의 본, 표준 양식 등의 의미인데 아코 무사들을 '무사의 귀감'으로 보고, 공동체의 윤리에 충실한 그들을 본받으려는 의미를 가졌다는 해석도 한다.[105]

1930년대에 〈일본인日本人〉이라는 잡지사에서 사회 명사들에게 아코 무사들에 대한 막부의 처분에 동의하는지를 조사한 일이 있었는데 응답자 총 51명 중 동의한다는 사람이 36명, 동의하지 않는다는 사람이 6명, 기타가 9명이었다고 한다.[106] 230년 전의 사건에 대한 여론조사를 한 것이다. 〈충신장〉 이야기가 일본인들의 생활 속에 얼마나 생생하게 살아 있는지를 보여주는 일이기도 하다.

제6장
• • • •

일본인과
충신장

일본인의 공동 환상, 강제된 선택

소설가이며 문학평론가였던 마루야 사이이치(丸谷才一, 1925~2012년)는
아코 무사들의 복수극이 일어난 정신적 · 심리적 바탕으로 당시 에도에
서 널리 사랑받고 있던 〈소가 모노가타리曾我物語〉가 있다고 말한다.
그 이야기는 소가 형제(曾我十郎, 五郎)가 갖은 어려움을 헤쳐가면서 권
력자 구도 스케쓰네(工藤祐軽, ?~1193년. 헤이안 말기 이즈국의 무장)를 상대
로 아버지의 원수를 갚는 이야기인데 책으로뿐만 아니라 17세기 후반
부터 새해가 시작되는 정월에는 에도의 유명 극단에서 쿄겐(狂言: 일본
전통 예능의 하나), 가부키 등으로 반드시 공연되었다고 한다. 서민들은
그런 이야기를 통해 자신들이 처한 어려움을 받아들이고, 밝은 미래에
대한 희망을 일구어갔다는 것이다.

> "옛날이야기(昔話)의 중심적 테마는 넓은 의미에서의 행복의 획득에
> 있고 어려움을 극복함으로 행복에 도달하는 것을 이야기하는 것이
> 다."[1]

당시 쇼군 쓰나요시(綱吉)는 절대 권력자로 백성 위에 군림하고 있었는데 이에 반감을 갖고 있던 백성들이 어려움을 헤쳐가는 소가 형제와 자기들의 처지를 비교해 위안을 삼았고, 〈소가 모노가타리〉에서 결국 권력자가 쓰러지는 것과 같이 하루속히 쓰나요시의 시대가 끝나기를 고대했다는 일종의 주술 신앙적 분위기가 있었다는 것이다.[2] 그런 심리적 배경으로 〈소가 모노가타리〉는 에도 사람들의 마음속에 깊이 파고들어 소가 형제는 영웅의 상징이 되어 있었고 평소 가부키를 즐겼던 아코 무사들의 마음속에도 늘 그들의 이미지가 그려지고 있었을 것이라는 것이 마루야(丸谷)의 시각이다. 그런 관점에서 마루야는 "아코 의사 사건 자체가 소가 전설(曾我傳說)에의 무의식적인 자기 이입(自己移入)으로 발생했다"[3]고 말한다.

"원래 가부키에는 시중 사람들이 보는 무사의 모습을 이상화 내지 양식화(樣式化)해 그리려는 측면이 있고 반대로 무사는 그렇게 그려진 무사의 모습으로 행동하려는 경향을 띠는 것은 지극히 자연스러운 일이다. …… 충신장 사건은 소가 쿄겐(曾我狂言)의 시사(示唆) 또는 선동으로 일어난 일이다."[4]
"〈소가 모노가타리〉 등의 연극에서도 주인공들은 복수를 사회적 약속으로 받아들이고 있었다. 이러한 바탕이 있었기 때문에 아코 낭사들은 여론에 따라 행동하는 것이 가능했던 것이다."[5]

일본에는 아코 무사들에 관한 각종 서적과 심지어는 사전, 신사(神社)까지 있고 연극, 영화, 소설 등도 수없이 많다. 그런데 그 의사전(傳)

이라는 것은 "머리 꼭대기에서 발끝까지 무엇이든지 칭찬 일색으로 만드는 것이 통례"였다.[6] 그 결과,

"46인은 거의 우상화되었다. …… 모든 재미없는 것이나 멋없는 것들은 완전히 감추어버려서, 도통 '마마 자국도 보조개'로 본 듯한 태도마저 보이고 있다."[7]

이렇게 독자를 감동시키려는 의도로 의사전이 쓰였고 사람들은 감동하기 위해서 의사전을 읽는 일이 되풀이되었다. 세월이 흐르면서 이런 경향은 점차 증폭되어 급기야는 본래의 모습과는 동떨어진 의사들의 모습이 그려졌고 그렇게 과장된 모습이 민중의 머릿속에 과장된 모습으로 자리 잡게 된다. 평론가 미야자와 세이치(宮澤誠一)는 "근대의 충신장이란 것은 사실에 근거한 것이라기보다는 일본인의 '공동 환상(幻想)'에 의거해 시대의 요청에 따라 작가, 지식인, 연구자 등에 의해서 끊임없이 고쳐 쓰인 것"[8]이라고 말한다. 그는 그 공동 환상이 만들어진 과정을 이렇게 설명한다.

"아코 무사들의 행위는 일견 참여 무사 개개인의 자유의사의 표현으로 보이나 사실은 본인은 충분히 의식하지 못하고 있지만 자기의 무사로서의 아이덴티티를 유지하기 위해 세상의 정신적 압력을 내면화한 일종의 '강제된 선택'이었다. 환상이란 원래 그런 '강제된 선택'이 마치 주체적으로 선택된 것처럼 생각하게 하는 문화적 기제(機制)[9]에 뿌리하고 있다. 왜냐하면 무의식의 영역은 우리들의 내면에

있다고 하기보다는 외부의 사회적 상호관계에 의해 형성된 그 문화 속에 숨겨진 반복 강박(反復强迫)이라고 말할 수 있기 때문이다. 이러한 '강제된 선택'인 원수 갚기가 아코 낭인의 집단적 살인이라는 '범죄'를 '미덕(美德)'으로 칭찬하는 사람들의 정신과 결합함으로써 근세의 '아코 의사' 상(像)이 탄생한다."[10]

즉 소설, 가부키, 인형극(人形淨瑠璃) 등으로 무사들의 행동이 미화되어 국민들에게 반복적으로 제시 또는 주입됨으로써 역사적 사실과 허구가 얽힌 '환상'이 만들어졌고 이렇게 탄생한 것이 '아코 의사상(像)'이라는 것이다.

예술작품이 사람들에게 역사나 인물에 대한 어느 정도의 왜곡된 이미지를 심어주는 것은 어쩔 수 없는 일이다. 작가의 의도가 개입되어 사실이 왜곡되기도 하고 그렇지 않더라도 사실을 압축해서 전달하는 과정에서 독자들의 오해를 살 수도 있다. 특히 전쟁이나 무사들의 삶이 소재가 된 작품들은 주로 등장인물들의 치열한 삶에 초점이 맞추어져 있는 데 반해서 그들이 전쟁 중에 저지른 부정적 사실은 여러 가지 이유로 외면하거나 가볍게, 때로는 의도적으로 미화되기도 한다. 나고야(名古屋) 대학 야스카와 주노스케 교수는 청일(淸日) 전쟁을 배경으로 한 시바 료타로의 소설 〈언덕 위의 구름坂の上の雲〉을 그런 사례의 하나로 예시한다.

"〈언덕 위의 구름〉에는 청일 전쟁의 불의, 무도함을 상징하는 '조선 왕궁 점령'도 '여순 학살사건'도 나오지 않는다. 거꾸로 그 전쟁에서

—사실은 조선 왕궁 점령 때부터 '하이에나도 무색해질 정도의 약탈행위'가 시작되었음에도— 일본군은 '군대에 으레 있기 마련인 약탈 사건을 한 건도 일으키지 않았다'고 기술하기까지 했다."[11]

문예작품은 기본적으로 픽션(fiction)이다. 그래서 작가들은 자기의 취향에 따라 역사적 사실을 왜곡, 날조하기도 하고, 사람들은 그렇게 "날조된 허위"[12]를 사실로 착각하기도 한다.

현역의 전설, 관념화된 미담

아코 무사들의 복수 사건을 소재로 한 작품 중에서 역사적으로 인정되는 최초의 작품은 복수극이 일어난 지 4년 후(1706년)에 오사카의 극장 다케모토좌(竹本座)에서 공연된 인형극(浄瑠璃)인 〈기반태평기 碁盤太平記〉라고 알려져 있다.[13] 이후 충신장 이야기는 가부키(歌舞伎)[14]의 인기 소재가 되어 여러 가지 이름의 작품으로 재생되었다.

"특히 가부키의 〈가나표본충신장 仮名手本忠臣蔵〉은 일본인의 도덕률의 표본같이 여겨졌고, 오늘날에도 변함없이 인기가 있다."[15]

또 고다 로한(幸田露伴, 1867~1947년)이라는 평론가는 이런 말을 했다고 한다.

"세계에서 일본처럼 복수(復讐)의 문학을 좋아하는 민족은 없다. 그
래서 신년의 경사스러운 행사로서 극장에서는 소가 형제의 복수극
을 공연하고, 경기가 나빠지면 틀림없이 극복된다는 의미로 〈충신
장〉을 공연하는 습관이 생겼다."16

〈충신장〉이야기가 300년 넘는 세월 동안 계속 일본인들의 인기를
얻어왔던 이유로는 "일반 서민의 권위, 권세에 대한 반감, 불우한 사람
에 대한 동정심, 복수극이 성공하기까지 무사들이 겪었던 고충에의 공
감, 대망성취의 상쾌감" 등이 거론된다.17 또 "어떤 희생을 치르고라도
자기 자신의 존재의 정당함을 증명하려는 무사의 고집(意地)과 이를 관
철해가는 용기, 목적의 내용을 묻지 않고 단결하는 것에 가치를 두는
일본인의 집단주의적 사고와 일본 사회의 기본 구조" 등을 거론하기도
한다.18 이렇게 〈충신장〉은 "의리, 인정, 충의, 레지스탕스, 원령(御靈)
신앙, 사적인 것과 공적인 것, 체제 순응과 반체제, 합리와 비합리 등
을 모두 아우르면서 진행되는 이야기(高橋敏夫)"19이다. 이에 더해 충신
장 이야기는 "사쿠라가 필 때 시작되어, 눈 내리는 밤에 끝난다는 자연
의 연출 효과도 만점"이라는 것이 작가 모리무라 세이치(森村誠一)의
평이다.20

'마쓰의 낭하 사건'으로 아사노가 할복 처분을 받았을 때는 꽃의 계
절인 양력 4월이었다. 나라(藩)가 없어져서 모든 것을 잃게 된 아코 무
사들은 복수를 다짐하고 언제가 될지도 모를 '그날'을 기다린다. 뜨거
운 여름, 인생의 허무함을 느끼게 하는 가을, 웅크리는 겨울이 지나고
다시 봄이 온다. 해결할 길 없이 쪼들리는 생활, 가슴을 짓누르는 울

분, 그저 그렇게 흘러가는 무심한 계절들. 그 억눌린 세월을 참아내면서 숨죽여 '그날'을 기다린다. 결국 다시 맞은 겨울의 어느 눈 쌓인 밤, 그들은 복수극을 펼쳐서 원수의 목을 베어 망군의 영전에 바치고 막부의 처분을 기다린다. 겨울이 지나고 다시 꽃이 피는 봄날, 그들 46인의 무사들은 막부의 명령으로 할복한다. 이렇게 '아코 무사들의 복수극'은 약 2년 가까운 세월에 걸쳐 세상 사람들의 관심 속에서 진행된 일이었다. 그런 만큼 그 이야기는 더욱 일본인들을 감동시켰고 그 후 수많은 연극이나 소설로 그려져서 일본인들의 가슴을 적셔왔다. 작가 모리무라는 그의 소설 〈충신장〉의 초판 후기(初刊本 あとがき)에서 이렇게 말한다.

"벚꽃과 같은 깨끗함이 일본인의 국민감정이라고 말할 수 있다. 그러나 깨끗함만으로는 살아갈 수 없는 것이 인생이고 현실이다. 그래서 더욱 주군을 위해 깨끗하게 목숨을 바친 인간들의 이야기인 〈충신장〉이 일본인들의 마음속에 '국민 로망'으로서 언제까지나 살아 있는 것이리라."[21]

일본 경제기획청 장관(재임 1998년 7월~ 2000년 12월)을 지낸 평론가 사카이야 다이치(堺屋太一)는 복수극에 참여한 아코 무사들을 "파멸의 영웅"이라고 표현했다. 그들의 행동이 주군 아사노가의 부활을 이루지도 못했고 오히려 아코 번의 모두를 더욱 불행하게 만들어버렸기 때문이다. 일본에는 성실했으나 불행해진 사람을 편드는 '판관 편들기(判官贔屓)'라는 말이 있다. 가마쿠라 막부의 초대 쇼군 미나모토노 요리토모(源

頼朝)의 동생 요시쓰네(義経, 1159~1189년. 별칭 九郎判官)는 형을 도와 헤이안 말기의 권세가 다이라씨(平氏)를 몰락시킨 일등 공신이다. 그러나 그는 형과 불화해 불과 31세의 나이로 비극적 생을 마감했다. 세상 사람들이 그를 동정하는 마음을 그의 별칭에서 따와 '판관 편들기'라고 하는데 이 말은 지금도 성실하나 사회적으로 성공하지 못한 사람을 동정하는 일본인들의 심정을 가리키는 말로 자주 사용된다. 비극적 종말을 맞은 충신장 이야기도 같은 연유로 더욱 인기를 얻게 되었다는 평이다.[22]

〈충신장〉의 인기를 말해주는 또 다른 에피소드가 있다. 18세기 중엽 이세 마쓰사카(伊勢 松坂: 지금의 미에 현 마쓰사카 시)에 있는 쥬교지(樹敬寺)라는 절의 주지는 설법만으로는 사람들이 잘 모이지 않자 신도들에게 아코 무사들의 이야기를 여러 차례에 나누어서 해주면서 사람들을 모았다. 일본의 유명한 국학자 모토오리 노리나가(本居宣長, 1730~1801년)는 당시 15세였는데 그 중의 이야기를 듣고 집에 와서 그것을 기록해 한 권의 책으로 만들었고 그것이 〈아코의사전 赤穂義士伝〉으로 지금 노리나가의 전집에 수록되어 있다고 한다.[23] 이야기 만들기를 좋아하는 일본인들이 지어낸 또 하나의 전설인지도 모르겠다. 아무튼 이렇게 일본인들은 오랜 세월 동안 싫증도 내지 않고 이런저런 〈충신장〉 이야기에 열광해왔고, 지금도 마찬가지다. 다카하시 도시오(高橋敏夫, 1952~)라는 평론가는 〈충신장〉 이야기를 "현역의 전설"[24]이라고 평했다. 그만큼 아코 무사들의 복수극은 여러 가지 형태의 예술작품으로 창작, 재생되어 후대 일본 사람들에게 "가늠하기 어려운 정도의 정신적 영향"[25]을 주었다고 평가된다.

무사도의 구현인가, 이름 팔기인가?

〈충신장〉 이야기는 일본 사회에서 계속되는 인기와 함께 끊임없는 논쟁도 일으켰다. 먼저 아코 무사들이 충의열사(忠義烈士)인가, 난신적자(亂臣賊子)인가의 '법 이론적 논란'에서부터 '마쓰의 낭하 사건'에서의 칼부림 사건이 아사노의 일방적인 칼부림인지 둘 사이의 싸움인지와 아사노가 기라를 공격한 것은 정면인지 후면인지, 오이시가 복수를 결심한 시점은 성을 넘겨줄 때인지, 아니면 아사노의 양자인 다이가쿠(大學)가 히로시마 번에 위탁, 유폐된 다음인지 등의 참으로 일본인들다운 논쟁도 있다.[26]

'충신장' 사건은 기본적으로 아코 번주 아사노가 법령을 어겨서 처벌받은 사건에서 파생된 일이다. 또 당초 막부 중심의 봉건제도를 유지하기 위해 강조된 충의가 주군의 원수를 갚는다는 명분으로 오히려 막부의 법령을 무력화시킨 역설적 결과를 초래한 것이다. 그래서 막부로서는 법령을 위반한 그들을 공개적으로 찬양하는 것을 내버려둘 수 없었고 이런 분위기는 에도 시대 말기까지 계속되었다고 한다. 그래도 그들의 복수담은 시대가 이어지면서 점차 "관념화된 미담"[27]으로 변해 갔다.

물론 이런 분위기에 대한 부정적 시각도 있었다. 메이지 시대 일본의 대표적 지식인으로 꼽히는 후쿠자와 유키치(福澤諭吉)는 원수 갚기를 비합법적인 만행으로 배척하고 아코 무사는 의사가 아니라고 주장했다.[28] 그 요지는 대강 이렇다.

"47인이 목숨을 걸고 차례로 그 잘못된 재판의 억울함을 법에 호소하면 막부도 종국에는 어쩔 수 없이 기라 고즈케노스케에게 벌을 내리지 않을 수 없었을 것이다. 이래야 그들을 가히 의사라고 부를 수 있을 것이다. 사적 복수에 의존하게 되면 상대방도 다시 복수할 것이고, 결국 나라는 복수가 끊이지 않는 무법천지가 된다."[29] ……
"옛날부터 일본에는 전사한 사람도 많고 할복한 사람도 많다. 모두가 충신의사로서 평판이 높지만 그들이 목숨을 버린 이유를 살펴보면 모두가 서로 대립하는 군주들의 전쟁에 관계한 사람이거나 아니면 모시던 주인의 원수를 갚기 위해서 목숨을 던진 사람들이다. 그 모습은 일견 아름답게도 보이나 실제로 그들의 행위가 세상을 이롭게 한 것은 없다. …… 곤스케(權助)가 주인의 심부름을 가다가 한 냥의 금화를 잃어버리고 어찌할 바를 모르다가 주인님을 볼 면목이 없다고 생각하고 훈도시(褌)[30]를 가로수에 걸어 목을 매는 일이 세상에는 드물지 않다. …… 그가 죽음으로써 부하의 의리를 지키려 한 심정을 헤아려보면 고금(古今)의 충신에 비해 조금도 뒤지지 않는 일이다. 그런데도 세상 사람들이 그 하인을 위해 비를 세워 그 충성을 기리고 신사를 지어 제사 지내지 않는 것은 무슨 이유인가? …… 그들 의사나 곤스케나 세상을 이롭게 한 것이 없음으로 죽을 자리를 몰랐다는 것은 마찬가지라고 하지 않을 수 없다. 그들의 행동을 순교라고는 할 수 없다."[31]

이런 후쿠자와의 주장은 당시 보수파들의 강한 반발을 받았다. "주인의 원수를 갚기 위해서 목숨을 던진 사람들"이란 아코 무사들을 뜻하는 것이고, "서로 대립하는 군주들의 전쟁에 관계한 사람"이란 남북조 시대에 남조의 충신으로 이름을 남긴 구스노키 마사시게(楠木正成, 1294~1336년)를 뜻한다는 것이다. 본문 중에 마사시게의 이름이 나오지는 않으나 문맥으로 보아 명백히 그를 지칭한다는 것인데, 그는 남북조 시대를 배경으로 한 〈태평기〉에서 "이지(理知), 인애(仁愛), 무용(武勇)의 세 가지 덕을 갖추어 가진 사람으로서 바른길을 가기 위해 목숨을 바친 예로 고금을 통해 마사시게 같은 인물은 없다"[32]라고 기록된 사람이다. '일본의 3대 충신' 의 하나로 신격화되어 있는 마사시게의 죽음을 일개 하인의 죽음과 동일시했다고 보수파들이 반발했던 것이다. 여기서 3대 충신이란 구스노키 마사시게와 〈충신장〉의 오이시 구라노스케, 메이지 천황을 따라 죽은 노기 마레스케(乃木希典, 1849~1912년) 등을 말하고, 위에 언급된 곤스케(權助)란 남자 하인의 속칭이다.[33]

이런 주장에 반해 복수극은 불가피했다는 반박도 있었다. 메이지 시대의 자유 민권주의 정치가였던 우에키 에모리(植木枝盛, 1857~1892년) 라는 사람은 이렇게 주장했다.

"옛날의 전제 정부(막부)의 법은 사회계약에 의해 성립된 합리적인 법이 아니기 때문에 때로 이를 위반해도 굳이 천하의 죄인이라고 할 수 없다."[34]

이는 '민중의 저항권'이라는 관점에서의 반박이다.[35] 후쿠자와에게는 막번 체제에서의 무사의 지위, 막부법의 성격과 무사의 법의식이라는 역사적 조건을 일체 무시하고 에도 시대의 무사가 마치 근대의 국민인 것처럼 오해한 잘못이 있다는 것이다.[36] 〈무사도〉의 저자 니토베

이나조는 이렇게 말한다.

"무사도는 상식에 근거한 복수 제도를 만들어두어, 보통법으로는 재판할 수 없는 사건을 호소함으로써 도의적으로 해결하는 일이 가능했다. 47인의 무사는 주군이 사죄(死罪)에 처해졌으나 그들이 호소(控訴)할 수 있는 재판소를 갖지 못했으므로 당시의 유일한 최고재판소인 복수에 호소했다."[37]

당시는 모든 것이 막부의 결정으로 끝이었고 억울한 일을 당해도 현대적 의미의 공정한 법정에서 호소할 수 있는 제도가 없던 시기였다. 이러한 상태에서는 무사도에 의거한 복수가 '유일한 해결책'이었다는 뜻이다. 한편 메이지 시대의 소설가 쓰보우치 쇼요(坪內逍遙, 1859~1935년)는 청일 전쟁 후 일본 사회에서 한층 강화된 무사 찬양(武士贔屓) 풍조를 이렇게 비판했다.

"세상에서는 아코 무사들의 복수의 동기가 '주군을 위해서'라고 생각하고 있으나 사실은 반 이상이 '세상에 알려지기 위해'였고, '도(道)나 의(義)를 위한 것'은 이차적이었다. '이름을 높이기 위하여' 번민했던 것이 아코 무사들뿐 아니라 겐로쿠 시대 사람들의 일반적 인정이었다."[38]

츠다 소키치(津田左右吉, 1873~1961년)라는 사학자도 겐로쿠 시대의 무사의 도덕적 관념은 자기의 정신 내부에서 나온 군신(君臣) 간의 "정의적(情誼的) 일체감"에서 나온 것이 아니라 "세상의 평판, 체면 같은 사회적 규범 내지는 사회적 제재(制裁)에서 나온 것이므로 독립과 자유의 정신이 없다"고 비판했다. 따라서 아코 무사들의 행동을 무리하게 충의의 관념에 꿰맞추어 논하는 것은 탁상공론에 지나지 않는다고 평했다.[39] 또 메이지 대학 교수였던 사학자 와타나베 요스케(渡辺世祐, 1874~1957년)는 "법의 적용과 아코 무사들의 거사의 동기는 명확히 구별함이 옳다. 막부의 처분은 법을 엄중히 실시한 것이고 그래서 '의사들'은 무사로서의 명예를 영원히 지킬 수 있었던 것"이라고 주장했다.[40] 일종의 양시론(兩是論)이다.

위와 같은 논쟁은 '개화와 복고, 천황제 국가의 확립과 헌정주의적의 국가 건설'이라는 두 가지의 시대적 테마를 가졌던 메이지 시대 일본 사회의 모습을 반영한 것이며 '도덕적 견해'와 '법률적 견해'의 대립이기도 했다.[41]

국민 모두를 무사도의 틀 속으로

시게노 야스쓰구(重野安繹, 1827~1910년)라는 역사학자도 연극이나 소설로 소개된 〈충신장〉 이야기는 아코 무사들의 복수를 정당한 것으로 만들기 위해 조작된 것이라고 보았다. 그는 복수를 미덕으로 보는 풍조를 '일본의 풍토병'이라고 규정하고 아코 무사들의 행동은 그런 식으로 찬미할 일이 아니라고 비판했다.[42] 그러나 민중에게는 사실인가 아닌가는 중요하지 않을 수 있다. 어떤 이유이든지 사람들이 한번 믿으면 일단은 일이 그 방향으로 흐르기 마련이다. 특히 "민중은 연극(芝居), 무용담(講談), 조루리(浄瑠璃), 소설 등의 오락을 통해 여러 가지 교훈을 얻고 배운다."[43] 그 후 〈충신장〉 이야기는 일본의 천황제 국가 건설과 군국주의 확립에 적극 이용되었다.

19세기가 되어 서구 세력의 개국 압력으로 일본 국민들의 불안이 증대되고 그 과정에서 천황을 앞세운 존왕양이파(尊王攘夷派, 약칭 존왕파)와 막부를 지키려는 좌막파(佐幕派)가 대립하게 되자, 존왕파에 의해 '아코 무사들의 충의'는 다시 강조되기 시작했고,[44] 그들의 '충성과 희생정신'은 국민을 통합시키고 자기희생을 강요하는 데 이용되었다. 또 아코 번의 가신들을 의사(義士)·불의사로 구별해, "목숨을 걸고 복수극을 벌린 자들만 '의(義)를 아는 무사'로 인정하는 논리로 천황제 국가에 절대적인 충성을 다하는지 어떤지에 따라 사람들을 '국민과 비국민(非國民)'으로 구별"[45]했다.

이어 등장한 메이지 정부도 아코 무사들의 '충군(忠君), 애국정신'을 예찬해 국민 모두를 무사도의 틀 속에 집어넣으려 애썼고,[46] 또 충의의 대상을 번주에서 천황, 국가로 바꾸어 근대 내셔널리즘을 구축하는 데 이용했다.[47] 1868년 10월, 메이지 정부군과 도쿠가와 막부 세력 간의 내전이었던 보신 전쟁(戊辰戰爭, 1868~1869년)이 한창일 때 메이지 천황이 에도를 방문했는데 그때 천황은 센카쿠지(泉岳寺)에 있는 아코 무사들의 묘에 칙사를 보내서 금일봉과 함께 이런 칙어를 내렸다고 한다.

"그대들 요시오(良雄)[48] 등 굳건히 주종의 의리를 지켜 원수를 갚고 법에 따라 죽어 백세에 걸쳐 사람들을 감동 분발해 떨쳐 일어나게 했다. 짐(朕)도 깊이 칭찬하여 기리는 바이다."[49]

천황의 그 칙어에 의해 아코 무사들의 복수극은 국가로부터 '공인된 충의'의 행동이 되었고, 아코 무사들의 주군에 대한 충의는 마치 천황과 국가에 대한 국민들의 충성과 직결되는 듯한 '새로운 환상'을 만들어냈다. 그즈음 산조 사네토미(三条実美), 이와쿠라 도모미(岩倉具視) 등 메이지 정부의 실세들이 주동이 되어 센카쿠지 옆에 아코 무사들의 사당을 짓고 새로 그들의 목상(木像)을 만들게 했다. 지금 센카쿠지에는 1848년 민간이 만든 47인의 목상과 함께 이때 만든 것 등 두 벌의 아코 무사 목상이 있다고 한다.[50]

이런 행태에 대한 반발도 있었다. 하기와라 사쿠타로(萩原朔太郎, 1886~1942년. 詩人)라는 사람은 무사도를 이용해 천황에 대한 맹목적 충성을 강조하는 것을 이렇게 비판했다.

"전국 시대의 인격의 자유와 권위를 존중하는 무사도가 도쿠가와 막부에 의해 완전히 반대의 것으로 바뀌어서 그 더럽혀진 무사도를 현대의 위정자나 국수주의자들이 일본 무사도의 이름으로 장려하고 있다."[51]

메이지 유신 이후 일본의 관리, 군인, 교원 등은 80퍼센트 이상이 무사계층(士族)에서 충원되었다.[52] 1881년 기준으로 원래 무사계급에 속했던 사람들이 전인구의 5.3퍼센트 정도였다는데 그들이 총 16만 7,594개의 공직 중에서 6만 8,556개, 즉 40.9퍼센트를 차지했다고 한다. 더욱이 고관직은 위로 갈수록 무사 출신이 대부분 차지해서 1885년에는 중앙정부의 국장 이상의 고관 93명 중에서 4명이 귀족, 88명이 무사 출신, 1명이 평민 출신이었다. 또 새로운 교육제도에 의해 만들어진 소학교(초등학교)의 교원직도 대부분을 무사 출신들이 차지했다. 이는 메이지 유신 이후 일본 근대 국가 건설의 제1세대 지도자들은 거의 무사 출신이었다는 뜻이고[53] 자연히 그들의 교육 내용은 '무사적 가치관'에 바탕을 둔 것이었다.

1895년 4월, 일본이 청일 전쟁에서 승리해 점령 중이던 요동 반도를 러시아, 독일, 프랑스 등의 삼국 간섭(三國干涉)에 의해 반환하게 되자 이는 일본 국민들의 굴욕감을 자극했고 〈충신장〉의 복수극이 새삼 '무사도의 전형'으로 강조되었다.[54] 아코 무사들이 "복수라는 범죄를 충의로 미화"했듯이 20세기 일본의 군국주의자들도 자기들의 행동을 정당화하기 위한 역사적 표본으로 〈충신장〉을 이용했다. 그들은 이웃 나라에 대한 침략 전쟁을 일본이 구미 열강으로부터 받은 억압과 굴욕을 물리치려는 "성스러운 복수 전쟁"으로 규정하고 이를 "구국의 행위"로 연결해갔다.[55] 또 메이지 시대 이후 "역사 교과서에는 반드시라고 해도 좋을 만큼" 아코 사건을 수록했고,[56] 러일 전쟁에서 일본 해군이 러시아의 발틱 함대를 격파하자 이를 기라의 집을 공격해서 성공한 아코 무사들의 기쁨을 상기시키는 일본 전사의 빛나는 한 장면으로 묘사했다.[57]

이런 과정을 통해서 〈충신장〉의 아코 무사들이나 오이시(大石)라는 이름은 절대적 충성과 자기희생의 삶의 방식을 보여주는 "일종의 상징적 기호"가 되었다. 당초 제국주의에 비판적인 생각을 가진 사람들

도 〈충신장〉 이야기에 빠져드는 동안 "일본 문화에 회귀해 애국주의자로 변모"되어갔다.[58]

국민 세뇌의 도구가 된 〈충신장〉

20세기 초 국수주의자들은 신문, 소설과 같은 활자 미디어, 레코드의 청각 미디어에 이어 연극, 영화와 같은 시각 미디어까지를 총동원하여 무사도를 예찬하고 이를 국민 세뇌에 이용했다[59] 그들의 무사도 예찬은 나니와부시(浪花節)라는 일본식 창(唱)의 인기와 때마침 도입된 레코드 붐에 힘입어 전국적으로 확대되었다. 또 무성(無聲)영화와 변사의 등장으로 한층 더 무사도 전파에 활기를 불어넣었고 본격적인 역사소설도 나타나기 시작했다. 러일 전쟁이 한창이던 1904년에는 "국민의 전의(戰意)를 높이려는 의도"의 〈오이시 요시오 大石良雄〉라는 소설이 신문에 연재되어 "국수주의자들이 필요로 하는 오이시상(像)"이 그려지기도 했다.[60] 일본경시청의 통계에 따르면 1909년부터 10년간 도쿄에서 공연된 〈충신장〉 관련 쿄겐(狂言)은 총 130회나 되었다고 한다.[61]

이런 사회적 분위기 속에서 육군대장 노기 마레스케(乃木希典. 1849~1912년)의 순사(殉死)사건이 발생했다. 그는 러일 전쟁 때 러시아군의 여순 요새(旅順: 중국 랴오닝 성 다롄시)를 공략해 항복을 받아내서 러일 전쟁의 영웅으로 불리던 사람이다. 그가 메이지 천황의 장례식 날 처와 함께 자결했다. 그의 죽음은 당시 일본 사회에 크나큰 반향을 일으켰고, 그 일이 "(일본) 국민들에게 준 경세적(警世的) 영향은 …… 아코 낭인들의 복수극과 할복에 필적하는 일"[62]이라고 말하는 사람도 있다.

그즈음 일본 정부는 "학교 교육 이외의 장에서 민중을 교육시킬" 목적으로 보수적 교육자와 지식인들을 총동원해 통속교육보급회라는 조직을 발족시키고, 〈통속교육총서 아코성충록通俗敎育叢書赤穗誠忠録, 1913년〉이라는 책을 발간했다.[63] 1916년에는 전국적 조직으로 '의사회(義士會)'가 설립되고 의사마쓰리(義士祭)도 행해져서 "아코 무사들의 희생정신, 보은의 관념을 강조하고, 국민의 자각을 환기"시켰다.[64] 1910년대 이후 일본에서는 정치 · 사회 · 문화의 각 분야에 걸쳐서 이른바 '다이쇼 데모크라시(大正デモクラシー)'라고 부르는 자유민주주의 운동이 활발히 전개되고 있었다. 이러한 사조(思潮)에 대한 경계 의식에서 다이쇼(大正) 정부는 1920년대에 들어서 아코 무사들의 충성을 다시 강조하게 되었다. 이때는 열여섯의 나이로 복수극에 동참한 오이시의 아들 치카라(主税)의 충의를 본떠 아이들에게도 '의용봉공(義勇奉公)의 정신'을 주입했다고 한다. 이렇게 〈충신장〉은 봉건시대의 충의에 관한 이야기에서 "근대 천황제를 지탱하는 하나의 정신적 지주"로서 국정교과서에까지 수록되는 "국가 공인(公認)의 중요한 역사적 사실"이 되었다.[65]

아코 무사처럼 용감하고 명예롭게

1931년의 만주 사변과 1937년의 중일 전쟁 중에도 일본 군부는 갖은 매체를 동원해 〈충신장〉을 군인 정신을 고무하는 수단으로 이용했다. 연극계도 이에 호응해 1937년 일본군이 당시 중화민국의 수도인 난징

(南京)을 점령한 직후, 도쿄의 가부키좌에서는 〈충신장〉의 공연을 끝낸 200여 명의 출연 배우가 일장기를 흔들면서 관객과 함께 만세를 불렀다고 한다.[66] 이른바 난징 학살 사건이 일어났을 때의 일본 사회의 한 모습이다. 당시 일본 정부는 국가를 위해서 자기를 희생하자는 '국민정신 총동원 운동'을 펼쳤다. 멸사봉공 정신을 강조해 "나를 죽여 나라를 살리자", "탐하지 않는다, 이길 때까지는", "파마는 그만 둡시다" 등의 표어가 나오고, 밥에 반찬으로 우메보시(梅干し) 한 개를 달랑 얹은 이른바 '히노마루 벤토(日の丸弁当)'가 장려된 것도 이때의 일이라고 한다.[67]

1941년 12월 일본이 진주만을 공격해 태평양 전쟁이 시작되자 일본 중앙의사회(中央義士會)는 이를 아코 무사들의 복수에 빗대어 정당화했다. 아사노가 참을 수 있는 한도를 넘은 기라의 횡포가 결국 '마쓰의 낭하 사건'과 아코 무사의 복수를 유발했던 것처럼 태평양 전쟁은 일본이 참을 수 있는 한도를 넘어선 미국과 영국의 횡포를 응징하는 의전이므로 일본 국민들은 의사 정신을 발휘해서 싸우지 않으면 안 된다고 선동했다.[68] 전세가 악화되자 〈충신장〉은 귀축영미(鬼畜英米)를 타도하기 위한 "전시 국민 통합의 이데올로기"로 선전, 이용되었다.[69] 1944년 출판된 국민고단진흥회의 〈의사명명록〉의 서문에는 고단(講談)[70]이 일본 전통의 의사 정신을 고취해야 함을 이렇게 주장했다.

"과달카날 섬(솔로몬 제도)이나 애투 섬(알류산 열도) 등에서 옥쇄(玉碎) 한 황군장병의 원수, 야수 같고 악귀 같은 적병에 대한 국민적 대복수를 위하여, …… (고단이) 생명을 버리고 군국(君國)의 대의에 순국

하는 신념을 높이는 것이 되어야 한다."[71]

작가 이노우에 히사시(井上ひさし)는 이런 말을 한다.

"어렸을 때 가장 걱정스럽고 두려웠던 것에 '47인의 무사와 같이 죽을 수 있을까?' 하는 문제가 있었다."[72]

1934년 11월에 태어난 이노우에가 그런 생각을 한 것을 뚜렷이 기억할 정도라면 아무리 빨라도 네다섯 살쯤은 되었을 때인 1930년대 후반의 일이다. 일본이 중일 전쟁을 일으키고 국가 총동원법을 공포해 한참 전쟁에 빠져들고 있을 때이다. 우리나라에서도 일본어 사용을 강요해 조선어 교육을 폐지하고, 노동자를 강제징집하기 시작했고, 조선일보, 동아일보를 폐간하고 창씨개명(일본식 성명 강요)도 시작했다. 일본이 이른바 '대동아공영권' 건설을 내걸고 인도차이나 반도를 침략한 것도 1940년이다. 곧이어 1941년에는 미국과 영국이 자국 내 일본의 자산 동결을 선언했고 일본은 진주만을 폭격하게 된다.[73] 이 시기에 불과 5세 안팎의 일본의 어린이는 어떻게 "아코 무사와 같은 죽음"을 실행할 수 있을까를 걱정하고 있었던 것이다. 당시의 사회 분위기나 일본이라는 나라의 구조를 조금은 짐작해볼 수 있는 이야기이다. 태평양 전쟁 말기에 이르러 '본토결전(本土決戰), 일억옥쇄(一億玉碎), 일억총특공(一億總特功)' 등의 구호가 등장하고 이른바 '가미가제 특공대(神風特攻隊)'가 조직된 것도 같은 사회적 분위기를 보여주는 것들이다.

전쟁에도 평화에도

태평양 전쟁이 끝난 후 맥아더가 일본 점령을 위해 상륙하기 바로 전, 일본 정부는 "오이시가 주가(主家)를 다시 살리기 위해 깨끗하게 막부군에게 아코 성을 열어 넘겨준 것처럼 국체(国体)의 유지를 위해 천황의 성스러운 뜻을 받들어 진주군을 환영하라"고 국민들에게 호소했다. 그 후 일본에서는 연합국의 점령하에 엄격한 언론 통제가 이루어졌다. 연합군 최고사령부는 일본 내에서 연합군에 대한 보복 운동이 일어날 것을 우려해서 1945년 9월, 법률을 무시한 개인적 복수를 칭찬하는 영화나 연극의 제작을 금지했고, 특히 〈충신장〉은 그 전형으로 보고 상연을 엄격히 금지했다. 이 금지 조치는 연극계의 끈질긴 노력으로 1947년 11월에 해제되었다는데 당시 연극계에서는 "연극은 무사도에 반역하는 상인들의 예술"이라고 연합군 총사령부를 설득했다고 한다.[74] 연합국의 점령이 끝나는 1952년을 전후해 〈충신장〉은 다시 영화, 소설로 활성화 되었다. 〈아코 성赤穗城, 1952년〉이라는 새로운 영화를 만들면서 연합군 총사령부에는 "오이시 등의 아코 낭인들은 봉건제도 타파를 위해 막부에 저항한 민주주의자"라고 변명했으며 그 후 〈충신장〉 영화는 거의 매년 상영되었다고 한다.[75] 도쿄 올림픽이 개최된 1964년부터 〈충신장〉의 텔레비전 시대가 열렸다.

'아코 무사들의 복수극'이라는 하나의 역사적 사건을 놓고 일본의 지식인들은 시대에 따라서 또 각자의 정치적 입장에 따라 서로 다른 해석을 하고 다르게 이용했다. 흥미로운 것은 목숨을 걸고 싸우게 하는 것뿐만 아니라 반대로 무기를 버리게 하는데도 〈충신장〉이 이용된 것이다. 결국 〈충신장〉은 코걸이로도 귀걸이로도 쓰인 셈이다. '충신장 환상'이 얼마나 일본인들의 머릿속에 깊이 박혀 있는지를 보여주는 예일 것이다. 또 같은 사건을 필요에 따라 그렇게 쉽게 다른 해석을 하고 다르게 이용할 수 있는 일본인들의 변신도 놀랍다.

〈충신장〉 이야기는 서양의 외교관 등에 의해서 서구에도 소개되었다. 1880년에는 〈일본 미담日本美談〉과 〈The Royal Ronins 忠義浪人〉이라는 〈충신장〉 관련 책이 출간되었다. 〈일본 미담〉은 마에다 마사나(前田正名)라는 사람이 파리 만국박람회(1878년)에 맞춰 〈충신장〉 이야기를 프랑스어로 쓴 희곡으로 파리에서 상연된 후에 일본어로 출판된 것이다. 한편 〈The Royal Ronins〉은 다메나가 슌수이(二世爲永春水, 1818~1886년)라는 극작가의 충신장 이야기를 영역, 출판한 것으로, 미국 대통령 시어도어 루즈벨트가 니토베 이나조의 〈무사도 Bushido: The Soul of Japan〉와 함께 읽고 감격했다는 책이다.[76] 1986년에는 모리스 베자르(Maurice Béjart, 1927~2007년)라는 프랑스의 발레 안무가가 〈가나표준충신장〉을 기초로 하여 동경발레단과 〈가부키〉라는 발레를 안무한 일도 있고, 1997년에는 사에구사 시게아키(三枝成彰, 1942~)라는 사람이 〈충신장〉 이야기를 소재로 한 오페라까지 만들었다고 한다. 이런 작품들이 결국 서구에 일본의 이미지를 만드는 데 기여했을 것이고 더 직접적으로 사람들을 세뇌하는 데 이용되었을 것이다.

지금까지 일본에서 가장 인기 있는 무사들의 이야기라는 〈충신장〉의 줄거리와 이에 얽힌 일본인들의 이런저런 시각을 살펴보았다. 그 이야기는 참으로 일본적이며, 일본에 대한 좋은 공부 재료가 된다. 소설 등에 그려진 일들을 중심으로 좀 더 그 시대 일본에 대한 이삭줍기를 해보자.

그 시대의 통신, 운송 수단

모리무라의 소설 〈충신장〉을 보면, '마쓰의 낭하 사건' 이후 아코 번주, 아사노가 체포되자 그의 동생이자 양자인 다이가쿠(大學)는 급히 영지인 아코에 있던 가로 오이시 구라노스케에게 편지로 사건의 발생을 알린다. 1차로 파견된 두 명의 무사들은 급행 가마(早打ち駕籠)를 타고 갔는데 3월 14일(음력) 오후 2시쯤 에도를 출발해 3월 19일 새벽 5시 무렵에 일본 잇수(里數)로 160여 리 떨어진 아코에 도착했다.[77] 대충 부산 서울 간의 1.5배 정도가 되는 길을 4일 반 만에 가마를 메고 주파했으니 밤낮 쉬지 않고도 시속 약 6킬로미터의 속도로 달려간 셈이다. 도중에는 산도 있었고 강(江)도 있었을 텐데 실로 대단한 속도라고 하지 않을 수 없다.

모리무라의 소설과는 달리 오사라기 지로(大佛次郎)의 소설에는 에도에서 아코까지의 거리가 175리고, 파발이 18일 밤에 도착했다고 되어 있다.[78] 도착 시간은 논외로 하고 거리가 서로 다른 것은 좀 이상하다.

에도의 아코 번저(藩邸)와 본국 간의 연락은 처음에는 소속 무사들이 맡았으나 나중에는 히캬쿠(飛脚) 편을 이용했다. 히캬쿠라는 것은 옛날 우리나라의 역참 제도 같은 파발을 말한다. 일본에는 비교적 일찍부터 공식 파발 제도가 잘 정비되어 있어서 주로 통신이나 현금, 어음, 화물 등을 운송하는 일을 담당했는데 율령 시대(律令時代, 7세기 후반~10세기)에 중국의 당나라로부터 이 제도를 도입했다고 한다. 교토와 지방을 연결하는 가도(街道)에 역참을 만들고 이곳에 준비되어 있던 말을 갈아타면서 통신을 했다. 중요한 통신은 히에키(飛駅)라고 불리는 지급 편을 사용했다.

가마쿠라 시대(1185~1333년)에는 공용으로는 가마쿠라 히캬쿠(鎌倉飛脚), 로쿠하라 히캬쿠(六波羅飛脚) 등이 정비되어 주로 말을 이용했는데 교토의 로쿠하라(六波羅)에서 막부가 있는 가마쿠라까지 약 330킬로미터의 거리가 최단 72시간 정도에 연결되었다고 한다. 전국 시대에는 각 번을 비롯해 사원(寺社), 장원(莊園) 등, 각지의 여러 세력이 요소마다 검문소를 만들었기 때문에 각 번 사이의 통신이 무척 어려웠다. 그래서 전국 다이묘가 다른 다이묘에게 편지를 보내기 위해서는 주로 가신이나 승려를 파견했다. 에도 시대에는 다섯 개의 간선 국도(五街道)[79]와 역참이 건설되어 히캬쿠에 의한 수송·통신제도가 정비되었다. 각 번에서도 본국과 번의 에도 저택, 오사카의 창고, 관공서 등을 연결하는 히캬쿠를 운영했는데, 주로 제일 말단의 잡병인 아시가루(足軽)가 담당했다.

막부나 다이묘의 히캬쿠는 공적인 용도에 써야 했으므로 일반 무사나 서민은 이용할 수 없었다. 그래서 민영 전문 파발인 히캬쿠야(飛脚屋), 히캬쿠 객주(飛脚問屋) 등이 생겨나서 널리 이용되었다. 민영 히캬쿠야는 1663년에 최초로 막부의 허가를 얻어 개업했다고 하며 오사카, 교토, 에도의 세 도시를 중심으로 발달했고 주로 각 지방의 조카마치(城下町)에서 영업을 했다. 편지뿐 아니라 금전, 어음, 화물 등도 취급했다니까 요사이의 퀵 서비스 및 우체국 같은 기능을 겸했던 것으로 보인다.[80]

또 한 가지 흥미로운 것이 가와라반(瓦版)이라는 당시의 출판물이다. 에도 시대에는 찰흙에 글자나 그림을 새겨서 기와처럼 구운 인쇄판을 사용해 이야기나 소식을 인쇄해 시중에서 팔아 인기를 얻었다는데 이를

가와라반이라고 했다. 지금의 잡지 또는 신문에 해당하는 것으로 메이지 초기까지 있었고 이를 만들어 팔던 사람을 가와라반야(瓦版屋)라고 불렀다. 그들은 그 인쇄물을 들고 거리로 나가 기사에 가락을 붙여 읽으면서 팔러다녔다는데 그래서 읽으면서 판다는 뜻의 '요미우리(読み売り)'라고도 불렀다. 1681년에 처음 등장했고 지금으로 치면 연예계 소식을 전하는 것으로 시작했으나 차츰 재해, 복수극, 효자, 충신 이야기, 신불(神佛)의 영험 사례, 유머, 남녀의 정사 등 이런저런 세상사를 전하는 것으로 발전해서 인기를 얻었다. 때로는 요괴출현 같은 만들어낸 이야기도 있었는데 막부에서는 마음에 들지 않는 기사가 실리면 판매 금지를 하거나 발행자를 처벌하기도 했다.[81] 고고학자 히구찌 기요유키(樋口淸之) 교수는 가와라반은 목판인쇄(木版摺り)가 일반적이었다고 말한다.

"가와라반은 …… 목판이다. 신문과 같이 뉴스성 기사를 취급한 것은 전체의 3분의 1에 불과하고 대부분은 정치 풍자, 세상을 비평하는 쿄겐(狂言), 교쿠(狂句: 익살, 풍자시)가 주로 기재된 소설풍의 편집물이다. 그래서 신문의 원조로 보는 것은 잘못이다. 다만 가두판매를 한 점이 신문과 비슷하다."[82]

가와라반이 목판이었다면 왜 '기와'라는 뜻의 말을 써서 가와라반(瓦版)이라고 했는지 궁금하다. 아무튼 사람이 '개님'보다 천대받던 시대였던 만큼 서민들의 막부에 대한 불만은 당연히 높았을 것이고 그런 시대에 여러 가지 소식과 가십(gossip)을 전하는 인쇄물은 인기가 좋았을 것이다.

충성한 자와 도망간 자

〈충신장〉 이야기에서도 주군의 원수를 갚자고 나선 사람들은 주로 녹봉이 낮은 하급 무사들이었다. 복수극에 참여한 46명 중에는 '우마마와리역(馬廻役)'이라는 직책의 무사가 11명이었는데, 그들은 전시에 주군의 말 옆에 붙어 호위와 전령 역할을 하던 기마(騎馬) 무사였다. 아코번의 무사들 중에서 지위와 녹봉이 높았던 오카바야시 모쿠노스케(岡林杢之助, 1,000석), 곤도 겐바치(近藤源八, 1,000석), 후지이 무네시게(藤井宗茂, 800석) 등은 모두 발을 빼고 사라졌다.[83] 이런 현상은 아코 사건이 나기 불과 30여 년 전까지 유행했던 순사(殉死)의 경우에도 비슷해서 참여한 무사들은 주로 평소에 주군으로부터 별로 큰 은혜도 받지 못한 하급 무사들이었다.[84] 우리나라에서도 병역의무를 깨끗이 마치는 사람들은 주로 보통 사람들이고 고위 공직에 오른 사람이나 그 자제들 중에는 '몸이 약해서' 군대에 가지 않은 사람이 의외로(?) 많다. 일본에서도 그랬는지 아코 무사들이 원수 갚기에 나서기 전 어느 날, 총대장 오이시(大石)는 동지들 중에 탈락자가 자꾸 생기는 것을 걱정하는 동료에게 이렇게 말한다.

"우리들의 경우에도 최후까지 남는 사람은 아마, 가문이 없어지기 전에 아랫자리에 있어 보답해야 할 것도 별로 없는 사람들이 대부분일 터. 이런 사람들은 머리는 없어도 지극한 정성이 있고 일을 할 줄 알아. 머리로만 벼슬살이를 하는 상층의 인간들과는 다른 종족이야. …… 쓸쓸한 이야기지만, 어느 시대가 되어도 그렇게 되는 것이 오히려 당연해."[85]

또 소설가 오사라기(大佛)는 이렇게 말한다.

"벽에 둘러싸인 좁은 세계에서라도 그 삶이 보장되어 있는 인간에게는 앞을 막고 있는 벽을 느껴도 이를 과감하게 깨부수어 버릴 만큼의 과단성을 갖지 못한다."[86]

이에 반해서 하급 무사와 같이 그 삶이 보장되지 않는 사람들은 선택의 여지가 없기 때문에 벽을 깨고 돌파구를 찾으려 한다. 에도 시대 연구자로 알려진 도쿄 대학교 야마모토 히로후미(山本博文) 교수는 이렇게 말한다.

"용기를 과시하거나 의리를 중시하는 심정은 하급 무사일수록 강한 경향이 있다. …… (그런 경향은) 질서에 순응치 않는 무뢰한(かぶき者)에게 공통된 것으로 …… 질서 속에서 살아가는 상급 무사로서는 갖기 어려운 감정이다."[87]

그런 관점에서 그는 〈충신장〉의 복수극을 "통제에 반항하는 하급 무사들의 무뢰한 같은 심성으로 설명하는 것이 타당할 것"이라고도 말한다.[88] 또 달리 지킬 것이 없는 하급 무사들에게는 주군의 원수를 처단하는 것이 바로 '무사로서의 긍지'를 지키는 일이기도 했다. 그런 의미에서 아코 무사들은 충의를 위해서라기보다는, 자신들의 '체면'을 살

리기 위해 복수극에 참가했다고 보는 시각도 있다.[89]

모리무라의 소설에는 복수극에 참여한 무사들의 심정이 이렇게 묘사된다.

"평화 시대에는 …… 어느 번에서나 사람은 남아돈다. 한번 낭인이 되면 재취업은 절망적이다. …… 그렇다고 무사가 상인으로 신분을 낮출 수도 없다. 요컨대 실업한 무사는 살아갈 길이 없는 것이 그 시대 사회구조이다. 이런 상태에서 억울하게 죽은 주인의 원수를 갚는 것 말고 무슨 할 일이 있겠는가? 다소라도 경제적 여유가 있거나 생활의 대책이 서 있는 무사일수록 복수에 집착하지 않았다. …… 봉록을 잃게 된 하급 무사는 혼자서는 살아갈 수 없었다. 맹약(盟約)에 가입해 있으면 적어도 동지가 있고, 서로 도울 수 있다. 망군(亡君)의 원수를 갚는다는 대의명분으로 무사의 기백과 남의 이목도 만족시킬 수 있다. 즉 그들에게는 맹약에 연결되어 있는 것이 생활과 무사도, 물심양면의 유지에 연관된 일이었다."[90]

조금 벗어난 이야기지만 태평양 전쟁 때의 일본군에서도 목숨을 바쳐 싸운 사람들은 고급장교들이 아니다. 당시 일본군은 특별 공격대(特別攻擊隊)라는 부대를 운영했는데, 이는 주로 항공기를 연합국 함정에 몸체로 부딪히는 이른바 '다이아타리(体当たり)' 공격을 실행하기 위한 부대였다. 흔히 '특공대' 또는 '특공'이라고 불렀고, 생환의 가능성은 전혀 없었다. 우리에게 잘 알려진 가미카제(神風) 특공대는 일본 해군의 항공 특별 공격대를 말하며 1944년 10월에 최초로 편성되었고 육군

항공대에서도 1945년 초부터 육군 특별 공격대를 조직, 운영했다.[91] 당시 일본은 특공을 목적으로 공정부대(空挺部隊), 소형 모터보트 등을 이용한 인간 폭탄과 인간 어뢰를 만들어서 사용했는데 인간 폭탄은 벚꽃을 뜻하는 '사쿠라노하나(櫻花)', 인간 어뢰는 전세를 한 번에 뒤집는다는 의미의 '가이텐(回天)'이라고 불렀다. 요사이 중동의 이슬람 지하세력들이 흔히 자행하는 자살 폭탄 테러와 같은 것을 정규군이 비행기, 고속정, 잠수함에 사람을 붙여서 감행한 것이다. 그런 면에서도 일본이 앞서 있었던 것이라고 생각하니 무서운 일이다. 당시 일본군의 '항공병 행동전범(航空兵操典)'의 '공중 근무자의 마음가짐(耆)'이라는 항목에는 이런 구절이 있었다고 한다.

"깨끗하게 비행기와 운명을 같이해야 한다. 구차하게 삶에 집착해 실수하거나 또는 황국 군인의 면목을 잊어버리고 포로가 되는 수치를 받는 일을 해서는 결코 안 된다."[92]

그러나 당시 고위 지휘관들의 행동은 '항공병 행동전범'에 규정된 것과는 달랐고, 특공대에서도 목숨을 바쳐 싸운 자들은 모두 낮은 계급의 젊은이들이었다. 1944년 8월 필리핀 마닐라에서 제4항공군 사령관 육군중장 도미나가 교지(富永恭次)는 '특공대'의 젊은 대원들 앞에서 출격을 독려하면서 군도(軍刀)를 치켜들고 이렇게 연설했다.

"제군들만 보내는 것이 아니다. 이 도미나가도 최후의 한 기(機)를 몰고 돌진할 결심이다."

그는 살아서 귀환한 특공대원은 용서 없이 매도하고 62회에 걸쳐서 약 400기의 특공을 명령해 조종사 전원을 전사시켰다. 그러나 전세가 불리해지자 그와 그 참모들은 부하를 방치한 채 필리핀에서 대만까지 앞을 다투며 도망쳤다. 그보다 앞서 1944년 5월 제6비행사단장 육군 소장 이나다 마사즈미(稻田正純)는 뉴기니 전장에서 항공부대원 7,000명을 내버려두고 도망갔고 1945년 3월 오키나와 전투가 벌어졌을 때 제6항공군 사령관 육군중장 스가와라 미치오(菅原道大)는 "죽는 것만이 책임을 다하는 것이 아니다"라며 상부의 특공 명령을 거부했다고 한다.[93] 일본의 제40대 총리대신으로 취임(1941년 10월. 육군대신·내무대신 겸임), 진주만 폭격을 감행해 미국과의 전쟁을 주도한 도조 히데키(東條榮機)와 만주 공작 책임자인 동부 군관구사령관 육군대장 도이하라 겐지(土肥原賢二) 등도 전장에서 죽거나 할복하지 않고 연합군의 포로가 되어 교수형에 처해졌다. 일본에도 비겁하고 무책임한 고위 지휘관이 제법 있었던 모양이다. 아니면 고위직이란 대개 그런지도 모르겠다.

참고로 일본 육군의 항공 특공대의 발진 기지는 여러 곳에 있었는데 우리나라와 가까운 규슈에는 가고시마 현의 치란을 비롯해서, 메다바루, 오이타, 구마모토, 미야코노조 등에 있었다.[94] 특히 치란은 요즈음 온천 및 모래찜질을 위하여 한국 관광객도 잘 찾는 가고시마 현 이부스키의 서쪽 20여 킬로미터 지점에 있는데 당시 일본 육군 특공대의 본부 및 주 발진 기지로 사용된 곳이다. 1945년 3월 당시 오키나와 근해에는 미군 전함 약 1,500대가 집결하고 있었는데 일본은 이들을 격침시키기 위해 이들 기지에서 특공대를 발진시켰다. 치란 부근에서 오키나와 나고만까지의 비행 거리는 편도 약 600~650킬로미터였다. 일본군은 당시 비행 속도가 다른 두 종류의 비행기를 교대로 발진시켰는데 비행 시간은 저속기(97식 전투기) 2시간 36분, 고속기(一式 전투기) 2시간 4분이 소요되었다.[95] 일본군은 250킬로그램의 폭탄을 적재한 저속기가 먼저 미끼가 되어 미군기를 유인, 포위되어 싸우다가 미국 군함 위에서 격추되는 틈을 타서 뒤따라가던 고속기가 500킬로그램의 폭탄과 함께 바로 미국 군함에 부딪쳐가는 작전을 썼다고 한다. 당시 특공에 사용된 비행기의 연료통은 가득 채워도 오키나와까지의 편도밖에 갈 수 없었다고 하며 결과적으로 귀향할 연료는 지급하지 않은 셈이다.[96] 소설가이며 시인인 이토 게이치(伊藤桂一, 1917~)는 당시의 일에 대해 "젊은이들이 자기들의 목숨을 거는 것 이외에는 적함을 장사 지낼 방법이 없었다"[97]라고 회고했다.

지금 치란에는 '특공평화회관', '특공평화관음당(觀音堂)'이라는 묘한 이름의 건물들에 당시 전사자의 이름과 유물들이 전시되어 있다. 모두 천황 폐하를 위해 목숨을 바친 10대 후반에서 20대 초반의 특공대원들의 사진, 편지, 신변용구 등과 군사장비들이 대부분이다. 누가 보아도 그 당시 특공대의 분투, 희생정신을 부각시켜서 일본인들의 애국심을 고취하는 것들임을 알 수 있다. 그러면서도 입구에는 다시는 그런 비극이 되풀이되어서는 안 된다는 "세계 평화를 기원"하는 의도의 기념관이라고 표시되어 있다. 그러나 그곳에는 아까운 젊은이들을 그런 식으로 죽게 만든 일본 지도자들의 전쟁 책임이나 비인도적 작전 명령에 대해서는 한 줄의 반성도 없다. 전쟁을 일으킨 당사자로서 일본이 진정으로 반성하는 모습을 보이지 않는다면 누가 그들이 말하는 세계 평화의 진정성을 믿을 것인가? 참으로 안타까운 일이다.

불충신장(不忠臣蔵)

시대가 변하면서 다른 시각에서 〈충신장〉 사건을 보는 문예작품들도 수없이 나왔다. 〈충신장〉을 노골적으로 비꼬는 작품도 있고, 기라를 피해자로 보는 작품이나 '충신장 환상'에 취한 국민들의 맹목적 애국심을 비판한 작품 등도 있다.[98] 1930년에는 기쿠타 가즈오(菊田一夫, 1908~1973년)라는 극작가가 "세상을 야유한 폭소 희극(爆笑喜劇)"〈바보의사명명록 阿保疑士銘名録〉을 도쿄에서 공연했는데, "일본인의 표본인 〈충신장〉을 모욕했다"는 이유로 경시청에 불려가서 시말서를 썼다고 한다.[99] 1933년에는 도쿄 아사쿠사(浅草)의 극장 도키와자(常盤座)에서 '웃음의 왕국(笑いの王国)'이라는 극단이 〈우리들의 충신장 われらが忠臣蔵〉이라는 희극을 공연해 인기를 끌었는데 중일 전쟁이 시작되자 당국에 의해 충신장을 웃음거리로 하는 일체의 것이 금지되었다.[100]

이노우에 히사시(井上ひさし)라는 사람이 쓴 〈불충신장 不忠臣蔵〉이라는 단편 연작소설이 있다. 기발한 상상력과 유머로 복수극에 참가하지 않은 19명의 아코 무사들의 변명을 통해서 "아코 사건의 내측에 숨은 역사적 내지 인간적 진실"[101]을 밝히려 했다는 평을 듣는 재미있는 작품이다. 먼저 작가 이노우에의 생각의 바탕을 살펴보자.

"아코 번에는 당시 300여 명의 가신이 있었는데 기라의 집을 공격하는 데 참가한 사람은 전체의 6분의 1이 안 된다. 참가하지 않은 쪽이 압도적으로 많은 것이다. 그렇다면 참가하지 않은 사람들을 철저히 살피는 것이 '일본인'을 확실히 알 수 있는 일이 아닌가? ······ 에도 시대에는 이른바 '원수 갚기'라는 것이 300건 정도 있었다고 한다. 그러나 한꺼번에 수십 명의 무사들이 참가한 것은 〈충신장〉 이야기 뿐이다. 대개 살해당한 육친의 원수 갚기가 많았고, 주군을 위한 것은 겨우 두세 건에 불과하다. 그것도 참가한 사람들은 소수파. 그렇게 드문 예가 마치 일본인의 표준 행동 양식같이 되어 있다. 특수한 예를 일반적인 것으로 말하는 것은 위험하다는 생각이 든다."[102]

〈불충신장〉에 등장하는 19명의 주인공은 아코 번의 에도 주재 가로(江戸家老), 주군의 이발 및 식사 담당자, 복수극에 참여한 무사들을 막후에서 도운 의사(医師), 위험을 무릅쓰고 기라의 집 구조를 정탐해냈으나 뜻밖의 일로 최종 공격에는 참가하지 못한 사람 등의 이야기도 나온다. 또 실패할 경우에 대비해 후진으로 남아서 후일을 기약하려 했다고 말하는 무사도 있다. 그러나 47명의 복수가 성공하자 각자 '다른 임무(?)'를 위해 거사에 참여하지 않고 뒤에 남았던 사람들은 세상 사람들로부터 '거사에 참여하지 않은 비겁자'라고 도매금으로 손가락질을 받는다. 물론 그들의 '감추어진 충의'는 누구도 살피려 하지 않는다. 작가는 그들을 불의·불충한 무리로 보는 것은 과연 타당한 일인가를 묻는다. 또 〈하가쿠레〉의 야마모토 죠초(山本常朝)를 간접 등장시켜 복수극의 총대장 오이시를 과연 제대로 된 충신으로 볼 수 있는가의 문제도 제기한다.

"주군을 위해 앞장서 적진에 돌진해 깨끗이 목숨을 버리는 것을 흔히 충(忠)이라고들 말하지만 그런 충절은 등급이 낮은 충이다. 최상

216

급의 충절이란 주군이 마음가짐을 올바로 하도록 해서 나라의 기반을 튼튼히 하는 것, 그것 한 가지다. 아코의 가로 오이시에게는 그 정도의 지혜가 없었다. 평소 자기의 일이 주군을 간(諫)하는 데 있다는 것도 깨닫지 못하고 '낮에 켜진 등불'이라는 별명이 붙을 정도로 풀어져 있던 그의 행동거지는 하급 무사라면 모를까, 상급 무사로서는 용서받을 수 없다. …… 주군이 잘못을 저지르지 않도록 미리 세심하게 주의해서 응당 나라의 안태를 도모했어야 한다. 그런데 '낮에 켜진 등불'이라니……."103

'낮에 켜진 등불(昼行灯)'이란 '있어도 소용이 없는 얼간이'라는 뜻이다. 그 소설에 등장하는 사토무라즈 우에몬(里村津右衛門)이라는 아코번의 또 다른 무사는 생각 없이 사고를 쳐서 번을 망하게 하고 그 번에 속한 모든 사람들을 불행하게 만든 번주 아사노의 원한을 갚기 위해서 나선 오이시 등의 생각이 과연 옳았던 것인가를 이렇게 반문한다.

"자기들은 각오를 하고 복수극을 펼친 것이므로 어떤 험한 일을 당해도 후회가 없을 것이지만, 뒤에 남은 가족들은 어떻게 되는가? 남은 자식들은 가벼운 벌을 받는다고 해도 외딴섬으로 귀양 갈 것이다. 남편을 잃고, 자식이라는 희망의 끈마저 잃게 되는 여인들은 어떻게 살아가나? …… 나는 원수 갚기에 참여하지 않고 소금 제조의 기술을 살려 뒤에 남겨져 불행해진 아코 사람들의 생활 터전을 만들어가겠다. 이는 약삭빠른 것도 비겁한 것도 아니다. …… 목숨을 버리는 것은 쉬운 일이지만, 비겁자라는 조롱을 받으면서 구차한 목숨을 이어가는 것은 그보다 훨씬 어렵고 힘든 일. 그러나 나는 …… 그 어려움을 참으려 한다. 나를 거짓말과 핑계로 도망가려는 비겁자로 보지 말라."[104]

이 무사의 말은 그저 자기변명일 뿐일까? 죽음은 충성이고, 삶은 불충이라고 그렇게 단순화해도 되는가? 한 사람의 주군을 향한 충성을 내세워서 다시 많은 사람들을 더욱 불행하게 만들어도 좋은가? 작가는 거사에 참가하지 않았거나 못했던 '불의사(不義士)들'에게 그 이유를 변명케 한다. 이를 통해서 "아코 낭인의 집단적 복수를 '의거(義擧)'로 신성시하는 〈충신장〉이라는 이야기를 해체하고 상대화"[105]함으로써 복수극에 참가한 사람들의 이야기에만 열중하는 세상 사람들의 시선을 넓히려 한다.[106] 공과(功過), 선악(善惡)에 대한 세상의 평가 방식은 지금도 너무 피상적·단편적이지 않은지를 재차 생각하게 한다. 또 그 소설에는 음지에서 아코 무사들의 거사를 도운 '불참의사(不參義士)'라는 거짓 소문을 퍼뜨려서 장사에서 덕을 보려는 약삭빠른 사람에 대한 양념 같은 이야기도 나온다. 어느 시대, 어느 곳에서나 볼 수 있는 사람들의 다양한 삶의 모습을 보여주는 재미있는 풍자 소설이다.

개개인의 무사도, 체념과 명예 의식

도쿄 대학교의 야마모토 히로후미(山本博文, 1957~) 교수는 "아코 낭인들의 행동의 동기는 주군의 싸움의 계속이고, 무사로서의 체면을 지키는 전투였으므로, …… 그들은 우리들이 이상화해서 생각할 만한 '충신'이 아니라고 생각"한다고 말한다.[107] 모리무라(森村)는 그의 소설에서 그들의 무사도를 이렇게 풀이한다.

"(오이시) 구라노스케에게 무사도란 '자기의 이름을 소중히 여기는 것'을 뜻한다. 주군의 원한도, 아코 번의 면목이나 재건도 모두 그 다음에 자리하는 문제이다."[108]
"이것은 주군의 복수를 빙자해서 구라노스케의 이름을 청사에 남기기 위한 일생일대의 대연극이다."[109]

실제로 아코 무사들도 개인적 결단을 앞두고는 자기가 하려는 일에 대한 회의(懷疑)와 명예 의식의 틈바구니에서 깊은 고뇌에 빠진다. 그래서 복수극이나 '무사도'에 대한 시각도 사람에 따라 조금씩 다르게 표현된다. 오사라기(大佛)의 소설에서 오야마다 쇼자에몬(小山田庄左衛門)이라는 무사는 복수극에 대한 회의의 감정을 대강 이렇게 토로한다.

"아코 하나의 번을 위해 목숨을 던지는 것보다 더 큰 일도 얼마든지 있다. …… 세상 사람들 최대 다수의 행복을 위해서 살아가는 것이 가장 좋은 것. …… 원수 갚는 일 같은 것은 그만두고 농민이나 상인 등 세상의 밑바닥에 있는 사람들을 위해 목숨을 바쳐 노력하는 것이 더 가치 있는 일이 아닌가? …… 그런 시각으로 보면 원수 갚기 같은 것은 …… 부정직한 장난이다."[110]

모리무라의 〈충신장〉에서 오이시도 복수극을 앞두고 이런 말을 한다.

"원수 갚기가 지난날의 행복했던 시절을 되돌려 주는것이라면 그나마 보람이 있을 것이다. 그러나 이미 그 시절을 돌이킬 수는 없다. 다만 무문(武門)의 고집으로 죽은 주군의 원수를 갚으려 하고 있는 것이다. 무사도라는 것은 결국 허무에 이르는 길이 아닌가?"[111]

한편 이미 물러설 수 없는 인간의 자기최면일까? 이렇게 말하는 무사도 있다.

"이 세상에 한없이 많게 살고 있는 사람들은 목숨에 이끌려가면서 하루하루를 보내고 있는 것이다. 그러나 우리들은 (스스로의) 목숨을 지배하고, 우리들의 운명은 우리가 만든다. 사는 것도, 죽는 것도."[112]

복수를 끝내고 감금되어 막부의 처분을 기다리던 오이시는 어느 날 동료에게 이렇게 속마음을 내비친다.

"내가 한 일은 과연 무슨 의미가 있는 것인가? …… 주군의 원한을 풀어주기 위함이 아니라 사실은 나 개인의 무사도를 세우기 위해서가 아닌가? 아니, 그보다 남에게 보이는 나의 모습을 꾸미기 위해 한 일은 아닌가? …… 남에게 보이는 모습을 꾸미기 위해 …… 둘도 없이 소중한 가족, 사랑하는 여인들, 그 밖에 인생의 여러 가지 즐거움이나 슬픔, 괴로움 등, 살아 있어서 느낄 수 있는 다양한 가치를 버리는 것이 아닌지……."

오이시의 이런 회의에 대해 그 동료 오노데라 쥬우나이(小野寺十內)는 이렇게 위로한다.

"무사도는 행동방식(作法)이고, 남에게 내보이는 모습 그 자체라고 말해도 좋을 것입니다. 인생의 가치와 다른 곳에 있는 것이 무사도입니다. …… 삶이냐, 무사냐의 갈림길에서 무사의 길을 택한 것입니다."[113]

여기서도 사람의 생을 이롭게 해야 할 신념 또는 이념이 사람들의 인생을 파괴하고 있다. 기라의 모욕적 언행으로 '무사로서의 자존심'에 상처를 입었다고 쇼군의 발밑에서 칼부림을 해서 번을 파괴하고 죽음을 당한 아코 번주 아사노와 '개인의 무사도'를 세우기 위해 복수극을 일으켜서 둘도 없이 소중한 가족과 헤어지게 되는 오이시의 행동은 서로 무엇이, 얼마나 다른가? 그러나 대부분의 일본인들은 '어리석은 아사노, 충신 오이시'로 본다. 아사노의 자존심과 오이시의 자존심, 또 어리석음과 충성심이 묘한 대비가 된다. 46명 중의 하나인 최하급 무사 요코카와 간페(橫川勘平)가 사건 후 가족에게 남긴 편지에는 "용감한 명성을 천하에 펼치고 충의의 도를 후세에 명백히 해서 몸은 죽어도 이름을 남겨……"라는 구절이 있다.[114] 그도 목숨보다 스스로의 용기를 천하에 보이는 것이 더 중요했다고 말하고 있다. 충성심인가, 허영심인가?

이렇게 소설 속에서 무사들 스스로가 복수극은 결국 '세상 사람들이 보는 나의 모습을 꾸미기 위한 일'이라고 말하고 있다. 이는 일본 사회가 이른바 '하지(恥)', 즉 부끄러움을 피하는 것을 무엇보다도 소중한 덕목으로 강조하는 사회임을 다시 한 번 보여준다. 복수를 하는 것이 자기의 '체면을 위한 것'이라는 말은 그렇게 하지 않으면 체면을 잃고 사회적 고립을 겪는다는 말이다. 또 사람들은 구태여 충의와 체면의 차이를 따지려 하지 않는다. 그냥 무사들의 '멋있고 충성스러운 모습'을 머릿속에 그려내고 이를 우상화한다. 그 과정에서 사람들은 무의식중에 그들을 본받으려 하고 이는 곧 또 하나의 '사회적 압력' 또는 '강박'이 된다. 지난날 일본 군국주의자들이 국민 동원에 〈충신장〉을 이용한 것도 이런 사회적·정신적 바탕이 있었기 때문일 것이다. 앞으로는 어떨까?

할복과 명예, 죽음의 자기 결정권

앞서 살펴본 대로 원래 무사들의 세계란 스스로의 힘으로 자기의 경제 기반을 쟁취하고 유지해간 세계였다. 그래서 그들은 자기의 일은 자기가 결정한다는 의식을 가지고 있었다. 적에게 포로가 되거나 죄를 지어 참수되는 부끄러움을 피하기 위해 스스로의 칼로 목숨을 끊는다는 행태도 "나의 잘못은 목숨을 바쳐 내가 책임진다, 나의 신체를 소유하는 것은 바로 '나'이고, 그 죽음의 순간을 선택하고 실행하는 것도 바로 '나' 라는 자기 책임의식과 이에 수반되는 명예 의식에서 나온 것"이라고 보기도 한다.[115] 그런 자부심을 바탕으로 무사들은 주군이 자

기에게 주는 신뢰와 권한에 대한 보답으로 자기의 목숨의 처분권을 자진해서 주군에게 위임하게 되었다는 것이다. 무사가 잘못을 저질렀을 경우 주군은 '할복 명령'으로 무사의 '자기결정권'을 되돌려주었고, 무사는 "주군으로부터 죽음을 하사(賜る)받아" 스스로의 명예를 지켰다는 해석이다.[116]

할복의 관습은 헤이안 시대부터 있었다고 보는 학자들도 있으나 전국 시대까지는 싸움에서 패해도 도망가서 신분을 숨기고 살거나 재기를 노리는 무사들도 많았고 할복을 특별히 명예스러운 것으로 보지도 않았다고 한다. 할복이 사실 이상으로 미화되어 오늘날까지 전해진 것은 중세 후기 이후의 군기 문학(軍記文學) 등에 의한 것이라고 보는 학자들이 많다. 일본 역사에서 중세라고 하면 보통 헤이안 시대 말기, 헤에시(平氏) 정권이 성립된 1160년대부터 16세기 말 전국 시대가 끝날 때까지를 말한다.[117]

"중세 후기에 이르러 어느 특정한 경우에 스스로 실행한 죽음(自決)을 규범적으로 바람직한 행동으로, 문화적으로 찬미하는 일이 시작되었다. 이 의식적 자결은 고도로 의식화된 세리머니와 결합된 도덕적 미학으로 장식되었다. 그 결과 모든 무사가 실제로는 따라 할 리도 없는 도덕규범이 문화적으로 신화같이 만들어졌다. …… 중세 후기의 일본 문학에 묘사된 많은 영광스러운 자결은 당시 무사들이 평균적으로 실천한 것을 뜻하는 것은 아니다. …… 그러나 무사들이 그러한 전기문학에 묘사된 모습을 죽음의 이상적인 모습으로 보아 이끌린 것도 사실일 것이다."[118]

할복이 '명예로운 죽음'으로 묘사된 최초의 기록은 1156년 호겐(保元)의 난을 기록한 전기물 〈호겐 모노카타리〉에 나오는 미나모토노 다메토모(源為朝, 1139~1177년)의 이야기라고 전해진다. 그 밖에도 14세기 무렵 쓰여졌다는 〈헤이케 모노가타리〉, 〈태평기〉 등의 군기 문학에서도 할복이 자주 언급된다. 가마쿠라 막부를 세운 미나모토노 요리토모(源頼朝)의 배다른 동생 요시쓰네(源義経, 1159~1189년)도 자기 집이 공격당하자 할복해 자살했다고 전해지는데, 이것도 그가 죽은 후 약 200년이나 뒤에 나온 문학작품 〈요시쓰네 이야기 義経記〉를 통해서 알려진 것이고 사실인지는 분명치 않은 모양이다. 참고로 〈헤이케 모노가타리〉에는 6인의 무사가, 남북조 시대의 이야기인 〈태평기〉에는 무려 68개소에서 총 2,140인의 무사가 할복한 것으로 기록되어 있다고 한다.[119] 이런 식으로 일본의 군기 문학은 "진위를 알 수 없는 많은 할복 이야기로 명예로운 무사상을 그려냈고 그 후 도쿠가와 시대의 무사들은 할복이 명예로운 죽음이라는 집단적 기억을 갖게 되었다."[120]

고고학자 히구치 기요유키(樋口清之)는 "일본인에게는 …… 죽는 방식이 잔혹하고 장렬할수록, 영혼은 완전히 재생, 불멸할 것이라는 발상이 있다"고 말했다. 그래서 정사(情死)의 방법도 "서로 상처를 입히고 죽는 방법"을 택했고 그렇게 함으로써 두 사람은 이상의 세계에 다시 태어날 수 있다고 믿었다는 것이다.[121] 일본인들에게는 잔인함을 미화시키는 문화가 있다. 그들이 지난날 아시아 각지에서 잔인한 짓을 많이 한 것도 그런 정신적·문화적 바탕이 있기 때문일 것이다. 일본인들의 이런 자학적이고 잔혹한 미의식은 급기야는 "멸망의 미학(滅びの美学)"으로 까지 발전해 태평양 전쟁 때는 '일억총옥쇄(一億總玉碎)' 등의 말까지

나오게 되었다.[122] 옥쇄란 태평양 전쟁 때 일본군 최고 지휘기관이던 대본영(大本營)에서 '전멸(全滅)'이라는 뜻으로 쓰던 용어이다.

17세기를 전후한 때부터는 할복이 형벌의 수단으로 이용되기도 했으나 실제로는 하급 무사들에게만 적용되었다고 한다. 에도 막부 중기 이후에는 영지 몰수를 당한 다이묘들 중에서도 할복 명령을 받은 예는 드물었고, 〈충신장〉의 아코 번주 아사노 다쿠미노가미(浅野內蔵頭)와 5대 쇼군 쓰나요시의 장례법회장에서 야마토국 야나기모토 번주(大和国 柳本藩: 지금의 나라 현 텐리 시) 오다 히데치카(織田秀親)를 찔러 죽인 다이쇼오지 신덴 번주(大聖寺 新田藩: 지금의 이시카와 현 남부) 마에다 토시마사(前田利昌) 등이 드물게 할복 명령을 받은 다이묘들로 알려져 있다.[123]

가이샤쿠, 할복 도우미

소설 등에 소개되는 형벌로서의 할복 장면을 잠깐 살펴보면 먼저 검시관들이 입회한 자리의 앞에 흰 장막으로 삼면을 가린다. 그 바닥에 거적 7, 8장을 깔고 그 중앙에 다다미 2, 3장을 붙여 깐다. 이를 흰 광목으로 덮고 그 위에 흰 요를 깔고 그 위에 다시 두꺼운 모직 천을 깔고 주위에는 두 폭짜리 병풍을 친다. 병풍은 피가 멀리까지 튀는 것을 막아주기도 했고 때로는 이것으로 검시관 쪽에서는 할복 장면이 어렴풋하게만 보이도록 했다는 것이다. 이렇게 할복 장면에 사용되는 장막, 요, 병풍 등 소품의 색깔은 흔히 흰색으로 묘사되어 극적 효과를 높이지만 실제로 흰색이 사용된 적은 드물었고 보통은 엷은 감색을 썼다고 알려져 있다. 엷은 감색은 피가 묻으면 옥색이 되는데, 이는 장자(莊子)의 외물 편(外物篇)에 기술된 "촉나라의 충신 장홍(萇弘)의 피가 죽은 지 3년이 되자 벽옥이 되었다"라는 고사에서 연유한 것이라고 그 의미를 붙인다.[124]

소설을 보면 할복할 사람이 할복 장소로 나올 때는 보통 가이샤쿠(介錯)라는 보조인 2명이 뒤따른다. 가이샤쿠는 할복한 사람의 고통을 줄여주기 위해 뒤에서 기다리다가 할복한 즉시 목을 쳐주는 역할을 한다. 평소에 가깝게 지내던 솜씨 좋은 무사가 맡아주었는데 아버지가 아들의 가이샤쿠를 한 예도 있다.[125] 아코 낭사들이 할복할 때는 형의 집행을 주관한 각 다이묘의 가신들 중에서 뽑힌 무사들이 가이샤쿠를 맡았다.

일단 할복할 사람이 자리에 앉으면 하급 무사가 작은 상에 작은 칼(小脇差: 길이 약 30센티미터)을 얹어서 그 앞에 놓는다. 그러면 할복하는 사람이 그 칼을 '삼가 받들어' 옷을 헤치고 배꼽 위 한 치쯤 되는 왼쪽 배에 칼을 찔러넣고 좌에서 우로, 심한 경우에는 다시 위에서 아래로 배를 가른다. 이때 좌우로 할복하는 것을 '일자 할복(一文字腹)', 그 위에 다시 세로로 명치부터 배꼽에 이르기까지 아래로 긋는 것을 '십자 할복(十文字腹)'이라고 불렀다. 할복용 칼은 칼날의 중간 부분을 양쪽에 작은 판자를 대고 흰 천이나 종이 끈으로 감아 손으로 잡기 쉽게 만들었는데 소설 〈불충신장〉에 묘사된 할복용 칼은 칼날의 끝이 약 5부(五分: 약 1.7센티미터)만 노출된 것이다.[126] 한편 뒤에 앉아 기다리다가 때를 맞추어 일어나서 목을 쳐주는 가이샤쿠의 스트레스도 보통이 아니었던 모양이다. 자칫 실수해 한 번 만에 목을 떨어뜨리는 데 실패하든지 또는 목이 아닌 머리나 어깨를 쳐서 다시 칼을 대는 것은 죽는 사람에게 결례가 되고 스스로도 실력이 모자라는 무사로 평가받았다. 또 그 번의 무예 실력이 세상의 조롱거리가 될 수도 있었다. 그래서 소속 무사들의 기량에 자신이 없는 번에서는 다른 번에서 숙달된 무사를 빌려오기도 했다. 할복 후 가이샤쿠의 도움으로 머리가 떨어지면 가이샤쿠를 담당한 무사는 칼을 바닥에 놓고 두 손으로 떨어진 머리를 들어 검시관에게 보여주고는 그 머리를 유해의 옆에 가지런히 놓고 칼을 집어 퇴장한다. 그러면 졸병 2명이 나와서 다다미 위에 덮여 있던 광목을 보자기 삼아 유해와 방석을 싸서 옆 칸에 준비되어 있는 관에 넣고 할복용 칼, 나무 쟁반 등을 들고 퇴장했다. 소설에 나오는 아코 낭사의 경우에는 여러 명이 계속해서 할복을 했기 때문에 사람이 바뀔 때마다 옆에 처진 병풍, 거적, 다다미, 깔린 요 등을 새것으로 갈았다. 지역에 따라서는 목을 칠 때 완전히 자르지 않고 목 앞쪽의 가죽만은 남도록 해서 죽은 사람이 잘려서 아래로 숙여진 머리의 무게로 앞으로 쓰러지도록 하는 것을 가장 솜씨가 좋은 것으로 여겼다는 이야기도 있다. 전국 시대나 에도 시대 초에는 가이샤쿠가 붙지 않고 배를 십자로 가른다든가, 그다음에 내장을 끄집어냈다는 이야기도 있다. 그러나 의학적으로는 칼이 내장에 이르기 전에 실신하는 것이 일반적이라고 하며, 실제로도 배를 가르는 것만으로는 죽지 않아 스스로 목을 찌르는 일이 많았다 한다.

할복이 '복잡하고 세련된 의식'으로 그 작법(作法)이 만들어진 것은 18세기 이후의 일로 알려져 있다. 여기에는 할복하기 전 마지막 목욕물의 온도를 맞추는 법, 할복하는 사람의 머리카락을 묶는 법, 마지막으로 주는 술과 안주의 종류, 할복 장소에 들어갈 때의 인사법, 앉는 방향, 칼을 내오는 법, 옷을 풀어 배를 드러내는 법, 칼을 집어 드는 법, 찌르는 법, 긋는 법, 그 밖에도 할복과 관련된 여러 준비 사항에 관해

끝없이 세세한 부분까지 그 실행 방법이 정해져 있었다고 한다. 또 신분에 따라 할복 장소도 다이묘나 상급 무사는 실내에, 낮은 신분의 무사들은 마당에, 그보다 더 낮은 무사들은 옥중(獄中)에서도 할복을 시켰다. 때로는 절에서도 할복이 행해졌다니 우리 기준으로 보면 놀라운 일이다. 실제로 책에 기록된 할복의 작법이 얼마나 철저히 지켜졌는지는 알 수 없으나, 일본인들은 일단 무엇이든지 세세한 부분까지 룰을 정해놓아야 안심이 되는 듯하다. 자칫하면 목이 달아날 수도 있던 사회에서 나중에 책임 추궁을 피하려면 먼저 룰을 자세하게 만들어 놓고 그대로 따르는 것이 안전했을 것이다. 무사 집단의 최하급인 아시카루나 서민들은 할복이 허용되지 않았다.[127] 서민이 배를 가르고 죽으면 어떻게 처벌했는지는 모르겠으나 아마도 그 가족들에게 죄를 물었을 것이다. 아무튼 자기의 배를 가르고 죽는 일도 '허락을 받아야 되는 일'로 되어 있던 곳이 에도 시대의 일본 사회였다.

아코 낭인들이 할복한 18세기 초에는 할복이 이미 형식적인 것이 되어 무사가 칼을 배에 갖다 대는 시늉을 하면 뒤에서 대기하던 무사가 목을 쳐주는 실질적인 참수(斬首)였다.[128] 이때 할복용 칼 대신 쥘부채(扇子)를 사용하기도 했다는데, 이를 '부채 할복(扇子腹)'이라고 한다.[129] 아코 낭사의 경우에도 대개 접는 부채나 나무칼을 작은 상에 얹어 내오고, 할복자가 그 부채에 손을 대는 순간 뒤에서 가이샤쿠가 목을 쳤다고 알려져 있다. 그래서 시간도 그다지 많이 소요되지 않았는데, 당시 조후 번(長府藩)의 에도 저택에서 이루어진 10명의 아코 무사들의 할복은 약 두 시간 만에 모두 끝났다니까 한 사람당 12분씩 걸린 셈이다.[130] 아코 무사들 중에서는 유일하게 하자마 신로쿠라는 무사가 20센티미터

(6~7寸) 정도 배를 갈라 제대로 된 할복을 했다고 전해지고 있다.[131]

메이지 시대 이후의 할복

형벌로서의 할복 처분과 원수 갚기의 관행은 근대 형법이 시행됨에 따라 1873년 법률로 금지되었다. 그러나 메이지 시대 이후에도 군인이나 극우파들이 자살의 수단으로 할복을 택한 예가 가끔 있다. 일본이 태평양 전쟁에서 무조건 항복을 선언한 1945년 8월, 도쿄의 요요기 훈련장(代代木訓鍊場: 지금의 요요기 공원)에서 '대동숙(大東塾)'이라는 우익 단체 회원들 14명이 '천황에게 패전을 사죄한다'는 명분으로 집단 할복했다. 또 1970년에는 미시마 유키오(三島由紀夫)라는 소설가가 육상자위대의 이치가야(市ヶ谷) 주둔지(지금의 도쿄 신주쿠 방위청 본부)에 침입해 총감(総監)을 인질로 잡고 천황을 중심으로 한 국가의 건설을 위한 쿠데타를 주장하다가 할복한 일도 있다. 이때 그를 따르던 젊은이가 가이샤쿠 역할을 맡았는데 솜씨가 서툴러서 두 번이나 목을 쳤으나 실패하고 칼만 구부러졌다고 알려졌다.

〈무사도〉의 저자 니토베 이나조는 일본인들이 할복을 가장 고귀한 자살의 방법으로 생각하는 이유를 "복부(腹部)에는 인간의 영혼과 애정이 머물고 있다는 고대의 해부학적 신념에 근거한 것"이라고 말한다. 그런 정신적 바탕에서, "나는 내 영혼이 머물고 있는 곳을 열어 당신에게 보여주겠다. 내 영혼이 더러운지, 깨끗한지를 당신의 눈으로 확인받고 싶다"라는 뜻이라고 주장했다.[132] 또한 "감히 말하지만 다수의 훌

량한 기독교인이, 만약 그들이 정말 정직하다면, 많은 고대의 위인들이 이 세상에서의 자기의 생명을 스스로 끊어버린 숭고한 태도에 관해서 …… 매력을 느낌을 인정할 것이다."133라고 말했다.

니토베 이나조는 기독교인임을 자처하는 사람이다. 그런 사람이 묘한 논리로 자살을 미화하고 '매력' 운운하면서 할복의 잔인성을 부정하고 있다. 같은 시대의 또 다른 일본의 기독교도이자 문학자인 우치무라 간조(內村鑑三, 1861~1930년)도 무사의 할복을 "자기희생, 강한 의무감, 민감한 명예 의식에 뿌리를 둔 영웅적 행위"라고 주장하고, 아코 낭인들의 원수 갚기와 할복을 "그리스도교도의 순교(殉敎)"에 비견했다.134 그도 일본에서 "자신의 생애를 기독교에 바친 독실한 기독교인"이라는 평을 듣는 사람이다.135 우리의 기준으로는 이해하기 힘든 일본 기독교인들의 사고방식이다.

사가 번(佐賀藩) 무사 출신으로 일본 역사학의 선구자라는 평을 듣는 구메 구니타케(久米邦武, 1839~1931년)는 아코 사건을 순사로 보았다. 순사란 주군이 죽었을 때 신하가 따라 죽는 것을 말한다. 아코 무사들이 막부의 일방적이고 모욕적인 조처에 대한 반발심에서 주군을 따라 죽기로 하고 복수극을 벌였다는 주장이다. 참고로 전사하거나 병사한 주군을 따라 죽는 관습은 전국 시대에는 거의 없었고, 에도 시대부터 유행한 일이다.136 전국 시대에도 성이 함락될 때 주군을 따라 죽은 경우가 있기는 했지만 대개는 살아 있어 봐야 좋은 일이 없을 것이 확실한 사람들뿐이었다는 것이다. 도요토미 히데요시나 도쿠가와 이에야스가 죽었을 때도 따라 죽은 사람은 한 명도 없었다. 도쿠가와 시대에 일어난 최초의 순사는 이에야스의 4남이었던 마쓰다이라 다다요시(松

平忠吉, 1580~1607년. 오와리국 기요스 성주, 나고야 시의 북서쪽)가 죽었을 때 이시카와 가즈마(石川主馬)등 3명이 순사한 것인데, 그것이 충의의 행동으로 상찬되자 순사가 유행하기 시작했다고 한다. 그러나 그 주체는 대개 주군과 남색 관계에 있던 시동이나 주군으로부터 죄의 사면을 받은 사람, 아니면 신분에 비해 주군에게 파격적인 대우를 받은 사람 등인데 주로 하급가신들이었다.[137]

순사가 유행했던 에도 시대 초기에는 순사하는 가신이 많을수록 죽은 다이묘의 명예가 높아졌고, 그래서 각 번의 무사들 사이에서는 순사하는 사람들의 숫자를 두고 경쟁하는 분위기마저 있었다고 전해진다.[138] 특히 당시 무사 사회에서 유행하던 남색의 상대로 주군의 총애를 받던 젊은 무사나 중신으로서 순사를 하지 않는 사람은 불충한 인간, 또는 비겁자로 취급되기도 했다. 또 나이 든 중신(重臣)의 순사는 새로 취임한 젊은 주군이 거북하지 않도록 배려함으로써 자연스런 세대교체를 이루기 위해서라는 해석도 있다. 그러나 순사자의 남은 가족이 특별히 등용되는 일은 없었다고 한다.[139]

참고로 센다이(仙台)번의 초대 번주 다테 마사무네(伊達正宗, 1567~1636년)가 죽었을 때는 15명, 구마모토(熊本) 번의 초대 번주 호소카와 다다토시(細川忠利, 1586~1641년)가 죽었을 때는 19명이 순사했다. 다다토시를 따라 순사한 19명 중 "주군과 농밀한 성애 관계였다고 추측되던 측근 시동 4명을 제하면" 대부분이 별로 발탁되지도 못했던 하급 가신들이었다.[140] 사가 번(佐賀藩)의 초대 번주 나베시마 가쓰시게(鍋島勝茂, 1580~1657년)가 죽었을 때도 26명이 순사했는데 그중에서 23명은 영지도 없고 녹봉도 적은, 또 번주와 특별한 인연도 없었던 하급 무사들이었다.[141] 그들은 "주군이 자기 집의 마루에 걸터앉아 직접 말을 걸어주셨다"든가 "사냥터에서 주군이 칭찬과 함께 은화 한 닢을 상으로 준 일이 있다" 등의 별것 아닌 은혜에 감읍하여 순사했다고 한다.[142] 영지도 없고 녹봉도 적은 하급 무사들은 살아봐야 더 볼 영광이 없었기에 그런 선택을 해서 이름을 남기려 했을지도 모르겠다. 심지어는 병든 주군보다 먼저 죽어서 충성을 보이려는 일도 있었다. 사가 번의 초대 번주 나베시마 가쓰시게가 병이 깊어 회복할 희망이 없게 되자 시바 기자에몬(志波喜左衛門)이라는 가신은 번주의 후계자인 미쓰시게(鍋島光茂, 1632~1700년. 가쓰시게의 손자)에게 이렇게 말했다.

"제가 일찍이 주군 가쓰시게 님과 생사를 같이하기로 약속한 바가 있습니다. 지금 제가 주군을 대신해서 '먼저 따라 죽으면(さきの追腹)', 주군이 건강을 회복하실지도 모릅니다. 어차피 저승길을 같이할 몸, 미리 할복함을 허락해주십시오."

미쓰시게가 그 가부를 정토종 간토대본사(浄土宗 関東大本寺 増上寺)의 승려에게 물었으나, "가문으로서는 무엇과도 바꿀 수 없는 신하이므로 소중히 여기십시오"라는 대답을 듣고, '먼저 따라 죽는 일'은 허락되지 않았다. 다만 그의 충성심에 감격한 미쓰시게는 그 자손을 홀대하지 말라는 친서를 시바가(志波家)에 써주었다고 한다.[143]

사가 번에서는 막부의 금지령보다 2년이나 빠른 1661년에 순사를 금지했다.[144] 2대 번주 미쓰시게의 숙부인 나오히로(直弘)가 죽자 36명의 사무라이가 순사를 계획했는데 미쓰시게는 이를 막기 위해 순사 금지령을 내렸다. 이 명령에 따라 미쓰시게가 죽었을 때는 순사한 사람은 없었으나 20여 명의 가신들이 출가해 불문에 귀의하거나 삭발을 했는데, 이 때도 대개 신분이 낮은 사람들이었다.[145] 〈하가쿠레〉의 야마모토 죠초도 그때 출가한 사람 중의 하나이다.

도쿠가와 막부 4대 쇼군 이에쓰나(家綱, 1641~1680년)는 1663년에 순사를 금지하고 주인이 죽은 후 가신들은 그 후계자를 새로운 주인으로 섬기도록 명령했다. 이때부터 가신들은 '주인인 사람'이 아니라 '주인의 이에(御家)', 즉 가문을 섬기게 되었고, 비로소 전국 시대와 같은 하극상도 없어지고 대를 이어서 가문에 충성하게 되었다고 한다.[146] 막부에서 순사를 금지한 후에도 모든 번에서 순사의 풍습이 바로 그치지는 않았다. 1668년에 우쓰노미야 번(宇都宮藩: 지금의 도치기 현 우쓰노미야 시)의 번주 오쿠다이라 다다마사(奧平忠昌)가 죽자 스기우라 우에몬(杉浦右衛門)이라는 가신이 순사했는데, 막부는 번주 마사요시(奧平昌能)를 감봉해 멀리 야마가타 번(山形藩: 지금의 야마가타 현 야마가타 시)으로 옮기게 하고 순사자의 두 아들은 참형(斬刑), 사위와 손자도 추방해 일족을 단절시키는 강경 조처를 취했다. 그 후로 에도 시대에는 순사가 그쳤다고 한다.[147] 그런 사실에 비추어보면 1912년 메이지 천황을 따라 죽은 노기 마레스케(乃木希典)의 순사는 일본 사회에 참으로 큰 반향을 일으켰을 것이다.

원통한 영혼은 달래야 한다

일본인들은 옛날부터 죽은 사람의 영혼이나 원귀는 제사 지내서 위로

하지 않으면 반드시 재앙을 내린다고 믿고 두려워했다. 천재지변은 모두 원령의 보복이라고 생각해서 헤이안 시대 이후 예기치 못한 죽음을 당한 원령을 위로해 그 재앙을 피하려는 진혼 의식(鎮魂儀式)이 성행했다. 이른바 '원령 신앙'이라는 것인데 불교 경전을 읽어 원령을 위로하고 민중이 참가해 춤추고 노래하는 어령회(御靈会), 어령제(御靈祭) 등의 의식이 성했다. 이 의식은 신토적 액막이 행사이기도 하고, 민중의 마쓰리(祭) 참여를 허용함으로써 그들의 정치적 불만을 해소해 사회적 불안을 잠재우는 효과를 노린 것이기도 했다. 일본에 가는 곳마다 신사가 있고, '마쓰리'가 많은 것은 그런 풍습에 기인하는 것이다. 또 죽은 사람이 권력자인 경우 그의 혼은 조용히 편안하게 왕생할 수 있다고는 생각지 않아 그 거칠어진 영혼을 달래기 위해 군기 소설(軍記物語)을 편집했다고 하며,[148] 〈헤이케 모노가타리〉와 〈태평기〉 등이 그런 예가 된다. 〈태평기〉에는 뜻을 이루지 못하고 죽은 사람들이 원령이 되어 그 원한을 풀려고 세상에 등장해서 적을 괴롭히는 대목이 있다. 그래서 그 원령들을 달래기 위해서 불사(佛事)를 일으키기도 하는데, 무로마치 막부를 세운 아시카가 다카우지(足利尊氏)는 자신과 치열한 권력투쟁을 벌이다가 뜻을 이루지 못하고 죽은 고다이고(後醍醐) 천황의 혼을 달래기 위해 교토에 덴료지(天龍寺)라는 절을 창건하기도 했다.[149]

앞에서 헤이안 말기의 권세가 후지와라노 도키히라(藤原時平, 871~909년)의 모략으로 규슈의 다자이후(太宰府)로 유배되었다가 죽은 스가와라노 미치자네(菅原道真)의 이야기를 소개한 바 있다. 그가 죽은 후 역병, 가뭄이 계속되고 궁중에 벼락이 떨어져서 요인들이 죽고 다치는 일 등이 발생하자 이를 미치자네의 저주로 생각해서 조정에서는 그의 죄를 사면하고 생전의 벼슬보다 한 계급 높은 좌대신으로, 나중에는 태정(太政)대신을 추서했다. 다자이후에 있는 텐만구(天滿宮)라는 신사는 그의 원혼을 달래기 위해 세운 것이다. 텐만(天滿)이라는 이름은 미치자네의 원혼이 벼락의 신(雷神)이 되어서 '하늘에 가득하다'는 뜻이라고 한다. 당초에는 번개, 천둥을 관장하는 신으로 받들어졌는데 미치자네가 학문에 뛰어났다는 이유로 지금은 학문의 신으로도 추앙받아 입시철에 합격 기원의 대상도 된다. 그럼에도 불구하고 일본에는 미치자네를 귀양 보낸 다이고(醍醐) 천황은 죽은 후에 미치자네의 저주로 "지옥으로 끌려갔다"는 전설까지 있다고 한다. 직접적인 가해자라면 설령 천황이라도 지옥으로 끌려갈 수 있다고 믿었다는 것이다.[150]

이런 풍습이 있던 사회였으므로 이자와 모토히코(井沢元彦, 1954~)라는 소설가는 "일본의 역사는 원령이 지배하고 있다"고까지 말한다.[151] 794년 간무 천황(桓武, 재위 781~806년)이 수도를 나가오카(長岡: 교토의 남쪽 지역)에서 지금의 교토 지역인 헤이안(平安)으로 옮긴 것도 천황의 동생이며 황태자였던 사와라(早良) 친왕이 억울한 누명을 쓰고 자살하자 그 원령의 보복을 피하기 위한 것이었다고 전해진다.[152] 문학평론가 마루야 사이이치(丸谷才一)는 〈충신장〉의 아코 무사들의 행위나, 일본인들이 온갖 형태로 아코 무사들을 찬양하는 것도 모두 원령 신앙의 맥락에서 파악하고 있다.

"일본인은 지난 300년 동안, 특히 최근 100년간은 더더욱 아코 낭사를 무사의 귀감으로 보았고, 그들의 원수 갚기를 무사도의 정화(精華)로 생각해왔다. 그러나 충신장의 핵심은 무사도가 아니고 토속신앙이었다."[153]

"중요한 것은 소가 형제나 아코 낭사나 모두 가까운 사람의 혼령을 위로하기 위해 살육을 했다는 점이다. 소가 형제의 효도도 아코 낭사의 무사의 윤리도 사실은 의식의 표층에 있는 덕목에 지나지 않는다. …… 그들의 보다 깊은 곳에는 고대 이래의 신앙인 원혼 달래기 의식이 자리하고 있다. …… (아사노가) 쇼군의 권력도 천자의 권위도 모두 무시하고 스스로의 목숨은 물론 나라마저 내던지면서 풀려고 했던 울분이라면 그 영혼은 위로해 제사 지내지 않으면 무슨 재앙이 내릴지 모르는 두려운 존재인 것이다."[154]

즉 원통함을 가지고 죽은 자의 원혼을 위로하기 위해 신사나 절을 지어 예배하는 것과 마찬가지의 원령 신앙(御靈信仰)에 뿌리를 둔 의식으로 아코 낭사들은 아사노의 무덤에 기라의 머리를 바쳤다고 보는 것이다.[155] 그래서 마루야 사이이치는 아코 낭사의 복수극을 "윤리적 행위라기보다는 주술적·종교적 제사"라고 규정하고, 그들을 종교적 이유로 징병을 거부하는 퀘이커교도와 같은 '종교적 확신범'으로 보았다.[156]

흥미롭게도 신토에서는 신사에서 모시는 신을 분양받아 다른 곳에 신사를 짓고 이를 제사 지내기도 한다. 우리나라에서도 교회나 절을 여러 곳에 지어 종교 행위를 하지만, 종교의 대상을 분양받는다는 개념은 없으나 일본에서는 분령(分靈)의 절차를 밟는다. 신토에서는 신령은 무한으로 나누는 것이 가능하고 분령을 해도 그 신령의 위력은 손상되지 않는다고 믿는다. 나누어진 혼령을 다른 신사로 옮겨 제사 지내는 것을 권청(勸請, かんじょう)이라고 하며, 보통 그 신을 첫 번째로

제사 지내던 신사로부터 나누어 받는다. 이때 원래의 곳을 총본사(総本社) 또는 총본궁(総本宮)이라고 하고, 나누어 받는 신사를 분사(分祠, 分社), 분궁(分宮)으로 부른다. 다자이후의 덴만구(天滿宮)도 전국적으로 덴만구, 덴진샤(天神社) 또는 스가와라진자(菅原神社)라는 이름으로 약 1만 개의 분사가 있다고 알려져 있다.[157]

오사라기 소설 〈아코 낭사〉에서도 막부의 처분을 기다리던 17명의 아코 무사들을 맡아 있던 구마모토(熊本) 성주 호소카와 쓰나토시(細川綱利)는 아타고 산(愛宕山)에 가서 아코 무사들의 구명(救命)을 빌었다.[158] '아타고 산' 이라는 이름의 산은 일본의 여러 곳에 있는데, 여기서 말하는 아타고 산은 당시 쓰나토시가 거주하던 에도의 아타고 산을 가리키는 것으로 본다. 지금 도쿄의 미나토 구에 있는 언덕으로 그 위에 아타고 신사(神社)가 있다. 이 신사의 총본사는 교토의 우쿄 구에 있는 아타고 산(표고 924미터)에 있는데, 화재 방지에 영험이 있는 신사라고 알려져 전국에 약 900개의 분사가 있다고 한다. 에도의 아타고신사는 도쿠가와 막부가 설립된 후 당시 새로 건설되고 있던 에도의 화재 방지를 기원하기 위해 이에야스가 교토에서 분령을 받아 창건했다. 일본을 평정(平定)한 이에야스가 만든 신사이므로 에도 시대에 그곳은 무사들 사이에서 무운을 비는 신앙의 대상으로서, 또 그 꼭대기에서는 에도 시가(市街)의 경관을 즐기는 곳으로 유명했다고 한다. '아타고' 라는 말은 '높은 곳' 이라는 뜻이라는데 위키피디아(Wikipedia)에서 도쿄의 아타고 산(愛宕山)을 검색해보면 해발(標高) 25.69미터라고 표시되어 있다. 그런 곳이 옛날부터 '산' 으로 불리던 '높은 곳' 이라고 하니 도쿄 일대가 얼마나 넓은 평지인지를 미루어 알 수 있다. 도쿄 일대에서 천연의 지형으로 제일 높은 곳은 도쿄도

네리마 구(練馬区)의 서남단으로 해발 약 58미터라고 한다.[159]

두 주군을 섬기지 않는다는 허구

민간 사학자였던 다무라 에타로(田村栄太郎, 1893~1969년)는 아코 낭사들이 복수극을 일으킨 것은 재취업을 위한 것이라고 보았다. 낭인이 되어 생활이 어려웠던 아코 무사들은 여러 가지로 살길을 생각해본 끝에 복수극을 벌리고 자수를 하면 유배 정도의 벌을 받은 후에 그 충성심에 감복한 다른 다이묘들의 부름(채용)을 받을 수 있을 것이라고 생각하고 일을 벌였다는 주장이다.[160] "무사는 두 명의 주군을 섬기지 않는다(不事二君)"는 말도 있으나 이것도 문예작품이 만들어낸 또 하나의 허구로 보인다. 실제로 도쿠가와 막부가 설립된 이후 끝날 때까지 존재했던 다이묘가(家=藩)는 약 600개였는데 에도 시대 말에 존립했던 다이묘가는 약 300개였다. 즉 번의 약 50퍼센트는 없어졌다. 그만큼 낭인이 많이 발생했고 무사들이 선조와는 다른 주군을 섬기는 경우도 많았다. 어느 번이 감봉이나 영지 몰수를 당하고 다른 번의 다이묘가 녹봉을 올려 받게 될 경우 형편이 나아진 번으로의 무사의 이동, 즉 신규 채용이 쉽지는 않았지만, 드물지도 않았던 모양이다.[161]

〈충신장〉의 아코 무사 46인 중에서도 원래는 다른 번에 속해 있었는데 이런저런 이유로 낭인이 되었다가 아코 번으로 흘러들어간 무사들이 많다. 간자키 요고로(神崎与五郎)라는 무사는 옛 미마사카 쓰야마 번(美作 津山藩)의 무사였는데 어떤 이유로 낭인이 되었다가 아코 번에 고용된 사람이다. 하사마 신로쿠(間新六)라는 무사는 그 조부가 다른 번에 있다가 사고를 치고 아코 번으로 피해와서 가신이 되었던 사람이다. 17세기 후반까지 다이묘들 간에는 다른 번에서 사고를 치고 자기번으로 도망쳐온 범인의 인도를 놓고 자주 분쟁이 일었다고 하며, 자기 번으로 몸을 피한 사람을 호락호락 넘겨주는 것은 다이묘의 체면에 관계된 일이기도 했다.[162] 복수극에 참가한 무사들 중 최고령이었던 호리베 야베에(堀部弥兵衛, 77세)도 히젠 시마바라 번(肥前島原藩: 지금의 나가사키 현 시마바라)의 가신이었는데, 어떤 이유에서인지 낭인이 되었다가 스무 살이 넘어서 아코 번(초대 번주 長直시대)에서 일하게 된 사람이다.[163] 또 오쿠다 마고다유(奥田孫太夫)라는 무사도 당초 시마노국 도바 번(志摩国 鳥羽藩: 지금의 미에 현 시마 반도의 북동단)의 가신이었는데, 그 가문이 폐문되어 낭인이 되었다가 아코 번에 재취업한 사람이다.[164] 당시에는 모든 번이 경제적인 어려움으로 가신을 줄이려 하고 있었기 때문에 자칫 실수를 하면 번에서 추방되는 일이 많았고 특히 가독(家督)을 물려받지 못하는 무가(武家)의 2남, 3남들은 다른 곳에서 일자리를 찾을 수밖에 없었다.[165] 그런 상태에서는 사회적으로도 '두 주군을 섬기지 않는다'라는 말은 현실성이 없었을 것이다. 또 모리무라의 소설 〈충신장〉에서도 죄인 신분의 아코 무사들을 맡아 수용하고 있던 각 다이묘들은 막부가 그들을 용서하면 자기들 번에서 채용할 마음이 있었다고 묘사되어 있다. 결국 '불사이군(不事二君)'이라는 말도 주군이 건재하고 자기의 입장도 튼튼할 때의 이야기이고 어떤 이유로든지 스스로의 입장이 어려워졌을 때는 사정이 달랐던 것으로 보인다. 오죽했으면 당시에는 "무사는 떠돌이(渡り者)"라는 말도 있었다고 한다.[166]

좀 다른 이야기지만 아코 번이 폐번(閉藩)되었을 때, 무사들의 반응과는 달리 아코 번에 속한 백성(토착민, 서민)들은 오히려 이를 반겼고 심지어는 떡을 해 먹으면서 며칠간이나 잔치를 벌이면서 기뻐했다고 한다.[167] 그만큼 아사노의 연공(年貢) 착취가 심했고, 평소 영주와 영민들 사이에 별로 끈끈한 정도 없었다는 뜻이다. 아사노가는 다쿠미노카미(內匠頭)의 할아버지 아사노 나가나오(浅野長直, 1610~1672년) 이후 3대, 약 60년 동안 아코 번을 다스리고 있었는데, 영지 내의 농민과 염전 노동자들로부터 생산량의 6할 이상을 연공으로 징수해서 원성이 높았다고 한다.[168] 그 시대에는 다이묘들이 악질적으로 백성들을 착취하던 이야기가 흔하다. 전국 시대 야마토국(大和国: 지금의 나라 현)의 다이묘 마쓰나가 히사히데(松永久秀, 1510~1577년)는 농민들이 연공(年貢)을 제대로 납부하지 않으면 도롱이(蓑: 짚으로 엮은 우비)를 입히고 불을 붙여서 괴로워서 버둥거리는 모습을 보면서 '도롱이 벌레춤(蓑虫踊り)'이라고 부르면서 즐거워했다고 한다. 그가 죽었을 때도 농민들은 농기구를 팔아 술을 사서 마시면서 축하했다고 전해진다.[169] 일본인들도 참으로 어려운 시대를 살아 넘긴 셈이다.

참고로 에도 시대에 다이묘의 측근으로 번정(藩政)을 이끌어가던 사람은 거의가 다이묘의 오랜 가신들이었다. 특히 감봉, 전봉(轉封)으로 영주들이 영지를 옮기는 경우에도 새로 옮겨간 곳의 현지인이 발탁되어 중책을 맡는 경우는 드물었다. 따라서 극히 드문 경우를 빼고는 각 번의 무사들의 생활방식은 다이묘의 집안에서 옛날부터 전해오는 가풍이지 영지의 토속 풍습과는 별로 관계가 없었다.[170] 더구나 참근 교대로 다이묘가 한 해씩 걸러 영지에 머문다고 해도 다이묘의 가족들은 에도에 있었기 때문에 영주의 문화와 영지의 토박이 백성들의 문화는 완전히 달랐다. 그런 만큼 각 번의 일반 백성들과 다이묘 사이에는 단지 세금을 내고 받는 관계 이상의 심리적 일체감은 없었다고 보는 것이 일반적이다.

또 다른 이야기도 있다. 〈충신장〉 이야기에서 총대장 격인 오이시는 복수극을 펼치기 전에 동료들이 끼니를 걱정하는 동안에도 요시와라(吉原)의 유곽에서 기생들과 질펀하게 놀아났다. 기라 측을 방심하도록 만들기 위한 일이었다는데 소설이라 과장이 있었겠지만 아무리 그래도 동지들이 굶고 있는 판에 그렇게 흥청망청 돈을 쓰면서 놀아야 했을까하는 의문도 든다. 그러나 대부분의 '아코 의사전(義士伝)'은 오이시의 방탕이 적을 속이기 위한 것으로 그려져 있다.[171] 모리무라의 소설에서는 그가 기라의 집에 쳐들어가기 전에 마지막 인사차 주군 아사노의 미망인 아구리(阿久里: 출가 후 瑤泉院)를 찾아갔는데 그 여인은 오이시를 만나주지 않았다. 주군의 원수를 갚을 생각은 안 하고 매일 유곽에서 질펀하게 논다는 소문을 듣고 괘씸하게 여겼기 때문이었다. 그러나 아구리도 적을 속이기 위해 일부러 오이시와 거리를 둔 것으로 그린 소설도 있다.[172] 정말 그의 방탕은 적을 속이기 위한 것이었을까?

폐쇄적 공동체의 열린 성 의식

조금 다른 이야기지만 책을 읽다 보면 옛날부터 일본인들은 우리와는 사뭇 다른 성 풍속을 가지고 있었다는 것을 알 수 있다. 앞에서도 잠깐 언급된 헤이안 시대의 소설 〈겐지 모노가타리〉의 주인공 히카리 겐지는 아버지의 부인(妃)을 포함해 숙모 등 셀 수 없이 많은 여자들과 사통(私通)하고, 급기야는 신사(神社)에서 일하기 위해 근신하는 왕녀가 머물던 노노미야(野宮)라는 성역마저 침범하는 등 국법을 어기면서까지 여자들과 놀아났다. 소설이라지만 그의 여성 편력은 단지 개방적이라고만 말하기에는 너무 난잡했다. 그러나 일본에서는 그런 식의 문란한 사생활도 "모두 아름다움의 화신(權化)인 히카리 겐지(光源氏)의 소행이므로 용인된다."[173] 우리와는 사뭇 다르다.

옛날 일본에서는 지방 여행을 할 때 여인숙 같은 곳이 없는 곳에서는 길손이 그 지방 유력자의 집에 하루를 묵고 가는 경우가 많았는데, 그런 경우 흔히 주인집 딸이 숙박객의 잠자리 시중을 들었다고 한다. 이를 '객인 신앙(客人信仰)' 또는 '접대혼(接待婚)'이라고 했다는데, 타 지역과의 교류가 활발치 않던 시대에 근친혼에 의한 열성(劣性)유전을 피하고 외부의 혈통을 받아 신선한 피를 섞기 위한 일이었다고 전해진다.[174] 시바 료타로의 소설 〈요시쓰네 義経〉에도 그런 풍습이 소개되어 있다. 가마쿠라 막부의 설립자 미나모토노 요리토모의 동생 요시쓰네가 당시 동북 지방(奥州)을 지배하던 후지와라 히데히라(藤原秀衡)에게 몸을 의탁하고 있을 때 그곳 지방 유지들이 매일 밤낮으로 그에게 딸들을 보내 시중을 들게 했다. 그때의 광경을 소설에서는 이렇게 적고 있다.

"씨를 받고 싶다는 것뿐이다. 그것도 자기들이 원해서가 아니라, 아비나 오빠가 시켜서 할 수 없이 화장을 하고 나와, 교토에서 온 이 젊은이에게 안기는 것이다."[175]

같은 맥락에서인지 옛날 일본에서는 계절이 바뀔 때, 특히 입춘 전 날 밤(節分の夜)에 마을의 남녀노소가 신사 등에 모여 함께 자던 풍습이 있었다. 당시에도 미혼의 여자와 미망인은 비교적 성(性)에 개방적이었고, 특히 마을의 마쓰리가 있는 날은 '성 개방의 날'이었다.[176] 그런 식으로 많은 사람들이 서로 섞여서 자는 것을 '자고네(雑魚寝／雑居寝)'라고 했다는데, 에도 시대의 대표적 풍속소설이라는 이하라 사이카쿠(井原西鶴, 1642~1693년)의 〈호색일대남 好色一代男, 1682년〉에도 교토에서 가까운 오하라 마을(大原: 지금의 교토 시 사쿄 구 북동부의 히에이 산 서쪽 기슭)에서 입춘 전날에 그런 풍습이 있었던 것이 소개되어 있다. 이날은 신분의 상하 구별 없이 신사의 예배당에서 섞여 자면서 서로 무슨 짓을 해도 상관하지 않았다고 한다.[177] 이런 풍습은 그 뿌리가 깊은 것으로 옛날(記紀万葉の時代, 7~8세기 무렵)부터 일본에는 우타가키(歌垣) 또는 카가이(かがい)라고 하는 민속 행사가 있었다. 이는 남녀가 봄, 가을 두 계절에 산이나 갯바위(磯), 장터 등에 모여 풍년을 기원하면서 함께 노래하고 춤추면서 식물도 번식을 위해 인간과 같은 행위를 한다는 관념의 공감 주술(共感呪術)로서 성교를 하던 관습이다. 비슷한 풍습이 중국의 남부 지방, 필리핀, 인도네시아 등에도 있었다는데,[178] 사실이라면 옛날 이들 지역 간에 이루어졌던 문화 교류의 흔적으로 볼 수 있을 것이다. 민속학자 야나기타 구니오(柳田國男, 1875~1962년)의 설화집(説話集) 〈도노 모노가타리 遠野物語, 1910년〉에는 이런 대목이 있다.

"남자가 밤중에 여자의 처소를 드나드는 것을 요바이(夜這い)라고 한다. 성적인 관계를 갖는 경우에 요바이로 부르고, 단지 이야기만 하는 교류를 아소비(遊び)로 구분하기도 한다. 어느 쪽이든 자기 딸이 요바이나 아소비의 대상으로 선택되지 않으면, 한 사람 몫의 여자가 되지 않은 걸로 여겨서 부모들이 부끄럽게 생각했다고 한다."[179]

외국인에 대해서도 역시 개방적이었던지 같은 책에 이런 이야기도 있다.

"에도 시대 말기(嘉永년간 1848~1854년) 일본의 해안 지역에는 서양인이 많이 왕래하고 있었는데, …… 쓰치부치무라(土淵村)의 가시와자키(柏崎)에는 부모가 모두 일본인인데 피부가 흰 아이(白子)가 둘이 있는 집이 있었다. 머리도 피부도 서양인과 같았다."[180]

어떤 연유로 백인 아이를 둘씩이나 갖게 되었는지는 모르겠지만 평소 외부인에게 폐쇄적으로 보이는 일본인들의 이미지와는 어울리지 않는다. 쓰치부치무라란 이와테 현 도노 시 쓰치부치쵸의 옛 이름이다. 피를 섞는다는 의도가 아니더라도 옛날부터 일본인들은 성에 대해서 우리와는 전혀 다른 관념을 가졌던 것으로 보인다. 나중에 가마쿠라 막부의 초대 쇼군이 된 미나모토노 요리토모(源賴朝)가 1180년 히타치국(常陸: 지금의 이바라키 현)의 사타케 요시히데(佐竹秀義)를 정벌하고 가마쿠라로 귀환하는 길에 무사시국(武蔵国: 동경도 부근)의 가사이 기요시게(葛西清重, 1161~1238년)라는 무사의 집에 머물게 되었다. 이때 기요시게는 자기의 처에게 요리토모의 수청을 들게 했다. 이에 만족한 요리토모는 그에게 무사시국(武蔵国)에 있던 마루코 장원(丸子荘: 지금의 가나가와 현 가와사키 시)을 주었으며, 그 후 기요시게는 요리토모의 최측근이 되어 권세를 누렸다고 한다. 이 일은 가마쿠라 막부의 공식 기록인 〈아즈마가가미吾妻鏡〉에 기록되어 있다고 한다.[181]

시바 료타로가 쓴 같은 책에는 이런 구절도 보인다.

"그 시대에도 정조 관념이 굳은 부인은 당연히 있었지만 그것은 어디까지나 개인의 성향에 달린 일로 사회가 강제하는 일반 도덕으로까지는 되어 있지 않았다. 이는 귀족이나 서민이나 마찬가지여서, 미혼의 처녀, 남편이 있는 여자도, 또는 홀어미들도 접근하는 남자에게 정을 느끼면 그를 위해 치마를 걷었다."[182]

앞에 소개된 풍속소설 〈호색일대남〉에는 이즈미 지방(和泉=泉州: 지금의 오사카부의 남부)의 풍습에 대하여 이런 묘사가 있다.

"이 지방은 처녀들뿐 아니라 마누라(女房)들까지도 색에 미쳐 있다고 한다. …… 남자들은 고기잡이로 여념이 없어 그들이 없을 때는 마음 내키는 대로 행동하는데 누구도 나무라는 사람이 없다. 아버지나 남편이 집에 있을 때는 문 앞에 노(櫓, 櫂)를 세워서 표시를 하기 때문에 아무도 숨어들지 않는다."[183]

소설 등의 묘사를 액면 그대로 믿을 수야 없겠지만 그래도 어느 정도의 분위기는 파악할 수 있을 것이다. 에도 시대 일본에는 공창(公娼)제도도 잘 발달해 있었다. 그 시대 막부에서 공인하던 유흥가(遊里)로는 교토의 시마바라(島原/嶋原), 에도의 요시와라(吉原), 오사카의 신마치(新町), 나가사키(長崎)의 마루야마(丸山) 등이 유명하다. 특히 에도에서는 공창 외에도 개인들이 비밀스럽게 사창(私娼)을 운영하는 경우도 많았다. 19세기 중반(天保年間, 1830~1844년) 에도에는 시나가와(品川), 신주쿠(新宿), 이타바시(板橋), 센쥬(千住) 등에 총 61개소의 사창가가 있었다는데, 일본인들의 개방적 성 풍속과 함께 참근 교대로 가족들과 떨어져 사는 무사들이 많았기 때문이기도 했을 것이다. 당시 에도의 성인 여성 78명 중 1명이 매춘부였다는 기록도 있다.[184] 또 당시에는 연지나 바늘을 팔러 다니던 행상 여인들도 흔히 사창을 겸했다고 알려져 있다.[185] 또 전반적으로 서민들의 경제 여건이 어려웠던 시대였던만큼 가난한 집이나 하급 무사들의 딸들이 쉽게 벌 수 있는 비밀 매춘으로 빠지는 경우도 많았다.[186] 그런 여자들은 일시적으로 돈 많은 사람의 첩이 되기도 했는데 그래도 그 이후의 인생에서 큰 오점이 되지는 않았다고 한다. 그만큼 당시 서민들의 정조 관념은 희박했다는 것이다.[187]

여담이지만, 유흥가의 화대는 창녀들의 급(級)에 따라 차이가 많았는데 공창의 최고급인 다유(太夫)는 하룻밤에 지금 돈으로 약 50만 엔, 우리 돈으로는 약 600만~700만 원에 달했고, 그 아래 급인 텐진(天神)은 약 5만 엔, 그 아래 기리미세(切見世)는 약 1만~2만 엔, 제일 아래의 니슈조로(二朱女郞)는 2,000엔에서 4,000엔 정도였다고 한다.[188] 요시와라(吉原)의 창부(娼婦) 약 2,000명 중 최고급 유녀(花魁/京都에서는 太夫)는 많을 때가 6~7명, 적을 때는 2명이었다는데,[189] 에도 시대 일본은 창녀까지 급을 정하고 급에 따라 각기 다른 이름으로 부르던 계급사회였다.

옛날 일본인들의 성 풍습을 보여주는 또 다른 이야기가 있다. 헤이안 시대 말기인 12세기 중엽 시라가와 상황(白河上皇, 제72대 천황, 재위 1072~1086년)에 이어 상황이 된 제74대 천황 도바(鳥羽, 재위 1107~1123년)는 아들인 제75대 천황 스토쿠(崇德, 재위 1123~1141년)를 물러나게 하면서 스토쿠의 아들에게 황위를 물려주지 않았다. 그 이유는 자기의 아들로 되어 있는 스토쿠 천황이 사실은 자기의 처(后)와 자기의 할아버지인 제72대 천황 시라가와(白河) 사이의 불륜으로 태어난 아들이라고 의심했기 때문이다.[190] 도바는 스토쿠를 자기의 처가 낳은 할아버지의 아들이므로 '숙부(叔父)이며 아들(子)'이라는 복합적 뜻을 가진 '오지고(叔父子)'라고 불렀다고 한다. 참고로 스토쿠의 처는 원래 할아버지 시라가와(白河)의 여자였는데 손자인 도바에게 주었다. 시라가와 천황은 그 밖에도 자기가 총애하던 후궁(祇園女御)을 다이라노 다다모리(平忠盛)라는 무사에게 물려준 일이 있는데 그때 그 여자는 이미 임신하고 있었다. 천황은 "만약 사내아이가 태어나면 그대의 아들로 하라"고 일렀다고 한다. 그렇게 태어난 사람이 가마쿠라 막부의 설립자인 다이라노 기요모리(平淸盛)라는 이야기도 있다.[191] 모두 옛날 일본인들의 성 풍습을 엿볼 수 있는 이야기들이다.

남색과 소년애

또 옛날부터 일본에서는 남성 간에 남색 또는 소년애가 유행했는데 이를 슈도(衆道 또는 若道)라고 한다. 〈충신장〉에서도 오이시의 아들 치카라(土稅)는 세상을 하직하기 전에 이 세상의 즐거움의 하나인 섹스를 경험해보라는 아버지 권유에 따라 복수극이 펼쳐지기 얼마 전에 교토의 환락가(四条河原)에서 소년 배우를 사서 남색을 즐겼다고 전해진다. 당시 치카라의 나이는 15세, 그 소년 배우는 17, 18세 정도였다.[192] 또 앞에 소개된 무사도에 관한 책 〈하가쿠레 葉隱〉에도 당시 유행하던 남색에 관한 대목이 있다.

"남색에서도 여자 역할을 하는 자는 …… 정을 나누는 상대는 일생에 한 사람이어야 한다. 그렇지 않으면 남창(男娼)이나 바람난 여자와 같아진다. 이렇게 되면 무사의 수치가 된다. '서로 언약한 상대가 없는 젊은이는 허혼한 사람이 없는 처녀와 같다'고 말한 이하라 사이카쿠(井原西鶴, 1642~1693년)의 말은 명언이다. 그런 사람에게는 사람들이 반쯤 장난으로 접근해보고 싶어진다. …… 남색, 여색의 양다리를 걸쳐서는 안 된다. 또 남색을 하고 있는 동안에도 무사도에는 열심히 노력할 일이다. 그렇게 하면 무사도에 어긋나지 않는다."[193]

여기서도 "여자 역할을 하는 자"만 차별하는 점은 흥미롭다. 아무튼 일본 사회에서는 원래 동성애에 대한 사회적 제재가 없었고 동성애적 감정의 표출에 대해서도 대단히 관용적이었다고 한다.[194] 일본에 남색이 퍼진 것은 일반적으로 불교의 도입과 같은 시기로 본다. 당초 불교에서는 승려가 여자를 가까이하는 것을 금지했으므로 절에서 여색을 대신해서 남색이 이루어진 것이다. 헤이안 시대부터 승려들뿐 아니라 조정의 관리나 귀족들 사이에서도 남색이 유행했으며, 중세 이후에는 무사들 사이에서도 널리 이루어져서 전국 시대의 다이묘들은 흔히 옆에서 시중드는 젊은 무사를 남색의 대상으로 삼았다. 오와리국(尾張国: 아이치 현 서부)의 오다 노부나가와 그 부하 마에다 도시이에(前田利家, 1539~1599년), 가이국(甲斐国: 山梨県)의 다케다 신겐(武田信玄, 1521~1573년)과 고사카 마사노부(高坂昌信/虎綱, 1527~1578년) 등이 그런 예로 알려져 있다. 지금은 어떤지 모르겠으나 에도 시대까지 일본에서는 남자끼리의 연애가 도착이 아니라 정상적인 사회생활의 일부로 용인되었고 주군과 부하 무사들 사이의 남색은 오히려 상호 신뢰나 명예, 상대에 대한 내면적 자질에 대한 평가에 입각한 순수한 인간적 유대로 여겨졌다고 한다. 상인들 사이에서도 남창이 유행했는데, 에도의 니혼바시(日本橋) 부근의 찻집 등에서 성행했던 모양이다. 앞에 소개된 풍속소설 〈호색일대남〉에는 주인공 요노스케(世之介)가 일생 동안 관계한 사람이 여자 3,742인과 소년 725인이라고 쓰여 있는데[195] 비록 소설이라고 하더라도 당시에 그만큼 남색이 흔했다는 것을 말해준다. 에도 시대 중기에 이르러 다이묘들이 주군에 충성하는 부하보다는 남색 상대를 더 소중히 여기는 등 그 폐해가 심해지자 막부에서 이를 엄격히 금지했다. 또 일부 번(藩)에서는 남색이 소년의 유괴 또는 강간 사건을 일으킨다는 이유로 금지해서 급격히 쇠퇴하기 시작했으며,[196] 1873년 메이지 정부는 법률에 '계간죄(鷄姦罪)'를 명시, 법적으로 이를 금지했다.[197]

제7장
• • • •

일본의 가면,
천황

또 하나의 연출된 일본의 모습

천황은 또 하나의 '연출된' 일본의 모습이다. 천황을 이야기할 때면
먼저 인용되는 것이 일본 최초의 역사책이라는 〈고사기古事記〉와 〈일
본서기日本書記〉이다. 〈고사기〉는 "천황가의 혈통을 명확히 한다는 정
치적인 목적에서"[1] 건국신화와 천황가의 족보를 연결해서 기전체(紀傳
體)[2]로 기록한 책이고, 〈일본서기〉는 초대 진무(神武, 재위 기원전 660~기
원전 585년) 천황부터 41대 지토(持統, 재위 기원후 690~697년) 천황까지의
역사를 편년체(編年體)[3]로 기술한 책이다. 일본의 고대사는 모두 이 두
책을 근거로 그 기본 틀이 만들어졌다고 한다. 특히 〈고사기〉는 후에
천황은 사람의 모양으로 이승에 나타난 신, 즉 '현인신(現人神)'이라는
주장의 근거가 된 책이다.

일본의 건국신화에 따르면 신들의 족보(神代)로 7대째가 되는, 친남
매이면서 부부가 된 이나자기(伊邪那岐)와 이나자미(伊邪那美)라는 신들
이 있었는데, 그들이 먼저 일본열도(列島)를 낳고, 다음에는 많은 신을
낳았다. 그러나 이나자미는 불(火)의 신을 낳고는 화상을 입고 죽는다.
그 후 남신인 이자나기가 우여곡절 끝에 목욕을 하던 중 왼쪽 눈으로

일본의 조상신인 아마테라스 오미카미(天照大御神)라는 여신을 낳았다. 그 아마테라스의 손자, 니니기(ニニギ, 호노니니기노 미코토)가 하늘나라에서 땅으로 내려왔는데(天孫降臨), 그 니니기의 셋째이며 막내아들인 야마사치히코(山幸彦, ホオリ)가 바다의 신(海神)의 딸과 결혼해서 낳은 아들이 이모와 결혼해서 네 아들을 낳았다. 그중 막내가 기원전 660년에 나라를 세우고 천황으로 즉위했는데, 그가 일본의 초대 천황 진무(神武)라는 것이다.[4] 결국 일본의 초대 천황은 일본의 조상신 아마테라스 오미카미의 4대손인 고손자에 해당되는 셈이다. 그 이후 일본의 천황은 지금까지 한 계통, 즉 '만세일계(万世一系)'로 이어져왔다고 되어 있다. 물론 〈고사기〉나 〈일본서기〉의 기록은 신화에 바탕을 둔 것인 만큼 그대로 실제의 역사로 볼 수는 없다. 또 천황이라는 호칭이 쓰인 것도 제40대 덴무 천황(天武, 재위 기원후 673~686년) 이후의 일이며, 그 이전 부족국가들의 연합으로 형성된 초기 국가(야마토국: 4세기 무렵 성립)의 왕은 오키미(大王)라고 불렸고, 반드시 직계가 계승한 것도 아니다. 단군신화에도 곰이 사람으로 변한 이야기가 나오지만 그것은 어디까지나 신화로 그친다. 그러나 일본은 신화를 역사와 직접 연결해서 지금 여기 있는 이 사람(천황)이 하늘나라의 바로 그 신의 자손이라고 주장해왔던 셈이다. "우주 발생 신화를 포함한 민족 신화가 바로 사람의 족보(人代)의 역사적 구성 속에 편입되어 있는 것은 세계적으로 특이한 일"[5]이다. 황당하기도 하고, 흥미롭기도 하다. 학자들은 일본인들의 이런 역사 인식 태도가 그들의 사고방식, 나아가서는 일본 사회의 형성에 아주 큰 영향을 끼쳤다고 본다.

신토와 불교

일본은 지진, 화산, 태풍 등 고대인들이 이해할 수 없었던 자연현상들이 아주 많은 섬나라다. 이러한 환경에 노출된 일본인들은 자연히 자신들의 안전을 위해 초자연적인 힘에 의존하려는 마음을 갖게 되었고, 이를 위해 특정 지역을 깨끗이 하고 산신, 해신, 조상신, 전설적 인물 등을 제사 지내면서 일상생활과 농사, 항해 등의 안전을 기원했다. 이렇게 시작된 종교의식을 일본에서는 신토(神道)라고 한다. 이러한 종교의식은 일본뿐 아니라 고대 동아시아에서는 쉽게 그 예를 찾아볼 수 있고, 일본의 신토도 이러한 관습이 쓰시마 섬, 이키(壱岐) 섬을 통해 일본에 전해진 것으로 보기도 한다. 고대 중국에서도 왕이나 각 지방의 제후들은 토지의 신을 제사 지내기 위해 흙으로 단(壇)을 쌓고 그 주위에 나무를 심고 깨끗이 하여 신성시한 예가 많이 있다고 하며, 우리나라의 사직단(社稷壇)도 그런 것의 일종이다. 신토는 중국의 도교(道敎)의 영향을 많이 받았고, 그래서 "신토는 모습을 바꾼 도교의 일본판"이라고 보는 학자도 있다.[6] 다만 일본의 신토는 제사의 대상이나 참배 방식이 독특하게 발전한 것으로 보인다.

우리나라에는 유일신을 믿는 종교인이 아니더라도 일본의 신토에 대해 거부감을 가진 사람들이 있다. 이는 제국주의 시대의 일본 정부가 천황 숭배를 강제하는 수단으로 신토를 이용한 이른바 '국가 신토(國家神道)' 때문일 것이다. 그러나 메이지 정부가 천황 숭배를 위해 만들어낸 "국가 신토라는 것은 민속적인 고(古)신토와는 관계가 없는, 신성국가론이라는 보편성이 없는 이념을 기초로 한 것"[7]이다. 앞에서 잠간 언급한 대로 일본 전래의 신토는 모든 것에는 정령(精靈)이 있다는 정령신앙(animism)으로 다신교이다. 신토에는 교조(敎祖)도 교의(敎義)도 없고, 그래서 "신토는 종교라기보다는 일본인들의 생활습관"이라고 말하는 사람들도 있다.[8] 그런 의미에서 신토는 우리가 특히 싫어할 일도 좋아할 일도 없는, '일본인들의 생활의 한 면'이다.

6세기 중반 한반도로부터 일본에 불교가 전파되었는데, 불교는 곧 토착 신앙인 신토와 마찰을 일으켰다. 이는 호족들 간의 권력다툼과도 연결되었는데, 결국 불교는 신토를 누르고 정치의 중심에 자리하여 이른바 '아스카 문화(飛鳥文化)'[9]의 바탕을 만들어갔다. 그러나 불교는 토착 신앙인 신토를 포용했고 신토는 이에 적응해갔는데, 이 과정에서 나온 것이 신불습합(神仏習合) 사상과 본지수적설(本地垂迹說)이다. 신불습합이란 신토와 불교가 절충해 하나의 신앙 체계로 재구성(習合)되었다는 뜻인데, 한마디로 부처(佛)와 일본의 신인 '가미(神)'가 다른 것이 아니라는 말이다. 수적(垂迹)이란 흔적을 드러내는 것을 뜻하며, 본지수적설이란 일본의 800만 신은 부처나 보살이 여러 가지 다른 모습으로 일본 땅(本地)에 모습을 드러낸 것이라는 주장이다.

"세계사에서 정치적·세속적 권력과 종교적·교회적 권력은 충성의 쟁탈을 둘러싸고 이르는 곳마다 격렬한 갈등을 되풀이해왔다. …… 그런데 일본에서 …… 신토는 …… 처음부터 세속적 권력과 긴장 관계에 서지 않았으며, 오히려 본질적으로 그것과 유착되어"[10] 있었다.

불교와 신토가 하나의 신앙 체계로 서로 어울리고 합쳐지면서 각 신사에서는 자기들이 모시는 부처, 즉 본지불(本地佛)을 정했는데, 각 신사의 신이 어느 부처나 보살의 화신(化身)인지는 종파에 따라서 다르다고 한다. 수적신(垂迹神)과 본지불(本地佛)의 예로 대표적인 것이 일본 황실의 조상신인 아마테라스 오미카미(天照大御神)는 대일여래(大日如來) 또는 십일면관세음보살(十一面観世音菩薩)의 화신이고, 도쿠가와 이에야스(德川家康)는 약사여래(薬師如來)의 화신으로 보는 것이다.[11] 이에야스는 사후 '도쇼 다이곤겐(東照大権現)'이라는 신호(神号)로 불렸는데, 도쇼는 닛코(日光: 도치키 현)에 있는 그의 신사인 도쇼궁(東照宮)을 뜻한다. '곤겐(権現)'의 '곤(権)'은 '임시'의 뜻이며, 따라서 곤겐이란 '임시로 나타났다'는 의미이다.[12] 이는 본지수적설에 기초해서 이에야스가 일본인들을 구제하기 위해 사람의 모습으로 잠깐 현세에 나타난 부처의 화신이라는 의미이다. 이를 보면 부처(佛敎)가 일본의 신(神道)보다 한 단계 위에 자리했던 것으로 보인다.

16세기가 배경인 어느 소설에는 오다 노부나가가 지금의 시가 현 오즈 시에 있던 천태종(天台宗)의 총본산인 히에산 엔랴쿠지(比叡山 延暦寺)를 토벌할 때의 이야기가 나온다. 노부나가는 부하 아케치 미쓰히데(明智光秀)에게 엔랴쿠지(延暦寺)와 그 부속 건물들이 산재해 있는 산 전체를 태워버리라는 명령을 내렸다. 당시 화염 속에서 미쓰히데에게 도움을 요청하던 사람 중에 단쿠(湛空)라는 중(僧)이 있었는데, "단쿠 어른(上人)이라면 천자의 스승"이라는 대목이 있다.[13] 당시에는 천황이라도 불교의 승려들과 교류를 가지고 그 가르침을 받았다는 말이다. 소설이지만 신불습합이 일상화되어 있었던 시대의 한 모습이라고 볼 수 있다.

신불습합사상과 본지수적설은 메이지 정부가 신불분리정책(神仏判然令, 1868년)을 쓰고, 천황을 신격화하면서 '일본은 신의 나라'라고 국민을 세뇌, 통합하려 한 이른바 국가 신토(國家神道)를 도입하면서 쇠퇴했다.[14]

일본 황실은 백제 혈통인가?

"역사가의 연구에 따르면 일본의 황실도 결국 외래(外來)의 정복자였다."[15] 즉 천황가는 일본열도의 원주민이 아니라는 말이다. 여러 가지 사료를 바탕으로 일본의 천황가는 백제 왕가의 후손이라고 단정하는 역사책이 국내에는 많이 나와 있다. 일본 황실이 한반도에서 건너간 사람들이라는 것을 인정하는 일본 학자들도 제법 있지만 그런 주장을 공공연히 할 수 있는 분위기는 아닌 모양이다. "일본 고문서학(古文書學)의 태두"[16]라는 평을 듣는 도쿄 대학교 사학과 구메 구니타케(久米邦武, 1839~1931년) 교수는 1891년 어느 학술지에 "일본 천황가에서도 부여의 영고(迎鼓), 고구려의 동맹(東盟)과 똑같이 한국의 천신들에게 대대로 제사를 지내는 풍명절회(豊明節會)[17]를 거행했다"라는 논문을 발표했다가 교수직을 사퇴당하고 극우파들이 칼을 들고 집에 침입해 논문을 취소하라는 협박을 받은 일이 있다.[18] 또 "일본과 조선은 똑같은 민족이다. …… 일본은 조선으로부터 갈라져 나오게 된 국가이다(松本清張). …… 백제 제26대 성왕(聖王)이 바로 일본의 29대 긴메에(欽明)천황이며, …… 성왕은 백제와 일본을 내왕하면서 두 나라 왕을 겸임했다(小林惠子)"라고 주장하는 학자들도 있다.[19] 지금의 일본 천황 아키히토(明仁, 1989년 즉위)도 2001년 12월, 68회 생일을 맞아 기자회견을 하면서, "나 자신으로서는 간무(桓武, 제50대. 재위 781~806년) 천황의 생모가 백제 무령왕의 자손이라고 〈속일본기續日本記〉에 쓰여 있기 때문에 한국과의 연(緣)을 느끼고 있다"라고 말한 바 있다. 그만큼 한민족과 일본 왕실과는 혈통적으로 깊은 관계가 있다는데, 흥미로운 것은 당시 아키히토의 기자회견 내용 중에서 혈연관계 대목을 보도한 일본 언론은 아사히신문(朝日新聞 2001년 12월23일자) 하나밖에 없었다고 한다.[20] 그만큼 이 문제는 일본에서 민감한 모양인데 사실 일본의 천황이 한민족의 후예든 아니든 지금 우리들의 생활이 달라질 것은 아무것도 없다. 그런 논의는 학자들에게 맡기고 여기서는 그냥 흥미 위주로 일본의 천황에 대해 궁금한 것을 조금씩 들여다보기로 한다.

천황, 애매모호한 일본의 상징

일본 헌법에 따르면 천황은 "일본국의 상징이고 국민 통합의 상징(제1조)"이지만 "헌법이 정하는 국사(國事)만 할 수 있으며 국정에 관한 기능은 갖지 않는다(제4조)." 헌법이 정하는 천황의 일이란 국회의 지명에 따라 내각 총리대신을 임명하고 내각의 지명에 따라 최고재판소 장관을 임명하는 일(제6조) 등이다. 동시에 일본 헌법에는 "천황의 국사에 관한 모든 행위에는 내각의 조언과 승인을 필요로 하고 내각이 그 책임을 진다(제3조)."라고 규정하고 있다. 심지어는 천황이 누구와 재산을 주고받는 것도 모두 국회의 의결이 있어야 한다는 규정(제8조)까지 있다. 한마디로 천황은 대외적(對外的)으로는 내각 및 의회가 시키는 일만 할 수 있다.[21]

여러 가지 면에서 천황은 참 묘한 존재이다. 먼저 천황은 성(氏姓 및 名字)이 없다. 그냥 이름만 있다는 말이다. 쇼와(昭和, 1926~1989년) 시대의 천황의 이름은 히로히토(裕仁), 헤이세이(平成, 1989~현재)의 연호를 쓰는 지금 천황의 이름은 아키히토(明仁)이다. 천황과 황족은 호적법의 적용 대상도 아니다. 그들의 이름과 신분은 황통보(皇統譜)에 기록된다. 천황은 법률상 국민의 권리·의무의 적용을 받지 않는다. 따라서 선거권도, 피선거권도 없다. 일본에는 천황의 국적을 명기한 아무런 법적 근거가 없고 그래서 "천황은 일본국의 국민이 아니다"라는 주장도 있다. 그런가 하면 1989년의 어느 손해배상 청구 사건에 대한 도쿄 고등재판소(東京高裁)의 판결문[22]에서는 "천황이라 해도 일본 국적을 가진 자연인의 하나이므로……"라고 언급된 일이 있다고 한다. 태평양 전쟁이 끝나기 전까지 시행되었던 옛날 일본 헌법(大日本帝国憲法, 1889~1947년)에는 천황을 국가원수로 규정하고 있었지만 현행 일본 헌법 및 기타 법률에는 국가원수에 관한 규정이 없어 일본의 국가원수가 누구인가에 대해서도 논쟁이 있다. 일본 정부의 공식 견해는 "천황은 한정된 의미에 있어서 원수이다"라고 되어 있어 외국에서도 천황을 국가원수로 대우하고 있으나, 국정에 관한 권한을 갖지 않으므로 천황을 국가원수가 아니라고 주장하는 학자도 있다. 중요한 문제에 대해서 곧잘 애매모호한 태도를 보이는 일본인의 왕답게 애매모호한 존재의 천황이다. 지금 국제적으로 그 직위가 영어로 'Emperor'라고 호칭되는 사람은 일본 천황이 유일하다.[23]

일본 왕의 변해온 권위

2세기 말쯤의 왜인(倭人) 사회는 100여 개의 취락(聚落) 연합체가 난립해 있었는데 한반도로부터 철(鐵)이 도입된 3세기를 전후해 농업 생산성이 급속히 상승했다. 차츰 잉여 농산물을 둘러싼 부족 간의 분쟁과 이에 따른 계급의 분화가 일어나고, 강력한 공동 생활 집단(聚落)이 주변의 작은 집단을 통합해 나라를 형성하기 시작했다. 3세기 초 30여 개의 작은 나라들이 무녀(巫女)였던 히미코(卑彌呼)를 중심으로 일본 최초의 연합국을 만들었다. 그것이 약 7만여 호(약 35만 명)의 규모였다고 알려진 야마타이(邪馬臺)국이다. 역사의 초기 단계에는 어느 곳에서나 대개 그랬던 것처럼, 일본 왕도 제사장의 기능을 가지고 있었다. 중국의 '위지 왜인전(魏志倭人傳)'에는 기원후 239년 야마타이국의 히미코 여왕이 위(魏)나라에 사신을 보내 '왜왕(親魏倭王)'의 칭호를 받았다는 기록이 있다.[24] 야마타이국이 처음 시작된 곳에 대해서는 지금의 나라(奈良: 畿內) 지방이라는 기나이(畿內)설과 규슈의 북쪽 지방이라는 기타규슈(北九州)설이 대립하고 있는데, 이 논쟁은 일본 최초의 통일 세력인 야마토(大和) 정권의 성립 시기(4세기 무렵 또는 5세기 무렵)와도 연결되어 역사적으로 중요한 문제로 취급된다.[25] 일본의 왕은 중앙집권 국가의 건설이 어느 정도 마무리된 40대 덴무(天武, 재위 673~686년) 또는 41대 지토(持統, 재위 690~697년) 때부터 천황(天皇)이라는 명칭을 쓰기 시작했고, '왜(倭)'라는 중국식 명칭이 '일본'이라는 말로 바뀐 것도 이때부터이다.[26]

일본 왕 또는 천황의 실질적 힘은 시대별로 큰 차이가 있었다. 초기의 일본국은 지방 호족들의 연합으로 이루어졌던 만큼 정치권력도 유력 호족들이 나누어 가지고 있었는데 4세기 무렵부터 일본 왕은 제사장의 역할과 함께 정치권력을 강화해갔다. 7세기 중엽 일본은 중국에서 율령제(律令制)를 도입하고 중앙집권적 체제를 건설하기 시작한다. 이때의 일을 다이카 개신(大化改新, 645년)이라고 하는데 다이카는 기원후 645년부터 사용된 일본 최초의 연호(年号)이다. 이때를 기점으로 중앙정치는 소가(蘇我)씨 등의 '호족 중심'의 정치에서 천황 중심의 정치로 바뀌게 된다. 7세기 후반 덴무 천황은 율령 체제를 더욱 강화해 중앙에는 율령에 의한 관제(官制)를 확립하고, 지방에는 중앙 귀족을 지방관(国司)으로 파견해 천황의 권력을 확립했다. 역사책 〈고사기〉와 〈일본서기〉가 편찬되기 시작된 것도 이즈음이다.[27] 그러나 일본의 왕이 중국의 황제나 한반도의 왕과 같은 전제권(專制權)을 갖기 위해 도입한 중국식 율령 제도는 결국 실패했다. 초기에는 토착 호족들의 사적(私的) 권리 주장이 강했기 때문이었고 후기에는 무사라는 토지 사유권을 주장하는 세력이 대거 발생해 무력으로 교토의 조정과 지방의 율령 세력(国司 등 지방관)을 압도한 때문이었다.[28] 대체로 9세기 무렵부터 약 200년간은 외척인 후지와라(藤原)씨에 의한 섭관(攝関)정치가 이루어졌고, 천황은 점차 실권이 없는 존재가 되어갔다. 10세기 무렵부터는 무사계급이 등장해 차츰 중앙정치 무대에서 영향력을 키워갔다. 무사들의 세력이 커지자 천황의 조정과 무사들 간의 힘의 균형은 곧 역전되어갔다. 헤이안 시대(平安時代, 794~1185년) 말기의 이야기인 〈헤이케 모노가타리 平家物語〉에는 무사들이 무력으로 천황이나 상황을 핍박하는 이야기가 자주 나온다. 그 한 예로 1179년, 그 시대의 권력자 다이라노 기요모리(平清盛)가 고시라카와 법황(後白河法皇)을 감금, 유폐했을 때 법황의 아들인 다카쿠라 천황(高倉天皇, 제80대. 재위 1168~1180년)의 모습을 이렇게 묘사하고 있다.

"효심 두터운 다카쿠라 천황은 아버지 법황의 유폐를 알고, 매일 밤 무사하기를 기원했다."[29]

당시의 천황은 이미 무사들의 무력에 대항할 아무런 힘을 갖지 못했던 것이다.

1180년대 초 오슈 후지와라(奧州藤原)씨가 지배하던 동북 지방을 제외한 일본은 미나모토노 요리토모(源賴朝), 미나모토노 요시나카(源義仲), 헤에가(平家) 등이 나누어 차지하면서 서로 경계하고 있었다. 요리토모는 가마쿠라를 본거지로 간토(関東)지방에 세력을 펼치고 있었고, 헤에가는 안토쿠 천황(安德天皇, 제81대. 재위 1180~1185년)을 옹립해 서쪽 지방(本州 西部, 四国, 九州 등지)에, 요시나카는 고시라카와(後白河, 제77대 천황. 재위 1155~1158년) 법황이 있던 교토에 포진하고 있었다. 1183년 고시라카와 법황과 사이가 틀어진 요시나카가 법황의 임시 거처로 쓰고 있던 교토의 호쥬지(法住寺)를 공략해 많은 황족과 귀족들을 죽이고, 법황과 어린 고도바 천황(後鳥羽天皇, 제82대. 재위 1183~1198년)을 유폐하고 정권을 장악한 일이 있다. 어느 소설에는 그때의 일을 이렇게 묘사하고 있다.

"궁정에 무사가 난입해서 천자의 혈족은 벌레같이 쳐 죽임을 당했다."[30]

알고 보면 천황가도 참으로 말할 수 없는 수난을 겪으면서 이어져 왔다. 12세기 말 미나모토노 요리토모가 가마쿠라에 막부를 설립하자 7세기 이후 계속되었던 율령 체제는 막을 내리게 되었다. 참고로 '막부'란 원래 쇼군이 여행지에서 거처하는 임시 사령부 또는 전진기지를 뜻하는 군사용어이며, 법률적 근거를 갖는 용어는 아니다. 그러나 요리토모가 가마쿠라에 막부를 설립한 이후 일본 역사에서 이 말은 '무가정권(武家政權)'을 뜻하는 말이 되었다.[31]

필요한 만큼만 이용되는 천황

가마쿠라 막부가 성립한 후에도 천황의 조정은 전국의 토지를 막부와 나눠서 점령하고 있었다.[32] 조정과 막부는 곧 주도권 다툼을 벌이게 되었고, 조정은 차츰 무력을 기반으로 하는 막부의 세력에 밀리게 되었다. 13세기 이후에도 천황의 권력을 강화하려는 시도가 몇 번 있었으나 결국 모두 실패했다. 제82대 천황이었던 고토바 상황(後鳥羽上皇, 재위 1198~1221년)은 당시 가마쿠라 막부의 실권자인 호조(北条)씨를 정벌하려다가 오히려 무사들에게 패해 영지는 몰수되고, 오키 섬(隱岐島: 지금의 시마네 현 시마네 반도 북쪽 50킬로미터 지점)으로 귀양(1221년)을 가게 되어 조정의 권위는 사실상 상실되었다.[33]

14세기에 들어서도 제96대 고다이고(御醍醐, 재위 1318~1339년) 천황이 막부를 타도할 계획을 세우다가 발각되어 역시 오키 섬으로 유배(1332년)되었다. 이듬해 오키 섬을 탈출한 고다이고 천황은 아시카가 다카우지(足利尊氏) 등 무사들의 힘을 빌려 가마쿠라 막부를 멸망시켰다. 그러나 천황은 곧 다시 무사들과 권력투쟁을 벌였고, 1336년 아시카가 다카우지는 고묘(光明, 북조. 재위 1337~1348년)천황을 옹립했다. 이에 1336년, 고다이고 천황은 황실의 상징인 삼종의 신기(三種の神器)를 가지고 요시노(吉野: 지금의 나라 현 남부)로 탈출해 남조를 세우고 무로마치 막부의 북조와 대립했다. 이른바 남북조(南北朝) 시대 때 아시카가 다카우지가 실권을 잡고 있던 북조에서의 천황의 처지를 〈태평기〉는 이렇게 묘사하고 있다.

"현재의 천황은 …… 정권을 잡은 쇼군이 시키는 대로 해서 마치 유아가 유모에게 매달려 어리광하는 모습이고, 주인에게 충실한 머슴과 같이 되어버려 군신 관계에 상하 의식이 엷어져버렸다. …… 제왕(帝王)의 법령이 헤이케(平家) 정권의 말기부터 … 무력화되어, 무가가 아니면 세상을 다스릴 수 없게 된 정치 정세……." [34]

당시 남북조는 수시로 수도 교토를 뺏고 뺏기는 일을 되풀이했고, 따라서 천황이 피난으로 교토를 떠났던 경우가 많았다. 1352년 2월에는 남조가 교토를 침공, 북조 3대 스코(崇光) 천황을 비롯한 북조 천황가의 주요 인물들[35]을 대부분 납치, 남조의 본거지인 아노우(賀名生: 지금의 나라 현 고조시)로 데려가서 유폐시켰다. 이에 북조에서는 서둘러 스코 천황의 동생(後光嚴天皇: 북 1대 고곤 천황의 제2 황자)을 북조 4대 천황으로 즉위시켰다. 이렇게 일본에는 남북조에 각각 한 명씩, 두 명의 천황이 병존하는 이른바 남북조 시대가 약 56년(1336~1392)이나 계속되면서 서로 무력으로 다투었고 천황의 권위는 땅에 떨어졌다.[36]

남조를 회유해서 이런 상태를 종식시키고 남북조를 다시 하나로 통일한 사람이 무로마치 막부의 3대 쇼군 아시카가 요시미쓰(足利義滿, 1358~1408년. 재직 1368~1394년)이다. 그즈음 천황은 명목만 유지했을 뿐이었고 쇼군이 사실상 일본의 왕이었다.[37] 당시 쇼군 요시미쓰가 중국의 명(明)나라 영락제(永樂帝)에 보낸 국서에는 스스로를 "일본 국왕 신 미나모토노 아무개(日本國王 臣 源某)"라고 칭했다는 기록이 있다.[38]

대강 살펴본 대로 헤이안 시대 이후 일본에서 왕권을 강화하려는 시도는 결국 모두 실패했고, 그 결과 "천황은 세속적인 정치권력자로 발전하지 못하고 수많은 일본의 신 가운데 최고의 신인 아마테라스 오미카미에게 제사를 지낼 수 있는 주술적 제사장으로 남게 되었다."[39]

15세기 중반 무로마치 막부의 가신들 간에 일어난 싸움인 오닌의 난 (応仁の乱, 1467~1477년) 이후 140여 년간 일본에는 이른바 전국(戰國) 시대가 계속되었다. 당시의 천황은 이미 아무런 힘도 갖지 못한 존재였고 그 결과 경제적으로도 극히 빈곤했다. 시바 료타로의 〈나라를 훔친 이야기〉라는 소설이 있다. 전국 시대 초기 맨주먹으로 시작해서 기상천외한 수단으로 지방 영주인 다이묘가 되고, 그 후 "여러 다이묘를 떨게 했다"는 사이토 도산(斎藤道三, 1494~1556년)의 이야기이다. 그 소설에는 당시 천황의 궁핍한 형편을 이렇게 그리고 있다.

'매일 하급 관리가 '간바쿠 주머니(関白袋)' 라는 자루를 들고 교토 시내를 돌아다니면서 한 줌의 쌀을 얻어 겨우 그날 궁중의 끼니를 잇고 있다. 앞의 천황이 세상을 떠난 지 이미 17년이 되었으나 장례도 치르지 못하고 있다. 지금의 고가시와바라 천황(後柏原天皇, 제104대. 재위 1500~1526년)이 뒤를 이은 것도 벌써 17년이나 되었으나 즉위의 비용도 없다."[40]

천황의 이런 궁핍한 형편을 조금씩이나마 풀어준 사람들이 전국 시대 말 권력을 잡은 오다 노부나가, 도요토미 히데요시, 도쿠가와 이에야스 등이다. 그들은 무력으로 잡은 권력의 정통성을 확보하기 위해서 천황을 이용했고 이를 위해 천황에게 얼마간의 재정적 지원을 했다고 한다. 한편 천황은 막부의 정통성을 인정해주는 대신 그들의 힘을 이용해서 자기들의 지위도 확고히 하려고 했다.[41] 그러나 천황이 다시 실질적 권력을 강화할 수는 있었던 것은 아니다. 도쿠가와 막부의 권력 기반이 안정되자 천황은 다시 아무런 힘을 갖지 못한 존재가 되었다.

흥미로운 점은 쇼군으로 대표되는 무사계급이 실권을 잡았을 때도 천황제를 폐지하지는 않았다는 점이다. 건국 이래 일본의 왕(천황)은 조상신을 모시는 제사장이며, 명목상의 관위(官位) 임명권을 가지고 있었다. 그래서 무사들 간에 싸움이 나면 천황을 등에 업은 세력이 '관군(官軍)'으로서의 명분을 갖게 되고 이에 맞서는 자는 곧 반군(叛軍)이 된다.[42] 그런 이유로 무가 정권으로서는 조정이라는 '성가신 물건'을 억눌러놓을 필요는 있었지만 힘없는 천황의 존재를 구태여 부정할 이유는 없었다는 것이 학자들의 분석이다.[43] 즉 무사들은 자기들이 필요할 때 필요한 만큼만 천황을 이용해왔던 것이다. 한편 조정은 정의·불의를 묻지 않고 "늘 이기는 편에 붙어 강자를 지지해가는 것이 왕조의 전통"이었다.[44]

최고의 전제 군주, 쇼군

1600년, 세키가하라 전투에서 승리한 도쿠가와 이에야스는 1603년 천황으로부터 정이대장군(약칭 쇼군)으로 임명받아 에도에 막부를 세웠다. 그로부터 2년 후, 이에야스는 3남인 히데타다(秀忠, 재직 1605~1623년)에게 쇼군의 자리를 물려줌으로써 도쿠가와가의 쇼군직 세습을 천하에 명확히 했다. 2대 쇼군 히데타다는 쇼군으로 임관되기 약 한 달 전 10만여 명의 군사를 거느리고 천황에 대한 '인사차' 교토에 입성했는데 이는 천황의 턱밑에서 군세(軍勢)를 과시한 것이다. 그때의 광경을 예수교 선교회의 어느 선교사는 "최고의 전제군주인 쇼군이 일본이라는 군주국을 그 자손에게 전해주려는 것"이라고 기록했다고 한다.[45]

제2대 쇼군 히데타다는 쇼군의 권위를 높이려는 의도로 자주 상경하여 교토에서 정무를 보았다.[46] 1623년 6월 쇼군 히데타다가 천황을 만나러 입궐한 일이 있다. 이때의 일을 기록한 막부의 사서(官撰史書 德川実記)에는 쇼군이 천황을 만난 일을 윗사람을 뵙는다는 뜻의 '배알(拜謁)'이나 '알현(御目見得)'이라는 말을 쓰지 않고 '대면(對面)'이라는 용어가 사용되었다고 한다. 같은 해, 히데타다는 아들 이에미쓰(家光, 재직 1623~1651년)에게 제3대 쇼군 자리를 물려주고 막후에서 실권을 행사했다. 1626년 히데타다는 쇼군 이에미쓰와 함께 교토에 갔는데 이때 천황(後水尾)은 "천하에 공무(公武)[47]의 융화를 보인다"는 명분으로 히데타다가 머물고 있던 니죠 성(二条城)에 가서 히데타다와 3대 쇼군 이에미쓰를 '대면(對面)'했다고 한다.[48] 사실상 천황이 쇼군을 '알현(謁見)'하러 간 모양새인데, 그만큼 막부의 힘이 강했다는 뜻이다.

1632년 히데타다가 죽자 3대 쇼군 이에미쓰는 전권을 잡고 공포정치를 펼쳤다. 이때부터 정치의 중심은 천황의 교토에서 쇼군의 에도(江戸)로 옮겨졌고, 에도는 사실상의 수도가 되었다. 이에미쓰는 1634년에 한 번 더 교토에 가서 천황과 만났는데, 당시에는 30만의 군사를 동원해서 군세를 과시했다고 한다.[49] 그때 이후 에도 시대 말기까지 쇼군이 천황이 있는 교토를 방문한 일은 없는데, 그만큼 쇼군의 권력 기반은 튼튼했고, 조정의 권위는 상대적으로 낮았다. 그 후 쇼군이 천황을 만난 일은 에도 시대 말(1863년) 제14대 쇼군 이에모치(家茂, 재직 1858~1866년)가 양이론(攘夷論)[50]자들의 압력으로 교토에 가서 고오메(孝明, 제121대, 재위

1846~1867년) 천황을 만나 서양 오랑캐를 배격할 것을 서약했을 때였는데, 쇼군과 천황이 만난 것은 놀랍게도 229년 만의 일이었다.[51]

도쿠가와 막부 제3대 쇼군이 취임할 때까지는 쇼군이 될 사람은 교토의 니죠 성으로 가서 칙사로부터 쇼군 임명의 선지(宣旨)를 받고 그 답례로 황궁으로 천황을 알현하러 가는 의식이 있었다.[52] 그러나 3대 쇼군이 죽고, 제4대 이에쓰나(家綱, 재직 1651~1680년)가 그 뒤를 잇는 의식은 천황의 선지가 나오기도 전에 에도에서 이루어졌다.[53] 당시 11세의 이에쓰나가 스스로를 쇼군에 임명한 셈이다. 천황의 정식 임명장이 발부된 것은 그해 7월이었는데, 그것도 "막부의 지시에 따라서 형식을 갖추는 것이었을 뿐", 임명 날짜까지 막부에서 정했다고 한다. 또 이에쓰나는 조정과 사전 협의도 없이 쇼군의 이름으로 대부(大夫), 가미(守) 등 조정의 관직을 측근들에게 나누어주었는데,[54] 이로써 천황의 관위 서임권(官位敍任權)도 사실상 막부에게 빼앗긴 셈이었다. 이미 천황은 형식적 존재에 불과했고, 조정은 "관위 임명 서류 작성 기관"으로 전락해 있었다.[55] 그럼에도 형식적으로는 조정의 관위 임명권이 부정되지는 않았다는 점은 흥미롭다.

천황의 조정에서는 매년 이세 신궁(伊勢神宮)에서 천황의 조상신을 제사하는 행사를 갖는다. 1646년부터는 막부의 요청에 따라 이세 신궁과 함께 이에야스의 혼을 제사 지내는 닛코 도쇼궁(日光東照宮)에도 폐백(幣帛)을 가진 천황의 사신을 보내기로 했다. 이로서 닛코 도쇼궁은 황실의 조상신을 제사하는 이세 신궁과 같은 무게를 갖게 되었고, 도쿠가와 가문의 수호신인 도쇼 다이곤겐(東照大權現), 즉 이에야스는 국가수호신이 되었다. 이렇게 되자 도쿠가와가의 일본 지배의 정당성은 정이대장군에서 천하 통일의 신인 도쇼 다이곤겐으로 옮겨졌다.[56]

천황을 다스린 쇼군

형식적으로 천황은 언제나 역대 쇼군의 위에 위치했다. 그러나 실권은 막부에 있었고 이에야스가 죽은 후 제2대 쇼군 히데타다(秀忠)가 실권을 잡자 천황의 신하들은 천황이 불쾌하게 생각하는 것도 무릅쓰고 히데타다의 환심을 사려고 서로 앞을 다투었다고 한다.[57] 쇼군에 대한 호칭도 당시 천황에게만 사용했던 호칭인 '구보(公方)'라고 했다는데, 이는 '조정' 또는 '국가(公)'를 의미하는 것이다. 당시 천황 이외에는 왕자들을 포함한 모든 사람들이 쇼군 히데타다에게 신하의 예를 갖추었다고 한다.[58] 궁정 귀족들에게는 천황과 도쿠가와 쇼군의 사실상 두 사람의 주군(主君)이 있었던 셈이다. 각 지방의 지배자인 다이묘들은 당초부터 천황이 아니라 쇼군과의 주종 관계를 통해서 그 지위를 유지하고 있었으므로 결국 쇼군은 다이묘들만이 아니라 모든 조정 관원들의 위에도 군림하는 존재가 된 것이다. 쇼군은 사실상 왕과 같은 존재였으나 형식적으로는 천황으로부터 '정이대장군'이란 지위를 부여받음으로써 그 정당성을 얻고 있었다. 결국 에도 시대의 일본은 "교토의 전통적이지만 형식적인 왕(천황)과 에도의 새롭지만 실질적인 왕(쇼군)이 병존"하는 모습이었다.[59]

막부는 막부 법령 〈궁중 및 공가제법도 禁中並公家諸法度, 1615년〉에 따라 귀족, 승적(僧籍)을 가진 자 등은 물론, 천황 일족의 행위마저 규제했다. 총 17개조로 되어 있는 〈궁중 및 공가제법도〉의 제1조는 "천자(天子)가 익혀야 할 일의 첫 번째는 학문이다"라고 되어 있었는데 한마디로 천황은 권력을 잡으려는 의도로 딴짓을 하지 말라는 뜻이다.

에도 시대 말기에 이르기까지 천황은 이 규칙을 잘 지켰다고 한다.[60] 그 법령에 따라 궁정 귀족에게는 이성(異姓) 양자를 금지하고, 또 황녀의 출가는 친왕가(親王家)나 섭관가(攝関家)에 국한하도록 규제했다. 그 결과 마땅한 혼처가 없는 황녀나 양자로 갈 곳이 없는 황실의 사람들은 절(寺)로 들어가 일생 독신으로 지냈다고 한다. 2대 쇼군 히데타다의 딸을 황후로 맞은 108대 고미즈노오(後水尾, 재위 1611~1629년) 천황의 황녀 13명중 결혼을 한 딸은 4명뿐. 109대 메이쇼(明正, 재위 1630~1643년) 천황은 여제(女帝)로 미혼, 110대 고코묘(後光明, 재위 1643~1654년) 천황의 황녀 1명은 미혼, 111대 고사이(後西, 재위 1656~1663년) 천황의 황녀 9명 중 결혼한 사람은 하나뿐. 그다음 112대 레이겐(靈元, 재위 1663~1687년) 천황의 황녀 8명 중 결혼한 사람은 3명 뿐이었다고 한다.[61] 당시 천황가 사람들의 삶은 참으로 답답하고 쓸쓸했을 것이다.

막부는 또 다른 방법으로도 천황을 속박했다. 앞서 본 대로 2대 쇼군 히데타다의 5녀 마사코(和子)는 고미즈노 천황에게 시집갔는데, 이때 천황은 이미 오요츠(およつ)라는 여관(女官)을 가까이 해서 두 명의 자식도 있었다. 그러나 히데타다는 이들을 황궁에서 쫓아내고 자기 딸을 천황에게 시집보냈다.[62] 그뿐 아니라 천황의 측실들이 낳은 자식들은 모두 없애버렸다. 당시 조정에 관한 소식에 밝았던 고쿠라 번(小倉藩: 지금의 후쿠오카 현 기타큐슈 시)의 초대 번주 호소카와 다다오키(細川忠興)가 그 아들 다다토시(忠利)에게 보낸 편지(1629년 12월)에는 고미즈노 천황의 처지가 이렇게 묘사되어 있다고 한다.

"측실들의 배(腹)에 미야사마(宮様 : 황족의 존칭)가 몇 명이나 생겼으나 막부 사람들이 태어나면 곧 죽이거나 또는 배 속에 있을 때 유산 시켜버리니 참으로 원통하게 생각하고 있다. 천황은 황자가 몇 명이 태어나도 도쿠가와가의 손(孫)이 아니면 황위에 올릴 생각이 없다는 사실에 깊이 슬퍼하고 있다."[63]

참고로 고미즈노오 천황이 재위할 때 태어난 아이는 모두 마사코가 낳은 자식뿐이었으나 그가 천황에서 물러난 뒤에는 측실들로부터 24명이나 되는 자식이 태어났다고 하니[64] 참으로 무서운 이야기이다. 또 막부는 천황과 유력 다이묘의 결합을 두려워해서 서쪽 지방 다이묘들이 참근 교대로 에도에 갈 때 천황이 있는 교토에 들리는 것조차 금지했다.[65]

당시 천황은 모든 것을 막부의 의견을 물어서 결정해야 했고, 화재 등 불가피한 경우를 제외하고는 황궁으로부터 한 발자국도 밖으로 나가는 것이 허용되지 않았다. 천황이 황궁에서 외출한 것은 1651년이 마지막이었고, 그때부터 1863년 121대 고메이(孝明, 재위 1847~1866년) 천황이 서양 오랑캐(洋夷)를 물리쳐 달라고 기원하기 위해 교토의 신사(賀茂神社)에 참배하러 갈 때까지, 자그마치 213년간 천황이 황궁을 떠난 일이 없었다고 한다.[66] 사실상의 감옥살이가 아니었던가?

에도 시대 초기 천황의 무력함을 보여주는 상징적 사건이 이른바 '자의(紫衣) 사건'이다. 전통적으로 천황은 고승들에게 자색의 법의(法衣)나 가사(袈裟)를 내렸는데 이는 승려들의 권위의 상징으로 여겨졌고, 조정에서는 이때 옷값을 받아 수입을 얻었다. 한편 막부는 조정과 종교계가 밀착되는 것을 막기 위해 법령으로 천황과 귀족들의 행동을 제약하고 있었다. 1627년 고미즈노오(御水尾) 천황이 막부의 허락 없이

임제종(臨濟宗)과 정토종(淨土宗)의 주지들에게 자의(紫衣)를 내린 일이 있다. 이때 막부(3대 쇼군 이에미쓰)에서는 천황이 〈궁중 및 공가제법도〉를 위반했다는 구실로 승복(僧服)을 박탈하고 반발하는 승려들을 귀양 보냈다. 이를 자의 사건이라 한다.[67]

이 사건은 에도 시대 초기 막부가 조정을 통제한 대표적 사례가 되며 천황의 칙명이 무더기로 무효가 되어 천황으로서는 더없는 치욕이었다. 이로서 실제적으로 쇼군이 천황보다 상위에 있음을 만천하에 보여주었다. 자의 사건 이후 막부의 조정 지배는 더욱 강화되었다. 이에 절망한 고미즈노오 천황은 병을 핑계로 돌연 양위(讓位)를 선언했고, 후임으로 당시 7세였던 그의 딸이 즉위했다. 그가 109대 메이쇼 천황인데 여자 황제가 취임한 것은 8세기 이후 처음이었다.[68] 메이쇼 천황의 어머니는 2대 쇼군 히데타다의 딸이므로 도쿠가와의 혈통을 받은 사람이 천황에 취임한 것이다. 도쿠가와가에서 원했다면 그들은 실제로 천황 자리를 차지할 수도 있었을 것이나 그렇게 하지 않았다. 막부의 권력은 천황으로부터 받은 '정이대장군'의 직위에서 나오는 것이라는 형식을 취하는 것이 다른 다이묘들 위에 군림할 수 있는 법적 정당성을 가진다고 여겼기 때문이다. 표면적인 지위가 아니라 실질적인 권력자로 남는 것에 만족한 것이다.[69] 〈헤이케 모노가타리 平家物語〉에는 이런 구절이 있다.

"옛날에는 왕의 권위가 높아서, 다이고 천황(醍醐天皇, 60대. 재위 867~930년)의 시절, 칙명(勅命)을 들은 백로(鷺)가 부복(俯伏)해 날지 않아 5품의 벼슬을 받았다."[70]

"아, 그리운 옛날이여……!" 당시 천황의 속마음은 그러지 않았을까?

에도 시대 평소 옆에서 천황을 보살피는 사람은 모두 조정의 여관(女官)이며 동시에 천황의 측실이었던 여자들이었다. 절차상 조정의 최고 위직인 간파쿠(関白)라도 천황에게 무엇인가를 말하려면 내시장(內侍長)인 여관을 거쳐야 했다.[71] 전국(戰國) 시대까지의 천황은 가난으로 결혼 비용을 마련하지 못해 평생 정실(正室)을 들이지 못한 채 여관만 곁에 두고 지내기도 했고,[72] 경제적 궁핍으로 신상제(新嘗祭)마저도 중지했다고 한다. 신상제란 추수 감사 행사로서, 천황이 햇곡식을 천지의 여러 신에게 바치고 스스로 먹기도 하는 궁중 제사를 말한다. 옛날부터 황실의 중요 행사의 하나였으며, 그에 연유해 지금도 매년 11월 23일을 '근로 감사의 날'로 정하고 국민 축일(祝日)로 하고 있다.[73]

104대 천황 고카시와바라(後柏原, 재위 1500~1526년)는 돈이 없어 즉위식도 22년이나 연기하다가 어느 절의 주선으로 치렀고, 106대 오기마치(正親町, 재위 1557~1586년) 천황은 경제적 궁핍으로 양위를 할 수도 없었다.[74] 앞서 본 대로 이런 상황을 조금 개선시켜준 사람이 오다 노부나가 등 일본 통일의 기초를 마련한 무장들이다. 특히 도쿠가와 이에야스는 세키가하라 전투 이후 군사적 패권은 잡았으나 그때까지 자기의 주군이었던 도요토미가(豊臣家)의 권위를 넘어설 수 없었고, 이를 극복하기 위해서는 정이대장군의 관직이 필요했다. 가마쿠라 막부 이래 정이대장군에 임명된 사람은 막부를 열어 이를 세습하는 관행이 있었기 때문이다. 1603년 이에야스가 쇼군에 취임함으로써 그때까지 도요토미가의 가신이었던 다른 다이묘들도 이에야스에게 복종할 명분을 갖게 되었다. 그 반대급부로 도쿠가와 막부는 천황에게 1만 석의 영지를 주었는데, 이는 다이묘 중 최하위의 봉록에 해당된다. 후에 3~4만석으로 늘었다고 한다. 참고로 도쿠가와가의 직할 영지는 약 400만 석이었다.

도쿠가와 막부의 권력이 안정되자 천황은 다시 그 존재감을 잃었다. 에도 말기 천황은 이불이 없어서 모기장을 덮고 잤을 만큼 가난했다고 전해진다.[75] 메이지 천황의 아버지인 제121대 고메이 천황은 술을 좋아해서 매일 저녁 늦게까지 술을 마셨다는데, 술을 많이 살 수 없어서 물과 술을 7 대 3의 비율로 타서 마셨다고 한다.[76] 역시 권력이 없는 정치 세력은 가난한 법이다.

천황 신격화와 국가 신토

지난 1,400여 년간 일본인의 종교관의 바탕이 된 것은 쇼토쿠 태자(聖德太子, 574~622년)가 기획, 실천한 '신 · 불 · 유 · 습합사상(神仏儒習合思想)'이다. 이를 바탕으로 에도 말기까지 일본에서는 불교의 부처와 신토의 신, 유교의 생활 규범이 함께 사람들의 일상생활에 자리 잡고 있었다.[77] 그래서 나라(奈良) 시대 초기부터 국가가 관리하는 신사(神社)에 절이나 불당을 덧붙여 짓고 일본의 신들과 부처를 함께 제사 지냈다. 그러나 신토의 최고 제사장이었던 천황은 일반인들에게는 거의 관심 밖의 존재였던 모양이다. 게이오 대학 설립자 후쿠자와 유키치는 "일본 국민은 수백 년 동안 천황의 존재를 실감하지 못하고 다만 구전으로 들어왔을 뿐이며 …… 황실과 국민 사이에 깊은 정이 있는 것이 아니다"라고 말한 바 있다.[78] 그만큼 천황은 존재감을 갖지 못했는데, 에도 시대 말기

존황양이(尊皇攘夷)의 기치를 들고 도쿠가와 막부와 대립한 세력들이 자기들의 정당성을 확보하기 위해서 다시 천황을 이용했다. 메이지 유신 이후 막부를 타도한 세력이 권력을 잡자 천황은 외형적으로 일본의 주권자로서 막강한 정치권력을 갖게 되었고, 곧이어 천황의 신격화가 진행되었다. 제정일치(祭政一致)의 정책을 추진해 '국가 신토(國家神道)'의 개념을 만들어 정치적 조작에 의해 천황교(敎)를 전파하고, 가내평안, 오곡풍성, 무병순산 등 모든 것을 천황이 이뤄준다고 선전, 세뇌했다.

"메이지 시대의 지도자들은 불교를 탄압하고 부처와 신토(神道)의 신을 둘 다 죽인 후 부처와 신이 모두 부재하는 공간에 천황을 새로운 신으로 앉혔다."[79]

마치 자동차의 타이어를 갈아 끼우듯이, 인간이 '새로운 신(천황)'을 만들어서 '낡은 것(불교, 전통 신토)'과 대체시켜버린 것이다. 이는 일본의 권력자들이 천황의 명령이라는 형식을 빌려서 국민들을 자기들의 뜻대로 부리기 위한 것이었다. 한양 대학교 박규태 교수는 "일본인이 생각하는 가미(神)는 역사적인 가족의 전체성으로서의 조상신(氏神)"이라고 말한다. 또 일본인들은 조상신이 자손들의 기쁨과 슬픔을 전부 옆에서 지켜보고 있으며 기원을 하면 선조가 자손을 지켜준다고 믿는다고 한다.[80] 메이지 유신의 토대가 된 존황양이(尊皇攘夷)의 사상도 기본적으로는 이런 관념에 뿌리를 둔 것이다. 박규태 교수의 설명을 좀 더 인용한다.

"(존황양이, 천황숭배의 사상은) 일본을 신국(神國)이라고 하는 신화(神話)

정신의 부흥이 그 바탕이며 그 부흥은 '조상신(氏神) 중의 조상신'인 황실의 조상신 아마테라스(天照大神)를 모시는 이세 신궁 숭배에 기인하는 것이었다. …… 그리고 일본 국민은 황실을 종가(宗家)로 하는 하나의 대가족이다. …… 이와 같이 가족국가 일본에서는 부모에 대한 효(孝)와 국가 또는 천황에 대한 충(忠)이 본질에서 일치한다."[81]

이미 살펴본 대로 일본의 무사들은 거의 모두가 족보를 제멋대로 만들었고 메이지 유신 이후 성을 갖는 것이 허용된 일반 백성들의 경우도 다르지 않았다. 특히 무사들은 그 과정에서 이른바 "겐(源), 페(平), 토(藤), 기츠(橘)"라는 네 가지 성과의 연관성을 조작했다. 그 네 가지 성은 원래 황족의 자격을 잃게 된 천황가의 왕자들이 신적(臣籍)으로 바뀌면서 천황으로부터 받은 성이다. 자연히 그 후예들의 뿌리는 황족이나 그 지류(支流)가 된다. 이렇게 되면 결국 "일본인 전부의 혈족상의 제일 웃어른이 천황"[82]이라는 주장도 자연스러운 것이 된다. 이런 바탕에서 메이지 시대 일본인들은 남녀노소를 불문하고 모두 천황의 어린 자식(赤子)이고 신민(臣民)이 되었다. 또 일본 사회의 '우치 또는 이에 중심의 배타성'은 황실의 존재를 무조건적으로 시인하고 추종하는 또 다른 조건을 제공했다. 즉, "황실은 종가이며 신민(臣民)은 말족(末族), …… 분가(分家), 말가(末家)인 국민이 총 본가인 천황을 따르는 것은 당연하다"는 종합 가족제도적인 국체론(国体論)과 천황을 중심으로 일치단결하는 특별한 민족 공동체를 만들어낸 것이다.[83] 소설가 시바 료타로는 이를 "결국, 일본인 신성주의(神聖主義) 같은 것을 만들어간 것"이라고 말했다.[84]

동시에 메이지 정부는 실체가 분명치도 않은 천황을 포함해 11개의 천황릉(陵)을 지정, 발표해 천황제를 미화하고 천황을 신격화했는데 특히 닌토쿠 천황(仁德天皇)릉은 세계 최대 규모라고 자랑한다.[85] "닌토쿠 천황은 백제인"이라고 주장한 일본 학자도 있다는데,[86] 닌토쿠의 재위 기간은 확실치는 않으나 대개 4세기 아니면 5세기라고 알려져 있다. 그러나 사실 6세기 이전에는 일본에 통일국가가 형성되지도 않았고 따라서 '천황'의 호칭도, '천황릉'이 존재할 여지도 없다는 것이 학자들의 일반적 견해이다. 흥미롭게도 일본 정부는 "천황릉은 사유물에 속하며 천황의 존엄을 해치지 않기 위해 발굴할 수 없다"는 이유를 들어 천황릉에 대한 학술상의 접근을 허용치 않는다는 점이다.[87] 무엇인가 감추고 싶은 것이 있는 모양인데 진시황릉이나 피라미드에서는 계속적으로 과학적 조사가 진행되고 있는 것과 대조된다. 그러나 이런 일이 별다른 반발도 없이 조용하게 받아들여지는 사회가 또 일본이다. 나라를 움직이는 보이지 않는 세력이 있고 국민들은 그저 조용히 쫓아간다. 메이지 정부는 천황의 신격화에 맞추어 정부 소유의 땅과 은행주(株) 등을 황실 재산으로 주었다. 패전 후 점령당국이 발표한 천황의 재산은 약 37억 엔. 당시 미쓰이(三井), 스미토모(住友) 등의 재벌가의 재산이 약 3~5억 엔으로 천황 재산의 약 10퍼센트밖에 안 되었다니[88] 모기장을 덮고 자던 사람이 어느 날 갑자기 대단한 부자가 된 것이다.

일본 국학, 일본 신국론의 디딤돌

천황의 신격화에 사상적 바탕을 제공한 사람들이 가모노 마부치(賀茂真

淵, 1697~1769년), 모토오리 노리나가(本居宣長, 1730~1801년), 히라타 아쓰타네(平田篤胤, 1766~1843년) 등으로 대표되는 이른바 '일본의 국학자(国学者)'들이다. 일본에서 국학이란 문헌적 방법으로 일본의 고전을 연구하는 학문분야를 말한다. 서양 학문을 뜻하는 이른바 '난학(蘭學)'과 나란히 에도 시대 중기에 시작되었다. 그들은 사서삼경(四書三經)과 같은 유교의 고전이나 불교의 연구를 중심으로 한 당시의 학문 경향을 비판하고, 일본 독자의 문화와 사상, 정신세계를 일본의 고전(古典)과 고대사에서 찾아야 한다고 역설했다. 특히 모토오리 노리나가는 그때까지 해석 불능 상태에 있던 역사서 〈고사기〉를 약 35년간의 세월에 걸쳐 "작은 벌레가 지구를 여행하듯이 조곤조곤 사색의 행보를 한 끝에"[89] 해독한 일로 유명하다. 그는 이런 말을 남겼다고 한다.

"예로부터 지금에 이르기까지 세상의 좋고 나쁨이 …… 모두 신대(神代)[90]의 취지에 어긋난 것이 없으며, …… 미래를 포함한 모든 역사의 이치(理)가 신대에 응축되어 있다."[91]

이런 사상을 바탕으로 일본의 국학자들은 일본과 일본인의 본래의 모습에 대해 생각하고 이해하고 또 앞일에 대해 생각하려면 마음에서 '중국적 사고방식(漢意)'을 배제하고 일본 본래의 마음(古意)을 가져야 한다고 주장했다. 노리나가에 따르면 중국적 사고방식이란 "세상만사의 선악시비를 논하고 사물의 이치를 따질 때, 모든 것에 한적(漢籍)[92]의 오모무키(趣)가 배어 있는 것을 말한다."[93] '오모무키(趣)'란 멋, 풍취, 느낌, 분위기, 취지(趣旨) 등을 뜻하는 말이다. 즉 일본의 국학자들은 한어(漢語)와 한자는 빌려온 언어이므로 그것으로 사고하고 소통하는 것은 오히려 일본 본래의 것을 고찰하는 데 방해가 되므로 오로지 '일본어로만' 생각하고 소통해야 한다고 주장했다. 심지어 노리나가는 "세계에 통용되는 원리 및 어디서나 적용되는 보편적인 원칙 등을 활용해 사고하거나 설득하는 것을 사상의 힘으로 인정하려 하지 않았다."[94]

그들의 뒤를 이어 일본 신국론(神國論)의 또 하나의 디딤돌을 마련한 사람이 미토학(水戸学)의 대표적 사상가로 알려진 아이자와 세이시사이(会沢正志斎, 1782~1863년)이다. 미토학이란 도쿠가와가(家)의 친번(親藩)인 미토 번(水藩: 지금의 이바라키 현 미토 시)에서 형성된 학문이다. 유학(儒学)을 기초로 하고 일본의 건국신화와 신토 등을 연구해 옛날부터 전해오는 일본의 사상과 전통을 자각해야 함을 주장하고 특히 '경천애인(敬天愛人)'을 강조했다. 아이자와(会沢)의 〈신론 新論, 1825년〉은 이렇게 시작된다고 한다.

> "삼가 생각건대, 신국(神國) 일본은 태양이 솟아오르는 곳에 있어 만물을 생성하는 원기(元氣)가 시작하는 곳이고 태양신의 자손이신 천황이 대대로 황위에 올라주셔서 영구히 변함이 없는 나라인 것이다. 본래 저절로 세계의 우두머리의 지위에 해당하고 만국(萬國)을 통괄하는 존재이다."[95]

"천황은 신의 자손이므로 쇼군보다 격이 높다고 자리매김"한 그의 주장과 존황양이 운동은 막부가 군립하고 있던 당시로서는 "천황의 권위와 쇼군의 권위를 역전시키는 혁명 사상"[96]이었다. 그의 사상은 사이고 다카모리(西鄕隆盛, 1828~1877년), 요시다 쇼인(吉田松陰, 1830~1859년), 다카스기 신사쿠(高杉晉作, 1839~1867년) 등에도 말기 막부와 대립해 '존황양이'를 주창하던 사람들에게 깊은 영향을 주었고 그래서 미토학은 메이지 유신의 원동력이 되었다는 평을 받는다. 위에 열거된 사이고 타카모리 등이 모두 정한론자(征韓論者)들인 것도 눈여겨볼 일이다. 그러나 천황의 신격화에 대한 반발도 있었다. 도쿄 대학교 초대학장을 지낸 가토 히로유키(加藤弘之, 1836~1916년)라는 사람은 이렇게 개탄했다고 한다.

"일본에서 이른바 국학자로 불리는 무리들의 논설은 진리에 어긋나는 것이 심해서 실로 꺼려야 할 것이 많다. …… 천하의 국토는 모두 천황의 사유(私有), 억조(億兆) 인민들은 모두 천황의 신하와 종(臣僕)이라 하고, …… 여러 가지 …… 망령된 주장을 내세워서, …… 선악과 정사(正邪)를 가리지 않고서 그저 기꺼이 칙명에 따르는 것을 진실한 신하의 길이라 하며, 그 같은 모습을 우리의 국체(国体)라 하며, 또 일본이 만국보다 탁월한 까닭이라고 하기에 이르렀다. 그 식견의 누추하고 열악함, 그 주장의 거칠고 비루함, 그야말로 가소롭다고 해야 할 것이다. …… 국가는 인간세계에 존재하는 것이므로 진실로 인간세계의 도리에 맞지 않는 것은 단연코 취하지 않아야 하는 것이다(加藤弘之, 〈国体新論〉, 1875년)."[97]

그러나 메이지 정부의 천황 신격화에 더하여 청일 전쟁에서의 일본의 승리는 일본에서 "국가 팽창과 천황 찬미를 하나로 묶는 초국가주의"적 사회 분위기를 만들었고, 이는 결국 "일본인 우수설(優秀說)"로,

급기야는 "배타적인 외국인 멸시로까지 변질"되어갔다.[98]

신성불가침의 초법적 존재

미토학(水戸学)적 사상을 바탕으로 군국주의 일본 건설에 나섰던 메이지 정부는 메이지 20년대(1887년 이후)에 이르면 국체(國體)[99]로서 천황제의 사상적 정통성을 거의 확립할 수 있었다.[100]

　1889년에는 〈메이지 헌법〉이라고도 불리는 〈대일본제국 헌법〉이 반포되어 '만세일계(제1조)의 천황'은 '신성불가침(제3조)'의 존재가 되었다. 천황은 국가원수로서 통치대권(統治大權. 제4조)을 가지며, 또 육해군의 통수권(統帥大權. 제11조), 편성권(編成大權. 제12조)과 선전(宣戰), 강화(講和), 조약 체결 등의 외교대권(제13조)도 갖게 되었다. 한마디로 신성불가침의 초법적 존재가 되었던 것이다. 이 헌법을 바탕으로 메이지 정부는 의회와 국민에 대해서는 천황을 대신해 내각이 모든 책임을 지도록 했다. 결국 '천황 무책임제'가 만들어진 것이다. 한편 천황의 권위를 옹호한다는 명목으로 모든 법률, 칙령, 기타 국무에 관한 조칙에는 국무대신의 부서(副署)를 하도록 하여 사실상 천황의 권한을 무력화했다. 결국 천황의 권한이 크면 클수록 정부에 편리하게 되는 구조이다. 메이지 헌법에서는 의회의 내각 탄핵 상주권(上奏權)도 인정하지 않았다. 권위는 천황, 권력은 정부 관리에게 있었던 것이다.[101] 동시에 "관리님(官員樣)에 대한 모욕이나 반항은 천자님에 대한 반항, 모욕과 동일화"해 갔다.[102] 이렇게 본래 "법제도와 법의식이 약했던 일본에서 초법적 존재로 간주되던 천황을 앞세워 실제로는 관료(官僚)전제국가를 만든 것이다."[103]

당시 메이지 헌법의 기초를 닦은 사람이 초대 조선 통감을 지낸 이토 히로부미(伊藤博文, 1841~1909년)였다. 그는 조선 통감으로 취임하기 전에 네 번이나 일본의 총리를 지냈으며, 잘 알려진 대로 1909년 10월 26일, 만주의 하얼빈 역에서 안중근 의사에게 사살되었다.

이른바 〈메이지 헌법〉이 반포된 이듬해에는 메이지 천황의 이름으로 유교적 가치에 기초한 수신(修身) 및 도덕교육의 규범이 된 〈교육칙어(教育ニ関スル勅語, 1890년)〉가 발표되었다. 그 내용은 효행(孝行), 우애, 부부 화목, 친구 간의 신의(信), 겸손, 박애(博愛), 면학(勉學), 준법, 의용(義勇) 등 12개 덕목이 역대 천황의 가르침이고 이를 지키는 것이 국민의 전통이라는 것이다. 이는 결국 "사회의 수직(從) 관계를 존중"하고, "보다 큰 집단의 행복과 번영에 관심을 갖도록 개개인의 행동을 조장(助長)하는 것"이었다.[104] 또 메이지 천황 스스로도 국민과 함께 이를 지키려 노력하겠다고 천명해 사실상 "충효의 덕을 국민교육의 중심으로 규정한 것"이다. 〈교육칙어〉는 "일본인의 정신을 근대 천황제의 틀에 넣은 역할"을 했다는 평을 받는다.[105]

이렇게 메이지 시대 일본은 도쿠가와 시대에는 분산되어 있던 권력, 명예, 부(富) 등의 모든 사회적 가치를 천황제 아래로 흡수하고 천황에 대한 충성에 장애가 될 수 있는 종교, 민권 사상 등은 모두 그 싹을 잘라서 "국가(日本帝國)에 대한 충성을 조직에 대한 충성으로, 조직에 대한 충성을 신격화된 천황에 대한 충성으로" 만들어갔다는 것이 정치학자 마루야마 마사오(丸山眞男, 1914~1966년)의 평이다.

"메이지 30년대 후반(1900년 이후)부터 국가만이 아니라 모든 집단 수준에서 가족주의가 강화되기 시작되어, 충효일치(忠孝一致), 가족 국가 등이 강조되었다."[106]

도이 다케오(土居健郎)라는 정신의학자는 "일본 사회의 성격을 떠받치는 사상적 중심 골격은 아마에(甘え)"라고 말한다. '아마에'란 우리말의 '어리광' 정도에 해당되는 말이다. 그는 아기가 어머니에게 의지하려는 정신적 구조가 성인이 되어서도 계속되는 것이 일본인 특유의 사회심리학적인 구조이며 존황사상(尊皇思想) 또는 천황제의 이데올로기라고 일컬어지던 것도 사실은 '아마에의 이데올로기'로 해석할 수 있다고 말한다.[107]

"천황은 모든 일을 …… 주위의 사람이 책임을 가지고 실수가 없도록 도맡아 할 것을 기대할 수 있는 신분이다. 따라서 천황은 어떤 의미에서 주위에 전적으로 의지하고 있으나 신분상으로는 주위 사람들이야말로 천황에게 종속하고 있다. 의존도로 보면 천황은 갓난아기와 같으나 신분은 일본 최고이다. 이는 일본에서 유아적 의존이 존중되고 있는 증거이다. 천황뿐 아니라 일본 사회 전체에서는 위에 선 사람은 주위로부터 보살펴져야(보호받아야) 된다고 여겨진다. 바꾸어 말해 유아적 의존을 순수하게 체현할 수 있는 사람이라야 일본 사회의 상위에 설 자격이 있는 것이다. …… 요컨대 일본인은 아마에를 이상화해 아마에가 지배하는 세계를 참으로 인간적인 세계라고 생각하고 있고, 이를 제도화한 것이 천황제라고 볼 수 있다."[108]

결국 아무것도 책임지지 않는 갓난아기 같은 사람이 최고의 자리에 군림하는 사회가 천황제의 일본이라는 말이다. 일본에서 '학문의 신'이라는 별명이 있는 마루야마 마사오는 '천황제는 무책임 체제'라고 말한 바 있다.[109] 이는 천황은 물론 그를 앞세운 권력자들, 즉 일본 정부도 아무런 책임을 지지 않는다는 뜻이다. 일본의 어느 경제학자는 "(아마도 제2차 세계 대전이 끝날 때까지) 역대 일본 정부, 특히 메이지 유신 직후의 정부는 '무책임'하고 '주제넘었다'고 보아야 할 것이다."[110]라고 말했다. 어느 시대나 정부라는 것이 대개 그렇지만.

권위는 천황, 권력은 관리

1917년 러시아 혁명 이후 일본 정부는 공산주의 사상의 확산을 경계해 곧 국체의 변혁이나 사유재산제도 등을 부정하는 조직의 결성, 무정부주의, 공산주의 운동을 금지한다는 명분으로 〈치안 유지법 治安維持法, 1925년〉을 만들었다. 곧이어 이를 확대해석해 천황과 관련된 모든 말과 행동을 검열 대상으로 삼았다.[111]

1930년대에 이르러 군국주의가 힘을 얻게 되자 천황을 절대시하는 사상은 더욱 널리 퍼졌다. 1932년 청년 장교들의 반란인 이른바 '5 · 15 사건'으로 의회를 중심으로 한 정당정치를 중시하자는 당시 수상 이누카이 쓰요시(犬養毅, 1855~1932년)가 암살되자 천황을 절대시하는 경향은 더욱 강화되었다. 1935년 도쿄 법대 교수이며 귀족원(貴族院) 의원이었던 미노베 다쓰키치(美濃部達吉, 1873~1948년)가 천황기관설(機関説)을 주장하다가 불경죄로 기소되었고, 그의 헌법 관련 저서는 판매 금지되었다. 또 그는 교수직, 귀족원 의원직 등의 공직에서도 추방되었다.[112] '천황기관설'이란 국가를 법률상 하나의 법인으로 보는 이른바 '국가법인설(國家法人說)'에 기반을 둔 학설이다. 국가를 법인으로 보면 군주(천황)나 의회, 재판소(법원) 등은 국가라는 법인의 기관이 된다. 통치권은 법인인 국가에 있고 천황은 국가의 최고 기관으로 내각을 비롯한 다른 기관의 보필을 받아 통치권을 행사하는 것이라는 학설이다. 당시 쇼와(昭和) 천황은 천황기관설에 찬성했으나 군부에서는 이를 묵살하고 천황을 절대화해 국민을 복종케 해서 군국주의 일본을 만들어갔다. 실권은 군부가 쥐고 있었으며 천황은 군부의 꼭두각시에 불과했다는 뜻이다. 천황기관설을 주장한 미노베 교수는 그 이듬해에 우익 자객(刺客)의 공격을 받아 중상을 입었다고 한다.[113] 잠깐 살펴본 대로 천황은 언제나 그 당시의 권력자들에게 이용되어왔다. 형식적으로는 천황이 모든 사람의 상위에 있었으나 실권은 늘 무사들이나 관리들이 가지고 있었고 천황은 당시의 권력자들이 원하는 대로 움직여왔다. 그래서 이런 말이 나온다.

"천황은 일본의 가면이다. 그 가면은 진짜 얼굴이 아니면서 진짜보다 더 진짜 얼굴 행세를 한다."[114]

"천황의 존엄이라는 것은 항상 이용자의 도구에 지나지 않았으며, 진정으로 실재한 예는 없었다. 후지와라씨(藤原氏)[115] 가문이나 쇼군들은 무엇 때문에 천황제를 필요로 했을까? …… 자기 자신들이 주권을 장악하는 것보다 천황제를 유지시키는 편이 더 순조로웠기 때문이다…… 자신을 신이라고 칭하면서 인민에게 절대적 존엄을 요구하는 것은 불가능하다. 그러나 …… 자기들 마음대로 천황을 옹립해 그 앞에 자신이 조아림으로써 인민에게 천황의 존엄을 강요하고 그 존엄을 이용해 호령한 것이다(坂口安吾. 續墮落論)."[116]

실로 교묘하게 실상과 다른 겉모습을 꾸며서 국민들을 속이는 것이다. 일본말에 "오타메고카시(御為ごかし)"라는 말이 있는데 남을 위하는 체하면서 사실은 자기 실속을 차리는 것을 말한다. 예의 바른 일본의 또 다른 모습을 보는 듯하다.

주머니 속의 구슬, 권력다툼의 으뜸 패

일본에서 흔히 메이지 시대의 대표적 지성으로 일컬어지는 후쿠자와 유키치(福沢諭吉)는 이렇게 말한 바 있다.

"우리나라의 황통(皇統)은 …… 옛날부터 우리나라에 고유하기 때문에 귀한 것이 아니다. 그것을 유지하여 우리 정권을 보존하고 우리 문명을 전진시켜야 하기 때문에 귀한 것이다. 대상이 귀한 것이 아니라 그 역할이 귀한 것이다(문명론의 개략)."[117]

그 밖에도 후쿠자와는 천황에 대하여 이런 말을 남겼다.

"천자는 …… 주인이 아니라 무가(武家)의 위력에 속박당한 노예일 뿐(문명론의 개략)."**118**

"총명한 천자, 현량한 신하, 거룩한 치세 …… 따위는 원래 …… 거
짓이 아니고 무엇이랴. …… 닌토쿠(仁德) 천황에게 무슨 공이 있으
랴. …… 하물며 근대의 천자, 쇼군에 이르러서는 그 인물됨이 하잘
것없는 것이 사실임을 분명히 보아야 한다(覺書, 1875)."**119**

일찍이 후쿠자와는 천황제의 본질이 "우민을 농락하는 사술(詐術)"
이라고 갈파한 바 있다.**120** 그래서 천황을 "칼날이 잘 드는 보도(寶刀)
와 같이 평소에는 깊숙이 넣어두었다가 …… 일단 유사시에 적극적으
로 이용, 활용하자"고 했다.**121** 그러나 후일 후쿠자와는 천황을 "적극
적으로 이용"하기 위해서 자기의 말을 이렇게 뒤집는다.

"무릇 일본국에서 태어나 자라난 신민은 남녀노소를 불문하고 만세
일계의 제실(帝室)을 받들고 그 은덕을 우러러보지 않는 자가 없을 것
이다. 이 한 가지 사실은 만천하 누구도 의심을 품지 않는 바이다."**122**

1865년 도쿠가와 막부가 제2차 조슈(長州) 정벌**123**을 위한 천황의
허가를 얻었을 때 막부 타도에 앞장섰던 사쓰마 번(薩摩: 지금의 가고시
마 현)의 오쿠보 도시미치(大久保利通)는 동료 사이고 다카모리(西鄕隆
盛)에게 보낸 편지에서 "의롭지 않은 칙명(勅命)은 칙명이 아니다"라고
언급한 바 있다. 자기들 마음에 들지 않는 천황의 명령은 무시하겠다
는 뜻이다. 또 1874년 메이지 정부의 참의(參議)였던 기도 다카요시는
사이고 다카모리 등과 정한론 및 대만 침공을 놓고 대립하는 과정에

서 동료들에게 천황의 지원을 받을 필요성을 언급하면서 "먼저 어떻게 해서든 '옥(玉)'을 우리 쪽으로 끌어들여 받들어야" 한다고 말했다고 한다.[124]

소설가 시바 료타로는 메이지 유신의 주역들이 천황을 '옥(玉)'으로 불렀던 것은 일본 장기에서 대장을 한쪽에는 왕(王), 다른 한쪽에는 옥(玉)으로 표시한 데서 유래한 일이라고 추정했는데 그들이 겉(建前)으로는 '존황(尊皇)'을 내세웠지만 속마음(本音)으로는 천황을 장기의 말(駒) 정도로 생각했다는 것이다.[125] 결국 메이지 유신의 주역들도 전국 시대의 무사들처럼 천황을 자기들의 정당성을 확보하기 위한 수단 또는 카드놀이의 으뜸 패(Joker)같이 생각했다는 말이다.

1931년 어느 날 쇼와 천황은 시종장(侍從長)에게 이런 말을 했다고 한다.

"짐과 같은 경우도 이처럼 커다란 궁전에서 수많은 사람을 거느리며 살기보다는 좀 더 간소한 곳에서 살기를 원한다. …… 그러나 결국 조종(祖宗)께서 세우신 …… 수많은 관습에 속박될 수밖에 없다."[126]

물론 천황은 자기 마음대로 주거지를 옮길 수 없다. 거주 이전(居住移轉)의 자유가 없다는 말이다. 또 일본의 헌법은 천황의 퇴위와 양위(讓位)를 인정하지 않는다. 도쿄 대학교 총장이었고 귀족원 의원이던 난바라 시게루(南原繁, 1889~1974년)가 1946년 귀족원 본회의에서 천황의 퇴위와 양위를 인정하지 않는 것에 대해, "이는 인간 천황이 지니고 있는 기본적인 인격에 대한 존중을 결여하고 있는 것이 아닌가 생각합니다. 국민의 전통적 감정이 퇴위를 원치 않는다고 하는 것은 전통적 감정이란 허울로 국민감정을 강제하는 일"이라고 비판했다. 이에 대해 당시 국무대신 가나모리 도쿠지로(金森德次郎)는 이렇게 답했다고 한다.

"천황의 재위(在位)에 대해서 국민은 만세일계인 계통의 한 시기를 담당하신다는 점에 절대적인 신념을 가지고 있는 바, 천황 한 분의 생각에 따라 황위를 움직이신다는 것은 이러한 국민적 신념과 연관시켜볼 때 조화될 수 없는 점이 있습니다."[127]

결국 천황도 정부가 생각하는 틀 속에서 튀지 말고 가만히 있어야 된다는 말이다. 늘 그래왔던 것처럼 천황은 그 시대 권력자들의 꼭두각시이며, 권력자들을 위한 방패 역할에 충실해야 한다. 그렇지 않으면 무슨 일이 생길지 모른다. 에도 시대가 끝나갈 무렵 일본에서는 천황의 전통적 권위와 막부 및 여러 번(藩)의 무력을 연결해서 막번(幕藩) 체제를 다시 강화하려는 움직임이 있었다. 이를 공무합체론(公武合體論)이라고 했는데 막부의 권위를 회복하기위한 것이었다. 메이지 천황의 아버지인 고메이(孝明, 재위 1847~1866년) 천황은 이 공무합체운동을 지지하고 있었는데 만 35세에 죽었다. 공식적인 사망 원인은 천연두였다는데, 급진 도막파(倒幕派)의 이와쿠라 도모미(岩倉具視, 1825~1883년) 등의 음모로 암살되었다는 설도 있다.[128] 당시 메이지 정부에서는 죽은 천황의 근친까지도 사체(死體)에 접근할 수 없게 막았다고 한다.[129] 병균의 전염을 막기 위한 조치였을까, 아니면 다른 이유가 있었던 것일까?

주인 없는 황실 회의와 3종의 신기

아무튼 지금도 황위 계승(皇位繼承) 순위 변경, 천황이나 황족 남자의 혼인 등 황실의 중요한 일은 황실 회의(皇室会議)를 거쳐서 결정한다. 황실 회의의 구성은 황족 2인, 입법부(중의원, 참의원의 의장, 부의장), 총리, 궁내청 대신, 최고재판소 장관 및 재판관 1인 등 10인으로 되어 있다.[130] 결국 황실의 중요 사항도 황실 밖의 사람들이 결정한다니, 참 묘한 일이다. 2009년 12월 일본 연립 여당인 국민신당 대표인 가메이 시즈카(龜井靜香) 금융상(內閣府特命擔當大臣(金融担当))이 일왕과의 오찬 중에 일왕에게 "정치 중심인 도쿄를 떠나 옛 거처인 교토로 이주하는 것이 정치 논란을 피하는 길"이라고 일왕의 이주를 제안했다고 공개해서 논란이 되었다. 일왕과의 대화를 공개하는 것은 금기(禁忌)로 되어 있다는데, 1973년에는 천황과의 대화를 공개했던 당시 방위청 장관 마스하라 게이키치(增原惠吉)가 여론의 비판을 받고 사임한 일도 있다고 한다.[131]

또 일본에는 황실을 상징하는 세 가지 보물인 3종의 신기(三種の神器)가 있다고 전해진다. 이는 일본 건국신화에서 천손강림(天孫降臨) 때 일본의 조상신인 아마테라스 오미카미(天照大神)로부터 받았다는 거울(八咫鏡), 곡옥(八坂瓊曲玉, 반달 모양으로 구부러진 구슬), 검(天叢雲劍) 등을 말한다. 이 세 가지 물건은 각각 황실의 지(智), 인(仁), 용(勇)의 삼덕(三德)을 상징하는 것으로 되어 있다.[132]

1889년 메이지 헌법과 함께 공표된 황실 전범에서는 이 세 가지 물건을 '조정의 신기(朝廷の神器)'로 규정해서 법적인 근거도 마련했는데, 이 중 진품 거울은 이세 신궁(伊勢神宮)에, 진품 칼은 나고야(名古屋)의

아쓰타(熱田) 신궁에, 복제 거울과 진품 곡옥(曲玉)은 도쿄의 천황이 보관, 역대 천황에게 계승되고 있는 것으로 전해진다. 그러나 그 물건들이 실제로 있는지에 대해서는 많은 의문이 제기되고 있으나 아무도 확인해주지 않고 있으며, 어느 것도 일반인에게 전시된 적은 없다고 한다. 12세기 중엽의 이야기인 〈헤이케 모노가타리平家物語〉를 보면 세 가지 보물 중 거울과 곡옥은 이른바 '겐페이(源平)의 싸움'의 마지막 전투였던 단노우라의 전투(壇の浦の戦い)에서 승리한 미나모토노 요시쓰네(源義経)가 회수해서 황실에 전했으나, 칼은 패전한 안토쿠(安德, 81대) 천황이 시모노세키 앞바다에 투신할 때 함께 바다에 빠져 없어졌다.[133] 그러나 14세기 남북조 시대를 그린 〈태평기〉에는 그 칼이 그로부터 160여 년이 지난 1347년, 어느 중(僧)이 황실의 조상신 아마테라스를 제사 지내는 이세 신궁을 참배하던 중 바닷가에서 발견해서 조정에 헌상했다는 대목이 있다.[134] 시모노세키 앞바다에 빠진 칼이 160년 이상의 세월을 거쳐 뱃길로 700킬로미터 이상 떨어진 이세 앞바다까지 밀려와서 발견되었다는 말이다. 그런데 그 칼이 지금 아쓰타 신궁에 보관되어 있다는 칼과 같은 칼인지, 그렇다면 어떤 연유로 이세에서 아쓰타 신궁으로 갔는지는 아무도 모르는 모양이다.[135]

1981년 아사히신문 주최 고고학 심포지엄에서 교토 대학교의 우에다 마사아키(上田正昭) 교수가 "칼은 백제가 전해준 것"이라고 주장해서 논란이 있었다고 한다. 참고로 칼의 이름인 '쿠사나기(草薙)'라는 말은 '칼이나 낫으로 풀을 쳐서 베는 것'을 뜻하며 '무덤의 벌초'를 뜻하는 말이기도 하다. 어쩌면 백제에서 건너간 왕족의 벌초용 칼일지도 모르겠다. 〈헤이케 모노가타리平家物語〉에는 그 칼이 옛날 일본의 설화

속에 등장하는 황자(皇子) 야마토타케루노 미코토(日本武尊, 72년~113년경)가 동쪽 지방을 정벌하러 갔을 때 적군이 들판에 지른 불에 포위되었는데, 이때 그 칼로 주위의 풀을 베어내서 위기를 벗어났기 때문에 그 이후 그런 이름이 붙었다는 구절이 있다.[136] 또 흥미롭게도 〈헤이케 모노가타리平家物語〉의 부록에는 그 세 가지 보물 중 곡옥(曲玉)에 대하여 아래와 같은 기록이 있다고 한다.(어떤 연유인지 내가 읽은 〈平家物語. 角川書店 編〉에는 이 대목이 빠져 있다.)

"…… 막강한 힘의 군주인 천황이 스스로 이를 직접 보려 하시지 않으려 한다면, 누구보다 연약하고 낮은 지위를 지닌 우리 보통 사람들이 과연 어떻게 그것을 직접 볼 수 있을 것인가?"[137]

한마디로 천황도, 백성들도 볼 생각을 하지 말라는 말이 아닌가? 천황이 자기 집 물건도 마음대로 볼 수 없다니 참 묘하다. 또 보지도 못한 물건을 어떻게 후대에 계승한다는 것인지……. 다만 그렇다면 그렇게 알고 있으면 되는 것이 일본식인 모양이다.

아무하고나 어울리지도 못하고, 사임(辭任)도 못 하고, 거주 이전의 자유도 없고, 공식적으로는 내각이 써준 글만 읽어야 되고, 가족들의 일도 외부 사람들이 결정하고, 자기 집 보물도 마음대로 볼 수 없고, 천황과 나눈 대화는 누구도 다른 사람에게 전할 수 없고, …… 이쯤 되면 천황이란 존재는 겉으로는 멀쩡하게 보여도 강제로 구부려서 멋을 꾸며낸 분재(盆栽)의 소나무 같은 신세가 아닌가? 보기에 따라서는 참 잔인한 처사이고, 애처로운 존재이다.

고상한 꼭두각시

좀 다른 이야기인지는 모르겠으나 일본 사회의 윗사람들은 자의 반(自意半), 타의 반(他意半)으로 아랫사람에게 모든 일을 맡겨놓고 시가(詩歌) 등에 빠져드는 것이 옛날부터의 전통이라고 한다.

앞에서 잠깐 소개한 일본의 고대소설 〈겐지 모노가타리〉의 주인공 히카루 겐지(光源氏)는 기리쓰보 천황(桐壺天皇: 가공의 인물)의 측실에서 태어났으나 어머니의 신분이 낮아 신하의 신분(臣籍)으로 내려가 '겐지(源氏)'의 성(姓)을 받았다. 히카루 겐지라는 이름은 '반짝반짝 빛나는 것처럼 아름다운 겐지'라는 뜻으로 사람들이 그를 부르던 통칭이다. 그는 가공의 인물이지만 일본인들의 "무조건적 사랑을 받는 인물"이며, 그의 이야기인 〈겐지 모노가타리〉는 헤이안(平安) 시대 귀족의 생활상이나 정신세계를 상상하는 방편으로서는 가장 이해하기 좋은 예라고 평가된다.[138] 그 이야기에 따르면 히카루 겐지는 귀족 간의 권력 투쟁에 휘말려 약 2년간 지금의 고베 시(神戶市) 부근의 "흰 모래와 푸른 소나무(白砂靑松)"로 이름난 스마(須磨), 아카시(明石) 등의 바닷가 마을로 추방되었다. 그러나 그는 "외부와 단절된 세계에서도 불만의 극복을 위해 미의식(美意識)의 세계에 몰입했다." 그 후 사면되어 교토로 돌아가서 정치적으로 중요한 직위에 올랐으나 정무에는 전혀 관심이 없었고 숱한 여자들과 놀아나기만 했다. 그만 그랬던 것이 아니라 가마쿠라 시대 이후에도 귀족들은 모든 것을 장원 관리인(地頭)에게 맡겨 심각한 정치 문제에는 전혀 관여하지 않고 오로지 미의식이나 시가(詩歌)의 세계에 빠져 있었고 그러한 태도가 오늘에 이르기까지 일본인들

에게 "고상한 인품(上品)의 원형"으로 여겨지고 있다고 한다.[139]

물론 이런 풍조에 대한 비판적 시각도 있었다. 에도 시대 초기의 인물인 제110대 고코묘 천황(後光明天皇, 재위 1643~1654년)은 "조정(朝廷)이 쇠퇴한 것은 와카(和歌)와 〈겐지 모노가타리〉가 그 원인"이라고 지적하고, 〈겐지 모노가타리〉를 음란한 책(淫乱の書)으로 규정해 읽지 않았고, 와카도 읊지 않았다고 한다.[140] 그러나 귀족들이 문화에만 열중하는 행태가 전통문화를 유지, 보전하는 데는 오히려 긍정적으로 작용했다는 평가도 있다. 도쿠가와 쇼군들도 5대 쓰나요시(綱吉)와 8대 요시무네(吉宗) 이외에는 모두 실무에 개입하지 않는 유형이었으며, 4대 쇼군 이에쓰나(家綱)는 '그렇게 해라 님(そうせいさま)'이란 별명이 있을 정도로 중요한 일을 모두 가로(家老)에게 맡겼다고 전해진다. 지금도 일본에서는 관계(官界)나 정계는 물론, 기업 등에서도 '집단주의'를 빙자해 조직의 최고지도자는 아랫사람들이 건의한 것을 그대로 받아들이는 관습이 있다고 한다. 이런 에피소드가 있다.

가이후 도시키(海部俊樹, 1931~)가 총리대신이던 시절(1989~1991년), 일본에는 '데타 사건(てた事件)'이라는 것이 있었는데 총리가 국회에서 소비세법 개정에 관한 야당 의원의 질문에 대답하는 과정에서 대장성의 담당관이 써준 메모를 실수인지, 고의인지 조금 바꾸어 읽었다. '과감히(思いきって) 재검토 하겠다'를 '과감한(思いきった) 재검토를 하겠다'로 읽었다는데 그 뜻은 미묘하게 달라질 수도 있다. 이런 일이 있자 대장성의 어느 간부가 "일개 총리가 담당 관청에서 쓴 표현을 함부로 바꾸어 읽다니……" 하고 공개적으로 화를 냈다고 한다.[141] 그만큼 일본이라는 사회의 우두머리는 아래에서 만들어준 것을 그대로 따라야 하는 관습이

있다는 것이다. 천황이 국회에서 읽는 칙서도 옛날이나 지금이나 늘 내각에서 만들어준 '같은 내용을 반복 낭독'한다. 몇 해 전, 이제는 이것을 조금 바꾸어보아도 좋지 않겠느냐는 말을 한 하토야마(鳩山) 내각의 어느 각료가 언론의 뭇매를 맞고 사과한 일도 있다.

일본의 각 사회단체는 복리후생비 등으로 막대한 경비를 쓰면서 구성원의 공동체화를 위해 노력해간다. 이런 성향은 문학계·미술계 등 모든 분야에도 확대되어 "각각의 마을(ムラ, 村)이 만들어지고", 그 속에서 구성원들 간의 인간관계가 형성되어 결국 모두가 '한가족(內)'이 된다는 것이다.[142] 그 가장 윗자리에 "고상한 모습의 꼭두각시" 노릇을 하는 천황이 있다.

천황이 되려 한 무사들

일본 역사에서 몇몇 무사는 천황을 밀어내고 스스로 명목적으로도 실질적으로도 일본 최고의 통치자가 되려고 했다는 기록이 있다. 먼저 헤이안 시대 중기의 간토(関東) 지방 시모사(下総: 지금의 지바 현)의 호족이었던 다이라노 마사카도(平蔵門, ?~940년)가 반란을 일으켜서 간토의 태반을 장악하고 '신황(新皇)'을 자칭했으나 곧 토벌되었다.[143] 또 가마쿠라 막부의 초대 쇼군 미나모토노 요리토모(源賴朝, 1147~1199년)의 아버지 요시토모(源義朝, 1123~1160년), 요리토모와 종형제간이었던 미나모토노 요시나카(源義仲, 1154~1184년) 등도 그런 욕심을 가졌던 무사들로 꼽힌다.[144] 무로마치 막부 3대 쇼군 아시카가 요시미쓰(足利義滿, 재직

1368~1394년)도 스스로 천황이 되려는 야심을 가졌으나 갑자기 죽어 그 계획이 좌절되었다고 알려져 있다. "요시미쓰(義滿)의 천황위 찬탈 계획은 실행 일보 전"이었으며, 그래서 그의 갑작스러운 죽음도 황위 찬탈을 두려워한 조정 귀족들에 의한 "암살"이라는 주장도 있다.[145] 그는 사후 "녹원원 태상천황(鹿苑院 太上天皇)"이라는 법호(法號)를 얻었는데,[146] 태상천황(또는 太上皇, 上皇)이란 '양위한 천황', 즉 한 번은 천황이었던 사람이나, "천왕이 된 아들을 가진 사람"을 가리키는 말이다. 그러나 요시미쓰는 그런 경력이나 자격이 없었음에도 사후 '태상천황'의 법호를 얻었다. 일본 역사에서 전례가 없는 일이라고 한다.[147] 교토의 유명한 킨카쿠지(金閣寺)는 그의 별장으로 건립된 것인데 그 꼭대기에는 봉황(鳳凰)이 자리 잡고 있다. 킨카쿠지는 그가 죽은 후 그 영혼을 달래기 위해 '로쿠온지(鹿苑寺)'라는 절로 바뀌었는데 지금도 킨카쿠지의 정식명칭은 '로쿠온지'이다. 지금의 건물은 방화로 소실되었던 것을 1955년에 재건한 것이다.[148]

일본에서 건물 꼭대기에 봉황이 있는 건물은 금각사를 제외하고는 교토의 남부 우지 시(宇治市)에 있는 평등원 봉황당(平等院鳳凰堂)이 있는데, 그 건물도 당초 "천황을 우습게 알았던" 헤이안 중기의 세도가인 후지와라노 미치나가(藤原道長, 966~1027년)가 별장으로 지은 것을 후에 그 아들이 절(寺)로 만든 것이다.[149] 일본에서도 봉황을 최고 권력의 상징으로 여겼던가? 아니면 한반도에서 건너간 사람들의 영향이었을까?

NHK 대하 역사드라마 〈공명의 갈림길〉을 보면 전국 시대 말기의 풍운아 오다 노부나가도 스스로 '일본의 왕'임을 자칭하는 장면이 있다. 그 드라마에서 천황이 직접 언급되지는 않았으나 당시 천황은 무사들의 힘에 눌려서 아무런 존재감이 없었고 그 시절 노부나가는 스스로를 천황보다 오히려 더 상위의 신으로 자리매김하려 했다고 보는 사람도 있다.[150] 노부나가는 자기의 성인 아즈치 성(安土城)을 만들 때 각지에서 석불(石佛), 묘비(墓碑) 등을 모아서 석축이나 계단을 만드는 데 사용했다. 당시에는 천황을 가볍게 보는 분위기가 널리 퍼져 있어 노부나가의 측근으로 그의 다도 책임자였던 센노 리큐(千利休, 1522~1591년)도 천황릉의 묘석을 가져다가 자기 집 정원의 석등(燈籠)을 만들어 썼고 그 수제자 야마노우에 소지(山上宗二, 1544~1590년)는 천황릉 위에 집을 짓고 살면서, '산(山) 위'라는 뜻의 '야마노우에(山上)'라는 성(名字)을 썼다고 한다.[151]

천황의 인간 선언

이런 사실들을 종합해보면 옛날부터 일본의 권력자들도 천황이 신(神)이 아님을 잘 알고 있었던 셈이다. 그럼에도 메이지 유신 이후 20세기 중반에 이르기까지 일본의 정치가들은 "천황은 사람의 모습을 하고 나타난 신(現人神)"이라고 주장했고 많은 지식인들이 그 황당한 주장을 뒷받침하는 데 앞장섰다. 그리고 국민들은 큰 반발 없이 이에 추종했다. 나라 전체가 사이비 종교집단 같은 행태를 보인 것이다. 그들의 이런 행태는 정말 묘하다는 말로밖에 달리 표현할 수 없다. 역시 민중의 반항은 무자비하게 진압되었던 그들의 역사적 기억 때문일까? 지금의 북한의 모습과도 비교되어 씁쓸하다.

일본이 패전한 후인 1945년 12월 연합국 최고사령부 종교과에서는 국가가 신토를 지원·감독·보급하는 것을 금지한 '신토지령(神道指令)'을 내리고 천황은 다른 나라의 원수보다 우월한 존재이고 일본인은 다른 나라 국민보다 우수하다고 가르치는 것을 금지했다. 다음 해인 1946년 1월 1일, 이른바 '천황의 인간 선언'의 뜻이 담긴 칙서가 발표되었다. 실제로 그 칙서에는 '인간'이라든가 '선언'이라는 단어가 사용되지는 않았는데 매스컴에서 "인간 선언(人間宣言)"이란 말을 만들어 썼다고 한다. 그 칙서의 해당 부분은 대강 이런 뜻이다.

"나와 그대들 국민과의 사이의 유대는, 처음부터 끝까지 신뢰와 경애(敬愛)에 의해 엮어졌다. 신화와 전설에 의한 것이 아니다. 천황을 사람의 모습으로 나타난 신이라 하고 일본 국민은 다른 민족보다 우수하여, 마땅히 세계를 정복할 만하다는 가공의 사고방식에 근거하는 것도 아니다."[152]

왜 천황이 그런 선언을 하지 않을 수 없을 만큼 일본은 나라 전체가 한 때 집단 광란에 빠져들었던 것일까? 최근 일본의 정치가들은 이웃을 불행하게 만들었던 지난 시대로 회귀하려는 듯한 행태를 보이고 있다. "일본은 항상 적을 상정하여 적을 이기기 위해 내부적 결속을 다져가는 성격을 갖고 있다"[153]고 하는데 그들은 다시 이웃을 적으로 삼아 내부 결속을 다질 생각을 하고 있는 것일까?

제8장
· · · ·

집단이 있어야
개인이 있다

혈연보다 조직

나카무라 하지메(中村元, 1912~1999년)라는 동양철학자는 "일본인은 한정적이고 특수한 인간 사회의 조직을 절대시"했고 그런 연유로 "혈통보다는 오히려 폐쇄적인 인륜적(人倫的) 조직으로서의 이에 조직을 더 중시"한다고 말했다고 한다.[1]

　일본인들은 일찍부터 대륙과 격리된 섬나라에서 벼농사를 기반으로 하는 촌락공동체 중심의 정착 생활을 해왔고 태평양 전쟁이 끝날 때까지 타 민족의 지배를 받은 일도 없다. 또 약 270년이나 계속된 에도 시대에는 일본열도 내에서의 이동도 극히 제한되어 있었으므로 혈연과 지연이 늘 밀착되어 있는 사회구조 속에서 살아왔다. 혈연이 없더라도 오랜 기간 같은 지역에서 지역공동체의 일원으로 살아가는 과정에서 자연히 서로에게 의지하는 관계가 만들어졌다. 이런 배경으로 한 마을의 어린이는 마을공동체의 아이라는 인식을 갖게 되었고, 젊은이들은 마을 공동의 성인식을 거쳐서 어른이 되었다.[2] 고고학자 히구찌 기요유키(樋口淸之) 교수는 이를 "지연으로 연결된 인간관계가 마치 혈연관계인 것처럼 의제(擬制)"되어 발전되었다고 말한다.³ 말하자면 '의제가족제(擬制家族制)' 같은 구조가 만들어졌다는 것이다. 의제(擬制)란 실제로는 그렇지 않은 것을 그런 것으로 본다는 뜻이다.

지역공동체뿐만 아니라 일본의 오래된 점포나 기업 조직도 모두 이 의제가족제와 같은 구조를 띠고 있다. 그래서 일본인들은 '우리 회사, 우리 과장, 우리 가게'라고 말할 때 '나'라는 뜻의 '와타시(私)'가 들어간 '와타시노 가이샤(私の會社: 나의 회사)'나 '와타시타치노 가초(私たちの課長: 우리들의 과장)'나 '와타시타치노 미세(私たちの店: 우리 가게)'라고 말하지 않는다. 그 대신 집의 안(內), 즉 '집안(家, 이에)'의 뜻을 가진 '우치(內)'라는 말을 써서 '우치노 가이샤(內の會社)', '우치노 가초(內の課長)', '우치노 미세(內の店)'라고 말한다. 자기가 일하는 회사와 그곳에서 같이 생활하는 사람들을 "마치 가족같이" 생각하기 때문이다. 일본에서 흔히 쓰이는 오야붕(親分: 아버지, 우두머리의 신분), 꼬붕(子分: 자식, 부하의 신분)이라는 말이나 가신 등의 말도 같은 발상에서 나온 말이다. 일본에서는 사내 결혼이 사원을 "신용할 수 있는 증거"로 여겨진다고 한다. 같은 공동체에 속해서 한솥밥을 먹는 것 자체가 서로의 인간을 신용할 수 있는 토대가 되기 때문이다. 또 마쓰리에서 지역 수호신(氏神)의 가마(御輿)를 같이 메는 것도 상호 신뢰와 연대 의식을 확인하는 행위가 된다.⁴ 이런 배경으로 개인은 늘 공동체의 일원으로서만 존재하게 된다. 즉, 공동체가 있고 비로소 그 구성원인 개인이 있는 것이다.

히구치 교수는 일본인들이 그렇게 집단생활을 해왔기 때문에 "개인의식을 갖지 않았던 것"이고, "개인의식을 갖지 않는 모양을 취함으로

써 ······ (오히려) 생명의 안전과 사회생활의 지위를 유지해왔던 것"이라
고 말한다.[5]

"일본인이라면 누구나 의식 속 어딘가에 반드시 가지고 있는 공동
체적 발상은 모두 농촌공동체에서 그 기원을 찾을 수 있다.[6] ······ 이
공동체 의식 속에 있는 상호 신뢰감이 일본 사회를 지탱해온 원동력
이다. 이를 잃는다면 나는 일본은 붕괴한다고 생각한다."[7]

지금도 일본에는 아기가 출생을 하면 생후 30일을 전후해 아기를 데
리고 그 지방의 수호신(氏神, 産土神)을 모신 신사에 참배하는 관습이
있다. 이를 '하쯔모데(初詣)' 또는 '하쯔마이리(初参り)'라고 하는데, 이
것은 아기가 같은 마을 수호신의 자식으로 지역사회의 일원이 되었음
을 확인하는 행위이고 그들이 커서 갖는 성인식은 마을공동체의 일원
으로서 권리의무를 가질 자격을 얻는 의미라고 한다.[8] 늘 그런 분위기
속에서 살아왔기 때문인지 히구치 교수는 이런 말도 한다.

"이에(家)를 위시해 모든 집단을 부정하고 고독한 것을 오히려 도(道)
를 깨치는 세계에 들어가는 것처럼 자랑스러워하면서 살아가는 사
람들도 드물게는 있다. 그러나 그런 사람의 본마음(本音)은 역시 매
일이 불안하고 외로울 것이다."[9]

집단을 떠나면 "매일이 불안"할 것이라는 말은 일본인들에게 자기
가 소속된 집단이 어떤 의미를 갖는지를 보여주고 있어서 흥미롭다.

칸막이, 차별화, 정형화

의제가족제에 바탕을 둔 이에 중심의 사회구조에 덧붙여 약 270년간 지속된 도쿠가와 막부는 '사회의 유동화(流動化)'를 막기 위해 지역적 및 신분적 정착화에 모든 에너지를 쏟아부었다.

　도쿠가와 막부 체제는 이에야스의 본거지였던 미카와(三河: 지금의 아이치 현 동부) 시대부터의 가신들인 후다이(譜代) 다이묘들을 중심으로 하는 주종 결합이 권력의 핵심이었다. 그 힘으로 황실과 궁정 귀족 및 종교 세력을 정치에서 배제하고 지방 영주인 다이묘들을 지배했다. 지방 영주들의 영지인 번들 사이의 교류는 막부에 의해 통제되었고 각 번들은 고유한 무장권(武裝權)과 행정권을 가지고 자기 번의 폐쇄성과 자족성(自足性)을 유지했다. 막부와 각 번들 사이에는 정교한 상호 감시체제가 구축되었으며 그 결과 '번(藩)'이라는 약 300개에 달하는 다양한 크기의 '병영(兵營)국가'가 만들어졌고 그 꼭대기에는 막부와 쇼군이 자리했다. 또 에도 시대 막부는 히데요시가 시행하던 5인조(五人組) 제도와 함께 지금의 호적 제도와 같은 단카(檀家) 제도를 창설해 모든 사람들을 어느 절(寺院)인가에 소속되게 하여 주민들의 신원을 파악했다. 단카 제도란 특정의 절에 소속되어 집안의 장례, 제사, 공양(供養) 등은 그 절에 맡기고, 그 대신 그 절에 보시(布施)를 하여 절의 경제적 후원자가 되는 것을 뜻한다.[10] 이 제도에 따라 당시 사람들의 출생 신고와 장례 의식은 모두 절에서 주관했고 자연히 서민들의 호적 원부는 절에서 관리했다.[11] 서민들이 다른 번으로 여행할 때는 소속된 절에서 "이 사람은 어느 절의 신자(檀家)로 그리스도 교도가 아님"을 증명하는 신원보증서를 당국에 제출하고 여행 허가를 받았다. 이를 사청 제도(寺請制度)라고 했는데, 우리의 주민등록증 같은 역할을 한 것으로 볼 수 있다. 막부는 이 제도를 통치의 말단 조직으로 이용했다.

또 에도 시대에는 신분에 따라 의복, 좌석, 먹는 것, 인사법, 경칭(敬稱), 승용물(乘用物), 건축 등, 일상생활의 구석구석까지 엄격한 차별화와 정형화가 이루어졌다. 또 생활의 모든 면에서 엄격한 '격식(格式)'이 요구되었다. 격식은 곧 또 하나의 속박이다. 이렇게 "인위적으로 구석구석까지 계획된 폐쇄 사회"는 막부의 쇄국정책에 의해 더욱 강화되었다. 그 결과 에도 시대에는 "수천만의 사람이 각각 수천만 개의 상자 속에 틀어박히게 되고 또 수천만 개의 장벽에 의해 차단되는 것과 같아(福沢諭吉. 〈文明論之概略〉), 일본 역사에서도 전례를 볼 수 없을 정도로 완벽한 '닫힌 사회'의 중첩적(重疊的)인 건축이 완성되었다."12

고고학자 히구찌(樋口) 교수는 일본인들은 개인 → 이에(家) → 촌락(村落) → 나라(藩, 国)로 이어지는 단계적 사회공동의식 즉, '쌓아 올라가는 식'으로 세계를 이해하는 세계관을 가지고 있다고 말한다.13 이는 일본의 지배계급이 늘 피지배계급을 '조직화'하여 이를 통제해왔기 때문일 것이다. 7세기 초에 도입된 율령제하에서도 치안과 징세를 목적으로 다섯 가구(5戸)를 한 단위로 묶어 상호부조(相互扶助), 연대책임을 지게 하는 5보제(五保制)가 시행되었다. 그 후 사실상 전국 시대를 마무리한 도요토미 히데요시는 다시 하급 무사는 5인조, 서민은 10인조로 조직한 주민 상호 감시제도를 시행했다. 인구의 유동화를 철저히 억제했던 에도 막부도 이 제도를 이어받아 5인조(五人組) 제도를 시행, 통치의 말단 조직으로 이용했다.14 이는 가까운 이웃끼리 한데 묶어 형벌 ·

납세 등을 포함한 모든 일에 연대책임을 지게 하던 제도였다.[15] 각조에는 대표자를 임명하고 촌장(名主, 庄屋)이나 셋집 주인의 통솔하에 서로 돕고 감시하게 했다. 촌장이나 집주인은 연대책임의 대표자이므로 자연히 소속된 사람들의 생활 속의 어려움을 해결해주려는 노력을 하지 않을 수 없었다. 그래서 "집주인은 어버이와도 같고 세든 사람은 자식과도 같다"는 말도 있다. 영주는 이 조직을 이용해 집단(村, 町) 내의 치안을 유지하고 연공(年貢)을 확보했으며 법령이 서민들에게 철저히 전달되고 이해되도록 했다. 이를 위해서 5인조 명부(組帳)를 작성케 하고 개인, 호주(戶主), 촌장(村役人)의 연대 날인(連判)을 받았다.

5인조 연좌제에서는 어린이 범죄도 엄하게 다뤘다고 한다. 어린이는 마을 공동의 아이라는 인식으로 행동이 거친 아이는 자기 자식이 아니더라도 엄하게 야단을 쳤고, 자연히 사회교육이 이루어졌다.[16] 또 각 촌락에서는 구성원들의 나이에 따라 소년조(子供組: 7~15세 전후), 소녀숙(娘宿: 13세 무렵부터 시집갈 때까지), 청년숙(若者宿), 장년조(壯年組), 노인조(老人組) 등을 구성해서 구성원들의 공동체 의식을 키우고 마쓰리(祭)나 동지(冬至) 등 절기(節氣)에 따른 행사를 개인의 행사가 아니라 마을의 공동 행사로 해서 연대 의식을 강화했다.[17] 에도 시대 민중은 막부 법령 〈어정서백개조 御定書百箇条, 1738년〉에 의해 종교적 목적 이외에는 마음대로 집회를 하거나 집단행동을 할 수 없었다.[18] 그 시대 일본에서는 사실상 모든 면에서 개인의 자유는 허용되지 않았으며 민중은 이중·삼중으로 조직의 구속을 받고 있었다. 5인조 제도는 메이지 정부가 폐지했다.[19] 그러나 일본 정부는 태평양 전쟁 때도 '이웃조(隣組)'라는 이름으로 국민들을 5~10호씩 조직해서 주민 동원, 공출(供

出), 배급 등에 활용하고 서로 감시하게 했는데, 이는 1947년 연합군 사령부에 의해 해체되었다. 2011년 3월 동일본 대지진(東日本大震災)이 일어나자 극우파인 도쿄 도지사 이시하라 신타로(石原愼太郞)는 다시 이 제도의 부활을 주장했다고 한다.[20] 무슨 속셈이었을까?

조직이 하는 일은 잘못이 없다

야하타 가즈오(八幡和郞, 1951~)라는 평론가는 무사가 유사시에 모든 것을 단념하고 할복을 하는 "깨끗한 태도(潔さ)는 조직이 강요한 것"이라고 말한다. 그가 처음 통상산업성(通商産業省)에 들어갔을 때, 신참을 위한 환영회에서 총무국장쯤 되는 관방장이 그에게 이렇게 당부했다고 한다.

> "이제 막 들어오려는 젊은 사람에게 이런 말을 하는 것은 좀 뭣하지만, 한 가지 부탁이 있네. 장차 관방장으로부터 '좋은 취직선이 있으니 사표를 제출해주게'라는 말을 들으면 이러쿵저러쿵하지 말고 그렇게 해주면 좋겠네. 이는 조직을 유지하기 위한 룰(rule)이므로 이해해주기 바라네."[21]

신참을 위한 환영회에서 그런 말을 할 수 있다는 것이 우리로서는 그저 놀라울 따름이다. 몇십 년 후에 있을 조직의 입장을 지금부터 이해하고 마음의 각오를 해두라는 말은 〈하가쿠레〉의 첫머리에 나오는 대로 "언제나 죽을 각오"를 해두라는 말과 같은 뜻이다. 이에 대해 야하타는 대강 이런 해설을 한다.

　　"정년이 되지 않은 사람이 법적으로는 그 말을 따를 의무가 없지만 따르지 않으면 '그 후의 보살핌'이 없어진다. 에도 시대의 할복도 마찬가지로 따르지 않으면 치명적인 불이익을 당할지도 모르고, 가족이나 친척에게 심한 걱정거리(迷惑)를 안겨준다. 할복을 하면 '모든 책임을 지고 깨끗하게 산화했다'는 명예는 얻는다. 이렇게 조직의 형편에 따라, '명예를 중시하고, 죽음을 두려워하지 않는 무사의 결연성(潔さ)을' 갖게 하는 것이다."[22]

　　조직, 즉 "이에의 이름으로 이루어지는 일은 모두 선(善)이고, 진(眞)이고, 미(美)"이므로, 구성원은 무조건 이에 따라야 한다는 말이다. 고다 로한(幸田露伴, 1867~1947년)이라는 소설가는 "도덕의 관념을 위해서는 자기를 희생하는 것이 일본인의 특성"이라고 말했다고 한다.[23] 이 말은 곧 도덕을 위해 자기를 희생하지 않는 사람은 '비국민'이라는 말이고, 여차하면 '일본인'이라는 이름의 틀(枠)인 '우치'에서 내쳐질 수 있다는 말이다. 물론 여기서 말하는 '도덕'이란 조직 또는 지배계급이 강요하는 '집단을 위한 행동 규범'을 뜻한다. 지난 시대 일본의 군국주의자들은 이런 논리로 전 국민을 '관념적 무사도'의 틀에 넣고 "소아(小我)를 버리고 대아(大我)를 취하는 것이 미덕(美德)"이라는 사회적 분위기를 만들어냈으며 극기, 인내, 충성 등을 강조, 사실상 국민들의 무조건적 희생을 강요했던 것이다. 이런 전체주의적 가치관을 강요당한

일본인들은 어쩔 수 없이 비장미를 곁들인 '자학적인 미(美)의식'을 개발해서 스스로를 달랠 수밖에 없었기 때문에 급기야는 태평양 전쟁 때의 '일억총옥쇄(一億總玉碎)' 같은 말까지도 나오게 된 것이다. 달리 빠져나갈 길이 없는 상태에서의 '체념과 자기 합리화'가 바로 그들이 말하는 '무사의 결연함'이라는 족쇄였다는 말이다. 소설가 모리무라 세이치는 일본인들의 이런 전체주의적 가치관을 "일본인의 자학적 미(美)의식이며, 일종의 멸망(滅び)의 미학"이라고 표현했다.[24] 일본은 참으로 묘하게 국민들을 부추기면서 속박해가는 사회라는 생각이 든다.

튀어나온 말뚝은 얻어맞는다

일본이라는 나라의 틀을 만드는 데 큰 공헌을 한 사람으로 오늘날까지 일본인들의 존경을 받고 있다는 사람이 쇼토쿠 태자(聖德太子, 574~622년)이다. 그가 만든 〈헌법 17개조〉의 제1조는 "화(和)를 존중할 것"이다.[25] '화'라는 것은 사람들이 서로 조화를 이루고 화합해 안정된 사회를 이루도록 하자는 사상이다. 이는 공동체의 이익을 위해 개인의 욕구는 어느 정도 억제되어야 함이 전제가 되는데, 이는 사회의 구성원이라면 누구나 기본적으로 갖추어야 할 마음가짐이라고 볼 수 있다. 일본에서는 이 '화(和)'라는 것이 '늘, 무엇보다도 우선해서' 강조되는 듯하다. 그래서 "튀어나온 말뚝은 얻어맞는다"라는 속담이 뜻하는 대로, 일본 사회에서 언제나 중요시되는 것은 옆에 있는 사람과 가지런히 행동하는 것이다. 그렇게 하지 않거나 못하는 것은 곧 남에게 폐(迷

惑)가 되고 부끄러움(恥)이 되는 일이다. 그래서 불만이 있어도 참고, 불편해도 참는 것이다. 일본인들이 대화할 때 애매모호한 간접적 표현을 선호해서 그들의 말은 표면상의 명분(建前: 다테마에)과 속마음(本音: 혼네)이 서로 다를 수 있으므로 주의해야 된다는 것도 화(和)를 위해 자기를 강하게 내세우지 않는 관습 때문이라는 평이다.

개인만 그렇게 행동하는 것이 아니다. 1961년 미일(美日) 안보 조약에 대한 전국적 규모의 반대가 일어났을 때 도쿄의 7대 주요 일간지는 국내 정세에 대한 의견을 발표하는 '공동 사설(社說)'을 실었다고 한다. 우리로 치면 조선, 중앙, 동아, 한겨레, 한경, 매경 등 주요 일간지 7개가 사설을 공동 집필, 공동 사용했다는 뜻이다. 결국 각 신문사가 독자적으로 자기 회사의 의견을 발표하는 것을 회피한 셈이다. "표면에 나서지 않으려는 습성은 개인뿐 아니라, 주요 일간지마저 깊이 배어 있기 때문"이라는 것이다.[26] 이런 것도 일본 사회가 자랑하는 화(和)의 한 형태일까?

그들의 '화(和)'를 조금 다른 시각으로 보면 무사들의 충돌을 막기 위해서 시행하던 〈싸움 양벌규정〉과 마찬가지로 지배층의 편의를 위해서 개발된 일종의 '사회적 속박'이라는 생각도 든다. 〈싸움 양벌규정〉에서는 무사들 간에 싸움이 일어나면 옳고 그른 것은 따지지도 않고 둘 다 처벌했다. 결국 피해자나 개인의 억울함은 보호받을 여지가 없다는 말이다. 마찬가지로 화(和)라는 것도 구성원 상호 간에 따뜻한 정이 흐르는 과정에서 만들어지는 화목함이 아니라 천황, 쇼군, 영주 등 지배자의 편의를 위해 '집단을 앞세워서 개인을 억제하기 위한 수단'으로 강조된 것이 아닌가 한다. 오히려 개인 간에는 언제나 자기를 억제해야 함으로 소통하지 않고 남남으로 남아 서로 '따스한 정' 같은 것이 스며들 여지가 없을지도 모른다는 생각도 든다.

이렇게 집단을 위해 개인을 억제하는 사회인만큼 그 구성원 간에는 특수한 능력이 배양되는 듯하다. 바로 서로의 속마음을 읽는 능력이다. '인재(人材) 조직 컨설턴트' 인 야마모토 캬메루(キャメルヤマモト)라는 사람은 이렇게 말한다.

> "우리 일본인은 원래 종이에 쓰인 기준보다 종이에 쓰이지 않은 암묵(暗黙)의 기준, 서로의 숨소리(阿吽の呼吸)로 알 수 있는, 그때그때 그 장소마다 달리 있는, 응당 알아차려야 할 그곳의 공기를 파악하는 것에 능하다."[27]

일본어에는 '아운의 호흡(阿吽の呼吸)이 맞는다' 는 말이 있다. '아운(阿吽)' 이란 원래 불교용어로, 들숨과 날숨을 뜻한다. 일본어에서 이 말은 두 사람 이상이 같이 있을 때, '말하지 않아도' 서로의 미묘한 마음의 상태를 알아차리고 서로 이를 일치시켜 조화를 이루는 것을 뜻한다. 우리말에도 '호흡을 맞춘다' 는 말이 있지만 우리의 경우 서로 말을 주고받으면서 호흡이나 발걸음을 맞추어도 된다. 그러나 일본들의 '아운의 호흡' 은 서로의 '숨소리만 듣고도' 저절로 맞추어진다는 점에서 우리와는 다른 듯하다. 오랜 기간 훈련이 되어 있어야 가능한 일이다. 우리의 경우에도 예를 들면 오랜 기간 함께 등산을 다닌 친구들은 옆사람의 숨소리만 듣고도 그가 지금 어느 정도 힘든 상태인지를 알아차리고 속도를 조절할 수 있다. 일본인들은 일상생활에서 그것도 "처음 가는 자리, 처음 만나는 사람들 사이"라도 그런 것이 가능한 모양이다.

야마모토 씨의 말을 좀 더 들어보자.

"일본 사회의 행동 문법을 고찰하는 데 있어 가장 중요한 포인트는
자기가 '지금 있는 곳'에 (자기를) 조화시키려 하는 것이다. 여기서
'지금 있는 곳'이란 개인이 소속된 기업이나 부서, 학생이라면 학
교, 소속된 동아리 등이다. 그런 곳에는 각각의 관습이 있다. ……
관습이란 대개의 경우 종이에 쓰여 있지는 않으나, 일본인은 어떤
자리에 가면 곧 그곳이 어떤 곳인지, 그곳에서 해도 좋은 일과 하면
안 되는 일이 어떤 것인지를 살필 수 있다. 그런 기술은 어릴 때부터
무의식적으로 몸에 지니게 된다. 또 그곳의 법도(掟)는 다른 무엇보
다 우선한다. 그곳에 소속된 개인의 독특한 생각은 그리 중요치 않
다. …… 오히려 눈에 띄는 생각이나 행동은 그곳의 화(和)를 해치므
로 곧 차가운 시선을 받게 된다."[28]

늘 집단이 우선했던 일본 사회에는 온갖 '암묵(暗黙)의 기준'이 도처
에 그물망같이 깔려 있고, 그 구성원들은 누가 말하지 않아도 '들숨,
날숨(阿吽の呼吸)만으로' 어디에 어떤 그물망이 깔려 있는지를 곧 파악
한다. 이와 관련이 있을 듯한 이야기가 2009년 11월 28일 중앙일보 한
쪽 구석에 아래와 같은 짤막한 기사로 실렸다.

"현대자동차 일본 판매법인인 '현대모터재팬'은 부진한 승용차 판
매 사업을 중단하기로 했다고 27일 밝혔다. 현대차는 2001년 일본
에서 승용차를 판매하기 시작한 뒤 현재까지 누적 판매 대수가 1만

5,000여 대에 불과했다."

　그 기사가 나오기 며칠 전에는 새로 한국에 진출한 일본의 도요타자동차가 일주일여 만에 4,000여 대의 주문을 받았고 이에 고무된 도요타코리아는 본사에 한국에 판매할 자동차의 수량을 늘려서 배정해줄 것을 요청할 계획이라는 기사가 각 신문에 크게 실린 일이 있다. 삼성전자가 냉장고, TV, 전화기 등의 가전제품의 일본 내 판매를 포기하고 철수한 데 이어 2009년에는 현대차도 일본에서 판매 부진으로 손을 떼게 된 것이다. 어느 일본 신문은 현대차나 삼성전자의 AS가 부족한 것이 판매 부진의 이유라고 분석했는데 전 세계에서 호평을 받고 있는 삼성전자나 현대차가 유독 일본에서만 AS를 소홀히 한 것은 아닐 것이다. 또 품질의 문제라면 전 세계에서 우리나라 TV의 시장점유율이 일본 제품보다 높은 이유를 설명할 수 없다. 일본의 어느 유명 기업인은 이에 대해 "일본에서는 물건을 팔기 전에 먼저 고객의 마음을 사야한다. 운운……" 하는 소리를 했지만 '다테마에(建前)', 즉 핑계로 여겨진다. 혹시라도 일본에는 한국 차를 사서 타고 다니면 무라하치부(村八分) 같이 눈총을 받는 사회적 분위기가 있는 것은 아닌지? 서로의 숨소리를 통해서 전달되는, 누가 구태여 말하지 않아도 '응당 알아차려야 할 그곳의 분위기 같은 것' 말이다. 다른 사람들은 어떻게 보는지 모르겠지만 나에게는 그런 의구심이 든다. 2012년에 이르러 일본의 가전제품 메이커들의 국제 경쟁력이 떨어져서 삼성, LG가 가전제품을 가지고 다시 일본에 진출한다는 소식이 있는데 어떤 결과를 얻을지 흥미롭다. 쉽지 않을 것이라는 것이 내 생각이다.

영웅의 환상에 취하게 한다

화(和)를 내세워 집단성을 유지하는 것과 함께 일본 사회가 국민들을 세뇌하기 위해 잘 이용하는 또 하나의 방식이 영웅 만들기로 보인다. 일본은 무사들이 지배해온 사회였던 만큼 전쟁 이야기가 많고, 그만큼 전쟁 영웅도 많다. 전쟁 영웅은 아니지만, 〈충신장〉의 아코 무사들도 세월이 흐르면서 연극·소설 등에서 더욱 극적으로 미화되어 일본인들을 감동시키고 있다. 비단 무사들뿐 아니라, 다도, 꽃꽂이, 바둑 등 모든 분야에서 일본은 영웅 만들기, 신화 만들기에 열심이다. 흥미로운 것은 그 실체가 분명치 않은 사람도 영웅 취급을 하여 우상화하고 사람들은 이에 감동한다. 후쿠자와 유키치의 〈학문의 권유学問のすすめ〉에는 이런 구절이 나온다.

"…… 인민의 권리(權義)를 주장하고, 바른 도리(正理)를 외쳐 정부를 압박하여 그 목숨을 던져 보람 있는 일을 이룩함으로써 세상에 대해 부끄러운 것이 없는 유일한 사람은 고래(古來)로 오직 사쿠라 소고로(佐倉宗五郎)뿐이다. 다만 그에 대해서는 세상에 전해지는 것은 소설류밖에 없고 자세한 정사(正史)는 구할 수 없다."[29]

사쿠라 소고로(1605?~1653?년)는 일본에서 자유·민권 운동의 원조로 칭송받는 사람으로 알려져 있다. 17세기 초 지금의 치바 현(千葉県)에 있던 시모사국 사쿠라령(下総国 佐倉領)의 촌장(名主)이었는데 번주(堀田家)의 폭정에 시달리는 촌민을 대신해서 4대 쇼군 도쿠가와 이에

쓰나(德川家綱)에게 직접 호소해서 많은 사람들을 어려움에서 구했다고 전해진다. 그러나 번(藩)의 일을 쇼군에게 직접 호소하는 것은 주군을 배신한 것이 된다. 결국 그는 주군을 배신한 죄로 가족과 함께 극형에 처해졌다.[30] 그 후 치바 현을 중심으로 소고로를 민권가(民权家)의 원조처럼 받드는 '소고로 붐'이 일었다. 나리타 시(成田市)에는 대규모의 사당과 기념비가 세워졌고 지금도 '민권(民權)의 신'으로 받들어 제사 지낸다고 한다.[31] 그러나 그에 관한 역사적 기록은 찾을 수 없어 실제 인물인지는 확실치 않은데 다만 연극, 야담 등으로 많이 알려졌다고 한다. 실존 여부도 확실치 않은 사람에 대해 이렇게까지 붐을 일으킨 것은 그 이야기가 소개된 후쿠자와 유키치의 〈학문의 권유〉라는 책의 영향력 때문이라는 평이다. 〈학문의 권유〉는 약 5년 동안 총 17편의 소책자로 나누어서 간행되었는데, 당시 각 편당 약 20만 부, 총 340만 부가 팔려나간 "메이지 시대의 베스트셀러"였다.[32] 참고로 1872년 무렵의 일본의 총인구는 약 3,300만 명이었다.[33]

또 다른 사람의 이야기도 있다. 도쿠가와 막부 제8대 쇼군 요시무네(吉宗, 재위 1716~1745년)의 시대에는 홍수, 태풍, 가뭄 등이 잦았다. 특히 1732년의 여름에는 서일본 지역(九州, 中国, 四国), 특히 세토 나이카이(瀬戸内海)의 연안 일대에 냉해(冷害), 충해가 발생해서 흉년이 들었다. 이때를 '교호의 대기근(享保の大飢饉)'이라고 부르는데, 전국에서 250여만 명이 기아에 허덕이다가 약 1만 2,000명이 굶어 죽었고 그 후 10년간 전국의 인구는 2,700만 명에서 약 100만 명이나 줄었다고 한다.[34] 특히 이요국 마쓰야마 번(伊予国 松山藩 : 지금의 에히메 현 마쓰야마 시)에서는 농민 2만 9,000여 명 중에서 약 5,600명이 굶어 죽었고,

인근의 츠츠이 촌(筒井村 : 지금의 에히메 현 마쓰마에초)과 쿠로다 촌(黒田村 : 지금의 아이치 현 이치노미야 시)에서는 대강 인구의 반 정도가 굶어 죽었다고 한다.

전해지는 이야기에 따르면, 당시 츠츠이 촌에는 사쿠베(作兵衛, 1688~1732년)라는 농민이 있었다. 원래는 가난했으나 노력해서 먹고살만큼 되었는데, 그때의 흉작으로 그의 아버지와 자식이 모두 굶어 죽었다. 자신도 굶어서 움직일 수도 없게 되었는데도 다음 해에 종자로 쓸 보리를 가마니에 넣어 베개로 하고 있었다. 마을 사람들이 사쿠베에게 그 보리를 양식으로 쓰라고 권했으나 그는 듣지 않았다. 결국 그는 "농사는 나라의 근본, 씨앗은 농사의 근본이다. 살날이 얼마 남지 않은 내가 이를 먹어 내년의 씨앗이 없어지게 만들 수는 없다"는 말을 남기고 굶어 죽었는데, 다음 해 마을 사람들은 그가 남긴 씨앗으로 농사를 지었다는 이야기이다. 실제로 어디까지가 사실인지는 모르겠으나, 어쨌든 이런 이야기들은 사람들을 감동시키고, 다시 그 비슷한 행동을 하려는 사람을 만들어낸다. 그로부터 40여 년 뒤인 1776년 마쓰야마 번 8대 번주 마쓰다이라 사다키요(松平定静)가 그를 기리는 송덕비를 세웠고, 다시 100여 년이 지난 1881년에는 그를 제사 지내기 위한 신사(義農神社)도 건립되었다고 한다.[35] 또 한 사람의 영웅이 탄생한 것이다.

폭탄 3용사와 꾸며진 역사

1932년 제1차 상하이(上海) 사변 때, 철조망으로 둘러쳐진 중국군의 방어 울타리(防禦柵)를 폭파하라는 명령을 받은 일본 육군 공병대의 3명의 일등병들이 긴 장대 모양으로 연결된 폭탄을 안고 그대로 울타리에 부딪쳐 폭사함으로써 일본의 승리를 이끌었다는 무용담이 있다. 이른바 '폭탄 3용사(爆彈三勇士)' 또는 '육탄 3용사(肉彈三勇士)'라고 불리는 이 이야기는 1932년 2월 24일자 아사히신문에 보도되어 세상에 알려졌다고 한다. 장교도 하사관도 아닌 병사들이 그런 일을 한 것이므로 더욱 온 나라를 감동시켰고, 일본인이라면 누구라도 그런 숭고한 자기희생적 애국심을 발휘할 수 있다는 증거라고 온 나라가 떠들썩했다. 사건이 발생한 것은 2월 21일, 사령부에서 발표한 것은 그 이튿날인 22일 오후 4시였다. 일본 육군은 창설 후 처음으로 개인을 위한 의연금을 접수하기 시작했고 전국적인 모금이 이루어졌다. 약 두 달 후인 4월 25일 일본 정부는 그들에게 긴시(金鵄: 금빛 솔개)훈장을 주기로 결정했다. 또 세 명에 대해 장교에게만 허용되던 '군신(軍神)' 표현까지 썼다. 이 일은 곧 영화, 만화, 노래, 그림 등으로 찬양되었고 동상도 만들어 국민 충동에 이용되었다. 1941년부터 1945년까지는 초등학교의 국어책과 음악책에도 수록되었다. 그러나 사실은 그들이 어떻게 죽었는지를 본 사람은 아무도 없었고, 그 신문 기사에 미심쩍은 곳도 있어서 군 내부에서도 사실 여부에 대한 의문이 있었다고 한다. 폭탄을 설치하고 철수하는 것이 늦어서 죽었다는 이야기도 있었고, 지휘하던 하사관이 도화선의 길이를 잘못 계산해서 너무 빨리 터졌다는 말도 있었다. 그러나 당시 사실 여부는 그리 중요하게 취급되지 않았다.[36]

"군도 정부도 3용사를 애국심교육의 절호의 재료로 이용했고, 신문과 국민 대중이 먼저 흥분하고 있었다고 볼 수 있다. …… 신문이 선동했다고 말해도 좋다. 신문이 정부와 군부에 영합했다고 하기보다는, 독자가 그런 기사를 읽고 싶어 한다는 것을 알고 그런 기사를 실었을 것이다."[37]

그로부터 75년이 지난 2007년 6월 13일자 아사히(朝日)신문은 '폭탄 3용사'에 대한 당시의 기사가 날조되었음을 고백했다.

또 다른 사례가 있다. 태평양 전쟁 당시 일본 육군의 항공병이었고 전쟁이 끝난 후 극단 활동, 소설 등으로 "특공으로 순직한 사람들의 애국의 마음을 대변하고 진혼(鎭魂)"하려고 노력해왔다는 우익 소설가 고사카 지로(神坂次郎)라는 사람이 있다. 그의 책에는 전쟁이 끝난 후 그가 어느 특공대장에게서 들었다는 이야기가 소개되어 있는데 일본이 항복한 4일 후인 1945년 8월 19일, 남만주(南滿洲) 제5 연습 비행대의 젊은 교관들이 10기의 비행기로 만주의 소련군 전차 부대에 충돌, 공격하고 산화했다는 이야기이다. 그 특공대장의 이야기는 "아무것도 확증은 없다. 당연했을 것이다. 당시는 아비규환의 패전의 상태"[38]라고 끝을 맺는다.

아무런 확증은 없지만 조금도 의심치는 않는 듯한 말이다. 사토 다다오(佐藤忠男, 1930~)라는 평론가는 이런 분위기에서 그런 '영웅적 행동'을 폄하하거나 의심하는 발언을 한다는 것은 '아주 위험한 일'이라고 말한다.

"타인의 애국심·충성심을 엿보고 감시하는 것을 병적일 정도로 즐

겁게 생각하는 사람이 있다는 사실, …… 애국심이나 특히 천황에 대한 충성심은 누구라도 갖지 않으면 안 되는 일로 되어 있었으므로, 그것을 과잉하게 갖고 있다고 해서 그들을 비난하는 것은 가능치도 않았고, 아주 위험하기까지 한 일이다. …… 어느 정도가 적절한 정도인지를 솔직히 본심을 드러내서 논의하는 것은 불가능한 문제였다. 자칫하면 온건한 논자(論者)는 곧 비국민, 불충자라고 매도되고 따돌림의 대상, 즉 '나카마하즈레(仲間外れ)'가 될지 모른다는 것을 두려워해야 되고, 그런 딱지가 붙으면 치명적이다."³⁹

"때만 되면 그런 일이 되풀이되어 …… 특별한 정신교육 같은 것을 받지 않은 이름 없는 서민도 그런 '숭고한 행동'이 가능하게 되고, …… 그것이 '일본인의, 일본인만이 가진 무섭고 대단한 점이다'라는 식으로 책에, 잡지에 실린다. …… 정의에의 확신이 없는 전쟁을 하고 있으면, 사람들은 정의를 대신할 수 있는 것을 찾지 않으면 안 되는 것은 아닌지? …… 자폭 공격과 같은 이상할 정도로 성실한 행동, …… 성자(聖者)와 같은 병사가 있으면, 그 전쟁은 성전(聖戰)과 같은 빛을 발하게 되고, …… 군은 성자와 같은 병사를 강제적으로라도 만들어내지 않으면 성전을 유지할 수 없게 된다. 이렇게 되어 결국에는 특공대가 계획적으로 만들어지는 지경에 이른 것이다."⁴⁰

아코 무사들이 약 2개월간 연금되어 있다가 할복했던 네 곳의 다이묘가에서는 그들 무사들이 쓰던 무기와 그릇, 침구 등의 신변용품을 아코 무사들이 묻힌 센가쿠지(泉岳寺)에 보냈는데 당시 그 절의 슈잔(酬山)이라는 주지가 그 물건들을 대부분 팔아 돈을 챙겼다고 한다. 그런 사정으로 지금 센가쿠지의 '아코 의사 기념관(赤穗義士記念館)'에 무사들의 유품으로 진열하고 있는 것은 거의 모두가 출처도 알 수 없는 조악한 가짜라고 한다.[41] 그중에는 복수극의 총대장 오이시가 망군 아사노의 묘 앞에서 읽었다는 제문(祭文)도 전시되고 있는데, 이에 관해서 '에도학(江戸学)의 시조(祖)'라 불리는 미타무라 엔교(三田村鳶魚, 1870~1952년)는 사람은 이렇게 평했다.

"대단히 훌륭한 문장일 뿐 아니라 글씨체를 보나 종이의 질을 보나 모두 겐로쿠 시대의 물건이 아니다."[42]

어느 만큼 부풀려진 이야기인지도 알 수 없는 아코 무사들의 이야기, 씨 보리를 먹지 않고 버티면서 굶어 죽었다는 사쿠베, 언론과 군부가 합동 조작한 폭탄 3용사, 강요된 자살 특공대, …… 일본은 정부를 상대로 전쟁을 일으키고 패배해 자살한 사이고 타카모리(西郷隆盛) 같은 사람도 메이지 유신의 과정에서 그가 한 긍정적 역할을 평가해 나중에 사면하고, 동상까지 세워서 영웅으로 만들었다.

조직 또는 나라를 위해 목숨을 버렸다는 그들 모두는 유사시 일본인이라면 누구나 본받아야 할 롤 모델(role model)들이다. 흥미로운 것은 조작된 영웅담이라 해서 '폭탄 3용사'의 그 신화가 없어지지는 않는다는 점이다. 이제 세월이 흘러 아무도 그 신화의 조작 여부를 문제 삼지 않기 때문이다. 역사적 사실이 중요한 것이 아니라 사람들이 무엇을 믿느냐가 더 중요한 것이라고 보는 것이 역사 교과서를 조작하려는 일본 우익들의 역사 인식 태도가 아닐까? 아무튼 그렇게 일본 사회는 기회 있을 때마다 온갖 방법으로 영웅을 만들어 국민들을 세뇌시키고 여차하면 그 세뇌된 국민들을 어느 한곳으로 몰아가려 한다.

집단성의 부작용, 부화뇌동과 무책임

이렇게 일본 사회는 여러 가지 사회적 장치를 통해서 개인의 행동을 감시하고 개인을 집단의 한 구성원으로 조직해왔다. 이런 과정을 통해 특히 에도 시대 이후 일본 사회에는 보이지 않는 신분의 벽이 만들어졌고 일본 사람들은 그 신분의 벽을 적극적으로 깨뜨리려고 하기보다는 받아들여서 집단의 질서를 유지해갔다.[43] 이러한 집단 성향은 조직의 효율적 운영을 위해서는 도움이 되지만 심각한 부작용을 낳기도 한다. 정신의학자 도이 다케오(土居健郎) 교수는 이렇게 말한다.

> "종래 일본에서는 개인보다는 집단이 더 중시되어왔다. 제멋대로의 행동은 집단으로부터 이반(離反)과 고립을 초래할 두려움이 있고, 집단으로부터의 고립은 곧 자기 상실을 의미한다. …… 자기가 속한 집단의 이해와 자기의 이해가 일치하지 않아 고통스러운 경우에도 개인은 그 집단에 소속되어 있고 싶은 욕망이 더 강하기 때문에 집단과 대립해 자기주장을 하지 않는다. …… 이런 식으로 …… 집단 생활의 효율은 한층 높아진다. 집단에의 소속 욕망, 충성심 등으로 개인은 집단에 매몰, 종속되어 '자기가 없는' 의식 상태가 되는 것이다. …… 집단은 흔히 인간의 가장 저급한 충동에 의해 움직이는

경우가 많은데, 이 경우에도 개인은 저항할 방법이 없으므로 '부화 뇌동하거나 영합(迎合)' 하게 된다. 마치 만원 전철 속에 갇힌 사람들의 신세와 같게 되는 것이다. 전차가 급히 출발하거나 급히 정차할 때는 모두가 한쪽 방향으로 강한 압력을 받게 되고 누구에게도 그 압력에 저항할 자유 같은 것은 없는 것과 마찬가지로, 개인이 집단에 대한 효과적 저항이 허용되지 않은 사회에도 같은 현상이 일어날 수 있다. …… '집단 히스테리' 라는 것이 그것이다. …… 태평양 전쟁이 시작되자 "마귀나 짐승 같은 영국과 미국에 철저히 맞서 싸우자(鬼畜英米 徹底抗戰)"고 아우성치던 일본인들이 전쟁에서 패하게 되자 한목소리로 친영미(親英米)와 민주주의를 높이 외치는 태도를 보인 것도 그런 예가 된다."[44]

게이오 대학 설립자, 후쿠자와 유키치도 일본인들의 집단성이 융통성 없는 국민들을 만들었다고 개탄했다.

"일본국의 인심은 …… 자칫 잘못하면 어느 한쪽으로 쏠리는 폐단이 있다. …… 어느 한쪽 방향으로, 오로지 직선으로 나아가 …… 전후좌우에 조그마한 여유도 허용치 않아 변통, 유창(流暢)의 묘용(妙用)이 부족"하다.[45]

주일 한국 대사관에서 외교관으로 근무했던 서현섭 씨의 책에 재미있는 에피소드가 소개되어 있다. 1988년 가을, 당시 88세의 일본 천황 히로히토(裕仁)가 노환으로 쓰러지자 전국은 자숙(自肅) 분위기에 들어

갔고, 매스컴 등에서는 천황의 병환에 대한 1억 2,000만의 슬픔을 "조성(造成)"했다. 이런 분위기에서 국민들은 "어느 정도 자숙해야 하는지" 서로 눈치를 보면서 갈팡질팡했는데 10일째가 되어서 정부에서는 "과도한 자숙은 바람직하지 않다"는 지침을 발표했다고 한다. "이를테면 자숙을 자숙해줄 것을 요청"한 것이다. 슬픔의 표현도 정부 지침이 있어야 조절되는 사회이다.[46] 이렇게 "일본에서는 집단에서 독립해서 개인의 사적 영역의 가치는 인정되지 않는다."[47] 그래서 이런 말이 나오는 것이다.

"실제로 일본인에게 자유란 죽음의 안에서 밖에(死の中にしか) 존재하지 않았던 것이며, 그래서 흔히 죽음을 찬미하고, 죽음에 이끌리는 일도 일어날 수 있는 것이다."[48]

'죽음의 안(中)이 아니면', 즉 살아서는 자유스러울 수 없는 사회적 분위기라니, 참 무서운 말이다. 그러나 이러한 집단 성향은 그 구성원들 간의 책임 소재를 애매하게 만든다. 정치학자 마루야마 마사오(丸山眞男, 1914~1996년)는 "(태평양 전쟁 종료 이전의) 일본 파시즘에는 명확한 정치적 주체가 없었으며 따라서 책임 의식도 없었다. 일본에서는 분명 행동은 있었지만, 아무도 그 주체가 아닌 것처럼, 모든 것이 '저절로' 그렇게 된 것처럼 보였다"고 말했는데,[49] 이는 근본적으로 개인이 부정되는 사회이기 때문일 것이다. 이런 상태에서는 모든 사람이 공동으로 책임을 지므로 개인이 부담해야 될 책임은 딱히 없는 것처럼 느낀다. 그의 "천황제는 무책임제"라는 말도 같은 뜻으로 이해할 수 있다.

그래서인지 "일본인은 개인으로 있을 때는 대단히 정직하지만 소집단을 조직한 경우에는 부정을 한다고 흔히 이야기된다."[50] 집단주의의 무책임성이 불러올 수 있는 심각한 부작용이다.

집단이 우선시되는 사회에서 늘 주위의 눈총부터 의식해야 하는 일본인들의 행태를 잘 볼 수 있었던 사례가 1995년 1월에 있었던 6,400명 이상의 사망자와 수많은 부상자를 낳은 대참사 한신·아와지 대지진(阪神淡路大震災)이었다. 니토베 이나조의 말대로 아무리 일본인들이 자기의 감정을 잘 드러내지 않는 훈련이 되어 있다고 하더라도 그런 참사를 당하고도 소리 내서 우는 사람이 한 명도 없었다는 그 '충격적 조용함'에 전 세계가 놀란 표정이었다. 16년 후 다시 1만 8,000명 이상의 희생자를 낸 동일본 대지진(2011년 3월)[51] 때도 일본인들은 조용히 정부의 늑장 구호를 기다렸다. 당시 중앙일보 김현기 특파원은 "재해 지역 쓰레기 더미를 치우겠다고 예산을 잔뜩 잡아놓고도 5개월이 다 되도록 실제 예산 집행이 7퍼센트에 불과하고, 모금된 성금이 이재민에게 20퍼센트도 채 전달이 되지 않고 있어도 데모 한 건도 없었다"는 일본인들의 태도를 "비상식적"이라고 평했다.[52]

감정을 함부로 드러내지 않는 것은 교양인의 중요한 덕목의 하나로 꼽힌다. 인간이 때와 장소를 구분하지 않고 그저 느끼는 대로 감정을 표출하는 것은 때로 천박하게도 보인다. 그렇다 하더라도 사람이 늘 부처같이 희로애락을 드러내지 않는다면 그것도 역시 자연스럽지 않다. 더구나 1억 3,000만 명의 국민 전체가 그럴 수 있다는 것은 그저 놀라운 정도를 넘어서는 일이다. 물론 '우리 기준'으로 보아서 그렇다는 말이다.

이렇게 조직이나 집단의 한 구성원으로 행동할 때는 늘 자기를 억제하고 차분한 태도를 갖던 사람들이 어떤 계기로 일단 제한된 울타리를 벗어나거나 또는 '모두가 같이' 집단행동을 할 때는 평소에 맛보지 못했던 '해방감'에서인지 전혀 다른 모습을 보이기도 한다. 일본인들이 집단을 이루어 참여하는 마쓰리 등에서 느낄 수 있는 열기는 때로 섬뜩한 느낌이 들 정도로 뜨겁다. 팽팽하게 잡아당겨진 고무줄이나 억눌린 용수철은 외부의 억제력이 제거되면 그 반발력으로 엄청난 힘을 분출한다. 땅속에서 부글부글 끓던 마그마가 틈을 찾으면 엄청난 힘으로 솟아오르는 화산과 같은 구조인 것이다. 집단의 그런 성향이 나쁜 쪽으로 분출된 것이 지난 세기 아시아 각국에서 일본 군인들이 보여준 "믿기 어려운 정도의 잔인한 행동"이라는 평이다.[53] 간토 대지진(관동대학살) 때의 집단 광란도 같은 맥락으로 볼 수 있을 것이다.

학자들은 18세기 후반 이루어진 일본의 개국(開國)과 도쿠가와 막부의 해체는 근대 일본의 폐쇄성과 이에서 파생된 사회적 장벽을 제거할 수 있는 좋은 계기가 될 수 있었을 것이라고 아쉬워한다. 그러나 메이지 정부는 그 과정에서 싹트기 시작한 합리주의, 자유 토론, 자주적 집단의 형성 등 사회 전반의 민주적 동향과 '열린 사회'로 가는 디딤돌이 될 수 있었던 여러 가지 "역동적 요소를 천황제 국가라는 또 하나의 닫힌 사회의 집합적인 에너지로 대체"해갔다는 것이 정치학자 마루야마 마사오(丸山眞男, 1914~1996년)의 분석이다.[54] 즉, 메이지 유신 이후의 일본의 근대화 과정에는 개인과 집단의 구조적 분리를 통한 주체적 자아 형성 과정이 없었으며 오히려 정반대의 일이 일어났고 그 핵심에 천황이 있었다는 것이다.[55] 그 결과 태평양 전쟁이 끝날 때까지의 일본이 어떤 길을 걸어왔던지는 잘 알려진 일이다.

폐쇄된 조직, 사디즘과 마조히즘

앞에도 잠깐 언급한 대로 정신의학자 도이 다케오(土居健郎) 교수는 일
본 사회의 이런 집단 성향의 바탕을 '아마에(甘え)적 토양'에서 찾는다.
'아마에'라는 말은 '달다(甘)'는 뜻의 형용사 '아마이(甘い)'에서 나온
명사로, 우리말의 '어리광' 정도에 해당되는 말이다. 도이 교수에 따르
면, '아마에의 심리'란 젖먹이 아기가 어느 정도의 지각 능력을 갖게
되어 엄마가 자기와는 다른 존재임을 알게 된 후 그 엄마를 찾는 것이
그 시작이다. 이는 결국 모자(母子)가 분리되어 있다는 것을 심리적으
로 부정하는 일이고 나아가서는 모자 관계와 같이 "인간 존재에 본래
붙어 있는 것이 떨어지는 것을 부정해 분리의 고통을 피하려는 것"이
라고 말한다. 어리광의 심리에서 벗어나기 위해서는 어머니와 자신이
서로 분리된 개체임을 깨닫고 이를 인정하는 것이 전제가 된다. 그러
나 늘 자기를 죽이고 조직의 일원으로 살아온 일본인들은 자기가 속한
집단 또는 조직이 자기와 서로 분리되어 있다는 사실을 받아들이지 않
고 오로지 정서적으로 일체(一體)인 상태를 조성해내려 한다. 즉, 유아
의 어머니에 대한 의존적 구조가 성인이 된 후에 접하는 사회적 관계
에서도 계속되는 것이 일본인 특유의 사회심리적인 구조라고 본다.[56]
도이 교수는 이 아마에를 "종적(縱的, タテ) 관계를 중시하는 일본인의
정신구조와 일본의 사회구조를 이해하는 열쇠가 되는 개념이며, ……

일본 사회의 성격을 떠받치는 사상적 중심 골격(backbone)"이라고 말한다.[57] 또 그는 "일본 정신 또는 야마토 다마시(大和魂), 좀 더 구체적으로는 존황(尊皇)사상, 또는 천황제 이데올로기라고 일컬어지던 것도 실은 아마에의 이데올로기로 해석할 수 있다"고 본다.[58] 즉 "일본인은 …… 아마에가 지배하는 세계를 진정으로 인간적인 세계라고 생각하고 있고 그것을 제도화한 것이 바로 천황제"[59]라는 것이다. 이렇게 개인과 집단이 분리되지 않고 일체화되어 있는 '아마에의 세계'는 외부인에게는 배타적·폐쇄적으로 보인다. 그러나 일본인들은 이를 의식하지 못할 수도 있다는 것이 도이 교수의 견해이다.

"이 세계에 사는 사람으로서는 (자신들이) 폐쇄적이라는 의식 자체가 결핍되어 있다. …… 오히려 자신들이 개방적이라고 의식하는 편일지도 모른다. 타인(他人)은 아무런 관계가 없는 사람인 이상, 그들을 배제하려는 폐쇄성이 없을 리가 없다. …… 다만 아마에를 받아들이지 않는 외부인으로서는 아마에의 세계가 요구하는 균질성(均質性)이 참을 수 없어 그것이 폐쇄적·사적 내지 자기중심적인 세계로 보이는 것이다."[60]

이렇게 외부인들이 느끼는 일본 사회의 폐쇄성은 조직과 개인이 정신적으로 일체화된 상태에서 만들어지고 사회 구석구석에서 작동한다. 회사에서도 스카우트나 중도 채용 등으로 입사한 사람은 좀처럼 볼 수 없는 것이 일본 사회라고 한다.

2009년 1월 29일자 매일경제신문에는 당시 주한 스웨덴 대사 리르

스 바리외 씨의 기고(寄稿)가 실렸다. 그 글에는 그가 1970년대 일본 유학 시절 불교를 공부하기 위해 교토의 어느 절을 방문했을 때의 경험담이 소개되어 있는데, 그때 그는 그 절에서 외국인 방문자인 자기에 대한 일본 승려들의 "의심과 멸시를 만났다"고 기술하고 있다. 그가 사용한 '의심과 멸시'라는 말은 일본을 경험해보려는 의도로 그들의 생활 속으로 들어가되 '외부인에게는 익숙지 않은 그들의 방식'이 아니라 '상식에 기준한 나의 방식으로' 들어가보려고 시도해본 사람이라면 고개가 끄덕여지는 말일 것이다. 무엇이든지 잘게 나누고 우치(內)끼리만 알고 드나들 수 있는 칸을 만들고, 소토(外)의 인간은 이를 모르는 것이 당연하다. 그래서 그 외부인(타인)은 무시해도 되고, 가끔 비집고 들어오려는 이방인(蝦夷, 洋夷, 唐=동양의 이방인 등, 타인)은 오니(鬼) 같이 경계하고, 그래서 우치끼리의 단결은 더욱 중요하게 되고…….

너무 오랫동안 부모 품에 안겨 어리광을 부리면서 지낸 아이는 독립심도 없어지고 버릇도 나빠진다. '아마에(甘え: 어리광)의 사회'에서 벗어나지 못하는 일본인들의 사뭇 왜곡된 심리를 명지대학교 김정운 교수는 이렇게 평한다.

"자연스런 정서적 독립이 강요된 애착 관계로 인해 방해를 받으면 아동은 타인에 대해 과도한 의존적 성향을 보이거나 그 반대의 성향을 보인다. 성인이 되어서도 아주 특이한 방식으로 대인 관계를 형성하게 된다. 특히 성적 욕구 충족의 방식에 가장 두드러지는 문제가 생긴다. 마조히즘과 사디즘이 바로 그 대표적 행태인 것이다."[61]

태평양 전쟁 중 일본인들이 보여준 잔학 행위나 야스쿠니 신사 문제에서 그들이 보여주는 '선조도 마음대로 추모하지 못하는 일본인'이라는 식의 피해 의식 내지 자학적 성향은 서로 다르게 보여도 그 뿌리가 같다는 말이다. 히로시마에 있는 '평화기념공원'이나 치란(知覽)의 '특공평화회관', 그 밖에도 오키나와, 나가사키 등의 태평양 전쟁 관련 기념 시설들을 보면 겉(建前: 다테마에)으로는 모두 평화를 기원하고 있다. 그러나 그곳에 기록, 전시된 내용(本音: 혼네)에는 전쟁을 일으킨 당사자로서의 반성은 조금도 보이지 않는다. 오히려 전쟁 중에 '무참히 죽은 일본인들'과 '파괴된 일본의 모습'만을 부각시키고 있다. 그런 것들을 보면서 일본의 젊은이들은 오히려 지난 세대가 전쟁 중에 입은 피해만 의식하고서 주먹을 불끈 쥐게 될 것이다. 김정운 교수는 "일본은 천황제가 살아 있는 한 이런 마조히즘의 굴레에서 영원히 벗어날 수 없다."[62]라고 말한다.

또 그들은 자기들의 그런 행태에 외국인들이 불쾌감과 함께 불안감을 느끼고 있다는 사실을 별로 괘념치 않는 듯한 행태를 보인다. 그들에게 다른 나라의 사람들은 어차피 나와 별 관계가 없는 타인으로 생각하기 때문일까? 그렇다고 그들이 바깥 세계를 아주 의식하지 않는 것은 아닌 모양이다. 도이 교수는 이렇게 말한다.

"일본인은 낯선 타인의 세계에 대해서는 흔히 무시하는 태도를 보이나 그렇다고 해서 결코 무관심해서가 아니다. 일본인은 밖의 세계를 무시할 수 있다고 생각하는 한 무시하지만, 일견 무관심한 듯 보이는 경우에도 실제로는 주위를 향해 예사롭지 않은 주의를 하고 있다고 보아야 한다. 그렇게 해서 일단 무시할 수 없다고 느끼면 열심히 주위와 동일화하여 이를 섭취하려는 노력을 시작하는 것이다."[63]

"긴 물건에는 감겨라"는 일본 속담이 있다. 상사나 힘 있는 자에게는 무조건 따르는 것이 상책이라는 뜻이다. 모든 관계에서 먼저 힘을 가늠해서 힘 있는 상대에게는 감겨들고, 그렇지 않으면 무시해버린다. '선린우호(善隣友好)' 같은 말에 너무 기대려 하면 낭패할 수도 있다.

일본인의 선악관

한양 대학교 박규태 교수는 일본의 도덕 체계는 보은(報恩), 의무(義務), 의리(義理), 부끄러움(恥) 등으로 대표되고 이에 따라 엄격한 자기부정과 자기단련이 하나의 문화로 양식화되어 있다고 말한다. 한편 언제나 "개인으로서보다는 먼저 조직 인간으로" 존재하는 일본인들의 선악관은 공동체 전체의 이익이 되느냐 아니냐에 따라 결정된다고 본다.[64] 즉 그들의 도덕 체계는 개인의 내면적 윤리의식에서 나온 것이 아니며, 일본인들의 도덕 체계(德)의 원천이 된다는 '하지(恥. 부끄러움)'의 의식도 오직 집단 내의 다른 사람의 눈만이 그 기준이고, "자기가 속한 사회 내에서만 나타날 수 있는 부끄러움"이라고 지적한다.[65]

"일본인의 경우 자기가 그곳에 속해 있는 (집단 내의) 사람들의 신뢰를 저버리는 것에서 가장 강하게 죄악감을 느낀다. …… 일본인은

배신(裏切り)이 관계의 단절로 이어지기 쉬운 의리적(義理的) 관계에서 가장 빈번히 죄악감을 경험한다. 하면 안 되는 일을 해버려서 죄송한 것이 아니라면 내면적인 죄의 자각은 없다고 일반적으로 여겨진다.[66] …… 가장 부끄러움(恥)을 의식하는 것도 이와 마찬가지로 자기가 속한 집단과의 관계에서이다."[67]

뒤집어 말하면 그들은 '다른 사회'의 사람들에 대해서는 죄의식이나 부끄러움을 별로 느끼지 않기 때문에 자기가 속한 집단이 허용하는 일은 집단 밖의 사람들이 어떻게 생각하든 개의치 않고 할 수 있다는 말이다.

"일본인이 외국으로 집단 여행을 하는 경우 '여행 시의 부끄러움은 개의치 않는다'는 식으로 행동해서 빈축을 사는 일이 많은데 이는 집단에 의해 보호받기 때문에 밖의 눈을 의식하지 않아도 좋다고 느끼기 때문이다. 집단이면 부끄럽지 않다는 의식은 국내에서도 흔히 볼 수 있는 현상이며 사실 이것이야말로 일본인들의 최대의 특징이라고 해도 좋다. …… 집단을 초월해 단독으로 행동한다는 것은 일본인으로서는 심히 곤란한 일이다."[68]

"(반대로) 일본인은 감사함을 느낄 경우 심할 정도로 황공해하면서 고마움(礼)을 표하거나, 아니면 감사함을 입에 담는 것조차 꺼리는 태도를 보인다. 특히 관계가 친밀할수록 예를 들면 부부나 부모자식 간에는 통상 거의 감사하다는 말을 입에 올리지 않는다. …… 이렇게 감사함을 말로 표하지 않는 관계란 …… (정신적으로) 서로 독립된 관계가 아닌 경우를 뜻하는 것이라고 보아도 좋다. …… 이런 세계에는 엄밀한 의미의 개인의 자유, 독립은 존재하지 않는다."[69]

　일본인들이 중요시하는 또 하나의 도덕적 가치인 '마코토(誠)', 즉 '성실함' 또는 '정성을 다한다'는 것도 역시 우리가 말하는 보편적 도덕 기준과는 다르다. 박규태 교수에 따르면 그들의 '마코토'라는 것은 선악과 관계없이 그때그때 오로지 "현실의 질서를 절대적인 것으로 긍정하고, …… 그저 자신에게 주어진 책무를 성실하게 다하는 것을 뜻한다."[70] 우리나라에서는 예를 들어 깡패 집단에서 자기가 맡은 일을 열심히 하는 사람을 '성실한 사람'이라고 말하지는 않는다. 그러나 일본에서는 인간 생체 실험으로 유명한 '731부대'를 이끈 이시이 시로(石井四郎, 軍医中将, 1892~1959년) 같은 인간도 얼마든지 '마코토(誠)가 있는 사람'으로 평가될 수 있다는 말이다. 사람을 통나무(丸太: 마루타)같이 취급하면서까지 자기가 맡은 일을 철저히 했기 때문이다. 잘 알려진 대로 '731부대'는 태평양 전쟁 때 일본 육군의 연구기관의 하나로, 살아 있는 중국인과 조선인들에게 병균이나 약품을 투입하고 마취 없이 해부해서 여러 가지 생화학적 실험을 한 것으로 악명을 떨쳤다.[71]

목숨을 걸고 끈질기게 버틴다

이에라는 집단이 사회생활의 단위가 되었던 일본에서는 그 구성원들이 일치단결해 노력하지 않으면 다른 이에(가문, 생활공동체)와의 경쟁에서 낙오된다. 또 이에 내에서도 가장의 신임을 얻어 보다 나은 위치에서 일하거나 가독이 되기 위해서는 늘 스스로를 억제하고 집단을 위해서 노력하지 않을 수 없다. 일본인들이 자주 쓰는 말 중에 '잇쇼 켄메이'라는 말이 있다. 자기가 지금 있는 장소에서 하는 일(一所)에 목숨을 걸고(懸命) 열심히 한다는 뜻이다. 무사계급이 차츰 군신 관계의 틀 속으로 흡수되어감에 따라 무사들은 선조로부터 물려받거나 주군이 하사한 땅을 목숨을 걸고 지켜내려 했다. '잇쇼 켄메이'는 여기서 유래한 말이다.[72]

또 하나 그들이 자주 쓰는 말이 '간바루(頑張る)'이다. 이 말을 사전에서 찾아보면 그 뜻이 이렇게 풀이되어 있다.

1. (끝까지) 견디며 버티다. 끝까지 노력하다.
2. (끝까지) 주장하다. 우기다.
3. 버티고 서다. 눌어붙다. (동아한일사전)

경희 사이버 대학교의 오태헌 교수에 따르면 이 말은 "주로 집단의 목적을 달성하기 위한 마음가짐 내지는 노력을 설명하는 의미"로 쓰이고 이는 "나와 내가 속한 집단과의 관계 설정에서 서로 믿음을 확인하는 단어"[73]라고 한다. 어려움이 있더라도 참고 끝까지 노력하면서 눌어붙어 있으면서 큰 잘못만 하지 않는다면 좀 능력이 모자라도 종신고용이 보장된다. 이렇게 그들은 집단 내에서 믿음을 잃지 않기 위해서 '목숨을 걸고(一所懸命)' 노력하기도 하지만 힘이 부쳐도 '언제까지라도 그 자리에 버티려' 한다는 것이다. 독도에 대한 일본 우익의 태도가 바로 이 '간바루'라는 말로 설명할 수 있을 것이다. 어려움이 있더라도 언제까지나 버티면서 자기의 주장을 끝까지 밀고 나가려 한다.

그런 마음가짐 자체가 그들이 중요시하는 가치관이다. 나의 의사, 나의 양심이 아니라 집단의 의사, 집단의 이익에 따라 "잇쇼 켄메이, 간바루" 하는 것이 조직에 대한 의리이고 조직원의 의무라고 생각하는 것이다. 여기서 '옳고, 그르고'는 고려 대상이 아니다.

우리가 '의리(義理)', '의무(義務)'로 읽는 말을 일본어로는 '기리', '기무'로 읽는데, 이 말들도 그 두 나라 간에 그 쓰임새가 많이 다르다고 한다. 한양대 박규태 교수의 설명을 인용한다.

"일본의 기무(義務)에는 무엇보다 우선해서 지켜야만 할 황금률, 가령 인(仁)이나 천리(天理) 같은 것이 결여되어 있다. 즉 기무는 도덕적·초월적인 원리성과는 무관하다. 때문에 가령 천황에 대한 충성은 천황이 옳든 그르든 상관없이 지켜야만 하는 기무로 간주되기도 한다."[74]

'기리(義理)'의 경우도 그들에게 가장 중요시되는 것은 "나에 대한 세간(世間)의 평판"이며, "기리의 의무는 자기가 받은 만큼 정확히 같은 분량을 갚으면 해소된다." 이 말은 받은 만큼 갚지 못하면 의리(義理)를 모르는 사람이 된다는 말이다. 그래서 상대가 되갚기 어려울 만큼 너무 큰 선물은 이 '기리의 원칙'에 어긋나기 때문에 결례라는 것이다.[75] 한마디로 남에게 빚지기도 싫고, 내게 여유가 있다고 크게 베풀 생각도 없는 것이다. 너무 타산적이라 좀 쌀쌀맞은 느낌이 들지만 오히려 안전한 방식일 수 있다. 또 지금 자기가 속한 집단과의 관계만 잘 유지될 수 있다면 다른 것은 생각할 필요가 없다는 사고방식이다. 옛날 일본에서는 전쟁 중에 항복한 자는 바로 적 측에서 일하면서 어제까지의 우군에게 화살을 쏘았다고 하는데,[76] 태평양 전쟁 중에도 포로가 된 일본 군인들이 일본군을 공격하는 미군에게 너무나도 협조적 태도를 보여서 오히려 미군들이 놀랐다고 한다. 이것도 보편적 도덕률에 비추어 옳은지 어떤지는 따지지 않고 오로지 지금 속한 집단을 위해 최선을 다한다는 사고방식에서 나온 행동일 것이다.

무라하치부 · 이지메의 일본인

이렇게 "상호 신뢰를 기반으로 하는 연대 의식"[77]에 바탕을 둔 촌락 사회로 구성되어 있던 일본에서는 공동체의 신뢰를 배반해 그 구성원에게 피해를 입힌 사람의 가족과는 절연(絕緣)해 촌락 사회에서 고립시키는 관습이 있었다. 이렇게 따돌림을 받는 사람을 '무라하치부(村八分)'라고 한다. 그들에게는 인간사에서 흔히 일어나는 10가지(十分) 중요한 일 가운데에서 2가지를 제외한 8가지 일에는 마을에서 일체의 도움을 주지 않았다는 것이다. 10가지 중요한 일이란 출산, 성인식, 결혼, 불사(佛事), 병, 수해(水害), 여행, 건축, 토목공사, 장례, 화재 등을 말하는데, 2가지 예외란 장례와 화재를 말한다.[78] 결국 무라하치부란 소(小)집단의 사형(私刑)인 셈인데, 이런 지독한 풍습을 역사학자 히구치(樋口清之) 교수는 오히려 인정 있는 일이라고 주장한다.

"연(緣)을 끊어도 슬픈 일(장례와 화재)은 서로 나누려 하는 것이 무라

하치부. 이는 일본인의 의리 인정(義理人情)의 발상과 깊은 관계가 있는 것으로, 이런 온화한 징벌 풍습은, 세계에서 그 류(類)를 찾아볼 수 없다."[79]

그러나 화재는 빨리 진압하지 않으면 자기 집으로 옮겨붙을 수도 있고 장례도 방치하면 위생적으로도 여러 가지 문제가 생길 수 있다. 또 그들의 관념으로는 장례를 돕지 않아 죽은 영혼을 섭섭하게 만들면 좋을 것이 없을 것이다. 이를 '의리', '인정' 운운하는 것은 견강부회(牽强附會)로 보인다.

무라하치부보다 더 엄한 벌은 마을에서 추방하는 것이었다. 그러나 '의제(擬制)적 가족관계'의 틀은 그 밖에 있는 사람들에게는 배타적 성격을 갖는다. 그래서 "일본인에게는 공동체로부터 떨어져 나간다는 것은 바로 생존의 조건을 잃는 것이다."[80] 쫓겨난 사람은 대개 근처 마을에 가서, 받아들여지면 허드레 심부름을 하거나 신사나 절을 지키면서 목숨을 이어갔다고 한다. 앞에 소개된 〈불충신장〉이라는 소설에는 아코 무사로서 복수극에 참여하지 않은 사람들이나 그들을 도우려다가 자기도 촌락 사회의 눈 밖에 난 사람들이 마주치는 고난이 잘 그려져 있다.

에도의 간다(神田)에는 아코 무사로서 복수극에 가담하지 않은 나카무라(中村淸右衛門)라는 사람의 검도 도장이 있었다. 그런데 아코 무사들이 모두 할복 처분을 받자 마을에서는 복수극에 참여하지 않은 '의리 없는' 나카무라를 아무도 상대해주지 않는다. 이를 가엾게 여긴 그 동네 밥집 주인 사다시치(定七)가 나카무라에게 아침저녁으로 밥을 갖

다주었다. 그러나 그 동네 공사판에서 일하는 85명의 목수를 거느린 목수 대장(源さん)과 72인을 거느린 미장이 대장(六さん)은 이를 못마땅하게 여긴다. 그래서 두 대장은 "사다시치네 집에서 밥을 먹는 놈은 가만두지 않겠다"는 말을 하고 돌아다녔고 일꾼들은 그 밥집에 발길을 끊었다. 가게 문을 닫게 된 사다시치는 두 대장을 찾아가서 "이 열흘간 이 에치젠야(越前屋)에 밥을 먹으러 오는 사람은 줄기만 하고 어쩌다 들어오는 사람들도 모두 처음 보는 손님뿐"이라고 하소연한다.[81] 어떤 이유든지 공동체의 눈 밖에 나면 굶어 죽을 수도 있는 것이다.

복수극에 가담하지 않고 사가 번(佐賀藩)의 영지에 숨어들어가 사는 와타나베(渡部角兵衛)라는 아코 무사가 있었다. 그는 사방 6척(尺)의 땅에 나무 기둥 네 개를 박아 판자로 바람을 막고 나무 조각으로 지붕을 덮어 이슬을 막은 산속 오두막에서 효자손을 만들어 시중에 팔아서 살아간다. 어느 날 와타나베의 숨겨진 신원을 알게 된 사가 번의 젊은 무사 다시로(田代又左衛門)가 나타나서 와타나베에게 "이곳 구로츠치바루(黑土原)에서 즉시 나가라. 아니, 히젠 나베시마가(肥前 鍋島家)의 영지로부터 없어져라. …… 버러지만도 못한 비겁자. …… 이 나베시마의 영지에는 비겁자를 살게 할 땅 같은 것은 한 평도 없다. 안 나간다면 베어버릴 것이다"[82]라고 윽박지른다.

다미야 도라히코(田宮虎彦, 1911~1988년)라는 사람이 쓴 〈그림책 繪本〉이라는 소설이 있다. 1930년대 중반 도쿄의 어느 누추한 하숙집의 하숙생인 한 중학생(福井義治)의 이야기이다. 그의 형은 유명한 '폭탄 3용사'의 상하이 사변(1931) 때 적군의 포로가 되었다. 포로가 되어 '황군(皇軍)의 수치'가 된 아들 때문에 아버지는 병들어 죽는데, 죽어가면서도 "천황 폐하께 면목이 없다, 면목이 없다"고 말한다. 게다가 사람들은 포로가 된 형은 빨갱이였을 것이라고 의심하고 그의 가족들을 괴롭힌다. 교사 자격증이 있는 엄마는 어린 동생들을 데리고 친척이 있는 시골로 이사해서 그곳에서 교사 생활이라도 하려 했다. 그러나 교사는커녕, 사환 노릇도 시켜주는 데가 없다. 그런 자식을 키운 어미도 빨갱이라고 따돌림을 받기 때문이다. 한편 도쿄의 그 중학생은 강도 혐의를 뒤집어쓰고 경찰에 체포된다. 경찰서에서 형이 빨갱이니까 너도 빨갱이임이 틀림없다고 흠씬 두들겨 맞지만 결국은 무죄 석방되었다. 그러나 그는 며칠 후 목을 매달아 자살한다는 이야기다.[83] 이런 경우 옆에서 누가 좀 도움을 주고 싶어도 나서다가는 자칫 앞에 나오는 밥집 주인 사다시치와 같이 자기마저 무라하치부가 될 수 있어 엄두를 낼 수 없다. 일본은 그런 사회인 것이다.

도덕적으로 옳은지 그른지는 따지지 않고 집단이 정한 규범을 어기면 용서 없이 응징하는 관습이 일본인들을 규칙을 잘 지키고 명령에 복종하며 결과적으로 집단성이 강한 국민으로 길들여왔을 것이다. 일본의 어느 연예인은 "일본 사람이 약속과 규범을 잘 지키는 것은 집단에서 외톨이가 되지 않으려는 것이지 그 규칙을 존중해서가 아니라"고 말했다고 한다.[84]

타 민족의 입장은 생각하지 않는다

"일본인에게는 타 민족의 입장에서 살펴보지 못하는 성격이 있는 것이 아닐까?"[85] 작고한 소설가 시바 료타로의 말이다.

우치(內)끼리의 화(和)만 이룰 수 있다면 다른 것은 아무래도 좋다는 사고방식. 내가 속한 집단 밖에 대해서는 부끄러움이 없어지는 일본 인. 그래서인지 일본의 지식인들 중에서도 외부인의 입장에서 생각해 보려는 마음은 전혀 없이 자기만의 논리를 전개해가는 사람들이 흔하 다. 세계무역센터에 여객기를 충돌시킨 9 · 11 테러가 일어났을 때 미 국에 주재하던 어느 일본인 기자가 쓴 책에 이런 대목이 있다.

"CNN 등이 9 · 11을 진주만 폭격에 대비하는 것에 대해 미국에 주 재하는 어느 일본 외교관은 '심하다, 진주만 공격은 군사행동이다. 테러가 아니다. 그것을 같이 취급하다니……' 하고 말했다. 일본인 으로서는 상당한 위화감이 있다. 그러나 '진주만 공격'은 일본의 선 전포고의 수속이 좀 늦은 점도 있어, 미국으로서는 비열한 공격(騙し 打ち, sneaky attack)으로 자리매김하여 정착하고 있다. 미국의 일반 시민에게는 같은 인상일 것이다."[86]

위의 글에는 글 쓴 사람의 생각을 읽을 수 있는 몇 가지 시사점이 있 다. 먼저 선전포고 없이 진주만을 공격한 것에는 일본군의 고의가 없 었다는 뉘앙스다. 늘 주도면밀한 일본인들이 그 중요한 선전포고의 '수속'을 제때에 하지 못해서 나라의 체면을 구겼을까? 일본식 표현으 로 '선전포고 지연 문제 宣戰布告遲延問題'에 대해, 위키피디아 일본어 사이트에는 대강 이렇게 설명되어 있다.

"진주만 공격이 선전포고를 하지 않은 기습 공격이라는 인식이 현재에도 일반적이나 퍼플 암호기[87]로 보낸 명령서에는 당초 공격 개시 30분 전의 선전포고가 예상되어 있었다. 그러나 도쿄로부터 일미(日米) 교섭의 중지를 통보하는 내용의 전문이 송신되었을 때, 일본 대사관원 모두가 숙직도 없이 대사관을 비우고 동료의 송별회를 하고 있었던 등의 여러 사정에 의해 워싱턴의 일본 대사관 일등 서기관 오쿠무라 가쓰조(奧村勝将)의 영역친서(英訳親書)의 타이핑이 대폭 늦어져 공격 개시 시간에 일미 교섭 파기의 통고가 시간을 맞추지 못했다. 이 사건과 관련해 아무도 처벌받지 않았다. 외무성은 이 지연에 대한 조사위원회를 설립, 조사했으나 조사 결과는 오랫동안 공표되지 않았다. 1994년 11월 20일, 외무성은 당시의 조사위원회에 의한 조사 기록[88]을 공개, 공식 견해로 대사관 서기관의 실수에 의해 선전포고가 지연되었음을 인정했다."[89]

사건 발생 50년 후에 나온 일본 외무성의 공식 견해에 따르면 선전포고는 "대사관 서기관의 실수에 의해 지연"되었을 뿐이고, 결국 누구에게도 처벌받을 만한 잘못이 없었다는 것이다. 또 '미국으로서는' 진주만 공격을 비열한 공격으로 자리매김하고 있지만 '일본으로서는' 지금도 그것이 비열한 공격이라고는 생각지 않는다는 말이다. 청일 · 러일 전쟁도 일본의 선전포고 없는 기습 공격으로 시작되었고 진주만 폭격과 같은 시각에 감행된 일본 육군의 영국령 말레이 반도 코타바루 상륙 작전(말레이작전)도 선전포고를 하기 전의 기습이었다.[90] 미루어 보면, 일본군은 선전포고 없이 전쟁을 벌이는 것을 기본 방침

으로 하고 있음을 알 수 있다. 이는 옛날 일본 무사들의 이른바 '츠지기리(辻斬り)'의 정신적 유산일 수 있다. 소설가 시바 료타로는 이렇게 말한다.

"일본인은 …… (사물을) 점(点)으로 이해할 수 있어도 면(面)으로는 생각지 않는다. …… 아무래도 섬나라이기 때문이다. …… 전쟁을 하는 방식을 보면 잘 알 수 있다. …… 언제나 게릴라전이다. …… 전쟁에 대한 태도(戰爭論)를 살펴보면 일본인론(論)이 가능하다. …… 전쟁이라는 것은 아주 전형적인 정치 행위로서 그 인간, 그 민족을 알 수 있는 아주 단순한 창(窓)이므로 설명하기 쉽다."[91]

앞에 소개한 일본 기자의 글도 결국 '역지사지(易地思之)하지 못하는' 일본식 사고에서 나온 글로 보인다. 일본인들의 이런 "타 민족의 입장에서 살펴보지 못하는 성격"과 "어리광을 부리는 사회적 토양"이 한데 어울려서 이런 일이 벌어진다.

"일본 학생들의 (태평양 전쟁에 대한) 전쟁 인식은 전쟁에서 일본인이 얼마나 지독한 일을 당했는가 하는 피해 인식에 압도적으로 편향되어있고, 가해 인식은 극히 희박하다."[92]

학생이 커서 어른이 된다. 또 태평양 전쟁이 끝난 지도 벌써 70년이 가깝다. 이미 일본인들 대부분이 자칫 편향된 역사 인식을 갖게 되었을 만큼 세월이 흘렀다는 말이다.

기미가요와 칠생보국

일본에서 가장 오래된 와카집인 〈만엽집 万葉集〉의 편찬자로 알려진
오토모노 야카모치(大伴家持, 718~785년)는 "황실의 혈통의 연속성과 그
시간적 무궁성"을 존중하고, 쇼무(聖武, 제45대. 재위 724~749년) 천황에
대한 충성을 다짐하는 아래와 같은 와카(和歌)를 남겼다.

> "우리들 군주를 섬기는 모든 사람들, 나에게 주어진 내 이름(家名)에
> 맞게, 대군이 명하는 대로 이 냇물이 끊이지 않는 것처럼 끊임없이,
> 이 산이 잇달아 이어지는 것처럼 아들에서 손자에로 계속해서, (지금
> 과 같이) 받들어 모시리라 언제까지나〈万葉集 4098〉."[93]

이렇게 일본인들이 혈통의 연속성과 그 시간적 무궁성을 존중하는
태도를 정치학자 마루야마 마사오(丸山眞男)는 〈일본서기〉와 〈고사기〉
에 나오는 건국신화의 서술 방식에서 그 뿌리를 찾았다고 한다. 일본의
건국신화에는 신(神)들이 자식을 낳고, '쿠니(国=일본의 섬)'를 낳는 과정
에서 그때마다 일일이, '다음에……, 다음에……(次に, 次に/次生……, 次
生……,)' 식으로 몇십 번 씩이나 열거하고 있는데, [94] 마루야마는 이런
역사 기술의 방식과 의도는 일본 역사의 "잇달아 이루어져가는 추세
(次々に成り行く勢い)"를 표현한 것이고, 이는 일본 민족의 생성, 증식이
계속적으로 이어져간다는(〈線型, linear〉의 繼起), 즉 일본 민족의 "무한
한 적응 과정"을 시사한 것이라고 보았다.[95] 그리고 이 "다음에서 다음
에로 저절로 이루어져가는 이키오이(勢い, 힘, 추세)"야말로 "오랫동안

일본의 역사 서술이나 역사적 사건에 대한 접근 방식의 밑바닥에 은밀히 또는 소리 높게 울려퍼져온, 집요한 지속 저음(持續低音, basso ostinato)으로서 부단히 울려퍼지는 사고방식"[96]이고, 시간적 무궁성을 의미한다는 것이다. 이런 시간관념, 즉 '대를 이어서(世継ぎ)'의 존중은 옛 야마토 조정을 보좌하는 모든 중신들의 이에는 물론, 그 후 무가·에도 시대의 예능인, 장인, 상인 등 일본인 전체에 이르기까지 중대한 가치의식이 되었다는 것이다.[97]

> "이 '잇달아, 이어서'의 의식은 혈통, 이에(家)의 연속성, 비중단성(非中斷性) 관념을 그 핵심으로 하고 있는데, …… 반드시 혈통이나 이에만이 아니라 업적이나 행동이 잇달아 일어남을 표현하는 경우에도 사용된다."[98]

일본의 국가 〈기미가요 君が代〉에서 "당신의 치세는 천대(千代), 팔천대(八千代), 조약돌이 바위가 되어 이끼가 낄 때까지"라는 가사의 뜻도 그들의 끈질김을 담은 시간관념이다. 1936년 육군대장 미나미 지로(南次郎)가 조선 총독(제8대, 재임 1936~1942년)에 취임해 이른바 '내선일체(內鮮一體)'를 내세워 '조선인의 황민화(皇民化) 정책'을 강력히 추진했다. 그는 이를 이루기 위한 노력은 "결코 이만하면 됐다고 하는 한도가 없는, 죽을 때까지 노력해가지 않으면 안 되는, …… 내가 하지 못하면 자자손손이 이를 이어가도록 해야 하는 일"이라고 말했다고 한다. 이른바 "칠생보국(七生報國)으로 천황의 은혜에 보답해야" 된다는 것인데,[99] 그 정신적 바탕도 같은 것으로 볼 수 있다.

삿쵸 무사들, 270년 만의 설욕

세키가하라 전투에서 도쿠가와의 반대편(西軍)에 섰으나 살아남아 도쿠가와 막부가 끝날 때까지도 명문가의 이름을 유지했던 대표적인 다이묘들이 사쓰마 번(지금의 가고시마 현)의 시마즈(島津)씨와 조슈 번(지금의 야마구치 현)의 모리(毛利)씨였다. 이들 두 번의 무사들, 즉 삿쵸(薩長) 무사들이 19세기 후반 막부를 타도하고 천황을 옹립한 메이지 유신의 중심 세력이었다. 그들은 에도 시대 270년의 세월 동안 세키가하라에서의 패배를 설욕할 기회를 노렸다는데, 시바 료타로의 책에는 이에 관한 재미있는 에피소드가 소개되어 있다.

에도 시대 사쓰마 번의 아이들은 놀이를 하면서 '자, 지금부터 힘내자' 라는 뜻으로 "체스토 세키가하라(チェスト! 関ヶ原)"라고 했다고 한다. '체스토' 라는 것이 무슨 뜻인지는 일본인들도 잘 모른다는데, 아무튼 같은 편의 결속을 위한 구호(かけ声)로 세키가하라의 패배라는 역사적 기억을 계속 이용한 것이다. 또 조슈의 번주 모리(毛利)가에서는 에도 시대 초기부터 해마다 정월 초하루 해 뜨기 전에 가로(家老)가 번주에게 "막부를 타도할 시기가 다가왔습니다"라고 말하면 번주가 "아직 시기가 이르다"고 말하는 비밀 의식을 실행했다는 소문이 있었다고 한다.[100] 사실 여부는 알 수 없으나 그런 이야기가 나오는 것 자체가 일본인들의 집요함을 말해주는 에피소드가 아닐까?

이렇게 자기들이 하고 싶은 일은 "대를 이어서 내가 못 하면 자자손손이 이어간다"는 사람들이 20세기에 이웃을 괴롭힌 일의 책임에 대해서는 60년, 70년, 더 멀게는 100년 전 선조들이 한 일을 왜 지금 우리들이 새삼스럽게 책임을 지고 사과해야 되느냐고 발뺌한다. 그런가 하면 독도 문제 같은 것은 '잇달아 계속해서' 조금씩 문제를 키워 자기들의 목적을 추구해가려 한다. 윤리학자 와쓰지 데쓰로(和辻哲郎, 1889~1960년)는 이렇게도 말한다.

"일본에서는 반항이나 전투는 맹렬할수록 찬미되지만 결코 집요하지는 않다. 때문에 일본에서는 깨끗이 체념할 줄 아는 태도야말로 맹렬한 반항과 전투를 한층 미학적인 것으로 만든다 하여 높이 평가받는다. 다시 말해 일본인은 기분 좋게 체념하는 것, 담백하게 잊어버리는 것을 미덕으로 여긴다. 이런 기질은 담백하게 생명을 버리는 현상에서 가장 현저하게 나타난다."[101]

그러나 집단으로서의 일본인들은 체념하기 전에 먼저 '맹렬하게' 저항한다는 점에 유의할 필요가 있다. '일억총옥쇄(一億總玉碎)' 같은 말도 이를 증명한다. 체념은 힘이 모자랄 때의 이야기다. 나보다 힘이 센 자에게는 '깨끗이' 승복하지만 힘이 약한 자에게 도덕성이나 정의감 또는 논리에 바탕을 두고 양보하는 태도를 보이지는 않는다. 위안부 문제나 난징 학살 사건, 731부대의 인간 생체 실험 같은 것을 깨끗이 인정하거나 독도 문제를 담백하게 잊어버리는 일은 좀처럼 안 하거나 못 할 것이다. 설령 양심상 그렇게 하고 싶어도 '튀어나온 말뚝'이 되고 싶지 않은 대다수의 일본인들이 만들어내는 '침묵하는 분위기'에 눌려서 주된 여론이 되기가 어려울 것이다. 다만 어떤 계기로든지 더 이상 저항할 수 없게 되면 그때는 손을 들고 굽힐 것이다. 그러나 유념해야 할 일이 있다. 태평양 전쟁이 끝난 후 미군들은 전쟁 중에 '일억총옥쇄'를 외치던 일본인들이 천황의 항복 선언이 있자 점령군에게 아무런 저항을 하지 않아서 놀랐다지만 세월을 기다리다가 스스로의 힘이 붙으면 다시 "NO라고 말하는 일본"이 된다. '기분 좋게 체념하는 것'은 더 이상 저항할 수 없는 상태에서 스스로의 기분을 달래주는 일종의 '자기최면'이고, 남에게 산뜻하게 보이기 위해 거짓으로 꾸민 '분식(粉飾)'이다. 일본인은 담백하기보다는 결국 집요하다.

역사 교과서나 독도 문제를 둘러싸고 지금 우리 주위에서 벌어지고 있는 일들도 같은 패턴이다. "새로운 역사 교과서를 만드는 모임"같이 주류(主流)가 아닌 것처럼 보이는 우익 단체들이 집요하게 한 가지 목적을 위해 노력해가고 일반인들은 이런 문제에 별 관심이 없어 보인다. 그러나 그들은 언제인가는 자기들의 목적을 달성할 수 있다고 믿고 끊임없이 노력해간다. 그런 식으로 집요하게 독도를 빼앗으려고 들면 성질 급한 우리는 잘 견뎌낼까? 어쩌면 엉뚱한 곳에서 말려들지도 모른다. 여담이지만 앞에서 언급한 히구치 교수의 책에는 "고추냉이(ワサビ)는 유채과(油菜科) 식물로서 일본 이외에는 자생하지 않는다"는 구절이 있다.[102] 그런데 사실은 고추냉이는 울릉도에도 자생한다. 혹시 이런 사실이 일본의 극우파에게 알려지면 나중에 이를 근거로, '울릉도도 일본 땅'이라고 우기지는 않을는지.

또 그들은 잔꾀를 잘 부린다. 근대 일본 설화(說話)문학의 대표작의 하나로 꼽히는 이하라 사이카쿠의 〈사이카쿠 제국이야기 西鶴諸國ばなし〉라는 책에 재미있는 이야기가 있다.[103]

나라(奈良)의 고후쿠지(興福寺)에서는 해마다 불사(佛事) 때 이웃의 도다이지(東大寺)에서 그 절의 보물인 큰북(大鼓)을 빌려다 썼는데, 어느 해 도다이지가 북을 빌려주지 않으려 하자 올해 한 번만 더 빌려 달라고 사정을 해서 빌려갔다. 북을 빌려간 고후쿠지에서는 꾀를 내서 큰북 안쪽의 '도다이지'라고 쓰인 글자를 긁어내고 붓으로 다시 '도다이지'라고 써넣어서 누가 보아도 조작한 것임을 알 수 있게 만들어놓고 돌려주었다. 이듬해 고후쿠지에서는 도다이지에 사람을 보내 "예년과 같이 우리가 맡겨둔 북을 가지러 왔다"고 말하게 했다. 도다이지에서는 '맡겨둔 북'이라는 말에 분개, 심부름 온 중을 실컷 두들겨서 쫓아버렸다. 이에 고후쿠지에서는 관청(奉行所)에 소송을 냈다. 관청에서 조사를 해보니 그 북에 쓰인 '도다이지'라는 글씨는 누군가에 의해 조작된 것임이 틀림없었다. 그러나 관청의 판결은 이러했다.

"설령 이것이 고후쿠지의 조작이라고 하더라도 옛날부터의 표시를 훼손되게 한 것은 도다이지의 잘못이다. 이제부터 이 북은 고후쿠지의 것으로 하되 지금까지와 마찬가지로 보관 장소는 도다이지로 해서 맡겨두는 것이 좋다."

독도의 바닷속 어딘가에 일본의 극우파들이 조선 시대에는 구할 수 없었던 스테인리스 강판 등의 소재에 "이 섬은 조선(朝鮮)의 것이다"라고 표시된 명판을 하나 만들어 붙이고 세월이 지난 뒤 이를 건져내서 한국이 가짜를 조작했다고 주장하지는 않을는지 모르겠다. 그래서 "독도는 일본의 영토인데 한국이 '불법적으로' 실효 지배를 하고 있으니까 하다 못해 공동 사용이라도 하자"고 우기지는 않을까? 아니면 벌써 그런 명판을 어딘가에 붙여놓고 세월을 기다리고 있는지도 모르겠다.

요즈음 일본과 우리나라의 외교관계는 최악의 상태로 치닫고 있다. 최근 몇 년간 일본의 총리를 비롯한 정치 지도자들이 과거사를 부정하고 공공연히 야스쿠니신사를 참배하는 등의 국수주의적 행태를 보이고 있기 때문이다. 그런 상태에서 2014년 1월 스위스의 다보스포럼에서 있었던 박근혜 대통령의 기조 연설장에 일본의 아베 신조(安倍晋三) 총리가 아무런 사전 연락도 없이 불쑥 나타나서 박수를 치고 간 일이 있다. 한 나라의 총리가 서로 친밀하기는 고사하고 오히려 썰렁한 사이인 이웃나라 대통령의 공식 행사장에 아무런 사전 연락도 없이 불쑥 나타난 것은 물론 외교적으로 무례한 짓이다. 그러나 아베의 속셈은 오로지 일본이 대한민국과의 친선관계를 회복하기 위해서 노력하고 있는 듯한 모습을 꾸며서 전 세계에 보여주려는 것이다. 그에게 중요한 것(本音, 혼네)은 이웃나라와의 진정한 관계 개선이 아니라, 남에게 그럴 듯하게 보이는 것(建前, 다테마에)일 뿐이다. 이런 짓을 할 수 있는 것은 한마디로 그들이 아직도 옛날 무사들의 사고방식에서 벗어나지 못했기 때문이다. 즉, 천황의 칙허(명분, 구실)가 있다면 아버지도 공격할 수 있고, 또 싸움은 내가 선택한 장소에서 내가 좋을 때 상대를 공격해 간다는 '게릴라 식, 츠지기리(辻切り) 식'의 행태인 것이다. 물론 이런 일은 우리를 화나게 한다. 그러나 그것은 아베의 또 다른 노림수일지도 모른다. 우리가 자칫 감정적 대응이라도 하면 그것을 꼬투리 삼아 한 발 더 나가려는 속셈이다. 2012년 8월에 당시의 이명박 대통령이 독도에 다녀오고 곧 이어서 "일본의 천황이 한국을 방문하려면 먼저 태평양 전쟁의 피해자 유족들을 찾아 사과라도 해야 한다"고 해서 일본 우익들이 발칵 뒤집힌 일이 있다. 우리 대통령이 우리 땅인 독도를 방문하는 것이야 아무 때나 할 수 있는 일이지만 연이어 천황을 끌어들일 필요는 없지 않았을까? 자칫 독도 문제를 한일 간의 국민감정과 너무 얽히게 만들 우려가 있다. 히로시마 평화연구소의 김미경 교수는 "일본을 상대할 때 지켜야 할 첫째 원칙은 '먼저 열 받으면 진다'는 것"이라고 말한다.[104] 그들은 치밀하고 집요하다. 또한 그들의 강한 집단성은 보편적 상식이나 도덕성에 기초한 것이 아니므로 언제 어느 쪽으로 쏠릴지 모른다. 그래서 잘 준비하고 늘 차분한 자세를 갖지 않으면 말려든다. 집단성과 집요함은 우리가 일본을 대할 때 염두에 두어야 할 그들의 특성이다.

제9장

울타리 속의
일본적 감성

벚꽃의 화려함에 가려진 모습

기업과 마찬가지로 지방자치단체나 국가도 자기들의 이미지를 좋게 만들어 관광객을 모으고, 그 지역 상품의 가치를 높이려 한다. 이를 위해 자연환경을 가꾸고 지역을 상징하는 건축물을 짓는 등의 하드웨어적인 분장도 하지만 여러 가지 소프트웨어적 수단도 동원한다. 바로 지역 고유의 문화를 잘 포장해 외부에 소개하는 일이다. 그런 의미에서 일본은 세계에서 가장 '포장' 또는 '분장'에 성공한 나라 중 하나이다. 어디를 가든 일본만의 냄새가 폴폴 나게 만들어놓았고, 지금도 늘 '아름다운 일본'을 만들기 위해 노력한다. 원수 갚기, 순사(殉死), 할복 등 사실 그 실체가 잔인한 것들까지도 솜씨 있게 포장해서 오히려 '매력 있는 문화'로 느껴질 만큼 잘 소개되어 있다. 잠깐씩 살펴본 대로 대부분의 무사들은 소설 등에 묘사된 것처럼 그렇게 '용감하고, 깨끗하게' 살아갈 수 없었을 터인데, 모두가 그렇게 비장했던 것처럼 소개된다. 〈충신장〉 이야기도 "살인 행위를 문화의 경지까지 미화해 후세에 남겨놓은 이야기"이다.[1] 그렇게 일본인들은 "역사의 특수한 사례를 일반화"하고, 이를 바탕으로 "과거에 살았던 인간 정신의 화석(化石)에 생명을 불어넣으려" 늘 애써왔다.[2]

그렇게 하기 위해 그들은 소설, 연극, 영화 등의 소프트웨어적 수단을 잘 활용했다. 소설 등에서는 잔인하고 끔찍스러웠을 것이 확실한 무사의 할복 장면에 흔히 벚꽃이나 겨울이면 매화라도 등장한다. 낮이면 구름 한 점 없는 새파란 하늘이고, 밤이면 어둠과 대비되는 '사쿠라(桜)'의 꽃이다. 새파란 하늘, 팔랑거리면서 흩어지는 새하얀 꽃잎, 할복하는 사무라이의 비장한 모습 등을 한 묶음으로 엮어 할복의 그 어둡고 잔인한 실상을 가린다. 그래서 사람들이 '사무라이', '할복' 등의 말에 대해 비장감과 함께 무언가 고결한 것과 마주하는 듯한 기분마저 갖게 만든다. 모리무라의 소설 〈충신장〉에서 아코 번주 아사노가 할복할 때는 이렇게 그려진다.

"어둠이 짙어질수록 사쿠라의 색깔이 땅거미 속에서 살아나고 있었다."[3]

같은 소설에서 오이시 구라노스케 등 아코 무사들의 할복 장면은 이렇게 묘사된다.

"비 온 뒤 안개 낀 듯한 풍경이 죽음을 맞는 사람의 시야를 부드럽게 해주었다. …… 습기 찬 공기 중에 서향(瑞香=沈丁花)의 향기가 맴돌고 있다."[4]

오사라기의 소설 〈아코 낭사〉에는 오이시 등의 할복 장면은 자세하게 그려져 있지 않다. 다만 그들이 할복하던 날 해가 뜨자 "파란 하늘의 화창한 아침"이었고, 그다음에는 이렇게 적혀 있다.

"이윽고, 다인(茶道の者)이 꽃을 가져와 도코노마(床)를 꾸몄다. 흰 매화의 가지(枝)였다. 자기들의 죽음을 상징하는 것이었다. 일동은 조용히 이를 지켜보고 있었다. 멋있다고 칭찬하는 자가 있었다."[5]

같은 소설에서 아코 번주 아사노가 할복할 때는 특별히 꽃 이야기는 없고 다만 그의 심정의 한 가닥을 이렇게 표현한다.

"이 물같이 맑은 하늘, 무성한 잎을 피워낸 나무들, 고요한 돌(石)을 보는 것도 이것이 최후."[6]

태평양 전쟁이 한창이던 1942년 2월 도쿄의 가부키좌에서 상연된 충신장 연극 〈봄날의 서리 春の霜〉에서 오이시의 아들 치카라가 할복하는 곳으로 걸어가는 장면에는 "바람도 불지 않는데 매화꽃이" 떨어지는 것으로 연출되었다고 한다.[7] 비단 영화나 소설뿐만 아니다. 니토베 이나조의 〈무사도〉의 첫 구절도 "무사도는 일본을 상징하는 벚꽃과 같이……" 하고 시작된다.

일본인들의 포장·미화(美化)기술은 단지 무사들의 이야기에만 그치는 것이 아니다. 일본말에 "니혼바레(日本晴れ)"라는 말이 있다. '구름 한 점 없는 쾌청한 날씨'를 뜻하며, 여기에서 파생되어 '근심이나 의심 등이 깨끗이 없어지는 것'을 뜻하기도 한다. 푸른 하늘의 이미지를 이용해서 나라의 '깨끗한' 이미지를 만들어내고, 사람들은 무심결에 맑고 깨끗한 하늘과 연계된 일본의 이미지를 갖게 된다. 일본 담배 마일드세븐의 광고에서 '파란 하늘과 눈 덮인 산'의 사진으로 담배 연기의

탁한 이미지를 날려버리던 수법과 같아서 흥미롭다. 이렇게 그들은 '아름답고 깨끗한 일본'이라는 이미지를 만들어내기 위해 세심하고 끈질기게 노력해간다.

좀 다른 이야기지만 일본에서는 부처님도 아름다움에 대한 집착이 많으신 모양이다. 헤이안 시대 말기의 권세가 다이라씨의 영화와 몰락을 그린 〈헤이케 모노가타리〉에는 아버지 다이라노 기요모리(平淸盛)의 포악한 정치를 안타깝게 여긴 아들 시게모리(重盛)의 이야기가 나온다. 당시 시게모리는 더욱 불도에 의존하게 되는데, 그의 행적을 묘사한 장면에 이런 대목이 있다.

> "히가시야마(東山)의 기슭에 장엄 화려한 불당을 세웠다. 마흔여덟 개의 등불을 설치하고, 염불을 하는 미인 비구니(美人尼)의 무리를 배치한 법당은 그대로 이 세상의 정토(淨土)인 듯 빛났다."[8]

여승(尼)의 미추(美醜)를 선별해서 염불을 하게 했던 모양이다. 흥미롭다. 옛날 일본의 율령제에서는 군방령(軍防令)이라는 것이 있어 지방 호족들의 자제들 중에서 무예가 뛰어난 사람을 뽑아 교토에 보내서 조정의 경호를 맡게 했는데 이들을 '헤에시(兵士)'라고 불렀다. 일본인의 이름에서 흔히 볼 수 있는 자에몽(左衛門), 우에몽(右衛門) 등은 그때의 직명(職名)이다. 또 당시 조정에서는 각 지방(郡)에서 미인을 뽑아 천황과 황후 또는 귀족들의 시중을 들게 했는데 이를 '우네메(采女)'라고 불렀다. 흥미롭게도 미인을 뽑아 조정에 보낸 지방에서는 병사를 징집해 보내지 않아도 된다는 법령이 있었다고 한다.[9] '미인이 병사를 대신할 수 있다'는 발상은 재미있다. 그만큼 예로부터 일본인들은 아름다움에 집착했던 것일까?

그러나 이런 일본인들의 '아름답고 깨끗한 일본'에 대한 집착은 곧잘 일본은 모든 면에서 다른 민족에 비해 우수한 민족이라는 주장으로 옮겨가고, 그러다가 급기야는 쫓기듯 선을 넘어서 객관적 합리성이 없는 소리를 태연히 하기도 한다. 제법 알려진 학자들의 글에서도 그런 대목을 쉽게 찾을 수 있다. 정신의학자 도이 타케오(土居健郎) 교수의 책에는 "일본인은 전체로 보아 타 국민에 비해 심미적(審美的)"[10]이라는 구절이 있다. 또 도쿠시마 문리 대학 야와타 가즈오(八幡和郎) 교수의 책에는 이런 말이 나온다.

"원래 무사의 발상에 전쟁터에서는 식료도, 잠자리(宿)도, 기타 물자나 노역(勞役), 경우에 따라서는 여성까지도 무력으로 위협해 현지 조달하면 된다는 발상이 있다. …… 정규적인 비용을 책정하는 대신 관계자에게 강요해 스스로 조달한다는 것이 현대의 관계(官界)에까지 계승된 무사의 나쁜 전통이다. 다만 구태여 칭찬을 하자면 뇌물도, 떡고물(役得)도 눈에 띄지 않도록 정도껏이라는 윤리감이 있어 끝없는 부패를 막고 있고, 결과적으로 다른 아시아 제국보다는 낫다고 이야기한다면 그럴지 모르겠다."[11]

우리나라에서도 힘 있는 관료나 정치인에게 흔히 '대가성 없는 목돈'이 건네지기도 한다는데 야와타 교수의 '정도껏이라는 윤리감'이라는 말도 그런 의미인지 모르겠다. 또 '일본 고고학계의 1인자'라고 불리는 히구치 기요유키(桶口清之, 1909~1997년) 교수의 책에는 "과장해서 말하면

일본인은 세계에서 사람들이 먹어온 모든 식품을 먹는······ 세계 제일의 잡식 민족······"[12]이라는 구절이 있다. 그러나 과장도 너무 심하면 재미가 없다. 오늘날의 일본에는 세계 각국의 음식을 파는 점포들이 다양하게 있다는 뜻이라면 모르겠으나, 일본인의 전통적 식습관이 세계 제일의 잡식성이라는 뜻이라면 동의하기 어렵다. 그가 예로든 "산란한 청어 알이 붙은 다시마(子持昆布)나 해삼 창자(海鼠腸)" 같은 것은 일본 특유의 음식이지만 그렇다고 '날개 달린 것 중에서는 비행기만 빼고, 네 발 달린 것 중에서는 책상만 빼고' 무엇이든 다 먹는다는 "세계 제일의 못 말리는 식성의 중국인(世界一の食い倒れの中国人)"[13]들의 식생활만큼 다양할까? 히구치 교수도 일본에 쇠고기를 먹는 습관이 들어간 것은 메이지 유신 이후라고 소개하고 있다.[14] 또 그는 일본의 식생활이 이상적으로 영양의 균형을 이루어준다고 주장하면서 이렇게 말한다.

"외국인은 식생활에 있어서 주식과 부식이라는 관념이 없어, 모든 식품에서 균형 잡힌 영양을 얻으려는 발상이다. 그래서 그들의 음식에는 '밥과 반찬'이라는 구분이 없다. 어떤 식품도 '밥이고 반찬'이다. 그래서 서양의 영양학에서는 어떤 식품 하나를 끄집어내더라도 그 식품 자체에 칼로리와 영양이 균형을 이루어야 한다. 그런 눈으로 일본의 밥과 반찬을 보면, 모두 결함투성이라서, 일본인의 식사는 근대적이지 않은 것이 되고 만다. 그러나 그것이 과연 올바른 시각일까?"[15]

그러면서 흰밥에 우메보시(梅干) 한 개를 달랑 얹은 이른바 '히노마

루벤토(日の丸弁当)'를 "노동을 위한 이상식"이라고 주장한다. 흰 쌀밥의 산성을 우메보시가 중화시켜주기 때문에 쌀밥의 칼로리를 모두 흡수할 수 있게 하는 "근대적인 발전된 지혜"라는 것이다. 다른 선택지가 없으면 모르겠으나 맛이나 영양학적으로 히노마루벤토가 '이상식'이라니, 글쎄다. 그 밖에도 그의 책에는 이런 주장들을 볼 수 있다.

"일본인은 세계에서 가장 발효 식품을 많이 먹어온 국민", "서양인은 네 가지 맛(四味), 중국은 오미(五味), 일본은 육미(六味)", "결국 일본인의 지능 정도가 높다는 것", "일본인은 식품 섭취의 밸런스라는 의미에서는 세계에서 가장 과학적인 민족", "일본이 세계에 자랑할 만한 독창적인 식품, 우메보시(梅干)."**16**

일본에도 다꾸앙(沢庵: 일본식 단무지)이나 채소절임(漬け物), 또는 젓갈류의 발효 식품이 있지만, 우리의 김치같이 '갖은 양념'이 들어간 다양한 발효 식품이나 나물을 일상적으로 먹지는 않는 듯하다. 그가 전주 지방의 한정식(韓定食)을 한 번이라도 구경했다면 아마 생각이 좀 달라졌을 것이다. 참고로 그의 책에는 "배추가 일본에 도입된 것은 1905년의 일"이라고 소개되어 있다.**17**

일본 제일(Japan No.1)주의의 초조함

위키피디아 일본어 사이트의 '다꾸앙(沢庵漬け)'이라는 항목에는 이런 서술이 있다.

"한국에서는 일본 음식점뿐 아니라 양식당에서도 다꾸앙(沢庵漬け)이 나오는 경우가 많으나 이는 양식 자체가 일본에서 전해진 것이라서 정착한 현상이다."[18]

단무지, 즉 다꾸앙이 일본에서 전해온 것은 잘 알려진 일이다. 그렇다 해도 위의 주장은 좀 어설프다. 한국 사람들의 밥상에는 늘 김치나 장아찌 같은 것들이 빠지지 않아서 밥을 먹을 때 무엇인가 아작아작 씹히는 것이 없으면 맛없어 한다. 우리 세대, 특히 필자의 경우는 김치 없이는 밥은 고사하고 국수라도 먹을라치면 고역이다. 오히려 일본의 라면집 같은 데 가면 단무지가 없는 집이 많은데 놀란다. 또 양식(洋食)이 일본을 통해서 한국에 들어왔다는 이야기는 일제 강점기를 염두에 두고 한 말인 듯 싶은데 양식이 한국에서 일반화된 것은 아무래도 미군의 한국 주둔 이후로 보는 것이 타당할 것이다. 그리고 양식은 처음에 이를 접한 사람들, 특히 나이 든 사람들에게는 좀 니글거린다는 평을 들었다. 그래서 김치 같은 반찬이 필요했다. 그러나 김치는 냄새가 진해서 양식당에서는 내놓기 어려워서 그 대신 '단무지(다꾸앙)'를 곁들였을 것이다. 일본에서 양식을 주문했는데 '다꾸앙'을 곁들여 주는 경우는 본 적이 없다. 가끔 다꾸앙을 주문해 보면 없다는 집이 많고 그 대신 오싱코(御新香)라는 일본식 채소절임을 돈을 받고 준다. 그러나 그 맛이 우리의 김치를 대신하기에는 너무 밍밍하고 그것도 우리 기준으로는 반찬이라고 볼 수 없을 정도로 양이 적다. 기본적으로 우리가

식사를 할 때 김치나 장아찌류를 찾는 만큼 그들에게 다꾸앙이나 오싱코가 꼭 있어야 되는 것은 아닌 듯하다. 이는 식습관의 문제이다. 우리는 밥 먹을 때 된장국이 없어도 상관없지만 일본 음식에는 꼭 일본식 된장국인 미소시루(味噌汁)가 곁들여진다. 마찬가지로 한국인들은 김치나 나물같이 씹히는 맛(歯応え)이 있는 반찬이 없으면 밥맛이 나지 않는다. 그런 의미에서 위의 기술은 이런 문화의 차이를 잘 살피지 않은 사람의 주장으로 보인다.

앞에서 소개한 히구치 기요유키(桶口清之)라는 고고학자의 책에는 옛 일본인들의 건축술의 우수성을 자랑하는 대목이 있다. 일본 해안 지방의 방풍(防風)용 돌담이 언뜻 보기에는 잘 다듬어지지 않은 돌이나 산호(珊瑚)를 아무렇게나 쌓아놓은 듯 보이지만, 사실은 그렇게 일부러 틈새를 만들어두어서 바람이 지나갈 수 있게 한 것이고 그런 구조가 풍압을 7할까지 흡수한다고 자랑한다. 히구치는 그런 돌담이 "시코쿠(四国)의 에히메 현에 조금, 오키나와 현에 많이 남아 있다"고 기술하고 있다.[19] 우리나라의 제주도 지방의 돌담은 대개 그런 구조이므로 그것이 일본의 독창적 건축술이라고 볼 수도 없고, 더구나 오키나와는 17세기 이후 일본의 지방 번국인 사쓰마 번(薩摩藩)의 간섭을 받기는 했지만 1879년까지는 엄연히 유구왕(琉球王)이 지배하던 별도의 왕국이었다. 그런 곳의 건축술까지 일본의 전통 기술인 것처럼 끌어들여 조상들의 현명함을 주장하려는 것은 역시 '일본 제일(Japan No.1)주의'의 강박감으로 보인다.

역시 위키피디아에서 메이지 시대의 논객 후쿠자와 유키치(福澤諭吉)의 이름을 검색해보면 1882년의 임오군란 전후의 그의 행적에 관해 심지어 이런 구절도 보인다.

"(후쿠자와는) 그때, 김(옥균)을 지원하기 위해 우시바 다쿠조(牛場卓藏)와 이노우에 가쿠고로(井上角五郎)를 파견. 한성순보(漢城旬報)라는 조선 최초의 신문을 발행한다. 이노우에는 후쿠자와의 조언에 따라 조선식 가나 혼용문(かな混じり文)[20]을 고안하기 위해서 조선의 문법학자와 함께 이조(李朝: '조선'의 일본식 표기) 제4대 왕 세종에 의해 공포된 '훈민정음'의 연구를 개시. 국왕 고종의 내락을 얻어 새 글자체(新字体)로 지면을 구성하기 시작한다. 이것이 오늘의 조선 문체(朝鮮文体) '한글(ハングル)'이다. 조선에서는 다이쇼 9년(大正 9년. 1920년) 무렵부터 불리게 되었다."[21]

이런 글을 보면 한글에 대해 일부 일본인들이 가진 콤플렉스의 한 자락을 보는 듯도 하다. 당시 이노우에는 한성순보의 기술 및 편집 고문으로 일본에서 인쇄기와 활자를 도입하는 일을 주선했던 사람이다.[22] 그런데 그가 "조선의 문법학자와 훈민정음을 연구"해 그 결과 '한글의 문체'를 고안한 것처럼 말한다. 뭐가 켕기기는 하는지 "조선문체 한글"이라는 묘한 표현이나 맨 끝 문장에서는 무엇이 어떻게 "불리게" 되었는지 주어가 없는 문장을 만들어 얼버무리고 있다. 어쨌든 전체적 문맥이 후쿠자와가 오늘날 한글의 글자체 또는 문체(문장의 스타일?)를 만드는 것을 거들었다는 뉘앙스인데 위의 글을 쓴 사람도 후쿠자와의 뻔뻔함을 배웠는지도 모르겠다. 이런 식의 왜곡된 정보가 위키피디아나 기타 손쉽게 접할 수 있는 인터넷 매체를 통해 세계로 퍼지면 무심한 일본인들이나 일본어는 알지만 우리나라에 대해서는 잘 모르는 제3국의 사람들에게 사실처럼 인식될 수도 있다. 참고로 위에 언급된 이노우에 가쿠고로(井上角五郎)는 갑신정변 때 후쿠자와의 지시를 받아 쿠데타용 무기 조달 임무를 맡았던 인물이다.[23]

그 밖에도 '아름다운 일본, 일등 일본'에 대한 일본인들의 '강박적 집착'을 보여주는 예는 쉽게 찾을 수 있다. 앞에 소개된 도이(土居健郎)라는 정신의학자는 일본어의 '편리성과 우수성'을 강조하면서 "정신병리(精神病理)를 자세하게 전달함에도 일본어는 극도로 편리하다"[24]고 말한다. 일본인에게 일본어가 편리한 것은 당연한 일이겠지만 필자가 보기에는 특별한 것도 아닌 것을 과장해 일본어의 편리성, 일본인의 독창성을 주장한다. 예를 들면 그는 우리말의 '낯가림'이란 뜻의 '히토미시리(人見知り)'란 말을 끄집어내어 "우리 아기는 벌써 히토미시리를 해요(긍정적). …… 이 아이는 히토미시리가 심해서 애를 먹어요(부정적). …… 나는 히토미시리를 하는 편이라서(성인의 대인공포증)……" 등으로 그 용법이 다양하다고 예시하면서 이렇게 주장한다.

"구미에서는 학자들에 의해 비로소 주목하기 시작한 이 현상(히토미시리/대인공포증. 낯가림)이 일본에서는 …… 옛날부터 특별한 교양도 없는 어머니에 의해 관찰되어온 것은 주목할 일이다."[25]

그러나 "우리 아기는 벌써……" 이하의 예문에서 '히토미시리'란 말을 우리의 '낯가림'이란 말로 바꾸어도 아무 문제 없이 통한다. 또 서양의 여러 나라 말에도 그런 경우에 쓰는 말이 있을 것이다. 그가 말하려는 것이 혹시 서양 엄마들은 아기들의 낯가림을 알아차리지 못한다는 것인지…….

또 그는 일본어의 아마에(甘え, 어리광)라는 말을 설명하면서 이런 말도 했다.

"특히 일본어에 아마에라는 말이 발명된 사실은 이 심리를 더욱 클로즈업하는 역할을 했다고 말할 수 있다. 즉 이 개념을 통해서 모친은 유아의 심리를 이해하고 이에 대응하는 것이 가능해서 모자가 함께 혼연히 일체감을 즐길 수 있게 되었다. 그뿐 아니라 아마에라는 말을 갖지 못한 민족과 비교해 아마에를 자각하는 일본인의 경우는 이 심리가 인간의 정신생활의 모든 면에 강한 영향력을 끼치는 것을 허용하는 결과가 되고……."[26]

재미있는 것은 그가 일본어에 아마에라는 말이 "발명된 사실", "아마에라는 말을 갖지 못한 민족과 비교해"라는 표현을 쓴다는 점이다. 그의 설명을 종합해보면 일본어의 '아마에'란 우리말의 '어리광', 또는 '응석' 정도에 해당되는 말이다. 그런 뜻의 말이 일본어에만 있다는 주장 또한 응석 부리듯 너무 순진한 것 같다. 또 "이 개념을 통해서 모친은 유아의 심리를 이해하고, 이에 대응하는 것이 가능해"졌다는 주장은 더욱 어색하다. '아마에란 말'이 없었을 때는 엄마가 아기의 어리광을 이해하지 못했다는 말인가? 현상이 먼저인가, 그 현상을 설명하는 말이 먼저인가? 일본어의 편리성 · 독창성을 주장하다 보니 말이 좀 꼬인 느낌이다. 이 역시 또 하나의 '일본 제일(Japan No.1)'을 주장하려는 '강박감'에서 나온 일로 보인다.

감정 표현도 정해진 방식으로

일본인들은 무엇이든지 가지런히 하고 정형화해서 이를 '일본만의 것'으로 자랑하는 것을 즐긴다. 일본에서 다성(茶聖)이라 불리는 센노 리큐(千利休, 1522~1591년)는 다도의 '정신과 마음가짐'으로 4규7칙(四規七則)을 강조했다고 한다.[27] 그리하여 일본의 다회(茶會)에서는 차를 마시는 것보다 준비하고 진행하고 끝내는 방법, 즉 '그 과정의 형식'이 중시된다고 한다. 이에 따라 다회에 도착하는 시간, 복장, 준비물, 다실에 들어가는 순서와 방법, 정원의 풍미(風味), 도코노마(床の間)[28]의 꾸밈, 차를 끓이는 솥과 도구, 차 넣는 법, 물 붓는 법, 젓는 법, 찻잔 드는 법, 오른손·왼손이 할 일, 마시는 법과 그 자세, 곁들이는 요리나 과자의 감상법, 대화의 주제, 찻잔을 놓는 법, 씻는 법, 손 닦는 법 등, 한도 없이 세세한 부분까지 법도가 정해져 있다. 그래서 그 모임을 주선하고 주관한 사람과 그 구성원들이 만들어내는 이미지와 분위기를 즐기는 것이 다회라는 것이다. 이렇게 절차가 복잡한 만큼 요즈음 사람들이 차를 제대로 즐기는 방법을 배우려면 적지 않은 시간과 돈이 드는 모양이다. 그러나 가만히 들여다보면 여기서도 역시 잘 모르는 사람은 그저 말없이 따라갈 수밖에 없는 구조이고, 소수의 전문가들(지도계급)이 전체를 이끌어가기가 쉽게 되어 있는 짜임새이다. 다회뿐만 아니라 일본 씨름인 스모(相撲)나 꽃꽂이 등 다른 분야에서도 그런 식으로 준비 과정에서부터 신경 써야 할 세부 사항이 정해져 있다고 한다.

　문화심리학자인 명지 대학교 김정운 교수는 일본에서는 "감정도 항상 정해진 방식으로만 표현되어야 한다"고 말한다. 그에 따르면 일본은 눈에 보이지 않는 정서의 통제까지 가능케 하는 절차적 권위주의의 나라이며 그래서 모든 의식과 행사는 세세하게 준비되고 진행되며 정해진 형식의 반복을 통해 경험되고 통제된다.[29]

한때 일본 씨름(스모)계의 최고 스타였던 요코즈나(橫網) 아사쇼류(朝靑龍)라는 몽고 출신의 선수가 있었다. 그가 어느 경기에서 이긴 뒤 씨름판 위에서 환호를 했다고 스모협회로부터 경고를 받았다. 아무리 기뻐도 그런 식으로 감정을 표현하는 것은 패자(敗者)에 대한 배려가 부족한 일이므로 금지되어 있다는 것이다. '패자에 대한 배려'라는 말에는 공감이 가지만 그 정도의 감정 표현까지 공적 기구인 스모협회에서 세세하게 간섭해야 하는지 하는 생각이 든다. 그러나 그렇게 하는 것이 일본식이다. 구성원의 자율성을 넓게 보장해주면 그만큼 통제가 어려워 곧 지도계급의 골칫거리가 될 수 있다. 그래서 미리 세부 규칙을 정해두고 그 안에서 놀게 하는 것이 안전하다고 보는 듯하다. 분재든 정원의 나무든 또는 다른 무엇이든 틈만 나면 가지런하게 만들려는 것도 그런 정신적 유산에 뿌리를 둔 것이라는 생각이 든다. 그래서 어떤 일이든 매뉴얼이 존재하고 그 매뉴얼을 따르기 때문에 일본인들의 일 처리는 정확하다는 평을 듣는다. 한편 "극단에 치우치는 예절과 의식 절차의 외부적 표현에 공연히 집착해" 불합리하고 융통성이 없다는 소리를 듣기도 한다.[30] 2011년 3월에 발생한 동일본 대지진 때의 일본 정부의 일 처리 모습에서 볼 수 있듯이 매뉴얼이 없는 일 처리는 한없이 늦어진다.

여담이지만 앞서 말한 요코즈나 아사쇼류가 2010년 초 도쿄의 한 술집에서 폭행 사건을 일으켜서 은퇴하게 되었는데 그때 신문들은 호외까지 발행했고 방송에서는 긴급 뉴스로 그 소식을 알렸다. 그러나 우리에게 그런 일은 호외감이 아니다. 평소에는 어쩔 수 없이 자기를 억제하고 숨을 죽이고 있어야 하니까 기회가 있으면 호외를 내는 식으로 한 번씩 호들갑을 떨어 스트레스를 푸는 것인지도 모른다. 어쩌면 호들갑이란 또 다른 형태의 아마에(어리광)로 볼 수 있을 것이다.

이키, 또 하나의 정형화

'이키(いき, 粹)'라는 말이 있다. 일본의 문화를 소개하는 책에 자주 거론되면서 '일본 독자(獨自)의 미의식'이라고 소개되는 말이다. 〈이키의 구조 いきの構造〉라는 책을 쓴 구키 슈조(九鬼周造, 1888~1941년)라는 철학자는 이키란 "촌티를 벗은(諦, 깨달음), 긴장감있는(意氣地, 자존심), 요염함(媚態, 교태)"이라고 풀이했다.[31] 이 말은 원래 에도 시대 화류계 여자들의 교태를 표현하던 말이라는데 이제는 "말쑥한 모습이나 패션"을 말할 때도 쓰이며 "겉모습뿐만 아니라 내면의 품격도 함께 평가하는 말"이라고도 소개된다.[32] 대체로 우리의 '멋'이란 말과 비슷한 뜻으로 쓰이는 말로 보이는데 구키 교수는 이렇게 말한다.

> "이키(粹)라는 것은 동양 문화의, 아니, 야마토(大和) 민족의 특수한 존재 양식의 현저한 자기 표명의 하나이다."[33]

그는 위의 책에서 도면까지 그리면서 각 부문에서 찾을 수 있는 '이키의 구조'를 설명하는데, 예를 들면 "안면의 구조는 일반적으로 둥근 얼굴보다는 갸름한 얼굴이 …… 표정에서는 …… 눈과 입과 뺨에 이완과 긴장이 있어야 …… 전신에 가벼운 평형파괴(平衡破却)가 필요한 것 ……"[34]이라는 식이다.

이런 식으로 이성(異性)에게 건네는 시선, 입술 등의 모습, 화장의 정도, 머리 모양 등도 '이렇게 저렇게 되어 있지 않으면 안 된다'는 식으로 갖추어야 되는 미태(媚態)를 규정해서 세세히 묘사하고 있다. 또 미각으로 느끼는 '이키스러운 맛(いきな味)'이라는 것도 있어, 이는 "미각 이외에 후각, 촉각도 함께 움직여 유기체에 강한 자극을 주는 것, 그것도 산뜻하게 담백한 것"[35]이라는데, 그가 그려내는 이키라는 것은 자연스러운 상태에서 저절로 배어나오는 멋이라기보다는 역시 '격식에 맞는 요염한 모습(媚態)'을 뜻하는 듯하다. 그 밖에도 직물의 무늬, 색조, 건축에 이르기까지 이키의 구성 요소를 설명하는데, 붉은 계통의 따뜻한 색보다는 푸른색 중심의 차가운 색 쪽이, 건축에서는 예를 들면, 차실(茶屋)의 크기와 실내의 구획, 각 부분의 재료의 선택 등에 이르기까지 세세하게 분석해 '이키스러움'을 규정한다. 그는 "이키의 형상인(形相因)[36]은 비현실적 이상성(理想性)이다"라고 말한다.[37] 해석하기 참 어려운 말인데, 결국 '이키스러움'이란 머릿속에서 그려내는 이미지를 추구해가는 것이라는 뜻으로 이해된다. 우리말의 '멋스럽다'나 영어의 '쿨하다'는 말이 주는 이미지보다는 좀 더 격식을 갖추어 정형화(定型化)된 모습을 뜻하는 듯하다. 또 그는 이렇게 말한다.

"도덕적 및 미적 평가에서 볼 수 있는 인격적 및 민족적 성향(色合)을 취미라고 한다. …… '이키'도 필경 민족적으로 규정된 취미이다.

…… 한마디로 말하면 '이키'의 연구는 민족적 존재의 해석학(방점九鬼)만으로 성립할 수 있다."[38]

"일보 양보하여, 예외적으로 특수한 개인의 체험으로서 서양 문화에도 '이키'가 나타나고 있는 경우가 있다고 가정해도, 그것은 공공권(公共圈)에 민족적 의미의 모습(形)으로 '이키'가 나타나고 있는 것과는 전연 그 뜻을 달리하는 것이다. 일정한 의미로서 민족적 가치를 가지려면 필히 언어의 형태로 통로가 열려 있지 않으면 안 된다. '이키'에 해당하는 말이 서양에 없다는 사실은 서양 문화에는 '이키'라는 의식 현상이 일정(一定)의 의미로서 민족적 존재 속에 자리하지 못한 증거이다."[39]

"'이키'는 무사도의 이상주의 및 불교의 비현실성과 뗄 수 없는 내적 관계를 갖는다. 운명에 의해 체념(諦め)을 얻은(받아들인) 미태(媚態, 교태)가 자존심(意気地, 고집)으로 지켜낸 자유 속에서 살아가는 것이 '이키(いき)'이다. …… 영혼의 자유를 향한 고통스러운 동경(憧憬)에 친숙해진 민족이 아니면 교태로써 이키의 모습을 파악하는 것은 가능하지 않다."[40]

구키 교수에 따르면, 결국 '이키'란 오직 일본인만이 간직한 '일본인 특유의 의식 현상'이라는 주장이다. 일본 씨름꾼의 그 살찐 모습이 다른 민족으로서는 흉내 내고 싶은 생각이 별로 나지 않는 일본식 멋을 보여주는 것처럼 일본에 '일본인들만 즐기는 폐쇄적 미의식'이 있는 것은 당연하다. 그러나 '이키'에 해당하는 말이 서양에는 없으므로 서양 문화에는 '이키'라는 의식 현상이 자리하지 못한다는 주장은 결국 다른 나라 사람들은 일본말로 표현되는 의식 현상을 일본인들과 공유할 수 없다는 뜻인데 동의하기 어렵다. 또 "무사도의 이상주의 및 불교의 비현실성"에 친숙하지 않은 민족은 '미태(媚態)로서의 이키의 모습'을 파악하지 못한다는 말은 '이키'라는 말로 표현되는 아름다움이나 멋을 오히려 '일본인만을 위한 안경', 즉 다른 민족의 보편적 공감을 얻기 힘든 것으로 만드는 일은 아닐까?

'이키(粹)'에 대한 구키 교수의 해설을 들어보면 그 뜻은 대체로 우리말의 '멋'이라는 말과 별로 다르지 않은 것으로 보인다. 다만 우리말의 '멋'이 오히려 '자연스럽게 배어나는 모습'을 뜻하는데 말인 데 비해 그가 말하는 '이키'란 보다 주체적·의식적 긴장감이 있어야 된다는 뜻으로 이해된다. 그런 면에서는 우리말의 '맵시'라는 말이 가진 이미지에 가깝다고나 할까? 아무튼 구키 교수는 이키를 회화, 조각, 건축, 옷감의 줄무늬와 그 방향(縱橫), 심지어 맛이나 음악에 이르기까지 그 구조를 찾아 '개념적 분석'을 하고, 이를 '양태화(樣態化)'하려 한다.[41] 그는 '이키스러움'을 설명하는 과정에서 전체적으로 철학 및 일본 문화에 대한 전문·학술 용어를 많이 사용하고 있다. 그래서 그 분야에 대한 소양이 깊지 못한 필자가 이해할 수 있는 범위를 넘어선 이야기도 많다. 그러나 그가 열거한 여러 가지 사례를 보면, 실제로 '이키'라는 말의 용도가 그렇게 좁은 것도 아닌 모양이다.

우리말에서는 예를 들면 선글라스에 파이프를 물고 적진을 바라보는 6·25 때 맥아더 장군의 모습이나 하오리 하카마(羽織袴)를 잘 차려입은 일본인의 모습, 또 한복 치마저고리의 날렵한 모습 등을 모두 '멋있다'는 말로 표현할 수 있다. 그러나 맥아더의 그런 모습이 일본어의 '이키'라는 말과는 잘 어울리지 않는지도 모르겠다. 그런 식으로 '멋'과 '이키' 처럼 그 뜻은 비슷해도 각 나라의 말은 그 사용법에서 흔히 미묘한 관습적 차이가 있다. 그런 것을 무시하고 '일본적 맛'의 독특함과 '일본인의 미적 감각'을 강조하려다가 말의 뜻을 너무 좁게 제한해버린다면 이는 또 하나의 '어색하고 배타적인' 정형화의 예가 아닌지 모르겠다. 구키 교수는 "장미의 향기라고 하는 일정불변(一定不變)의 것, 만인에게 공통적인 류개념(類槪念)적인 것이 현실에 존재하는 것은 아니다. 내용을 다르게 하는 개개의 냄새가 있을 뿐이다"[42]라고 말하기도 했다.

그의 말대로 같은 장미의 향기가 사람에 따라 조금씩 다르게 느껴질 수 있는 것처럼 민족이나 지역에 따라 같은 사물이나 현상을 중요시하는 정도나 표현하는 방법은 다를 수 있다. 그러나 비슷한 정도의 문명, 비슷한 교육 수준의 사람들은 대개 비슷한 감정을 공유할 수 있거나 아니면 적어도 이해할 수는 있지 않을까? 특히 아기들의 엄마에 대한 어리광이나 이런 저런 이유로 본의 아니게 화류계에 나온 몰락한 양가(良家)의 여자들, 또는 나이가 들어 전성기를 넘겼지만 세상을 더 잘 알게 된 화류계의 옛 일류(一流) 여인들이 '팽팽한 오기(意地)를 품은 맛'을 뽐내려는 것은 인간의 자기방어 본능 같은 것이다. 그런 것들을 일본인들 사이에서만 통용되는 논리와 지나치게 세세하고 특수한 예를 나열해서 '일본인 이외에는 어느 민족도 느끼지 못하는 것'이라고 주장하고 이를 '다른 민족은 갖지 못한 뛰어난 감수성을 가진 일본인(Japan No.1)'이라는 주장의 논거로 삼으려는 것은 또 하나의 어리광으로 보인다.

일본어에는 '오카보레(岡惚れ)'라는 말이 있다. 이 말을 사전에서 찾아보면 "남의 애인을 짝사랑함. 또는 그 상대. 몰래 짝사랑함. 바람기로 약간 좋아함."이라고 나오는데 우리나라 말로 이에 꼭 맞는 단어가

언뜻 떠오르지는 않는다. 그렇다고 해서 그 말이 뜻하는 감정을 우리나라 사람들이 이해하지 못한다고 단정할 수는 없을 것이다. 인간들은 서로 다른 곳에 살면서 나름대로의 독창성을 가진 서로 다른 문화를 숙성해내고, 그 속에서 그 나름대로의 '멋과 맛'을 찾는다. 예를 들어 요시와라(吉原)로 대표되는 에도의 화류계에는 그 나름대로의 '이키'가 있었겠지만, 우리에게는 보다 독립적인 위치에서 '청산리 벽계수'를 읊은 '황진이의 멋'이 있다. 구키 교수의 〈이키의 구조 いきの 構造〉가 출간된 것은 일본이 우리나라를 강제 점령하고 있던 1930년이었다. 그는 우리말에 '멋'이라는 말이 있다는 사실과 그것이 '이키'와 어떻게 다른지 비교해본 적이 있었을까? 또 '멋이란 한국인의 특수한 존재 양식'이고 '멋이라는 말을 갖지 못한' 일본인은 아무래도 '멋을 모르는 사람들'이라고 말한다면 그는 이에 동의했을까 의문이 든다.

일본의 멋, 다른 곳의 다른 멋

정도의 차이는 있지만 어느 나라나 자국 문화의 수월성(秀越性)과 독창성을 강조해서 국민들에게 자기 나라에 대한 자부심과 애국심을 고취한다. 그러나 자기 것에 대한 자부심이 너무 심해서 남의 것을 함부로 내려보려는 태도는 유치하다. 일본에는 일본식 멋(粹)과 맛(味)이 있고 한국에는 한국적 멋과 맛이 있다. 또 한국에는 한국식 표현 방법이 있고, 일본에는 일본식 표현 방법이 있다. 어떤 사물이나 현상에 대한 자기들의 시각을 분석하고 해설하는 것은 다른 사람에게도 도움이 되지만 다른

사람들의 다른 방식을 자기들의 기준으로 좋다, 나쁘다, 또는 열등하다고 함부로 재단하는 것은 현명치 못하다. 더구나 서로 다른 지역의 다른 표현 방식을 자기들의 그것과 비교해서 우리 것이 더 좋은 방식이라고 단정하는 것은 정말 우스운 일이다. 예를 들어 독이 있는 생선 복어를 도쿄에서는 후구(河豚, ふぐ)라고 부르지만, 시모노세키(下関)나 북 규슈(北九州)에서는 '복(福)'과 같은 발음의 후쿠(ふく)로, 오사카에서는 잘못 먹으면 총에 맞은 것과 같은 꼴이 된다는 뜻으로 뎃뽀(鉄砲, てっぽう→てっちり, てっさ), 규수의 시마바라(島原) 지방에서는 '관(棺)'을 옆에 두고라도 먹지 않으면 (후회한다)'의 뜻으로 간바(がんば) 등의 별칭으로 부른다고 한다.[43] 어느 것이 더 나은 표현일까? 이런 것들은 서로 장단(長短), 우열(優劣)을 가릴 수 있는 것이 아니다. 이를 도외시하고 일본 또는 도쿄의 것이 가장 특별하고 편리한 것이라고 주장하는 것은 설득력이 없다. 또 오랜 세월을 너무 자기 미화에만 빠져 있으면 스스로의 기준으로 아름답지 않은 것은 원래 일본적이 아니라는 착각에 빠질 수 있다. 그러다 보면 추한 것은 일본에는 없다는 망상에 빠지게 되고 눈앞의 지저분한 것은 우선 감추고 좀 지나면 없애려 한다. 그래서 지하도의 노숙자들이 더럽다고 공격받는 나라가 된다. 때로는 이름난 지식인들까지 이런 식의 자폐증 같은 사고 체계에 빠져 있는 것이 아닌가 하는 의구심마저 든다. 나가야스 유키마사(永安幸正, 1941~2007년)라는 경제학자는 인류의 역사라는 것은 결국 타 민족과의 비교와 경합의 역사이며 내셔널리즘 간의 갈등과 극복의 역사지만 자국의 우월성만을 역설하다가는 결국 독선에 빠지게 되고 급기야는 그만 한 대가를 치르게 된다는 것이 세계사의 교훈이라고 말한 바 있다.[44] 왜 역사 왜곡이 위험한지를 설명하는 말이기도 하다.

와비와 사비, 꽃병의 손잡이

앞에 소개된 다인(茶人) 센노 리큐는 다도의 미(美)의식을 지탱하는 것은 '한적(閑寂)하고 고담(枯淡)한 마음가짐'이라고 보았다. 그래서 그는 먼저 '와비(詫び), 사비(寂び)'를 즐길 수 있는 마음가짐을 중시했다. 와비란 한적하고 조용한 생활의 정취를 즐기는 것이고, 사비란 예스럽고 차분한 아취(雅趣)를 즐기는 것을 뜻한다. 이는 "자신의 취향에 집착하지 않고 뭔가 부족한 것에서 만족함을 아는 마음"에서 얻을 수 있다고 한다.[45] 한양 대학교 박규태 교수의 책에는 센노 리큐와 그의 스승 다케노 조오(武野紹鴎, 1502~1555년) 사이에서 벌어진 에피소드가 소개되어 있다.

리큐(利休)가 스승과 함께 어느 다회(茶会)에 가는 길에 길옆 가게의 꽃병 하나가 눈에 띄었다. 두 사람 모두 그 꽃병이 마음에 들었지만 다른 일행이 있어 그냥 지나쳤다. 다만 두 사람 모두 마음속으로는 그 꽃병의 모양이 너무 '대칭적(對稱的)인 것이 흠'이라고 생각했다. 이튿날 스승이 제자에게 "진짜 아름다움이란 것이 무엇인지를 한 수 가르쳐 줄 요량으로" 망치를 품고 그 꽃병을 사려고 가보니 이미 팔리고 없었다. 아쉬워하고 있던 중 제자 리큐가 스승을 다회에 초대했다. 스승이 제자의 다회에 참석해보니 며칠 전 바로 그 꽃병에 꽃이 꽂혀 있는데, 꽃병에는 한쪽에만 손잡이가 달려 있었다. 제자도 스승과 같은 생각으로 일부러 한쪽 손잡이를 없애버렸다는 이야기다.[46]

이 이야기에 대부분의 일본인들은 스승과 제자가 함께 그 정도의 미의식의 경지에 이르렀음에 감명을 받고, '과연(なるほど)'하고 고개를 끄덕였을지도 모른다. 이에 대해 박규태 교수는 다음과 같이 말했다.

"일부러 꽃병의 손잡이를 깨뜨림으로써 인공적으로 아름다움을 조작해야만 할 필요성이 과연 있었던 것인지 의문이 든다. 대칭적인 꽃병은 처음부터 사지 않으면 그만 아닌가? 자연스럽게 비대칭적인 꽃병을 우연히 만날 때 그런 조우(遭遇)야말로 진정한 아름다움과의 만남이 아닐까? 일본의 다인(茶人)들은 비대칭성에 부여한 지고의 가치에만 함몰한 나머지 있는 그대로의 자연스러운 아름다움이 무엇인지를 잊어버린 것은 아닌지 모르겠다. 어쨌거나 이 에피소드는 한·일 간 미적 감수성의 미묘한 차이를 잘 말해주는 듯싶다."47

대부분의 우리나라 사람들은 박규태 교수의 생각에 공감할 것이다. 아무리 스승과 제자라도 똑같은 아름다움을 추구한다면, 그것은 '붕어빵 미학'이다. 또 자신의 취향에 집착하지 않고 부족한 것에서 만족을 아는 것이 일본적 심미감이며 와비(詫び), 사비(寂び)의 정신이라면 멀쩡한 꽃병의 손잡이를 망치로 없애는 행위, 즉 부족하지 않은 것에서 인위적으로 부족함을 만들어내려는 것은 '한적(閑寂)하고 고담(枯淡)한' 마음가짐과는 거리가 멀다. 그 다회에 모인 사람들은 한쪽 손잡이가 떨어진 꽃병을 보고 과연 무슨 생각을 했을까? 어쩌면 그들은 모두 서로 다른 생각을 갖고 있었지만 '남이 하는 대로 그저 함께' 고개를 끄덕였을지도 모른다. 새로 벌어진 사태, 즉 한쪽 손잡이가 없어진 꽃병이 정말 아름다운 것인지 아닌지, 누구도 무엇이 정답(아름다움)인지 확신이 없는 상태에서 또는 그런 문제는 애당초 정답이 없으므로 그냥 '애매모호한 상태'에서 함께 고개를 끄덕였을지도 모른다는 말이다.

아니면 이미 훈련된 대로 모두가 한 가지의 '정형화된 아름다움'을 즐겼을까? 아무튼 이런 모습이 외부인들에게는 애매모호하게 보일 수 있다. 어쩌면 이 '애매모호한 얼버무림'이 바로 일본인들이 소중히 여긴다는 '화(和)'의 실체가 아닐까 하는 생각이 들기도 한다. 애매모호한 상태로 남겨두는 것이 '부족한 것에서 만족함을 아는 마음'과도 통할 것이기 때문이다. 한·일 간 감수성의 "미묘한 차이"가 아니라 '큰 차이'라는 느낌이다.

〈아마에의 구조 甘えの構造〉라는 책에서 도이 교수는 이런 말도 한다.

"일본인의 독특한 미의식인 '와비'와 '사비'는 인간 세상을 피해 한적한 것을 즐기는 마음이므로, 이 점에서 아마에(甘え)의 마음으로 다른 사람과 얽히려는 것과는 정반대의 것으로 보인다. 그러나 그 경지에 도달한 사람은 '와비, 사비'의 고독을 한탄하지 않고 오히려 자기를 감싸고 있는 주위와 불가사의한 일체감을 즐긴다. 나아가서 그 경지를 매개로 해서 동호인들과의 사이에 새로운 교류를 갖는 것도 가능하다."[48]

"인간 세상을 피해 한적한 것을 즐기는" 사람들 간에 서로 교류를 즐길 수도 있다는 말인데 역시 인간은 사회적 동물인가? 언젠가는 '인간 세상을 피해 한적함을 즐기자는 사람들의 모임'이 나올지도 모르겠다. 참 재미있는 발상이다. 아니면 그는 '신선(神仙)들의 모임'을 꿈꿨던 것일까?

일본 안에서만 작동하는 일본적 감성

와비(詫び), 사비(寂び), 이키(粹) 등과 함께 일본인들이 또 하나의 '일본적 감성'으로 곧잘 내세우는 말이 '모노노 아와레(物の哀れ)'이다. 직역을 하면 '사물(物)의 아와레'란 뜻인데, '아와레'란 원래는 감탄사로서 무슨 일이든 마음에 깊이 느끼는 것, 즉 일상에서 사물을 접했을 때 마음속 깊은 곳으로부터 '아아!(ああ=あはれ, 哀れ)'하며 탄성을 지르며 말로 표현하기 어려운 '예민한 감수성'을 뜻한다.[49] 이 말은 에도 시대 후기 일본의 국학자 모토오리 노리나가(本居宣長, 1730~1801년)가 일본 고유의 정서를 찾으려는 목적으로 〈고사기〉와 〈겐지 모노카타리〉등을 연구, 해독하면서 만들어낸 개념이라고 한다. 이에 대한 박규태 교수의 설명을 좀 더 인용한다.

"(노리나가에 의하면) 사물을 접해 그 기쁘거나 슬픈 일의 마음을 헤아려 아는 것을 모노노 아와레(物の哀れ)를 안다고 말하는 것이다. ……주체의 감동 능력에만 초점을 맞추어서는 안 되며, 그것과 동시에 일과 사물의 객체성을 함께 보아야 한다. 즉 일과 사물에 내포된 아와레성(性)에 주목해야 된다는 말이다. …… 가령 새나 향(香)은 각기 아와레를 내포한다. 새를 바라보거나 향을 맡을 때 그 새나 향에는 '아아!'라고 탄식하게 만드는 정취가 내포되어 있다. 그런 정취가 곧 새의 아와레, 향의 아와레라는 것이다"[50]

노리나가는 모노가타리(物語り)[51] 등 모든 문학의 본질은 아와레라고 주장하면서 이렇게 말했다.

"모노가타리는 있는 그대로의 인정(人情)의 모습, 즉 사물의 아와레(物の哀れ)를 적은 것. …… 모노가타리에서 선악의 기준은 인정에 맞느냐 아니냐에 있다. …… 모노노 아와레야말로 선악의 유일한 기준이 된다."[52]

이런 논리로 그는 앞에서 잠깐 소개한 〈겐지 모노가타리〉도 "호색과 불의에 대한 도덕적 비판과는 다른" 시각으로 읽어야 한다고 주장했다.

"〈겐지 모노가타리〉는 어떤 권선징악적 교훈이나 불교적 깨달음을 위한 것이 아니라 오로지 모노노 아와레를 알게 하기 위해 쓴 모노가타리이며 따라서 그 소설을 읽는 첫 번째 목적은 '모노노 아와레를 아는 것'에 있다(〈本居宣長〉)."[53]

물론 작가가 작품을 쓸 때는 나름대로 독자에게 전하고 싶은 메시지가 있을 것이다. 그러나 같은 책이라도 독자에 따라서 서로 다른 느낌이나 감동을 갖는 것도 지극히 자연스러운 일이다. 그런데 여기서는 "그 소설을 읽는 첫 번째 목적은 모노노 아와레를 아는 것에 있다"고 주장하고 있다. 물론 일본 국학자의 시각으로 읽는 방법도 있을 것이다. 그러나 특정 소설에 대한 사람들의 평가마저도 자기 식으로 정형화하려는 것은 좀 무리가 아닐까? 정신과 의사 도이(土居) 교수는 이렇게 말한다.

"모토오리 노리나가가 말한 '모노노 아와레'도 아마에(甘え)의 감수성과 관계가 있다고 생각된다. 아와레라는 것은 결국 인간이든 자연이든 그 대상에 감동하는 것이고, 마음속 깊이 느끼는 차분한 감정으로 대상과 일체화되는 것이기 때문이다. 결국 와비(詫び), 사비(寂び), 이키(粋)도, 나아가서는 인정, 의리의 형태로 정착된 인간관계의 본래의 모습도 모두 그 근원은 '모노노 아와레' 에서 나온 것이라고 말해도 좋은지도 모른다."[54]

인간이든 자연이든 그 대상에 감동하여, 마음속 깊이 느끼는 차분한 감정으로 대상과 일체화하는 것을 중시한다는 그들의 사뭇 "그럴듯한 말(セリフ. 臺詞)"에 대해 박규태 교수는 이렇게 개탄한다.

"이런 공감의 능력이 일본이라는 모노노 아와레적 공동체의 울타리 안에서만 기능하고 그 바깥으로 나가면 오히려 타자를 부정하고 배제하는 힘으로 돌변하기 십상이니 도대체 어느 쪽이 모노노 아와레의 진짜 얼굴인지 애매하기 짝이 없다."[55]

무원칙의 이중적 정신 구조

일본인과 일본 문화를 분석한 책으로 잘 알려진 미국의 인류학자 루스 베네딕트(Ruth Benedict, 1887~1948년)의 〈국화와 칼〉에는 이런 구절이 있다.

"일본인은 최고도로 공격적이자 비공격적이며 군국주의적이고 탐미적이며 불손하면서도 예의 바르고 …… 충실하면서도 불충실하고 용감하면서도 겁쟁이며 보수적이면서 새로운 것을 즐겨 맞이한다. 그들은 자기의 행동을 다른 사람들이 어떻게 생각하는가에 놀랄 만큼 민감하지만 동시에 다른 사람이 자기의 잘못된 행동을 모르게 될 때는 범죄의 유혹에 지고 만다. …… 그러한 모순은 모두가 진실인 것이다."[56]

소설가 시바 료타로는 이런 말을 했다.

"일본인은 무원칙하다든가, 그래서 일본이라는 나라는 무슨 일을 벌일지 모른다는 식의 말을 듣는데 사실 그래서 일본인 자신들도 참 곤혹스럽다."[57]

신토(神道)와 불교가 한 가지의 모습으로 융합했다는 그들의 '신불습합(神佛習合)'적 종교 행태도 우리에게는 무원칙하게 보인다. 원래 신토에는 별도의 교의나 경전이 없고, 그래서 그 시대마다 유력한 종교와 절충해 재구성해서 그 내용을 채워왔다고 한다. 그런 배경으로 일본에는 신사와 함께 건립된 신궁지(神宮寺)라는 불교 사원이나 불당이 많다. 교토의 유명한 절인 기요미즈데라(清水寺)에는 불당 옆에 일본의 건국신화에 나오는 신을 모시는 지주 신사(地主神社)가 있고, 그 바로 옆에는 점을 쳐주는 곳도 있다. 일본의 신사에서 신관(神官)이 제사하는 형식은 유교식이지만 교통안전 부적(お札) 등을 파는 것은 도교(道

教)의 영향을 받은 것이라고 한다.[58] 일본에는 기독교도가 불제자(佛弟子)를 겸하는 사람도 흔히 있다. 일본에서는 지금도 아기가 태어나면 신사에 가서 토속신에게 신고하고 결혼은 교회에서, 장례는 절에서 치르는 것이 보통 사람들의 생활 패턴이라고 한다. 마루야마 마사오(丸山眞男: 정치사상사학자) 같은 학자들은 이런 일이 가능했던 것은 일본인의 사유 방식에 확고한 '자기'라든가 '원리' 같은 것이 없었기 때문이라고 보고 있다. 확고한 자기 원리가 있었다면 외부에서 들어온 것(종교, 문화 등)과 대결하고 충돌하는 과정을 피할 수 없었겠지만 보편적 원칙이 없는 문화이므로 외래 문화를 수용하는 데도 별 저항이 없고 그 결과 온갖 외래 사상이 "공간적으로 잡거(雜居)"할 수 있었다는 것이다.

"이렇게 해서 일본에는 알파에서 오메가까지 모든 것이 있게 된다. 마루야마 마사오(丸山眞男)는 그것을 신도(神道)라고 불렀다."[59]

이렇게 일견 모순되게도 보이는 일본인의 정신의 이중구조를 고고학자 히구찌(樋口) 교수는 "정신 구조의 유연한 특색"이라고 주장한다.[60] 일본어에서 쓰는 풍부한 외래어, 가타카나(片仮名)와 히라가나(平仮名), 여기에 한자를 함께 섞어 쓰는 독특한 문자 사용법, 음독(音読), 훈독(訓読), 당나라식, 송나라식이 마구 뒤섞인 한자 읽는 법 등도 그 원인은 이런 보편적 원칙이 없는 문화에서 찾을 수 있을 것이다. 일본인들의 이런 행태에 대해 나카무라 하지메(中村 元, 1912~1999년)라는 철학자는 이렇게 말했다고 한다.

"특수한 상황만을 중시하는 일본인의 사유 방식은 보편성을 상실함으로써 결국 무이론 내지 반이론의 벽에 직면하지 않을 수 없다. 또한 그것은 …… 자기통제가 불가능한 직관주의 또는 행동주의로 치닫기 십상이다. 과거 일본이 저지른 여러 가지 역사적 과오는 바로 여기에 원인이 있으며 그런 위험은 오늘날에도 이어지고 있다."[61]

그런 맥락에서 이해할 수 있을까? 일본에서 '메이지 시대 일본의 지성'이라 불리는 후쿠자와 유키치가 때에 따라 완전히 상반된 소리를 한 것은 앞에서도 잠깐 언급된 일이다. 몇 가지만 더 살펴보자. 그의 책 〈학문의 권유學問のすすめ〉의 첫 구절은 이렇게 시작된다.

"하늘은 사람 위에 사람을 두지 않았고, 사람 아래 사람을 만들지 않았다."[62]
"부강(富強)한 권세(勢い)로 가난하고 약한 사람에게 이치에 어긋난 짓을 하는 것은 …… 마치 힘이 센 사람이 …… 그 힘으로 이웃 사람의 팔을 비틀어 부러뜨리는 것과 같다."[63]

그는 이 천부인권(天賦人權)사상을 국제관계에도 적용해서 부강한 나라가 가난하고 힘없는 나라를 핍박하려는 것도 마찬가지로 허용될 수 없는 일이라고 주장했다.[64] 그의 글에는 이런 구절도 있다.

"하늘이 정한 인간의 자유평등의 원리에 입각해서 서로 교류하여, 이치에 따르기 위해서는 아프리카의 흑인에게도 머리를 숙이고, 도

(道)를 위해서라면 영국, 미국의 군함도 겁내지 않아……" 65

　그가 〈학문의 권유〉를 쓴 1870년대에는 일본이 서구 제국의 압력에
밀려 나라의 문호를 개방하고, 그들과의 불평등 조약으로 시달리고 있
을 때였다. 그래서인지 그의 〈학문의 권유〉 제2편(만민평등), 제3편(만국
동등), 제8편(내 마음대로 타인의 신체를 구속해서는 안 된다) 등은 모두 자유
평등론에 관한 것이다. 그 취지는 결국 서구 제국이 힘으로 일본을 억
압하는 것은 옳지 않다는 말이다. 그러나 일본이 차츰 힘을 갖기 시작
한 1880년대가 되면 그의 말은 표변해서, "문명국 일본의 '아시아 진출
(進出)'을 적극적으로 용인하는 주장을 전개했다."66 여기서 '진출'이란
'침략'을 뜻하는 일본식 표현이다. 이즈음 후쿠자와는 조선에 대해서
도 "일본인 중에서도 가장 격렬하고 강력한 군사 개입을 주장"했다.67

　"나라 사이의 교제와 개인의 사적 교제는 그 양상이 전혀 다른 것이
　다. …… 외국과의 교제에서 천지(天地)의 공도(公道)를 따라야 한다니
　과연 어떤 마음에서 그런 말을 하는가? 너무나 사정을 모르고 하는 말
　이며 우직한 자들의 주장이라고밖에 할 수 없다(文明論之槪略)."68

　그는 스스로 창간한 신문 지지신보(時事新報)의 사설 '탈아론'(脫亞
論. 1885년 3월 10일)에서 이렇게 썼다.

　"우리나라는 …… 아시아를 벗어나 서양의 문명국과 진퇴를 함께하
　고, 중국, 조선에 대해서도 이웃 나라라는 이유로 특별한 배려를 할

필요가 없으며, 서양인들이 그들을 대하는 방식대로 그들을 처분하면 될 것이다. …… 우리들은 진정으로 아시아 동방의 나쁜 친구를 사절해야 한다."[69]

그는 5개월 후(1885년 8월 13일) 같은 신문에 "조선 인민을 위하여 그 나라의 멸망을 축하한다"는 방자한 제목의 사설을 썼다. 그 요지는 "인간에게 귀한 것은 '영예, 생명, 사유(私有)' 의 세 가지이다. …… 인민의 생명도 재산도 독립국의 자부심도 지켜주지 못하는 나라는 오히려 망하는 것이 인민을 위하는 것이다"라는 내용이다. 또 "조선의 멸망은 그 나라의 큰 흐름에 비추어 면할 수 없다"고도 했다.[70] 그의 방자함이 우리로서는 불쾌한 일이지만 한편 참으로 부끄러운 우리의 과거를 다시 생각하게 한다. 또 그는 구미 제국을 여행하면서 영국인이 아시아, 아프리카인들을 마음대로 부리는 것을 보고 그 감상을 이렇게 피력했다.

"한편 불쌍하기도 하고, 또 한편으로는 부러워서 …… 나도 일본인으로서 언젠가는 일본의 국위를 빛나게 해서 영국인이 인도차이나 사람들을 마음대로 부리는 것을 본뜨는 것은 물론, 이에 그치지 않고 그 영국마저도 압박해 동양의 권세(權柄)를 내 한 손에 쥐겠다고 남몰래 다짐했다."[71]

"압제를 미워하는 것은 인간의 본성이지만, 남이 나를 압제하는 것이 미울 뿐, 나 스스로 압제하는 것은 인간이 가장 유쾌하게 여기는 일이라 할 수 있다. …… 우리가 원하는 것은 이 압제를 압제해 혼자서 압제를 전유(專有)하고자 하는 것이다."[72]

청일 전쟁에서 일본이 승리하자 후쿠자와는 "이상할 정도의 감격과 흥분"을 보였다고 한다.

"목숨이 붙어 있으니 이런 일을 보고 듣는구나. 앞서 죽은 동지가 불쌍하다. 아 보여주고 싶어 매번 나는 울었습니다. …… 청일 전쟁은 …… 단지 일본 외교의 서막 …… (福翁自傳)."[73]

청일 전쟁이 끝난 후 청일 강화 조약(일명 시모노세키 조약. 1895년 4월)에 따라 대만의 일본 할양이 결정되자 대만인들은 대만민주국으로 독립을 선언(1895년 5월)했는데, 일본은 5만 명의 병사와 2만 6,000명의 군부(軍夫)를 투입, 대만인을 살육, 제압했다. 동년 11월까지 4개월 간 대만의 희생자는 약 1만 4,000명에 달했다고 한다(乙未戰爭). 당시 후쿠자와 유키치는 이렇게 대만인에 대한 무차별 살육을 주창했다.

"비록 병기를 들고 저항하지 않아도 …… 조금이라도 우리에게 반항하는 (대만) 도민(島民) 등은 한 사람도 남기지 말고 섬멸해 …… 잎도 말려 죽이고 뿌리도 끊어 모든 악인의 무리를 섬멸시키고, 토지 같은 것은 모조리 몰수하여…… (臺灣之騷動, 1896)."[74]

그래도 그 시대 '일본의 지성'이라는 사람이 이렇게 노골적으로 약자를 마구 짓밟자고 주창했다니 믿기지 않을 지경이다. 그는 국제관계에서의 윤리적·도덕적 판단은 일체 배제했고 국가의 행동에 개인 도덕률의 잣대를 적용하면 안 되며 국가는 설령 잘못을 저질러도 쉽게 사죄를 하면 안 된다고 주장했다.[75] 과거사나 위안부 문제 등에 대해 좀처럼 잘못을 인정하지 않으려는 일본 정부의 입장은 이처럼 그 뿌리가 깊은 것이다.

분명한 것은 후쿠자와는 결코 이웃 나라들과 함께 보다 밝은 아시아의 내일을 이루려는 보편적 이상을 지녔던 인물이 아니었다는 점이다. 그는 "필생의 목적을 국권 확장 일점에" 두고,[76] 또 그것을 위해서는 자기의 주장을 얼마든지 뒤집을 수 있는 "이기적인 일본 중심주의자"였다.[77] 안중근 의사의 〈동양평화론〉의 시야(視野)와 비교되는 일이고, 그렇게 때에 따라 자기의 말을 아무 거리낌 없이 뒤집을 수 있었던 것이 그 시대 '일본 지성인'의 실체였다니 놀랍다. 아무튼 그는 많은 논설과 저서를 통해 그 시대 일본인들을 세뇌, 선동, 사주하려고 노력했다. 후쿠자와의 그 많은 논설과 저술을 연구, 분석한 나고야(名古屋) 대학의 야스카와 주노스케(安川壽之輔, 1935~) 교수는 이렇게 말한다.

"후쿠자와는 시대와 장소에 따라 도저히 동일인의 발언이라고 생각할 수 없을 만큼 앞뒤 모순되는 상황적 사고, 발언을 예사롭게 반복했다. …… 그러나 이는 후쿠자와만의 특징이 아니라 오히려 근대 일본 사상이 보여주는 하나의 특징이라 할 수 있다.[78] (후쿠자와라는 인물은) 정세 변화에 따라 자신에게 유리하게 재빠르게 처신을 달리하는 …… '철면피'였다."[79]

후쿠자와는 단지 말만 수시로 바꾼 사람이 아니다. 그는 차마 지성인의 언어로 볼 수 없는 말로 조선과 중국, 대만인을 비하, 모멸했다.[80]

"조선인 상류(上流)는 부패한 유학자의 소굴, 하류는 노예의 군집", "연약하고 염치없는 국민", "무책임, 무지조의 남자들뿐", "조선 …… 인민은 소와 말, 돼지와 개와 다를 것 없다", "(중국인에 대해서 는) 창창 되놈", "청국병(淸国兵) …… 돼지 꼬랑지 새끼"

그런 방식으로 후쿠자와는 끈질기게 일본 국민에게 아시아 이웃 나라 사람들에 대한 "편견과 모멸 의식"을 심었고 그들의 "몰살, 섬멸, 살육을 거듭 외치고 다녀 …… 일본 병사가 태연히 (조선, 중국, 대만인에 대한) 섬멸 작전을 떠맡을 수 있도록 …… 섬멸에 대한 저항감과 저항 의식을 해제하는 마인드 컨트롤을 준비"시켰다는 평을 듣는다. 메이지 초기 정한론(征韓論)의 원조로도 지목되는 후쿠자와는 일본에서 "일본 근대화 과정의 총체적 스승으로 추앙"[81]되고 있으며 그 공로로 지금도 일본 돈 1만 엔(円)권의 초상 인물로 남아 있다.

애매모호함과 거침없는 융통성

일본인들은 우리 기준으로 보면 아주 중요한 일도 무척 '애매모호'하게 얼버무린다. 메이지 유신 직후인 1869년 3월, 천황은 서기 794년 이후 1,000년 이상 수도였던 교토를 떠나 에도로 거처를 옮겼다. 그러나 천황 이 수도를 옮긴다는 '천도(遷都) 선언'을 한 일은 없다. 다만 천황이 처음 도쿄를 방문하기 약 2개월 전(1868년 7월)에 에도의 이름을 '동쪽의 서울' 을 뜻하는 '도쿄(東京)'로 바꾸었을 뿐이다. 그러니까 도쿄는 어디까지나

'동쪽의 서울'일 뿐, 지금도 '서울(京)인 도시(都)'는 교토로도 볼 수 있다. 이를 뒷받침하듯, 사실상 수도를 옮긴 후에도 메이지(明治, 1868년), 다이쇼(大正, 1915년), 쇼와(昭和, 1928년) 등의 세 천황의 즉위식은 교토에서 했다. 그러다가 1989년 현재의 아키히토(明仁) 천황의 즉위식은 논란 끝에 도쿄에서 했는데,[82] 별로 시끄럽지도 않았던 모양이다. 우리나라에서 세종시 문제를 두고 벌어졌던 갈등과 논란을 생각해보면 참으로 '거침없는 융통성(融通无涯)'을 가진 일본이다. 비슷한 사례가 또 있다.

규슈 후쿠오카 시(福岡市)의 기차 종착역은 하카타(博多)인데, 이 때문에 기차로 처음 후쿠오카에 가는 사람은 누구나 어리둥절해한다. 우리로 치면 '서울행'기차의 종점이 '한성(漢城)'으로 되어 있는 셈이라서 외지인은 당황하게 마련이다. 사정을 알아보면 그 지역은 7세기이후 하카타 만(博多灣)에 면한 항구로 발달하기 시작해서 하카타로 불렸다. 그 후 에도 시대에 후쿠오카 번(福岡藩)이 설립되자 번성(福岡城, 1606년 완성)을 중심으로 무사들이 모여 살던 지역을 후쿠오카라고 불렀는데 하카타 지역이 막부 직할령이었던 사정도 있어 도시가 이극(二極) 체제로 발달했다. 메이지 유신 후 두 지역은 하나로 통합되어 후쿠오카 시(市)가 되었는데 역 이름 등을 통일하자는 논의도 있었으나 흐지부지된 모양이다. 거침없는 융통성을 보여주는 또 다른 사례도 있다.

1728년 중국 상인 정대위(鄭大威)가 쇼군 요시무네(德川吉宗, 8대, 재직 1716~1745년)에게 코끼리를 헌상했다. 그 코끼리는 규슈의 나가사키(長崎)에서 교토를 거쳐 에도로 호송되었는데 교토의 천황도 이를 구경하고 싶었다. 그러나 당시 관례에 따르면 천황은 관위(官位)가 없는 자와는 만날 수 없게 되어 있었다. 이에 천황은 편법으로 그 코끼리에게

종4위(從四位広南白象)의 벼슬을 내리고 이를 구경했다고 한다.[83]

　일반적으로 일본인들은 우리보다 더 원칙적이고 세밀하게 보이지만, 실생활에서는 관념에 얽매이지 않고 적당히 얼버무리는 면이 많다. 융통성이 많다고도 무원칙하다고도 볼 수 있다. 이에 비해서 "한국인은 지나칠 정도로 높은 이상을 추구하면서도 지극히 낮은 현실감각으로 인해 항상 극단적인 양극화의 두꺼운 벽 속에 갇혀" 있다는 것이 박규태 교수의 개탄이다.[84]

부끄러운 것은 덮는다

조금 다른 이야기지만, 앞에 소개된 야와타(八幡) 교수의 글에는 일본의 무사들이 "전쟁터에서는 …… 여성까지도 무력으로 위협해 현지 조달하면 된다는 발상"을 했고, 그런 것이 "현대의 관계(官界)에 까지 계승된 무사의 전통"이라고 기술되어 있다. 흥미롭게도 일본군의 위안부 이야기는 14세기 남북조 시대를 배경으로 한 〈태평기〉에도 나온다. 당시 북조의 막부군은 남조에서 장악하고 있는 규슈에 지방 장관(探題)으로 시바 우지쓰네(斯波氏軽)를 파견했는데 그때 규슈로 가는 시바군의 모든 군선에는 각기 유녀(遊女) 10~20명 씩을 태웠다고 기록되어 있다.[85] 종군 위안부 문제는 태평양 전쟁 때 갑자기 불거진 일이 아니라 오래전부터 있어 왔던 일본군의 뿌리 깊은 관행이었음을 알 수 있다. 그래서 그들은 위안부 문제를 '별 대수롭지도 않게 여겼고 늘 있어왔던 일이니만큼 앞으로도 있을 수 있는 일로 생각하고 있는 것이 확실하다. 그런 문화적 바탕이 있었기에 일본이 태평양 전쟁에서 패하고 무조건 항복했을 때 일본 정부는 점령군을 위해 사실상 정부가 주도하는 위안소(慰安所)를 만들었고, 미군 선발대가 일본에 상륙한 1945년 8월 28일에는 이미 국영 위안소 1호가 문을 열고 영업을 시작했다고 한다. "전쟁 중에 수많은 비(非)일본인 여성이 강제로 위안부가 돼 일본인의 노리개가 됐다는 것, 그리고 자국 군대가 해외에서 강간을 일삼았다는 것을 알고 있던 일본인에게 (미군에 대한) 공포심은 엄청난 것"[86]이었기 때문이다.

2013년 5월에도 장래 일본의 총리감이라는 오사카 시장(市長) 하시모토 도루(橋本徹, 1969~)라는 자가 "전쟁에 위안부는 필요하다"는 '소신(所信) 발언'을 해서 말썽이 된 일이 있다. 그러나 공식적으로 일본은 위안부 동원 문제를 없던 일처럼 얼버무리고 덮으려 한다.

도쿠가와 막부가 멸망한 후 메이지 정부는 도쿠가와 시대의 법령집(法令集: 德川禁令考 등)을 편찬케 했는데, 이때 그 악명 높던 〈동물 연민령〉은 막부의 권위를 실추시킬 우려가 있다고 수록 대상에서 제외시켰다.[87] 〈충신장〉 이야기에서 아코 무사들의 총대장이었던 오이시(大石)는 막상 할복하게 된 순간에는 겁먹은 표정으로 꼴사나운 모습을 보였다는데 나중에 사람들이 "오이시와 같은 충신, 더구나 아코 무사들의 우두머리가 그런 비겁한 꼴을 보였을 리가 없다"는 식으로 사실을 모두 덮어버렸다고 한다.[88] 일본이 세계에 자랑하는 천황가의 〈만세일계〉도 여러 측면에서 억지라는 것도 그들의 역사가 말해준다. 그들은 무엇이든 부끄러운 것, 가지런하지 않아 마음에 들지 않는 것은 모두 축소·왜곡·부정하고, 때로는 미화하려고 든다. 이런 식으로 부끄러운 과거는 모두 덮어버리고는 일본은 늘 '아름답고, 깨끗하고, 가지런한 나라'라고 주장한다.

시간을 끌어 세월이 가서 "모래가 바위가 되고 그 위에 이끼가 낄 때"쯤 이면 사실 여부와는 관계없이 사람들의 머릿속에는 '조작된' 좋은 이미지만 남고 그것이 마치 사실처럼 통용될 것으로 생각하는 모양이다. 천황가의 만세일계, 충신장, 무사도 등의 조작된 이미지에 대해서 지금 누구도 시비를 걸어오지 않는 것처럼 난징 대학살 사건, 위안부 강제 동원 같은 일도 세월이 흐르면 흐지부지될 것으로 기대하는 듯하다. 가면이 참모습처럼 보일 때까지 기다리면 된다는 심사라고 보지 않을 수 없다.

물론 일본에도 올바른 목소리를 내는 사람들이 있다. 작가 오에 겐자부로(大江健三郞, 1935~)는 그의 노벨 문학상 수상 기념 강연(1994년 12월)에서 자기조국 일본을 "가까운 과거에 …… 파괴에의 광신(狂信)이 국내와 주변 여러 나라의 인간의 정기(正氣)를 짓밟아버린 역사를 가진 나라"[89] 라고 말한 바 있다. 문제는 일본에서 그런 목소리는 별로 크지 않다는 점이다. 오히려 정치적 영향력이 큰 사람들일수록 왜곡된 역사 인식으로 세월과 더불어 아물어야 할 이웃의 상처를 자꾸 들쑤신다. 더구나 그런 자세로 왜곡한 역사 교과서로 다음 세대를 가르치고 있다. 그러나 그런 태도는 결국 이웃과 함께 그들 스스로의 후손들을 불행하게 만들 것이다. 그것이 히로시마, 나가사키의 교훈이다. 일본의 국민작가라는 시바 료타로는 생전에 이런 말을 남겼다.

"교과서에 거짓을, 특히 극히 근년의 일을 적당히 꾸민 수사(修辭)로 기록하는 나라는 머지않아 망한다. …… 국민은 자기 나라의 질량(質量)과 이웃 나라와의 관계에 대해 환상을 갖게 된다. 그런 나라가 오래 가지는 못한다."[90]

이키(粹), 와비(侘び), 사비(寂び), 모노노 아와레(物の哀れ) 등 모두 미묘하고 세밀한 관념의 세계까지 정형화하려다가 급기야는 실체가 모호한 기준을 만들어 곳곳에 그물망처럼 펼쳐놓고 모두가 이에 따르지 않을 수 없게 만드는 사회. 잠깐 한눈을 팔다가는 곧 길을 잃고 따돌림을 받게 됨으로 늘 같은 틀에서 서로 동화되려고 노력하고 불만이 있어도 자기최면으로 스스로 만족하게 만드는 사회. '아름다운 일본'에 대한 집착으로 어두운 과거는 없던 일처럼 외면하는 사회. 다른 세계의 사람들은 선뜻 동의하기 어려운 논리로 '일본만(日本ならでは)의 것'을 내세우면서 늘 '1등 일본(Japan No.1)'의 강박감에 쫓기는 사회.

'일본적'이란 이런 폐쇄성·배타성을 떠나서는 성립할 수 없는 것일까? 깨끗함, 꼼꼼함, 철저함 등 많은 장점을 가진 일본인들이다. 그러나 객관적 타당성이 없이 모든 면에서 '1등 일본, 무결점의 일본'에 집착하는 것은 건강한 태도가 아니다.

일본의 건국신화에 나오는 이자나미(伊邪那美)는 불의 신 히노카구쓰치노가미(火之迦具土神, カグツチ)를 낳다가 화상을 입고 죽는다. 죽어가면서 고통으로 구토를 하고 똥오줌을 싸는 고생을 하는데, 그 토사물에서 점토(粘土)의 신, 관개용수의 신, 음식물의 신 등이 태어났다고 한다.[91] '깨끗한 일본인'들의 주요한 신들이 그런 더러운 것에서 태어났다는 것은 흥미로운 일이지만 그 신화를 만든 사람들은 그 이야기에 무슨 메시지를 심으려 했을까? 고통스러운 과정을 거쳐야 소중한 것을 얻을 수 있고 조금 지저분하게는 보여도 진흙이나 개흙의 존재를 인정해야 연(蓮)이 뿌리를 내리고 꽃을 피우는 이치를 깨달을 수 있다는 뜻도 담았던 것은 아닐까?

나오며

태평양 전쟁 중(1941년 12월~1945년 8월)의 3년 9개월간, 일본은 15척의 항공모함, 6척의 순양함, 126척의 잠수함, 63척의 구축함, 70척의 수송함, 168척의 연안(沿岸) 방위함, 기타 662척의 해군 선박, 여기에 더하여 720척의 화물선과 271척의 유조선을 건조했고, 동시에 약 6만 기의 군용기를 생산했다고 한다.[1] 그 밖에 각종 차량과 총, 대포, 화약 등의 다른 병기도 같이 생산했을 것이다. 모두 연합군의 무차별 폭격으로 원료 공급과 공장 가동이 원활치 못했던 때에 이루어진 일이다. 이미 70여 년 전 일본이 지녔던 놀랄 만한 국력이다. 그런 일본에서 요즈음 다시 지난 시대의 '신국(神國) 일본'의 재건을 꿈꾸는 듯한 정치 세력이 힘을 얻고 있다. 그 배후에는 태평양 전쟁 때 일본군 최고사령부였던 대본영(大本營)을 본뜬 '일본회의(日本會議)'라는 보수 결사체가 있다고 한다.[2] 그들이 꿈꾸는 내일은 어떤 것일까? 또 우리는 그런 이웃을 얼마나 알고 지내는지…….

미리 밝힌 대로 이 글은 내가 일본이라는 이웃을 알아보고 싶은 마음에 읽고, 내 나름대로 이해한 일본의 몇 가지 모습을 정리해본 것이다. 즉, 이 글의 목적이 일본을 비판하려는 것이 아니라는 말이다. 다만 그때그때 떠오르는 내 느낌을 적어놓은 것은 있고, 그 일부가 혹시 일본에 대해서 너무 편향적으로 보일지는 모르겠다. 그러나 필자에게는 국가로서의 일본을 비방하려는 의도가 전혀 없다. 아무래도 일본은 우리와 더불어 살아가야 할 소중한 이웃이라고 생각하기 때문이다.

대학을 졸업한 우리 집 아이들도 예를 들면 박경리의 소설 〈토지土地〉에 나오는 경상도 사투리를 잘 이해하지 못한다. 하물며 늦게 시작한 내 일본어 실력으로 사투리와 고문(古文)이 자주 튀어나오는 일본의 소설 같은 것을 읽어 그 뜻을 제대로 이해하려는 것은 과욕일 수 있다. 그런 점을 알면서도 수박 겉 핥기 식이라도 그들의 책을 읽어 그 생각의 바탕을 들여다보고 싶었다. 좀 알아낸 것 같기도 하고, 아닌 것 같기도 하고……

학자로서의 훈련이 안 된 사람의 글이고, 필자가 읽은 책들도 꼭 학문적 무게를 지닌 것만이 아니므로 그 내용의 신빙성이 문제가 될지도 모르겠다. 또 필자가 책의 내용을 잘못 이해한 부분도 있을 것이다. 그래서 인용한 글들은 가급적 출처를 밝혀두었다. 의문이나 흥미를 느끼시는 분들은 원전(原典)을 찾아 원저자의 참뜻을 다시 살펴볼 수 있을 것이다.

막상 마무리하려고 보니 꼭 학창 시절 서둘러 엮어낸 리포트 같은 글이 되고 말았다. 학점이 좋게 나올 것 같지는 않지만, 어쨌든 필자로서는 읽은 것을 정리해보는 즐거움이 있었다.

끝으로 이 글을 책으로 만들어주신 한경BP의 김경태 사장님과 편집부 여러분, 그 밖에 도움을 주신 모든 분들께 감사드린다.

2014. 2.

김욱

주

제1장 일본을 읽다

1) 司馬遼太郎. 〈壱岐, 対馬の道〉. 朝日新聞社. 2005. p.31.
2) 세토나이카이(瀬戸内海): 일본의 혼슈(本州)와 규슈(九州)·시코쿠(四国)에 에워싸인 바다.
3) 司馬遼太郎. 〈耽羅紀行〉. 朝日文化史. 2005. p.279.
4) 강창일, 하종문. 〈일본사 101장면〉. 도서출판 가람기획. 2008. p.47.
5) 司馬遼太郎. 〈韓のくに紀行〉. 朝日新聞社. 2008. pp.274-275.
6) 司馬遼太郎. 〈壱岐, 対馬の道〉. p.48.
7) 위. p.21.
8) 司馬遼太郎. 〈韓のくに紀行〉. p.16.
9) 홍윤기. 〈일본 천황은 한국인이다〉. 효형출판. 2000. p.123.
10) 김현구. 〈일본이야기〉. (주)창비. 2004. p.81.
11) 池上英子 著. 森本醇 譯. 〈名誉と順応〉. NTT出版株式會社. 2003. 序文. p.iii.
12) 메이지 유신(明治維新)이란 19세기 후반 일본에서 도쿠가와(德川) 막부가 무너지고 천황친정(天皇親政)체제가 확립됨과 동시에 행해진 일련의 정치·사회개력을 포괄하는 말이다. 그 시작 시기를 언제로 볼 것인가에 대해서는 학자들 간에 논란이 있으나, 좁은 의미로는 메이지(明治)라는 연호를 채택하고 천황친정체제의 메이지 정부가 성립된 1868년으로 보며, 종료 시기에 대해서도 여러 가지 주장이 있다.
13) 번(藩): 에도 시대 다이묘(大名)가 지배한 영지·인민·통치기구 등의 총칭.
14) 森村誠一. 〈忠臣蔵〉. 株式會社 德間書店. 2007. 下. p.390.

제2장 가족 문화를 알면 일본이 보인다

1) 小松和彦. 〈異人論-民俗社會の心性〉. 株式會社 筑摩書店. 1998. pp.245-246.
2) 土居健郎. 〈甘えの構造〉. 株式會社 弘文堂. 2007. p.174.
3) 위. p.68.
4) 위. p.56.
5) 위. p.59.
6) 위. pp.63-64.
7) 개번 매코맥 지음. 이기호, 황정아 옮김. 〈종속국가 일본〉. 창비. 2008. p.221.

392

8) 박규태. 〈일본정신의 풍경〉. 한길사. 2009. p.160.

9) 土居健郎. 〈甘えの構造〉. p.65.

10) http://ja.wikipedia-妖怪(2011年2月10日(木) 19:35)/付喪神(2011年2月6日
(日)12:42)

11) 小松和彦. 〈異人論〉. p. 26-28.

12) http://ja.wikipedia-水木しげるロ-ド(2013年5月10日(金) 00:38)

13) 중앙대학교 한일문화연구원 편. 〈일본의 요괴문화〉. 한누리미디어. 2005. p.269.

14) 小松和彦. 위. p.231.

15) 위. pp.234-249.

16) 신사(神社): 신토(神道)의 상설 제사(祭祀)시설.

17) 이로리(囲炉裏): 일본 농가의 취사 · 난방용 화덕.

18) 小松和彦. 〈異人論〉. p.241.

19) 위. p.13.

20) 위. p.246.

21) 위. pp.145-146.

22) 위. pp.154-160.

23) 위. p.268.

24) 위. p.156.

25) 위. p.160.

26) 申英子, 熊野勝之. 〈闇から光へ〉. 株式會社 社會評論社. 2007. p.110.

27) 중앙대학교 한일문화연구원 편. 〈일본의 요괴문화〉. p.287.

28) 渡辺浩. 〈近世日本社會と宋学〉東京大學出版社. 1985. pp.118-120.

29) 池上英子 著. 森本醇 譯. 〈名誉と順応〉. p.121.

30) 위. pp.122-124.

31) 司馬遼太郎. 〈アジアの中の日本〉. 株式會社 文藝春秋. p.200.

32) 스테부치(捨て扶持): 쓸모없는 사람에게 버리는 셈 치고 주는 급료.

33) 거가(去家): 양자(養子), 분가(分家)를 위해 가문에서 빠지는 것.

34) 스즈키 마사유키 지음. 류교열 옮김. 〈근대 일본의 천황제〉. 도서출판 이산.
1998. p.71.

35) 위. pp.213-214.

36) 司馬遼太郎. 〈韓のくに紀行〉. p.158.

37) 스즈키 마사유키 지음. 류교열 옮김. 〈근대 일본의 천황제〉. p.212.

38) 渡辺浩. 〈近世日本社會と宋学〉. p.117.

39) 森村誠一. 〈忠臣蔵〉. 下. p.353.

40) 위. pp.26-27.

41) 大佛次郎. 〈赤穂浪士〉. 株式會社 新潮社. 2007. 上. p.544.

42) 渡辺浩. 〈近世日本社會と宋学〉. pp.142-144.

43) 위. p.127.

44) 司馬遼太郎.〈アジアの中の日本〉. pp.204-206.

45) 渡辺浩.〈近世日本社會と宋学〉. pp.150-151.

46) 司馬遼太郎.〈韓のくに紀行〉. pp.154-155.

47) 스즈키 마사유키 지음. 류교열 옮김.〈근대 일본의 천황제〉. p.70.

48) 위. p.212.

49) 渡辺浩.〈近世日本社會と宋学〉. p.127.

50) 神子侃 編訳.〈新編葉隱〉. 株式會社 たちげな出版. 2006. p.34.

51) 당주(当主): 그 집의 현재의 주인. 당대의 호주(戸主). 번의 경우에는 번주(藩主)
라고 함.

52) オフイスポストイット編著.〈日本の歴史〉. 株式會社 東西社. 2006. pp.32-33.

53) 管野覚明.〈よみがえる 武士道〉. PHP 研究所. 2003. p.60.

54) 율령국가: 율(律)과 영(令)을 기본법으로 하는 중앙집권적 관료제의 통치제도를
가진 나라.

55) 井沢元彦.〈英傑の日本史- 信長, 秀吉, 家康〉. 角川學問出版. 2009. p.36.

56) http://ja.wikipedia-氏(2010.09.25.)/-氏姓制度(2010.10.24.)/-名字(2010.11.8.)/-本
姓(2011.1.30.)

57) http://ja.wikipedia-百官名(2010.11.19.(金) 02:00)

58) 管野覚明.〈よみがえる武士道〉. p.30.

59) オフイス ポストイット編著.〈日本の歴史〉. p.133.

60) 司馬遼太郎.〈国取り物語〉. 株式會社 新潮社. 2012. 2卷. p.152.

61) 井沢元彦.〈英傑の日本史- 信長, 秀吉, 家康〉. p.142.

62) 司馬遼太郎.〈韓のくに紀行〉. p.240
オフイスポストイット編著.〈日本の歴史〉. p.146.

63) 井沢元彦.〈天皇になろうとした将軍〉. 株式會社 小學館. 2007. p.67.

64) 養老孟司.〈バカの壁〉. 株式會社 新潮社. 2003. p.62.

65) 司馬遼太郎.〈歴史と風土〉. 株式會社 文藝春秋. 1998. p.90.

66) http://ja.wikipedia-氏.(2011年6月19日(日) 14:12)/姓.(2011年6月25日(土) 07:51)

67) http://ja.wikipedia-尾上菊五郎(2010年5月8日(土)19:34).

68) 山本博文.〈江戸時代-将軍, 武士たちの実像〉. 株式會社 東京書籍. 2008. p.147.

69) 丸谷才一.〈忠臣蔵とは何か〉. 株式會社 講談社. 2004. p.189.

70) 마루야마 마사오 저/박충석. 김석근 공역.〈충성과 반역〉. 나남출판. 1998. p.179.

71) 樋口清之.〈梅干と日本刀〉. 詳伝社. 2001. p.498
http://ja.wikipedia -高尾太夫(2012年10月16日(火)18:00).

72) 樋口清之.〈梅干と日本刀〉. p.496.

73) http://ja.wikipedia-諱(2011年2月1日(火) 12:45)

제3장 무사의 나라, 일본

1) 司馬遼太郎. 〈耽羅紀行〉. p.81.
2) 池上英子. 〈名誉と順応〉. p.48.
3) 위. p.51.
4) 久米邦武歴史著作集 第二巻. 第三編. 第一. 〈鎌倉時代の武士道〉. (株)吉川弘文館. 1989. p.300.
5) 管野覚明. 〈よみがえる武士道〉. p.28.
6) 池上英子. 〈名誉と順応〉. pp.54-56.
7) 가쿠 고조 감수/양억관 옮김. 주식회사 고려원미디어. 1998. 〈일본의 역사〉. p.83.
8) 池上英子. 위. pp.62-64.
9) オフイスポストイット編著. 〈日本の歴史〉. p.72
10) 위. p.75/ http://ja.wikipedia-延暦寺/興福寺.
11) 池上英子. 〈名誉と順応〉. p.69
12) 위. p.67.
13) 井沢元彦. 〈天皇になろうとした将軍〉. p.206.
14) 司馬遼太郎. 〈義経〉. 上. 株式會社 文藝春秋. 2005. p.158.
15) 管野覚明. 〈よみがえる武士道〉. p.22.
16) 위. p.23.
17) 池上英子. 〈名誉と順応〉. p.80.
18) 角川書店編. 〈平家物語〉. 株式會社 角川学芸出版. 2011. p.128.
19) 司馬遼太郎. 〈義経〉. 上. pp.430-432.
20) 管野覚明. 〈よみがえる武士道〉. p.27.
21) 池上英子. 〈名誉と順応〉. p.74.
22) 管野覚明. 〈よみがえる武士道〉. p.147.
23) 池上英子. 〈名誉と順応〉. p.94.
24) 神坂次郎著. 〈元禄 武士学〉. 中央公論社. 1995. pp.191-192.
25) 管野覚明. 〈よみがえる武士道〉. p.27.
26) 池上英子. 〈名誉と順応〉. pp.94-95.
27) http://ja.wikipedia-武士道(2011年1月22日(土)10:17)/-藤堂高虎(2012年5月8日(火) 11:00).
28) 管野覚明. 〈よみがえる武士道〉. p.195.
29) 池上英子. 〈名誉と順応〉. p.95.
30) 管野覚明. 〈よみがえる武士道〉. p.74.
31) 池上英子. 〈名誉と順応〉. p.67.
32) 위. p.97.

33) 번(藩): 에도 시대 1만석 이상의 영지를 소유한 봉건영주인 다이묘가 지배한 영역(領域)과 통치기구 등을 가르키는 역사용어. 에도 시대의 공식 제도명은 아니다.(http://ja.wikipedia-藩(2012年6月5日(水)22:07)

34) 神坂次郎.〈元祿 武士学〉. pp.137-140.

35) 池上英子.〈名誉と順応〉. pp.79-80.

36) 위. p.95.

37) 堺屋太一.〈日本を創った12人〉. PHP研究所. 1997. 前編. p.120.

38) 樋口清之.〈梅干と日本刀〉. p.315.

39) 池上英子.〈名誉と順応〉. p.120.

40) 위. p.125. p.127

41) 위. pp.127-131.

42) 위. p.132.

43) 위. p.131.

44) 笹山晴生 外.〈日本史総合図録〉(増補版). 株式會社 山川出版社. 2005. p.80.

45) 池上英子.〈名誉と順応〉. p.137.

46) 井沢元彦.〈英傑の日本史- 信長, 秀吉, 家康〉. p.38.

47) 八幡和郎, 臼井喜法.〈江戸300年'普通の武士'はこう生きた〉. ベストセラーズ. 2007. p.39.

48) 三田村鳶魚 著. 朝倉治彦 編.〈横から見た 赤穂義士〉. 中央公論社. 1996. p.181.

49) オフイスポストイット編著.〈日本の歴史〉. p.132.

50) 池上英子.〈名誉と順応〉. pp.148-150.

51) http://ja.wikipedia -人掃令(2010年5月5日(水) 00:38).

52) 池上英子.〈名誉と順応〉. p.143.

53) 위. pp.157-158.

54) オフイスポストイット編著.〈日本の歴史〉. p.149.

55) http://ja.wikipedia-太閤検地(2011年1月22日(土) 02:45)/ -石高制(2011年1月22日(土) 14:06)/ -入鉄砲出女(2011年2月28日(月) 07:24).

56) 山本博文.〈サムライの掟〉. 中央公論新社. 2001. p.204.

57) 山本博文.〈江戸時代-将軍, 武士たちの実像〉. p.87.

58) 위. pp.98-100.

59) http://ja.wikipedia-参勤交代(2013年3月8日(金) 19:54).

60) 山本博文.〈サムライの掟〉. pp.235-237.

61) 위. pp.205-207.

62) 山本博文.〈江戸時代-将軍, 武士たちの実像〉. p.88.

63) 위. p.84.

64) 八幡和郎, 臼井喜法 著.〈江戸300年'普通の武士'はこう生きた〉. p.74.

65) 위. p.44.

66) 神坂次郎 著. 〈元禄 武士学〉. p.115.

67) 池上英子. 〈名誉と順応〉. p.156.

68) 大道寺友山 著. 大道寺弘義 監修. 〈武道初心集を知る〉. 株式會社 教育評論社. 2010. p.76.

69) 森村誠一. 〈忠臣蔵〉. 株式會社 德間書店. 2007. 上. p.57.

70) http://ja.wikipedia-上杉綱憲(2013年4月5日(金)09:48).

71) 森村誠一. 〈忠臣蔵〉. 下. p.34.

72) 위. p.138. / オフイスポストイット編著. 〈日本の歴史〉. 2006. p.156.

73) オフイスポストイット編著. 위. p.157.

74) 森村誠一. 〈忠臣蔵〉. 下. pp.479-480.

75) 神坂次郎 著. 〈元禄 武士学〉. p.68.

76) 樋口清之. 〈梅干と日本刀〉. p.324.

77) 위. p.387.

78) 위. p.326 / http://ja.wikipedia-慶安の変(2010年10月31日(日)07:13).

79) 일본사학회 지음. 〈아틀라스 일본사〉. (주)사계절출판사. 2011. p.128.

80) http://ja.wikipedia -長島一向一揆(2010. 11. 4.(木) 06:19)

81) http://ja.wikipedia-比叡山焼き討ち(2013. 7. 10.(水)02:44)

82) http://ja.wikipedia-島原の乱(2011年4月17日(日)11:08)

83) 八幡和郎, 臼井喜法. 〈江戸300年 '普通の武士' はこう生きた〉. p.87.

84) 山本博文. 〈サムライの掟〉. p.164.

85) 鹿島茂. 〈ド-ダの近代史〉. 朝日新聞社. 2007. p.57.

86) 八幡和郎/臼井喜法. 〈江戸300年 '普通の武士' はこう生きた〉. p.85.

87) 김영. 〈일본문화의 이해〉. 제이엔씨. 2008. p.231.

88) 大道寺友山 著. 大道寺弘義 監修. 〈武道初心集を知る〉. p.272.

89) 위. p.31.

90) 神坂次郎 著. 〈元禄 武士学〉. p.88. / http://ja.wikipedia-斬捨御免(2011.01. 11.(火).15:40).

91) 三田村鳶魚 著. 朝倉治彦 編. 〈横から見た 赤穂義士〉. p.193. http://ja.wikipedia-辻斬(2011年6月6日(月) 09:22)

92) 管野覚明. 〈よみがえる武士道〉. p.138.

93) 三田村鳶魚 著. 朝倉治彦 編. 〈横から見た 赤穂義士〉. p.48.

94) 池上英子 著. 森本醇 譯. 〈名誉と順応〉. p.275.

95) 多田顕 著. 永安幸正 編集解説. 〈武士道の倫理-山鹿素行の場合〉. 麗澤大學出版社. 2006. p.27. p.53.

96) 마루야마 마사오 저/박충석. 김석근 공역. 〈충성과 반역〉. p.178.

97) 神坂次郎. 〈元禄 武士学〉. p.135.

98) 위. p.85.

99) 八幡和郞/臼井喜法. 〈江戶300年 '普通の武士'はこう生きた〉. p.44.

100) 管野覚明. 〈よみがえる武士道〉. pp.202-203.

101) 司馬遼太郎. 〈韓のくに紀行〉. p.149.

102) 多田顕 著. 永安幸正 編集解說. 〈武士道の倫理-山鹿素行の場合〉. p.80.

103) 池上英子著. 森本醇 譯. 〈名譽と順応〉. p.151. / http://ja.wikipedia-武士道(2011年 1月22日(土) 10:17).

104) 池上英子著. 森本醇 譯. 〈名譽と順応〉. p.288.

105) 大道寺友山 著. 大道寺弘義 監修. 〈武道初心集を知る〉. p.64.

106) 池上英子著. 森本醇 譯. 〈名譽と順応〉. p.287.

107) 대화혼(大和魂): '야마토 다마시이(ヤマトダマシイ)'라고 읽으며, '일본의 정신'이라는 뜻.

108) 下中 弘 編集. 〈日本を知る101章〉. 株式會社 平凡社. 1995. p.214.

109) 神坂次郎 著. 〈元祿 武士学〉. p.107

110) 八幡和郞, 臼井喜法 著. 〈江戶300年 '普通の武士'はこう生きた〉. p.81.

111) 山本博文. 〈サムライの掟〉. 2001. p.26.

112) 三田村鳶魚 著. 朝倉治彦 編. 〈橫から見た 赤穂義士〉. p.16.

113) 〈오륜서五輪書〉: 미야모토 무사시의 대표적 병법서로 꼽히나, 그의 사후 그 제자가 썼다는 주장도 있음.

114) 多田顕 著. 永安幸正 編集解說. 〈武士道の倫理-山鹿素行の場合〉. p.246.

115) 위. p.35.

116) 위. p.145.

117) 위. p.199.

118) 大道寺友山 著. 大道寺弘義 監修. 〈武道初心集を知る〉. p.308.

119) 神坂次郎. 〈元祿 武士学〉. p.23.

120) 多田顕 著. 永安幸正 編集解說. 〈武士道の倫理-山鹿素行の場合〉. p.247.

121) 神子侃 編訳. 〈新編葉隱〉. p.42.

122) 위. p.44.

123) 大道寺友山 著. 大道寺弘義 監修. 〈武道初心集を知る〉. p.25.

124) 池上英子. 森本醇 譯. 〈名譽と順応〉. p.278.

125) 위. p.283.

126) 管野覚明. 〈よみがえる武士道〉. p.273.

127) 위. p.274. p.278.

128) 神子侃 編訳. 〈新篇葉隱〉. p.50.

129) 三島由紀夫. 〈葉隱入門〉. 株式會社 新潮社. 2005. p.160.

130) 神子侃 編訳. 〈新篇葉隱〉. p.55.

131) 武田友宏 編. 〈太平記〉. 株式會社 角川学芸出版. 2009. p.210.

132) 神子侃 編訳. 〈新篇葉隱〉. p.56.

133) 위. p.57.

134) 위. p.75.

135) 위. p.158.

136) 위. p.232.

137) 三島由紀夫. 〈葉隱入門〉. p.122.

138) 위. p.189.

139) 神子侃 編訳. 〈新篇葉隱〉. p.96.

140) 와카(和歌): 일본 고유의 시가(詩歌). 헤이안(平安)시대 이후는 주로 단가(短歌)를 지칭함.

141) 管野覚明. 〈よみがえる武士道〉. p.238.

142) 神子侃. 〈新篇葉隱〉. p.96.

143) 위. p.244.

144) 三島由紀夫. 〈葉隱入門〉. pp.124-125.

145) 위. p.125

146) 池上英子. 森本醇 譯. 〈名誉と順応〉. p.277.

147) 마루야마 마사오 著. 〈충성과 반역〉. 박충석. 김석근 공역. pp.29-30.

148) 神子侃 編訳. 〈新篇葉隱〉. p.5.

149) 池上英子. 森本醇 譯. 〈名誉と順応〉. p.276.

150) 三島由紀夫. 〈葉隱入門〉. p.15.

151) 池上英子. 森本醇 譯. 〈名誉と順応〉. p.381.

152) 多田顕 著. 永安幸正 編集解説. 〈武士道の倫理-山鹿素行の場合〉. p.204.

153) 八幡和郎/臼井喜法 著. 〈江戸300年'普通の武士'はこう生きた〉. p.218.

154) 김정운. 〈일본열광〉. (주)웅진씽크빅. 2007. p.92.

155) 八幡和郎/臼井喜法. 위. p.218.

156) 新渡造稲造 著. 須知徳平 訳. 〈対訳 武士道〉. 講談師 インタ-ナショナル株式會社. 2007. pp.30-31.

157) 위. pp.42-43.

158) 위. pp.44-45.

159) 위. pp.48-49.

160) 위. pp.56-57.

161) 위. pp.46-47.

162) 위. pp.66-67.

163) 위. pp.108-109.

164) 위. pp.276-277.

165) 위. pp.178-179.

166) 위. pp.184-185.

167) 위. pp.204-205.

168) 新渡造稻造 著. 須知德平 訳. 〈対訳 武士道〉. pp.250-253.

169) 위. pp.256-257.

170) 위. pp.266-269.

171) 위. pp.148-149.

172) 위. pp.150-151.

173) 위. pp.152-153.

174) 위. pp.92-93.

175) 위. pp.152-153.

176) 多田顯 著. 永安幸正 編集解説. 〈武士道の倫理-山鹿素行の場合〉. p.270.

177) 大道寺友山 著. 大道寺弘義 監修. 〈武道初心集を知る〉. pp.37-39.

178) 위. p.156.

179) 多田顯 著. 위. p.262.

180) 八幡和郎, 臼井喜法 著. 〈江戸300年 '普通の武士'はこう生きた〉. p.262.

181) 宮澤誠一. 〈近代日本と '忠臣蔵' 幻想〉. p.39. p.69
http://ja.wikipedia-武士道(2010.10.30. 21:42).

182) 八幡和郎, 臼井喜法 著. 〈江戸300年 '普通の武士'はこう生きた〉. p.267.

183) 新渡造稻造 著. 須知德平 訳. 〈対訳 武士道〉. p.132.

184) 八幡和郎, 臼井喜法 著. 〈江戸300年 '普通の武士'はこう生きた〉. p.222

185) 위. p.219.

186) 우치무라 간조(內村鑑三. 1861-1930): 메이지, 다이쇼(明治, 大正)시대의 대표적
무교회파(無敎會派) 기독교 전도자(傳道者). 성서(聖書)학자. 문학자. 평론가.

187) 양명학(陽明學): 명(明)나라의 왕양명(王陽明)이 주창한 유교학설. 지식과 실천의
일치(知行合一)를 강조.

188) 八幡和郎, 臼井喜法 著. 〈江戸300年 '普通の武士'はこう生きた〉. pp.222-223.

189) 大佛次郎. 〈赤穂浪士〉. 上. p.393.

190) 井上ひさし. 〈不忠臣蔵〉. 株式會社 集英社. 1988. p.286.

191) 八幡和郎, 臼井喜法 著. 〈江戸300年 '普通の武士'はこう生きた〉. pp.244-246.

192) 위. p.4.

193) 司馬遼太郎. 〈韓のくに紀行〉. pp.154-155.

194) 八幡和郎, 臼井喜法 著. 〈江戸300年 '普通の武士'はこう生きた〉. p.81.

195) 위. pp.90-91.

196) 위. pp.83-85.

197) 大道寺友山 著. 大道寺弘義 監修. 〈武道初心集を知る〉. p.176.

198) 八幡和郎, 臼井喜法 著. 〈江戸300年 '普通の武士'はこう生きた〉. pp.102-103.

199) www.11st.co.kr(2013년 03월18일 조회).

200) 八幡和郎, 臼井喜法 著. 〈江戸300年 '普通の武士'はこう生きた〉. pp.113-114.

201) 神坂次郎 著. 〈元祿 武士学〉. p.114.

202) 三田村鳶魚 著. 朝倉治彦 編. 〈横から見た 赤穂義士〉. p.83.

203) 神坂次郎 著. 〈元祿 武士学〉. pp.67-68.

204) 大道寺友山 著. 大道寺弘義 監修. 〈武道初心集を知る〉. p.236.

205) 神坂次郎 著. 〈元祿 武士学〉. pp.88-89.

206) 大道寺友山. 大道寺弘義 監修. 〈武道初心集を知る〉. p.239.

207) 八幡和郎, 臼井喜法 著. 〈江戸300年 '普通の武士'はこう生きた〉. p.89, p.111.

208) 위. p.46.

209) 위. p.262.

210) 下中 弘 編集. 〈日本を知る101章〉. p.214.

211) 大道寺友山 著. 大道寺弘義 監修. 〈武道初心集を知る〉. p.77.

212) 위. pp.95-96.

213) 山本博文. 〈サムライの掟〉. p.180.

214) 위. p.122. pp.178-183.

215) 마루야마 마사오 著. 박충석. 김석근 공역. 〈충성과 반역〉. p.29.

216) 福沢諭吉 著. 伊藤正雄 校主. 〈学問のすすめ〉. 株式會社 講談社. 2006. p.160.

217) 新渡造稲造 著. 須知德平 訳. 〈対訳 武士道〉. p.168.

218) 司馬遼太郎. 〈アジアの中の日本〉. pp.146-147.

제4장 무사의 변절, 충성과 반역

1) 角川書店編. 〈平家物語〉. p.134.

2) 池上英子. 〈名誉と順応〉. p.90.

3) 위. p.110.

4) 위. p.80.

5) 위. p.82.

6) http://ja.wikipedia-武士道. (2011年4月14日(木) 09:05).

7) 마루야마 마사오 저/박충석. 김석근 공역. 〈충성과 반역〉. p.33.

8) 천황이라는 호칭이 사용된 것은 40대 텐무(天武, 재위-673~686년), 또는 41대 지토(持統, 재위-690~697년)때부터라고 알려져 있다.

9) 홍윤기. 〈일본속의 백제 구다라(百濟)〉. p.60.

10) オフイス ポストイット 編著. 〈日本の歴史〉. p.41.

11) 상황(上皇): 천황의 자리에서 물러난 천황. 태상천황(太上天皇)이라고도 함.

12) 미나모토노 요시토모(源義朝): 가마쿠라 막부 초대쇼군 미나모토노 요리토모(源頼朝)의 아버지.

13) オフイス ポストイット 編著. 〈日本の歴史〉. p.77.

14) 가쿠 고조 감수/양억관 옮김. 〈일본의 역사〉. p.83.

15) 법황(法皇): 태상(太上)법황의 약칭으로 불문(佛門)에 귀의한 태상천황(太上天

皇)을 말함. 태상천황이란 천황의 자리를 물려준(讓位) 천황을 높여 부르는 말.
보통 상황(上皇)이라고 함. * 천황 → 상황 → 법황.

16) オフイス ポストイット編著. 〈日本の歷史〉. 2006. p.88.

17) 司馬遼太郎. 〈義経〉 上. p.209.

18) 角川書店編. 〈平家物語〉. p.189.

19) 위. p.199.

20) 武田友宏 編. 〈太平記〉. p.124.

21) 위. p.128.

22) 가쿠고조. 〈일본의 역사〉. p.112.

23) 井沢元彦. 〈天皇になろうとした将軍〉. p.188.

24) 武田友宏 編. 〈太平記〉. p.152.

25) 삼종의 신기(三種の神器): 황실의 상징으로 역대 천황에게 전승된다고 알려진 거
   울(八咫鏡. やたのかがみ), 칼(草薙劍. くさなぎのつるぎ), 곡옥(八尺瓊勾玉. や
   さかにのまがたま) 등의 세 가지 보물.

26) 성불(成佛): 죽은 후 이 세상에 대한 미련(未練)을 남기지 않고 부처가 되는
   것.(大辞泉. Japan Knowledge)

27) 武田友宏 編. 〈太平記〉. p.333.

28) 위. p.312.

29) オフイス ポストイット編著. 〈日本の歷史〉. p.112-113.

30) 일본사학회. 〈아틀라스 일본사〉. pp.86-87.

31) オフイス ポストイット編著. 〈日本の歷史〉. p. 119. p.121.

32) http://ja.wikipedia -北条早雲(2011年4月15日(金) 01:03)/-斎藤道三(2011年3月24
   日(木)14:17)/-松永久秀(2011年4月11日. 月)/2013年5月13日 (月) 11:32).

33) 일본사학회 지음. 〈아틀라스 일본사〉. p.64.

34) 管野覚明. 〈よみがえる武士道〉. p.112, p.116.

35) オフイス ポストイット編著. 〈日本の歷史〉. p.131.

36) 堺屋太一. 〈日本を創った12人〉. 前編. p.130.

37) 管野覚明. 〈よみがえる武士道〉. p.180.

38) NHK 대하드라마 〈공명의 갈림길〉. 제42회. 〈네이트 일본드라미 동호회
   (http://club.nate. com/jdc)〉

39) 山本博文. 〈徳川将軍と天皇〉. 中央公論新社. 2004. p.15.

40) 堺屋太一. 〈日本を創った12人〉. 前編. p.170.

41) http://ja.wikipedia-大坂の陣(2011年4月14日(木)12:43).

42) 폐도령(廃刀令): 정복을 입은 군인, 경찰 등을 제외하고는 칼을 차는 것을 금지
   한 것.

43) 질록처분(秩緑処分): 메이지 정부가 귀족이나 무사계급에 주었던 녹봉을 폐지
   한 것.

44) 메이지 초기의 유명 무장 반란: 후쿠오카 현(福岡県)의 치쿠센죽창잇키(筑前竹
   槍一揆. 1873. 6월), 아키즈키의 난(秋月の乱. 1876. 10월), 사가 현의 사가의 난
   (佐賀の乱. 1874. 2월), 구마모토 현(熊本県)의 신풍련의 난(神風連の乱. 1876. 10
   월), 야마구치 현(山口県)의 하기의 난(萩の乱. 1876. 10월) 등.

45) 마루야마 마사오 著. 박충석. 김석근 공역. 〈충성과 반역〉. pp.47-48.

46) http://ja.wikipedia-西南戦争(2011年 4月16日(土) 02:54).

47) 萩原延壽, 藤田省三. 〈痩せ我慢の精神〉. 朝日新聞出版. 2008. p.180.

48) 위. p.194.

49) 마루야마 마사오 著. 박충석. 김석근 공역. 〈충성과 반역〉. p.53.

50) 司馬遼太郎. 〈韓のくに紀行〉. p.148.

51) 위. p.159.

52) 司馬遼太郎. 〈歴史と視点〉. 株式會社 新潮社. 2005. p.14.

53) 司馬遼太郎. 〈韓のくに紀行〉. p.165.
   http://ja.wikipedia-沙也可(2011年3月16日(水)02:56).

54) 井沢元彦. 〈英傑の日本史- 信長, 秀吉, 家康〉. p.289.

제5장 충신장, 일본인의 로망과 환상

1) 만엽집(萬葉集): 나라(奈良)시대의 일본가요(和歌)집. 일본 최고(最古)의 가요집
   으로 총 4,500수 수록. 성립년도 미상.

2) 마쓰오 바쇼(松尾芭蕉. 1644-1694): 에도 시대의 대표적 하이쿠(俳句)시인. 하이
   쿠란 5.7.5 의 3구 17음을 기본으로 하는 일본의 단시(短詩).

3) 丸谷才一. 〈忠臣蔵とは何か〉. p.258.

4) 井上ひさし. 〈不忠臣蔵〉. p.430.

5) オフィス ポストイット編著. 〈日本の歴史〉. p.157.

6) 三田村鳶魚 著. 朝倉治彦 編. 〈横から見た 赤穂義士〉. p.176.

7) オフィス ポストイット編著. 위. p.156.

8) 丸谷才一. 〈忠臣蔵とは何か〉. pp.118-119.

9) 위. pp.121-125.

10) 森村誠一. 〈忠臣蔵〉. 上. p.327.

11) 〈사슴의 붓 鹿の卷筆〉 의 '사슴의(鹿の)' 라는 말은 저자의 성(姓) '시카노(鹿
   野)' 와 발음이 같음.

12) http://www1.parkcity.ne.jp/sito/nenpyo1694.html-江戸時代年表/元禄7年(1694)
   甲戌 3月 馬の物言い事件.

13) 管野覚明. 〈よみがえる武士道〉. p.266.

14) 池上英子著. 〈名誉と順応〉. pp.138-140.

15) 탕 임금(湯王): 중국 고대 은왕조(殷王朝. B.C.16세기~B.C.11세기경으로 추정)의

창시자. 생몰(生沒)불명.

16) 丸谷才一. 〈忠臣蔵とは何か〉. pp.126-128.

17) オフイス ポストイット編著. 〈日本の歴史〉. p.159.

18) 森村誠一. 〈忠臣蔵〉. 下. p.600.

19) 丸谷才一. 〈忠臣蔵とは何か〉. p.144. / 森村誠一. 〈忠臣蔵〉. 下. p.687.

20) 井上ひさし. 〈不忠臣蔵〉. pp.60-61.

21) 吉行淳之介 訳. 〈好色一代男〉. 中央公論新社. 2008. pp.51-52.

22) 森村誠一. 〈忠臣蔵〉. 上. p.323.

23) オフイス ポストイット編著. 〈日本の歴史〉. p.159
    http://ja.wikipedia-生類憐れみの令(2010.11.6.(土)19:09).

24) 丸谷才一. 〈忠臣蔵とは何か〉. pp.128-130.

25) 八幡対郎, 臼井喜法 著. 〈江戸300年 '普通の武士' はこう生きた〉. p.184.

26) 丸谷才一. 〈忠臣蔵とは何か〉. pp.136-139.

27) 위. p.175.

28) 위. p.181.

29) オフイス ポストイット編著. 〈日本の歴史〉. pp.159-163.

30) http://ja.wikipedia- 打壊し(2011年5月28日(土) 05:26).

31) 소가 모노가타리(曾我物語): 소가 스케나리(曾我祐成), 도키무네(時致) 형제가
    가마쿠라 막부의 권력자였던 구도오 스케무네(工藤祐経. ?~1193)를 상대로 벌인
    아버지를 위한 복수극. 그들 아버지의 이름은 가와즈 스케야스(河津祐泰. ?~
    1176. 伊豆國 호족무사). 작가(作家)불명. 일본 삼대(三大) 복수극의 하나로 꼽히
    는 이야기.

32) 丸谷才一. 〈忠臣蔵とは何か〉. pp.136-146.

33) 森村誠一. 〈忠臣蔵〉. 下. p.545.

34) 위. p.546.

35) 大佛次郎. 〈赤穂浪士〉. 株式會社 新潮社. 1998. 下. p.473.

36) 위. 下. p.198, p.441.

37) 森村誠一. 〈忠臣蔵〉. 上. p.366.

38) 三島由紀夫. 〈葉隠入門〉. p.16.

39) 森村誠一. 〈忠臣蔵〉. p.495.

40) 宮澤誠一. 〈近代日本と '忠臣蔵' 幻想〉. 株式會社 青木書店. 2001. p.135.

41) 森村誠一. 〈忠臣蔵〉. p.54

42) 宮澤誠一. 〈近代日本と '忠臣蔵' 幻想〉. p.223.

43) 위. p.140. p.189.

44) オフイス ポストイット編著. 〈日本の歴史〉. p.148.

45) 堺屋太一. 〈日本を創った12人〉. 後編. p.18.

46) オフイス ポストイット編著. 〈日本の歴史〉. pp.164-166.

47) 司馬遼太郎. 〈アジアの中の日本〉. p.225.

48) 森嶋通夫. 〈なぜ日本は行き詰ったか〉. 株式會社 岩波書店. 2005. p.351.

49) 司馬遼太郎. 〈アジアの中の日本〉. p.254.

50) 樋口清之. 〈梅干と日本刀〉. p.279.

51) 大佛次郎. 〈赤穂浪士〉. 下. p.441

52) http://ja.wikipedia.-松之大廊下(2010年10月24日(日)06:00).

53) 森村誠一. 〈忠臣蔵〉. 上. p.216.

54) 多田県 著. 永安幸正 編集解說. 〈武士道の倫理-山鹿素行の場合〉. p.60

55) 森村誠一. 〈忠臣蔵〉. 上. p.164.

56) 三田村鳶魚 著. 朝倉治彦 編. 〈横から見た 赤穂義士〉. p.61. p.74.

57) 森村誠一. 〈忠臣蔵〉. p.100.

58) 三田村鳶魚 著. 朝倉治彦 編. 〈横から見た 赤穂義士〉. p.58.

59) 大佛次郎. 〈赤穂浪士〉. 上. p.93.

60) 위. p.64.

61) 森村誠一. 〈忠臣蔵〉. 上. p.103.

62) 山本博文. 〈サムライの灯〉. p.241.

63) 三田村鳶魚 著. 朝倉治彦 編. 〈横から見た 赤穂義士〉. p.60.

64) 池上英子著. 森本醇 譯. 〈名誉と順応〉. p.218.

65) 大佛次郎. 〈赤穂浪士〉. p.207 / 森村誠一. 〈忠臣蔵〉. pp.199-202.

66) 森村誠一. 〈忠臣蔵〉. 上. p.98.

67) 神坂次郎 著. 〈元祿 武士学〉. p.31

68) 森村誠一. 〈忠臣蔵〉. p.105.

69) 三田村鳶魚 著. 朝倉治彦 編. 〈横から見た 赤穂義士〉. p.40.

70) 폐문(閉門): 무사나 중(僧)에게 외부와의 왕래를 일절 금하고 근신시키던 형벌.

71) 井上ひさし. 〈不忠臣蔵〉. p.25.

72) 森村誠一. 〈忠臣蔵〉. 上. p.255.

73) 위. 下. p.166.

74) 위. 下. p.461.

75) 大佛次郎. 〈赤穂浪士〉. 下. p.480.

76) 당주(堂主): 어느 집안(家, 이에)의 우두머리. 번(藩)을 기준으로 할 때는 번주(藩主)라고 함. 나이와는 관계없음.

77) 大佛次郎. 〈赤穂浪士〉. 下. p.396.

78) 森村誠一. 〈忠臣蔵〉. 下. p.390.

79) 大佛次郎. 〈赤穂浪士〉. 上. pp.544-545.

80) 위. 下. p.47.

81) 위. 上. p.48.

82) 森村誠一. 〈忠臣蔵〉. 下. p.420.

83) 井上ひさし. 〈不忠臣蔵〉. p.188.

84) 三田村鳶魚 著. 朝倉治彦 編. 〈橫から見た 赤穂義士〉. p.182.

85) 司馬遼太郎. 〈韓のくに紀行〉. p.150.

86) 井上ひさし. 〈不忠臣蔵〉. p.405.

87) 大佛次郎. 〈赤穂浪士〉. 下. p.508.

88) 宮澤誠一. 〈近代日本と'忠臣蔵'幻想〉. p.140.

89) 大佛次郎. 〈赤穂浪士〉. 下. p.490.

90) 森村誠一. 〈忠臣蔵〉. 下. pp.90-91.

91) 丸谷才一. 〈忠臣蔵とは何か〉. p.82.

92) 大佛次郎. 〈赤穂浪士〉. 下. p.530.

93) 위. 下. p.533.

94) 森村誠一. 〈忠臣蔵〉. 下. p.430. / 三田村鳶魚. 〈橫から見た 赤穂義士〉. p.26.

95) 三田村鳶魚 著. 朝倉治彦 編. 〈橫から見た 赤穂義士〉. p.29.

96) 森村誠一. 〈忠臣蔵〉. 下. p.519.

97) 위. p.510.

98) 丸谷才一. 〈忠臣蔵とは何か〉. p.67.

99) http://ja.wikipedia-吉良義周(2010. 04.01. 金)

100) 森村誠一. 〈忠臣蔵〉. p.574.

101) 죠루리(淨瑠璃): 배우가 샤미센(三味線)가락에 맞추어 특수한 억양으로 극중 인
물의 대사, 연기하는 모습 등을 묘사하는 극장 음악.

102) 三田村鳶魚 著. 朝倉治彦 編. 〈橫から見た 赤穂義士〉. p.146.

103) 丸谷才一. 〈忠臣蔵とは何か〉. pp.96-97.

104) 森村誠一. 〈忠臣蔵〉. 下. p.694.

105) 丸谷才一. 〈忠臣蔵とは何か〉. pp.191-193.

106) 宮澤誠一. 〈近代日本と'忠臣蔵'幻想〉. p.170.

제6장 일본인과 충신장

1) 小松和彦. 〈異人論〉. p.144.

2) 丸谷才一. 〈忠臣蔵とは何か〉. pp.96-97.

3) 위. p.270.

4) 위. p.88. p.165.

5) 위. p.170.

6) 三田村鳶魚 著. 朝倉治彦 編. 〈橫から見た 赤穂義士〉. p.197.

7) 위. p.55.

8) 宮澤誠一. 〈近代日本と'忠臣蔵'幻想〉. p.17

9) 기제(機制): 모든 것을 일정한 틀에 넣어 해석하려는 정형화된 사고방식.

10) 宮澤誠一. 〈近代日本と'忠臣藏' 幻想〉. pp.9-10.

11) 야스카와 주노스케 지음/이향철 옮김. 〈후쿠자와의 아시아 침략사상을 묻는다〉. p.282.

12) 위 p.350.

13) 위. p.611.

14) 가부키(歌舞伎): 일본 고유의 민중연극. 근세 초기에 발생, 에도 시대에 완성되었음.

15) 樋口清之. 〈梅干と日本刀〉. p.443.

16) 宮澤誠一. 〈近代日本と'忠臣藏' 幻想〉. p.98.

17) 丸谷才一. 〈忠臣藏とは何か〉. p.268.

18) 宮澤誠一. 〈近代日本と'忠臣藏' 幻想〉. p.75.

19) 井上ひさし. 〈不忠臣藏〉. p.432.

20) 森村誠一. 〈忠臣藏〉. 下. p.693.

21) 위. 下. p.690.

22) 堺屋太一. 〈日本を創った12人〉. 前編. p.95.

23) 丸谷才一. 〈忠臣藏とは何か〉. pp.13-14.

24) 井上ひさし. 〈不忠臣藏〉. p.430.

25) 宮澤誠一. 〈近代日本と'忠臣藏' 幻想〉. p.5.

26) 위. pp.67-68. p.183.

27) 위. p.163.

28) 福沢諭吉. 〈学問のすすめ〉. p.274.

29) 위. pp.93-94.

30) 훈도시(褌): 남자의 음부를 가리는 폭이 좁고 긴 천.

31) 福沢諭吉. 〈學問のすすめ〉. pp.113-115.

32) 武田友宏 編. 〈太平記〉. p.180.

33) 福沢諭吉. 〈学問のすすめ〉. 伊藤正雄 校注. p.116.

34) 위. p.321.

35) 宮澤誠一. 〈近代日本と'忠臣藏' 幻想〉. p.14.

36) 위. p.36.

37) 新渡造稲造 著. 須知徳平 訳. 〈対訳 武士道〉. pp.208-209.

38) 宮澤誠一. 〈近代日本と'忠臣藏' 幻想〉. pp.76-77.

39) 위. p.124.

40) 위. p.169.

41) 위. p.92.

42) 위. p.56.

43) 新渡造稲造 著. 須知徳平 訳. 〈対訳 武士道〉. pp.254-255.

44) 宮澤誠一. 〈近代日本と'忠臣藏' 幻想〉. p.38.

45) 위. p.88

46) 丸谷才一. 〈忠臣蔵とは何か〉 p.228.

47) 宮澤誠一. 〈近代日本と '忠臣蔵' 幻想〉. pp.12-14.

48) 요시오(良雄): 〈충신장〉 이야기의 복수극의 총대장 오이시 구라노스케(大石内蔵助)의 본명.

49) 宮澤誠一. 〈近代日本と '忠臣蔵' 幻想〉. p.30.

50) 위. p.31.

51) 위. p.162.

52) 마루야마 마사오 저/박충석. 김석근 공역. 〈충성과 반역〉. p.61.

53) 池上英子. 森本醇 譯. 〈名誉と順応〉. p.353.

54) 宮澤誠一. 〈近代日本と '忠臣蔵' 幻想〉. p.55.

55) 위. p.16.

56) 위. p.105.

57) 위. p.89.

58) 위. p.206.

59) 위. p.97.

60) 위. p.85.

61) 위. p.127.

62) 위. p.94.

63) 위. p.110.

64) 위. p.120.

65) 위. p.133.

66) 위. p.203.

67) http://ja.wikipedia-国民精神総動員(2011年1月8日(土)08:00).

68) 宮澤誠一. 〈近代日本と '忠臣蔵' 幻想〉. p.216.

69) 위. p.198.

70) 고단(講談): 일본 전통예능. 가락을 붙여하는 야담(野談).

71) 宮澤誠一. 〈近代日本と '忠臣蔵' 幻想〉. p.221.

72) 井上ひさし. 〈不忠臣蔵〉. p.434.

73) 역민사. 〈세계사연표〉. 1991. p.73.

74) 宮澤誠一. 〈近代日本と '忠臣蔵' 幻想〉. pp.227-229.

75) 위. p.230.

76) 위. p.27, p.30. pp.38-40.

77) 森村誠一. 〈忠臣蔵〉. 上. p.216.

78) 大佛次郎. 〈赤穂浪士〉. 上. p.191, p.253.

79) 오가도(五街道): 에도 시대에 에도의 니혼바시(日本橋)를 기점으로 지방으로 가는 도카이도(東海道), 나카센도(中山道), 고슈 가이도(甲州街道), 오슈 가이도(奥州街道), 닛코오 가이도(日光街道) 등의 다섯 개의 육상교통로. 고속도로가 없던

시절 지금의 국도에 해당하는 간선도로였다. 1601년 도쿠가와 이에야스가 정비, 4대 쇼군 이에쓰나(家綱)시대에 기간도로로 정해졌다. * http://ja.wikipedia-五街道(2010.03.30).

80) http://ja.wikipedia-飛脚(2011年3月4日(金)07:11).

81) 森村誠一. 〈忠臣蔵〉. 上. p.89 / http://ja.wikipedia-瓦版(2010年4月2日 (金) 02:42).

82) 樋口清之. 〈梅干と日本刀〉. p.316.

83) 森村誠一. 〈忠臣蔵〉. 上. p.338.

84) 三田村鳶魚 著. 朝倉治彦 編. 〈横から見た 赤穂義士〉. p.348.

85) 大佛次郎. 〈赤穂浪士〉. 下. p.74.

86) 위. 下. p.488.

87) 山本博文. 〈サムライの掟〉. pp.77-78.

88) 위. p.99.

89) 三田村鳶魚 著. 朝倉治彦 編. 〈横から見た 赤穂義士〉. pp.349-350.

90) 森村誠一. 〈忠臣蔵〉. 上. p.384.

91) http://ja.wikipedia-特別攻撃隊(2013年2月17日(日)05:55).

92) 神坂次郎. 〈特攻隊員の命の声が聞こえる〉. PHP 研究所. 2006. p.89.

93) 神坂次郎. 위. p.85/http://ja.wikipedia-富永恭次(2011年5月16日(月) 09:19).

94) 高岡修 編. 〈知覧特別攻撃隊〉. 有限會社 シャブラン. 2001. p.11.

95) 神坂次郎. 〈特攻隊員の命の声が聞こえる〉. p.123.

96) 高岡修 編. 〈知覧特別攻撃隊〉. p.19

97) 神坂次郎. 〈特攻隊員の命の声が聞こえる〉. p.199.

98) 丸谷才一. 〈忠臣蔵とは何か〉. p.174./宮澤誠一. 〈近代日本と‘忠臣蔵’幻想〉. p.157.

99) 宮澤誠一. 〈近代日本と‘忠臣蔵’幻想〉. p.154.

100) 위. p.193.

101) 위. p.245.

102) 井上ひさし. 〈不忠臣蔵〉. p.433.

103) 위. pp.269-270.

104) 위. pp.356-365.

105) 宮澤誠一. 〈近代日本と‘忠臣蔵’幻想〉. p.245.

106) 井上ひさし. 위. pp.434-436.

107) 山本博文. 〈サムライの掟〉. p.72.

108) 森村誠一. 〈忠臣蔵〉. 上. p.367.

109) 위. 下. p.37

110) 大佛次郎. 〈赤穂浪士〉. 下. p.268. p.278.

111) 森村誠一. 〈忠臣蔵〉. p.142.

112) 大佛次郎. 〈赤穂浪士〉. 下. p.290.

113) 森村誠一. 〈忠臣蔵〉. 下. p.534.

114) 山本博文. 〈サムライの掟〉. p.77.

115) 池上英子 著. 森本醇 譯. 〈名誉と順応〉. 日本語版への序文. p. iv-v.

116) 위. p.111.

117) http://ja.wikipedia-中世(2013年3月9日 (土) 20:04).

118) 池上英子 著. 森本醇 譯. 〈名誉と順応〉. pp.110-111.

119) 위. pp.103-105.

120) 위. p.143.

121) 樋口清之. 〈梅干と日本刀〉 p.210.

122) 森村誠一. 〈忠臣蔵〉. 上. p.96

123) http://ja.wikipedia.org-前田利昌(2010年1月8日(金)12:13).

124) http://ja.wikipedia-切腹(2011年6月22日(水)14:39).

125) 神子侃 編訳. 〈新編葉隱〉. p.310.

126) 井上ひさし. 〈不忠臣蔵〉. p.232.

127) http://ja.wikipedia-切腹(2011年3月22日(火) 18:26).

128) 森村誠一. 〈忠臣蔵〉. 下. p.567.

129) 三田村鳶魚 著. 朝倉治彦 編. 〈横から見た 赤穂義士〉. p.200.

130) 위. p.214.

131) 森村誠一. 〈忠臣蔵〉. 下. p.573.

132) 新渡造稲造 著. 須知徳平 訳. 対訳 〈武士道〉. pp.188-191.

133) 위. pp.192-193.

134) 宮澤誠一. 〈近代日本と'忠臣蔵'幻想〉. pp.43-44.

135) 마쓰오카 세이고 지음. 이언숙 옮김. 〈만들어진 나라 일본〉. p.318.

136) 八幡和郎, 臼井喜法 著. 〈江戸300年'普通の武士'はこう生きた〉. p.241.

137) 山本博文. 〈江戸時代-将軍, 武士たちの実像〉. p.116.

138) 神子侃 編訳. 〈新編葉隱〉. p.158. p.338.

139) 山本博文. 〈江戸時代-将軍, 武士たちの実像〉. p.118.
    神子侃 編訳. 〈新編葉隱〉. p.338.

140) 山本博文. 〈サムライの掟〉. p.95.

141) 山本博文. 〈江戸時代-将軍, 武士たちの実像〉. p.116.

142) 山本博文. 〈サムライの掟〉. p.95.

143) 神子侃 編訳. 〈新編葉隱〉. p.328.

144) 井上ひさし. 〈不忠臣蔵〉. p. 265. p.411. * 사가번의 순사금지령이 막부보다 3년
    빠른 일이라고 기록된 곳도 있다(池上英子. 森本醇 譯. 〈名誉と順応. p.279).

145) 神子侃 編訳. 〈新編葉隱〉. p.359.

146) オフイス ポストイット編著. 〈日本の歴史〉. p.156. p.157.

147) 八幡和郎, 臼井喜法 著. 〈江戸300年'普通の武士'はこう生きた〉. p.243.
    三田村鳶魚 著. 朝倉治彦 編. 〈横から見た 赤穂義士〉. p.168.

148) 角川書店編. 〈平家物語〉. p.17.

149) 武田友宏 編. 〈太平記〉. p.244.

150) 井沢元彦. 〈天皇になろうとした将軍〉. pp.131-133.

151) 위. p.124.

152) 강창일, 하종문. 〈일본사 101장면〉. p.61.

153) 丸谷才一. 〈忠臣蔵とは何か〉. p.78.

154) 위. pp.69-76.

155) 위. p.69.

156) 위. p.77.

157) http://ja.wikipedia-菅原道真(2011年4月15日(金)13:09) / -天神信仰(2011年3月12
　　 日(土)13:42) / -満宮宮(2011年5月25日(水)23:16) / -分靈(2011年9月3日(土)01:53)

158) 大佛次郎. 〈赤穂浪士〉. 下. p.529.

159) http://ja.wikipedia-愛宕山(港区)(2011年3月22日(火)/ -愛宕神社(東京都港
　　 靈)(2011年 4月28日(木).

160) 宮澤誠一. 〈近代日本と'忠臣蔵'幻想〉. p.174.

161) 八幡和郎, 臼井喜法 著. 〈江戸300年'普通の武士'はこう生きた〉. pp.94-95.

162) 三田村鳶魚 著. 朝倉治彦 編. 〈横から見た 赤穂義士〉. p.142.
　　 http://ja.wikipedia-神崎与五郎(2013年 2月12日(火).

163) 三田村鳶魚 著. 朝倉治彦 編. 〈横から見た 赤穂義士〉. p.131.

164) 위. p.144.

165) 위. p.133-134.

166) 위. p.146.

167) 위. p.69/ 宮澤誠一. 〈近代日本と'忠臣蔵'幻想〉. p.114.

168) http://ja.wikipedia 淺野長直(2013年3月21日 (木) 16:53).

169) http://ja.wikipedia -松永久秀 (2013年5月13日(月) 11:32).

170) 八幡和郎, 臼井喜法 著. 〈江戸300年'普通の武士'はこう生きた〉. p.95.

171) 三田村鳶魚 著. 朝倉治彦 編. 〈横から見た 赤穂義士〉. p.105.

172) 宮澤誠一. 〈近代日本と'忠臣蔵'幻想〉. p.248.

173) 下中 弘 編集. 〈日本を知る101章〉. p.190.

174) 樋口清之. 〈梅干と日本刀〉. p.562.

175) 司馬遼太郎. 〈義経〉上. p.219.

176) 樋口清之. 〈梅干と日本刀〉. p.586.

177) 吉行淳之介 訳. 〈好色一代男〉. p.82.

178) http://ja.wikipedia-歌垣(2013年3月24)
　　 http://dic.search.yahoo.co.jp-歌垣

179) 야나기타 구니오 저. 김용의 역. 〈도노 모노가타리 遠野物語〉. 전남대학교출판
　　 부. 2009. p.131.

180) 위. pp.138-139.

181) 司馬遼太郎.〈義経〉上. p.370.

182) 위. p.378.

183) 吉行淳之介 訳.〈好色一代男〉. p.125.

184) 樋口清之.〈梅干と日本刀〉. p.216.

185) 暉峻康隆 譯注.〈西鶴諸国ばなし〉. 株式會社 小學館. 1992. p.160.

186) 山本博文.〈サムライの掟〉. p.186.

187) 위. p.190.

188) 樋口清之.〈梅干と日本刀〉. p.278.

189) 위. p.495.

190) オフイス ポストイット編著.〈日本の歴史〉. p.76.

191) 司馬遼太郎.〈義経〉. 下. p.238.
    http://ja.wikipedia- 崇德天皇(2012年2月6日(月) 15:12).

192) 三田村鳶魚 著. 朝倉治彦 編.〈横から見た 赤穂義士〉. p.94.

193) 三島由紀夫.〈葉隠入門〉. p.154.

194) 土居健郎.〈甘えの構造〉. p.186.

195) 吉行淳之介 訳.〈好色一代男〉. p.12.

196) 池上英子.〈名誉と順応〉. pp.286-287.

197) http://ja.wikipedia-衆道(2011年3月28日(月)05:38).

제7장 일본의 가면, 천황

1) 강창일, 하종문 지음.〈일본사 101장면〉. p.34.

2) 기전체(紀傳體): 개인의 전기(傳記)를 모아서 한 시대의 역사를 서술하는 방식. 제
   왕(帝王)의 이야기를 적은 본기(本紀)와 신하의 전기인 열전(列傳)으로 구성된다.

3) 편년체(編年體): 역사를 연대 순으로 기술하는 방식.

4) 강창일, 하종문 지음.〈일본사 101장면〉. pp.34-37.
   박규태.〈일본정신의 풍경〉. pp.22-39.

5) 마루야마 마사오 저. 박충석. 김석근 공역.〈충성과 반역〉. p.309.

6) 森嶋通夫.〈なぜ 日本は行き詰ったか〉. p.33.

7) 司馬遼太郎.〈壱岐, 対馬の道〉. p.11.

8) http://ja.wikipedia-神道(2011年5月21日(土) 06:21).

9) 아스카문화: 한반도에서 전달된 불교의 영향으로 6세기 말부터 7세기까지 형성
   된 일본 최초의 불교문화. 이 시대에 오사카의 사천왕사(四天王寺), 나라(奈良)의
   법흥사(法興寺/飛鳥寺), 백제대사(百濟大寺), 법륭사(法隆寺) 등의 대규모 사찰
   과 불상 등이 건립되었다. 아스카는 현재의 나라현 다카이치군 아스카무라(奈良
   県 高市郡 明日香村)일대로 592~694년까지 일본의 수도(京)였다.

10) 마루야마 마사오 저. 박충석. 김석근 공역. 〈충성과 반역〉. p.74.

11) 司馬遼太郎. 〈耽羅紀行〉. pp.254-255.
http://ja.wikipedia-本地垂迹(2011年1月8日(土)23:42).

12) http://ja.wikipedia-権現(2013年3月17日 (日) 10:07).

13) 司馬遼太郎. 〈国取り物語〉. 巻4. p.469.

14) オフイス ポストイット編著. 〈日本の歴史〉. p.82.

15) 土居健郎. 〈甘えの構造〉. p.91.

16) 홍윤기. 〈일본속의 백제 구다라(百濟)〉. 한누리미디어. 2008. p.185.

17) 풍명절회(豊明節會): 大嘗祭(천황즉위 후 최초의 신상제), 新嘗祭(천황의 추수감
사행사)의 최종일에 행하는 궁중의식.

18) 홍윤기. 〈일본 천황은 한국인이다〉. p.108.

19) 홍윤기. 〈일본속의 백제 구다라(百濟)〉. p.186. p.364.

20) 위. p.419.

21) http://ja.wikipedia -日本国憲法(2013年2月26日(火)14:43).

22) 〈平成元年(行ツ)7月19日 126号損害賠償請求事件 東京高裁判決民集 43巻 10号
1167頁〉.

23) http://ja.wikipedia-天皇(2011年6月5日(日)01:08).

24) オフイス ポストイット編著. 〈日本の歴史〉. p.28.

25) 가쿠 고조 감수/양억관 옮김. 〈일본의 역사〉. pp.25-26.
オフイスポストイット編著. 위. p.29.

26) 강창일, 하종문. 〈일본사 101장면〉. p.48
http://ja.wikipedia-天皇(2013年4月3日(水)17:04).

27) オフイス ポストイット編著. 〈日本の歴史〉. p.50.

28) 司馬遼太郎. 〈韓のくに紀行〉. p.169.

29) 角川書店編. 〈平家物語〉. p.69.

30) 司馬遼太郎. 〈義経〉. 上. p.486.

31) 井沢元彦. 〈天皇になろうとした将軍〉. p.19. p.207.

32) オフイス ポストイット編著. 〈日本の歴史〉. p.90.

33) 위. p.94.

34) 武田友宏 編. 〈太平記〉. p.276.

35) 북1대 고오공(光厳)상황, 북2대 고오묘(光明)상황, 북3대 스코오(崇光)천황, 나오
히토(直仁)친왕(스코오 천황의 황태자, 제95대 하나조노천황의 아들) 등.

36) オフイスポストイット編著. 〈日本の歴史〉. p.106. http://ja.wikipedia-崇光天皇(2011
年6月27日(月) 02:17).

37) 井沢元彦. 〈天皇になろうとした将軍〉. p.52.

38) 司馬遼太郎. 〈アジアの中の日本〉. p.227.

39) 정혜선. 〈한국인의 일본사〉. (주)현암사. 2008. p.87.

40) 司馬遼太郎. 〈国取り物語〉. 卷一. pp.11-12.

41) 山本博文. 〈德川将軍と天皇〉. p.53.

42) 司馬遼太郎. 〈義経〉. 上. p.419.

43) 井沢元彦. 〈英傑の日本史〉. p.8.

44) 司馬遼太郎. 〈義経〉. 下. p.478.

45) 山本博文. 〈德川将軍と天皇〉. pp.33-35.

46) 위. p.81.

47) 공무(公武): 공(公)은 조정, 무(武)는 막부(幕府)를 뜻함.

48) 山本博文. 〈德川将軍と天皇〉. p.72.

49) 위. p.77.

50) 양이론(攘夷論): 에도 시대 말기, 외국과의 통상에 반대하여 쇄국(鎖國)을 하려한
    배외(排外)사상. 후에 존황론(尊皇論)과 합류하여 막부타도(討幕)운동의 주류가
    되었다.

51) 山本博文. 〈德川将軍と天皇〉. p.4.

52) 위. p.101.

53) 위. p.88.

54) 위. p.90. p.95. p.102.

55) 위. p.114

56) 위. p.83.

57) 위. p.56.

58) 위. p.68.

59) 위. pp.61-62.

60) 山本博文. 〈江戸時代-将軍, 武士たちの実像〉. p.193.

61) 위. p.199. http://ja.wikipedia-後光明天皇(2013年3月13日(水) 08:18) / -孝子内親
    王(2013年4月16日(火)23:20).

62) 山本博文. 〈德川将軍と天皇〉. p.209.

63) 위. p.213.

64) 山本博文. 〈德川将軍と天皇〉. p.214.

65) 森村誠一. 〈忠臣蔵〉. 2007. 上. p.351.

66) 山本博文. 〈德川将軍と天皇〉. p.104.

67) 위. p.74.

68) 위. pp.209-212.

69) http://ja.wikipedia-紫衣事件(2010.10.5.(火)15:00) / 孝明天皇(2011年5月30日(月)
    14:09).

70) 角川書店編. 〈平家物語〉. p.106.

71) 山本博文. 〈江戸時代-将軍, 武士たちの実像〉. p.195.

72) 위. p.197.

73) オフイスポストイット編著.〈日本の歴史〉. p.52.

74) 山本博文.〈德川将軍と天皇〉. p.5.

75) 萩原延壽, 藤田省三.〈痩せ我慢の精神〉. p.101.

76) 서현섭 지음.〈일본인과 천황〉. (주)고려원. 1997. p.225.

77) 堺屋太一.〈日本を創った12人〉. 前編. p.16.

78) 박규태 지음.〈일본정신의 풍경〉. p.199.

79) 개번 매코맥 지음. 이기호, 황정아 옮김.〈종속국가 일본〉. pp.235-236.

80) 樋口清之.〈梅干と日本刀〉. p.213.

81) 박규태.〈일본정신의 풍경〉. pp.160-161.

82) 司馬遼太郎.〈国取り物語〉. 卷二. p.11.

83) 스즈키 마사유키 지음. 류교열 옮김.〈근대 일본의 천황제〉. pp.89-90.

84) 司馬遼太郎.〈アジアの中の日本〉. p.237.

85) 서현섭 지음.〈일본인과 천황〉. p.109-110.

86) 홍윤기.〈일본속의 백제 구다라(百濟)〉. p.190.

87) 서현섭.〈일본인과 천황〉. p.115

88) 위. pp.226-227.

89) 마쓰오카 세이고 지음. 이언숙 옮김.〈만들어진 나라 일본〉. (주)웅진씽크빅. 2008. p.295.

90) 신대(神代): 신이 다스리던 시대. 일본의 건국신화에서 B.C. 660년에 즉위했다는 초대 진무(神武)천황 이전의 시대. 신화(神話)시대.

91) 마루야마 마사오 저/박충석. 김석근 공역.〈충성과 반역〉. p.307.

92) 한적(漢籍): 중국의 서적(書物). 중국인에 의해 쓰여진 한문(漢文)형태의 서적. 한서(漢書).

93) 마쓰오카 세이고 지음. 이언숙 옮김.〈만들어진 나라 일본〉. p.276.

94) 위. p.277.

95) 鹿島茂.〈ド-ダの近代史〉. p.42.

96) 위. p.48. p.56.

97) 마루야마 마사오 저/박충석. 김석근 공역.〈충성과 반역〉. pp. 207-208.

98) 마쓰오카 세이고 지음. 이언숙 옮김.〈만들어진 나라 일본〉. pp.326-327.

99) 국체(國體): 주권(主權)이 누구에게 있는가에 따라 구분되는 국가의 형태. 군주국, 공화국 등으로 구분.

100) 마루야마 마사오 저/박충석. 김석근 공역.〈충성과 반역〉. p.64.

101) 스즈키 마사유키 지음. 류교열 옮김.〈근대 일본의 천황제〉. p.49.

102) 마루야마 마사오 저/박충석. 김석근 공역.〈충성과 반역〉. p.64.

103) 마쓰오카 세이고 지음. 이언숙 옮김.〈만들어진 나라 일본〉. p.309.

104) 森嶋通夫.〈なぜ日本は行き詰ったか〉. p.340.

105) 가리야 데쓰 글. 슈가사토 그림. 김원식 옮김.〈일본인과 천황〉. 도서출판 길찾

기. 2007. p.50.

106) 마루야마 마사오 저/박충석. 김석근 공역. 〈충성과 반역〉. p.95.

107) 土居健郎. 〈甘えの構造〉. p.88.

108) 위. pp.89-90.

109) 위. p.92.

110) 森嶋通夫. 〈なぜ日本は行き詰つたか〉. p.287.

111) http://ja.wikipedia-治安維持法(2012年10月23日(火)10:32).

112) 스즈키 마사유키 지음. 류교열 옮김. 〈근대 일본의 천황제〉. p.153.

113) http://ja.wikipedia-天皇機関説(2011年3月9日(水)11:12) / -美濃部達吉(2011年4月
    13日 (水) 16:23).

114) 박규태. 〈일본정신의 풍경〉. p.239.

115) 후지와라씨(藤原氏): 아스카, 헤이안 시대(飛鳥, 平安時代: 6세기말-12세기말) 일
    본의 대표적 귀족.

116) 박규태. 〈일본정신의 풍경〉. p.264.

117) 야스카와 주노스케 지음. 이향철 옮김. 〈후쿠자와의 아시아 침략사상을 묻는다〉.
    (주)역사비평사. 2011. p.150/p.358. 자료 24.

118) 위. p.358. 자료 26.

119) 위. p.269. p.360. 자료 36.

120) 위. p.39.

121) 위. p.232.

122) 위. p.268. p.415. 자료 389.

123) 도쿠가와 막부는 1864년에 이어 1866년 두 번째로 토막(討幕)운동의 중심이었던
    조슈 번(長州藩-지금의 야마구치 현 북서부 소재)의 토벌에 나섰으나 패하고 철
    수. 이후 막부의 권위는 급속히 추락했음.

124) 스즈키 마사유키 지음. 류교열 옮김. 〈근대 일본의 천황제〉. p.23.

125) 司馬遼太郎. 〈アジアの中の日本〉. p.251.

126) 스즈키 마사유키. 류교열 옮김. 〈근대 일본의 천황제〉. p.159.

127) 위. p.184.

128) 鹿島茂. 〈ド-ダの近代史〉. p.106
    鹿嶋海馬. 〈伊藤博文はなぜ殺されたか〉. 三一書房. 1995. p.136.

129) 스즈키 마사유키 지음. 류교열 옮김. 〈근대 일본의 천황제〉. p.204.

130) http://ja.wikipedia-皇室會議(2011年9月13日(火) 21:16).

131) 조선일보. 2009년 12. 29일자.

132) 多田県 著. 永安幸正 編集解說. 〈武士道の倫理-山鹿素行の場合〉. p.250.

133) 角川書店 編. 〈平家物語〉. p.252.

134) 武田友宏 編. 〈太平記〉. p.259.

135) http://ja.wikipedia-三種の神器(2011年5月19日(木)07:37).

136) 角川書店 編. 〈平家物語〉. p.252.

137) 스티븐 턴불 지음. 남정우 옮김. 〈사무라이〉. 플래닛미디어. 2010. p.61.

138) 堺屋太一. 〈日本を創った12人〉. 前編. p.46.

139) 위. pp.50-51 / http://ja.wikipedia-光源氏(2011年6月8日(水)17:55).

140) http://ja.wikipedia-後光明天皇(2013年3月13日(水) 08:18).

141) 堺屋太一. 〈日本を創った12人〉. 前編. p.91.

142) 위. p.63.

143) 강창일, 하종문 지음. 〈일본사 101장면〉. pp.82-83
井沢元彦. 〈天皇になろうとした将軍〉. p.112.

144) 박규태지음. 〈일본정신의 풍경〉. p.307.

145) 井沢元彦. 〈天皇になろうとした将軍〉. pp.114-118. p.137.

146) 위. p.48.

147) 위. pp.120-121.

148) 위. p.90.

149) 위. p.96.

150) 井沢元彦. 〈英傑の日本史- 信長, 秀吉, 家康〉. pp.95-96.

151) 위. p.147.

152) http://ja.wikipedia-人間宣言(2011年5月28日(土) 07:26).

153) 호사카 유지 지음. 〈조선선비와 일본사무라이〉. 김영사. 2007. p.96.

제8장 집단이 있어야 개인이 있다

1) 박규태. 〈일본정신의 풍경〉. pp.305-306.

2) 樋口清之. 〈梅干と日本刀〉. p.335.

3) 위. p.476.

4) 위. pp.532-533.

5) 위. p.623.

6) 위. p.482.

7) 위. p.477.

8) 위. pp.549-551.

9) 위. p.62.

10) http://dic.yahoo.co.jp─檀家(大辞泉. 小学館)

11) 樋口清之. 〈梅干と日本刀〉. p.281.

12) 마루야마 마사오. 〈충성과 반역〉. p.178. pp.180-181.

13) 樋口清之. 〈梅干と日本刀〉. p.220.

14) http://ja.wikipedia-五人組(日本史)(2013年3月29日 (金) 10:01).

15) 樋口清之. 〈梅干と日本刀〉. p.332.

16) 위. p.335.

17) 위. p.552. p.559. pp.573-576.

18) 위. p.362.

19) 위. p.558.

20) http://ja.wikipedia-五人組(日本史)(2011年8月27日(土)03:56)/-隣組(2011年10月15
    日(土)02:40).

21) 八幡和郎, 臼井喜法 著. 〈江戸300年 '普通の武士'はこう生きた〉. p.48-49.

22) 위. p.49.

23) 宮澤誠一. 〈近代日本と〈忠臣蔵〉幻想〉. p.98.

24) 森村誠一. 〈忠臣蔵〉上. p.496.

25) オフィス ポストイット編著. 〈日本の歴史〉. p.41.

26) 가와사키 이치로 지음. 이동진 옮김. 〈일본을 벗긴다〉. 문학수첩. 1994. p.231.

27) キャメル ヤマモト. 〈鷲の人, 龍の人, 桜の人〉. 株式會社 集英社. 2007. p.27.

28) 위. pp.48-49.

29) 福沢諭吉. 〈学問のすすめ〉. 伊藤正雄 校注. p.115.

30) 위. p.116. 주.18.

31) 위. p.323.

32) 福沢諭吉. 〈学問のすすめ〉. 伊藤正雄 校注. p.262.

33) http://ja.wikipedia-佐倉総五郎(2011年2月16日(水)/国勢調査以前の日本の人口統
    計(2012年2月17日(金).

34) 에도 막부의 공식기록인 도쿠가와 실기〈德川実紀〉에 의하면 아사자 969,900명.
    (http://wkp.fresheye.com/wikipedia-享保の大飢饉).

35) http://ja.wikipedia-作兵衛(2010年10月3日(日)08:15)/ -享保の大飢饉(2011年3月1
    日(火) 00:36).

36) 佐藤忠男. 〈草の根の軍国主義〉. 株式會社 平凡社. 2007. pp.91-100.

37) 위. p.102.

38) 神坂次郎. 〈特攻隊員の命の声が聞こえる〉. p.89.

39) 佐藤忠男. 〈草の根の軍国主義〉. p.29.

40) 위. pp.104-106.

41) 三田村鳶魚 著. 朝倉治彦 編. 〈横から見た 赤穂義士〉. pp.233-247.

42) 위. p.254.

43) 김현구. 〈일본이야기〉. p.149.

44) 土居健郎. 〈甘えの構造〉. pp.217-222.

45) 마루야마 마사오 저. 박충석. 김석근 공역. 〈충성과 반역〉. p.302.

46) 서현섭 지음. 〈일본인과 천황〉. pp.267-268.

47) 土居健郎. 〈甘えの構造〉. p.65.

48) 위. p.148.

49) 박규태 지음. 〈일본정신의 풍경〉. p.289

50) 樋口清之. 〈梅干と日本刀〉. p.442.

51) 동일본대지진(東日本大震災. 2011. 3. 11) 때의 피해: 사망, 행방불명자 18,549명. 건축물파괴 398,462호. 피난자 40만명 이상.(http://ja.wikipedia-東日本大震災 (2013年3月11日 (月) 09:42).

52) 중앙일보. 김현기 칼럼. "화 좀 내세요"(2011. 7. 26).

53) 가와사키 이치로 지음. 이동진 옮김. 〈일본을 벗긴다〉. p.106.

54) 마루야마 마사오 저. 박충석. 김석근 공역. 〈충성과 반역〉. p.213.

55) 김정운. 〈일본열광〉. p.48.

56) 土居健郎. 〈甘えの構造〉. pp.116-120.

57) 위. p.39. p.45. p.87.

58) 위. p.88.

59) 위. p.92

60) 위. pp.120-121.

61) 위. p.49.

62) 김정운. 〈일본열광〉. p.50.

63) 土居健郎. 〈甘えの構造〉. p.72.

64) 박규태 지음. 〈일본정신의 풍경〉. pp.305-307.

65) 위. pp.227-229.

66) 土居健郎. 〈甘えの構造〉. pp.76-77.

67) 위. p.82.

68) 위. p.83.

69) 위. p.142.

70) 박규태 지음. 〈일본정신의 풍경〉. p.232.

71) http://ja.wikipedia- 731部隊(2011年10月2日(日) 04:37).

72) http://ja.wikipedia- 一所懸命の土地(2010年7月20日(火) 06:22).

73) 오태헌. 〈일본탐구〉. 출판사 석필. 2006. p.18.

74) 박규태. 〈일본정신의 풍경〉. p.222.

75) 위. p.223.

76) 司馬遼太郎. 〈韓のくに紀行〉. p.159.

77) 樋口清之. 〈梅干と日本刀〉. p.611.

78) 오태헌. 〈일본탐구〉. p.35.

79) 樋口清之. 〈梅干と日本刀〉. p.219.

80) 위. p.521.

81) 井上ひさし. 〈不忠臣蔵〉. p.13.

82) 위. pp.223-254.

83) 田宮虎彦. 〈繪本〉. 株式會社 河出書房. 1954. pp.92-124.

84) 오태헌. 〈일본탐구〉. p.37.

85) 司馬遼太郎. 〈アジアの中の日本〉. p.81.

86) 安井健一. 〈正義の国の日本人〉. 株式會社 アスキ-. 2007. p.101.

87) 퍼플암호기(PURPLE パ-プル暗号機): 기계식 암호기.

88) 〈昭和16年12月7日対米覚書伝達遅延事情に関する記祿〉.

89) http://ja.wikipedia-真珠湾攻擊(→宣戰布告遅延問題)(2011年5月23日(月)19:49).

90) http://ja.wikipedia-太平洋戰爭(2013年6月7日 (金) 01:41).

91) 司馬遼太郎. 〈アジアの中の日本〉. pp.90-91.

92) 야스카와 주노스케 지음/이향철 옮김. 〈후쿠자와의 아시아 침략사상을 묻는다〉.
    p.309.

93) 마루야마 마사오 저. 박충석. 김석근 공역. 〈충성과 반역〉. p.329
    伊藤博 訳注. 〈万葉集. 卷 4〉. 角川学芸出版. 2009. p. 127.

94) 마루야마 마사오. 위. p.326-328.

95) 위. p.361.

96) 위. p.310. p.441.

97) 위. p.329.

98) 위. p.333.

99) 申英子, 熊野勝之. 〈闇から光へ〉. p.89.

100) 司馬遼太郎. 〈歷史と風土〉. p.40.

101) 박규태. 〈일본정신의 풍경〉. p.158.

102) 樋口清之. 〈梅干と日本刀〉. p.170.

103) 暉峻康隆 譯注. 〈西鶴諸国ばなし〉. pp.22-26.

104) 조선일보. 2011년 8월 6일.

제9장 울타리 속의 일본적 감성

1) 宮澤誠一. 〈近代日本と '忠臣蔵' 幻想〉. p.247.

2) 三島由起夫. 〈葉隱入門〉. p.205.

3) 森村誠一. 〈忠臣蔵〉. 上. 200.

4) 위. 下. p.568.

5) 大佛次郎. 〈赤穂浪士〉. 下. pp.535-536.

6) 위. 上. p.213.

7) 宮澤誠一. 〈近代日本と '忠臣蔵' 幻想〉. p.218.

8) 角川書店編. 〈平家物語〉. p.66.

9) 久米邦武. 〈鎌倉時代の武士道〉. p.301.

10) 土居健郎. 〈甘えの構造〉. p.125.

11) 八幡和郎, 臼井喜法 著. 〈江戸300年 '普通の武士' はこう生きた〉. pp.111-112.

12) 樋口清之, 〈梅干と日本刀〉, pp.50-51.

13) 司馬遼太郎, 〈アジアの中の日本〉, p.158.

14) 樋口清之, 〈梅干と日本刀〉, p.394.

15) 위. pp.55-56.

16) 樋口清之, 〈梅干と日本刀〉, p.63, p.64, p.66, p.477.

17) 위. p.176.

18) http://ja.wikipedia-沢庵漬け(2011年1月10日(月) 02:14).

19) 樋口清之, 〈梅干と日本刀〉, p.112.

20) 가나혼용문(かな混じり文): 일본문자 가나(仮名)와 한자를 섞어 쓰는 것.

21) http://ja.wikipedia-福澤諭吉(2011年3月19日(土)11:47).

22) 杵淵信雄, 〈福沢諭吉と朝鮮〉, 株式會社 彩流社, 1997, p.126
http://ko.wikipedia-한성순보(2013.3.11일(월) 09:00).

23) 야스카와 주노스케 지음/이향철 옮김, 〈후쿠자와의 아시아 침략사상을 묻는다〉,
p.157.

24) 위. p.157.

25) 위. p.171.

26) 土居健郎, 〈甘えの構造〉, pp.117-118.

27) 김영, 〈일본문화의 이해〉, p.165.

28) 도코노마(床の間): 객실 정면에 바닥을 한층 높여서 족자를 걸고 도자기, 꽃병 등
을 놓아 장식한 공간.

29) 김정운, 〈일본열광〉, (주)웅진씽크빅, 2007, pp.119-122.

30) 가와사키 이치로 지음, 이동진 옮김, 〈일본을 벗긴다〉, p.199.

31) 九鬼周造, 〈いきの構造〉, 株式會社 岩波書店, 1991, p.29.

32) 下中 弘 編集, 〈日本を知る101章〉, p.10.

33) 九鬼周造, 〈いきの構造〉, p.17.

34) 위. p.53.

35) 위. p.59.

36) 형상인(形相因): 사물을 그 사물답게 만드는 요인.

37) 九鬼周造, 〈いきの構造〉, p.53.

38) 위. p.86, p.87, p.92.

39) 위. p.94.

40) 위. p.95.

41) 위. p.85, p.78.

42) 위. pp.17-18.

43) http://ja.wikipedia-フグ(2013年3月9日(土)09:08).

44) 多田顯 著, 永安幸正 編集解說, 〈武士道の倫理-山鹿素行の場合〉, p.208.

45) 김영, 〈일본문화의 이해〉, pp.165-167.

46) 박규태. 〈일본정신의 풍경〉. pp.167-168.

47) 위. p.168.

48) 土居健郎. 〈甘えの構造〉. p.125.

49) 박규태. 〈일본정신의 풍경〉. p.119.

50) 위. p.121.

51) 모노가타리(物語): 옛날이야기, 전설. 주로 헤이안 시대부터 가마쿠라 시대에 만들어진 산문형식의 문학작품.

52) 박규태. 〈일본정신의 풍경〉. p.127.

53) 위. p.125.

54) 土居健郎. 〈甘えの構造〉. p.129.

55) 박규태. 〈일본정신의 풍경〉. p.134.

56) 루스 베네딕트 지음. 김윤식. 오인석 옮김. 〈국화와 칼〉. 을유문화사. 1993. p.8.

57) 司馬遼太郎. 〈アジアの中の日本〉. p.293.

58) 위. p.44.

59) 박규태. 〈일본정신의 풍경〉. p.290.

60) 樋口清之. 〈梅干と日本刀〉. p.615.

61) 박규태. 〈일본정신의 풍경〉. p.324.

62) 福沢諭吉. 〈学問のすすめ〉. 伊藤正雄 校注. p.17.

63) 위. p.36.

64) 위. p.45.

65) 위. p.23.

66) 松永昌三. 〈福澤諭吉と中江兆民〉. 中央公論社. 2001. p.25.

67) 야스카와 주노스케 安川壽之輔 지음/이향철 옮김. 〈후쿠자와의 아시아 침략사상을 묻는다〉. p.156.

68) 박규태 지음. 〈일본정신의 풍경〉. p.205.

69) 松永昌三. 〈福澤諭吉と中江兆民〉. p.148.

70) 杵淵信雄. 〈福沢諭吉と朝鮮〉. pp.124-125.

71) 松永昌三. 〈福澤諭吉と中江兆民〉. pp.134-135.

72) 박규태 지음. 〈일본정신의 풍경〉. p.211.

73) 야스카와 주노스케 지음/이향철 옮김. 〈후쿠자와의 아시아 침략사상을 묻는다〉. p.275.

74) 위. p.102. p.408

75) 松永昌三. 〈福澤諭吉と中江兆民〉. pp.146-147.

76) 야스카와 주노스케 지음/이향철 옮김. 〈후쿠자와의 아시아 침략사상을 묻는다〉. p.155. p.371. 자료 92.

77) 위. p.340.

78) 위. p.48.

79) 위. p.52. p.259
80) 위. p.216.
81) 위. p.215.
82) http://ja.wikipedia-即位の礼(2011年12月28日(水) 01:09)/ 司馬遼太郎. 〈アジアの
中の日本〉. p.238.
83) 山本博文. 〈サムライの掟〉. p.142.
84) 박규태 지음. 〈일본정신의 풍경〉. p.325
85) 武田友宏 編. 〈太平記〉. p.369.
86) 조선일보. 2013년 7월 12일(금). A30. 박정훈 칼럼.
87) http://ja.wikipedia-徳川禁令考(2010.5.22.(土)17:16).
88) 三田村鳶魚 著. 朝倉治彦 編. 〈横から見た 赤穂義士〉. p.198.
89) 大江健三郎. 〈あいまいな日本の私〉. 株式會社 岩波書店. 2006. p.7.
90) 司馬遼太郎. 〈アジアの中の日本〉. p.285.
91) 박규태. 〈일본정신의 풍경〉. p.27.

나오며

1) 森嶋通夫. 〈なぜ日本は行き詰ったか〉. pp.303-304.
2) 중앙일보. 2013년 5월 1일자. 1면.

일본이 말하지 않는 진짜 모습

가면 속의 일본 이야기

지은이 | 김욱
펴낸이 | 고광철
펴낸곳 | 한국경제신문 한경BP

제1판 1쇄 발행 | 2014년 2월 25일
제1판 3쇄 발행 | 2014년 11월 5일

주소 | 서울특별시 중구 중림동 441
기획출판팀 | 02-3604-553~6
영업마케팅팀 | 02-3604-595, 583 FAX | 02-3604-599
홈페이지 | http://bp.hankyung.com
전자우편 | bp@hankyung.com
T | @hankbp   F | www.facebook.com/hankyungbp
등록 | 제 2-315(1967. 5. 15)

ISBN 978-89-475-2944-0   03300

값 19,000원